公路工程监理工程师考试辅导用书

Gonglu Gongcheng Jingji Fuxi yu Xiti

〈公路工程经济〉复习与习题

伏晓东　主编

人民交通出版社

内容提要

本书为**公路工程监理工程师考试辅导用书**，主要依据交通运输部颁布的最新**《公路水运工程监理工程师过渡考试大纲(2012 年版)》**和最新版的公路工程监理业务培训教材及其他最新法规和相关资料，并结合交通运输部公路工程监理业务培训及监理考试考前辅导教学工作经验编写而成。主要包括：工程经济管理、工程概预算与竣工决算、施工招投标中的费用管理、工程费用计量与支付、工程财务管理、施工合同管理、模拟题及附录。本书各章均包括**复习与习题**两部分，其中知识点复习紧扣考试大纲，覆盖了大纲所要求的全部知识点，并突出重点。在知识点复习中还把大纲的具体要求(**了解、熟悉、掌握**)与各知识点一一对应，使复习更加便利。所有**习题均有答案与解析**，以帮助应考人员自测及迅速掌握各知识点。

本书主要供公路工程监理工程师考试应考人员使用。

图书在版编目(CIP)数据

〈公路工程经济〉复习与习题/伏晓东主编. —北京：人民交通出版社，2007.5

ISBN 978-7-114-06557-6

Ⅰ. 公… Ⅱ. 伏… Ⅲ. 道路工程—工程经济—资格考核—自学参考资料 Ⅳ. F540.3

中国版本图书馆 CIP 数据核字(2007)第 068275 号

公路工程监理工程师考试辅导用书

书　　名：〈公路工程经济〉复习与习题
著 作 者：伏晓东
责任编辑：曲　乐　郑蕉林
出版发行：人民交通出版社
地　　址：(100011)北京市朝阳区安定门外外馆斜街 3 号
网　　址：http://www.ccpress.com.cn
销售电话：(010)59757969，59757973
总 经 销：人民交通出版社发行部
经　　销：各地新华书店
印　　刷：北京盈盛恒通印刷有限公司
开　　本：787×1092　1/16
印　　张：19.75
字　　数：491 千
版　　次：2007 年 7 月　第 1 版
印　　次：2012 年 6 月　第 8 次印刷
书　　号：ISBN 978-7-114-06557-6
定　　价：41.00 元
(有印刷、装订质量问题的图书由本社负责调换)

前　言

公路工程监理工程师执业资格考试从2004年开始实行以来，对于客观公正地选拔监理人才，规范公路工程监理工程师执业资格管理，提高公路建设监理队伍的整体素质起到了重要作用。

监理工程师执业资格考试主要是考核应试者的专业技术与管理水平和掌握的监理知识，以及分析解决工程实际问题的能力。这对监理人员提出了更高的要求，要求他们成为以专业技术为依托，以工程项目管理为主，懂技术、懂管理、懂经济、懂法律，既具有一定的理论水平，又具有一定的实践经验，综合素质较高、复合型的合格专业人才。

我们在多年参与公路工程监理培训教学和公路工程监理工程师考试考前辅导的过程中，体会到对于边工作、边复习考试的广大专业技术人员来说，能顺利通过考试并非易事。因为公路工程监理工程师考试不仅要求应考人员掌握的知识内容比较广泛，而且还要在充分理解有关公路工程监理的基本原理、基本概念、基本技术和基本方法的基础上，对所掌握知识融会贯通，能灵活处理各类实际问题。

为了帮助广大应考人员系统地复习监理理论知识，在较短时间内掌握考试内容，顺利通过过渡考试，我们依据交通运输部最新颁布的**《公路水运工程监理工程师过渡考试大纲(2012年版)》**、**《公路工程标准施工招标文件(2009年版)》**、公路工程监理培训教材、2011年12月底以前新发布与修订的有关法规、标准和规范以及新修订的《交通建设工程安全监理》、《交通建设工程施工环境保护监理》和其他的相关资料，结合交通运输部公路工程监理业务培训及监理考试考前辅导教学工作经验，编写了这套考试辅导用书。整套辅导书紧扣考试大纲，覆盖了考试大纲所要求的全部知识点，并力求突出重点。同时在书中还编写了大量有针对性的复习题，可帮助应考人员在有限的时间内进行系统地巩固练习。考生借助这套辅导书进行认真复习后，相信能够达到建立完善知识体系框架、准确记忆重点内容、正确解答各类题目的目的。

参加这套考试辅导用书编写的有长安大学的李治平、王志、王强、伏晓东、王亚琼、赖金星、邓颖、王少朋、田军华及山东烟威高速公路管理处林东风等，其中《〈监理理论〉复习与习题》、《〈合同管理〉复习与习题》由李治平、林东风主编，《〈综合考试〉复习与习题》由李治平主编，《〈道路与桥梁〉复习与习题》由王志主编，《〈公路工程经济〉复习与习题》由伏晓东主编，《〈隧道工程〉复习与习题》由王亚琼、赖金星主编。在本套考试辅导用书的编写过程中，曾多次听取了长安大学公路学院、经管学院等许多专家教授有益的建议和意见，也曾得到重庆交通大学、长沙理工大学、武汉理工大学等院校及陕西、山西、河北、山东等省有关公路工程监理公司相关专家的大力支持和帮助，在此表示衷心的感谢。本套辅导书在编写、出版的过程中也得到了人民交通出版社公路图书出版中心曲乐副主任等的指导和支持，在此也一并感谢。

由于编者水平有限，加之编写时间仓促，本书在编写过程中虽经推敲核证，仍难免存在疏漏或不妥之处，诚请广大读者批评指正。

最后预祝广大考生顺利通过全国公路工程监理工程师考试。

编　者

2012 年 5 月

目　　录

第一章　工程经济管理

【本 章 提 要】

本章内容是工程经济的基础，有些内容较难理解。通过复习本章知识内容，应能正确理解不确定性分析的理论和方法，准确把握资金的时间价值、方案经济评价指标和价值工程几部分内容，这也是本章的重点。本章的难点是经济评价指标的有关分析和计算。

【考 纲 要 求】

了解：不确定性分析的理论与方法。

熟悉：价值工程、资金时间价值及现金流量图的概念，资金时间价值的计算及各项评价指标的概念和计算。

掌握：技术方案的经济比较与选择，价值工程的活动程序及分析评价方法。

【知 识 体 系】

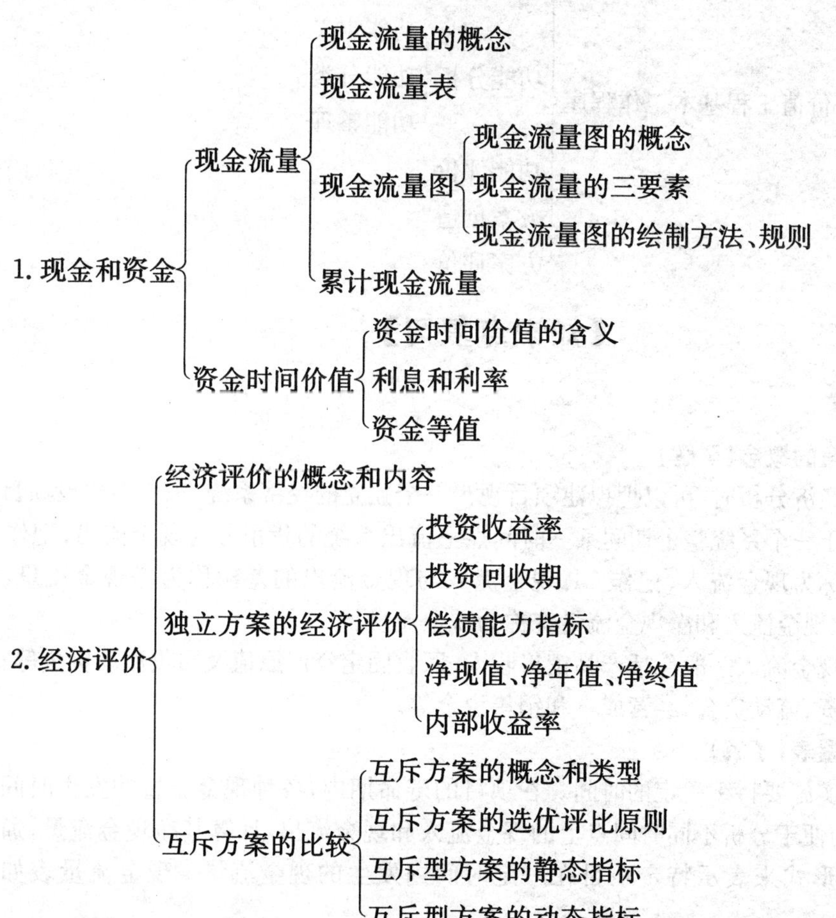

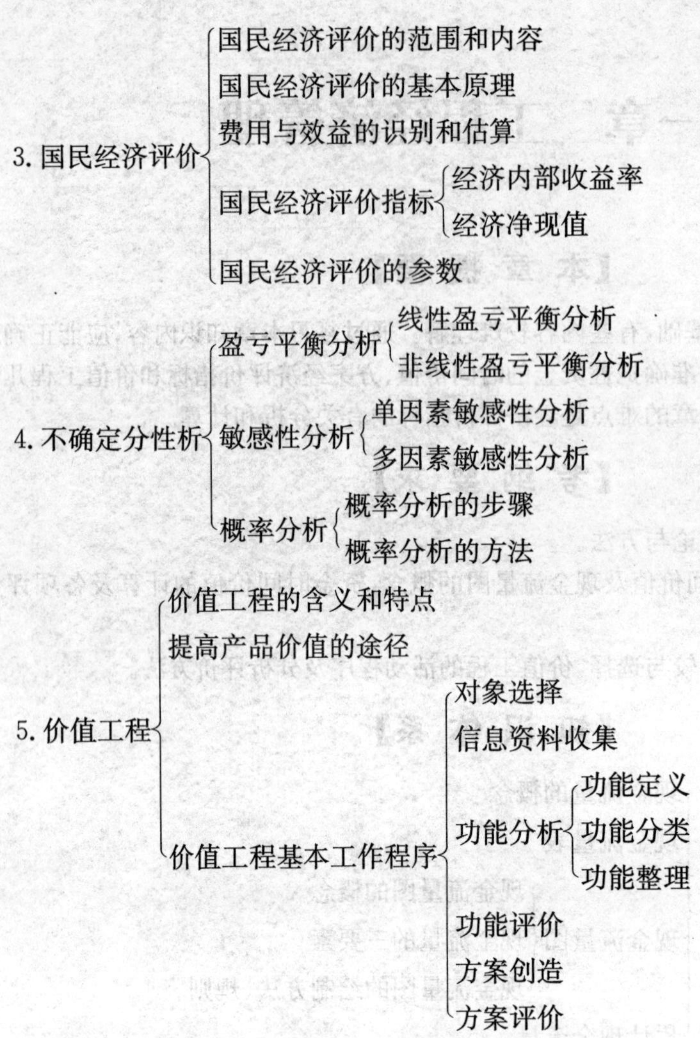

【知识点复习】

一、现金流量

(一)现金流量的概念(了解)

在进行工程经济分析时,可以把拟建项目视为一个独立的经济系统,来考察建设项目的经济效益。而相对于一个系统整个期间某一时间点上流出系统的货币称为现金流出,记作 CO;流入系统的货币称为现金流入,记作 CI;现金流入与现金流出的差额称为净现金流量,记作 NCF。现金流出、现金流入和净现金流量统称为现金流量。

建设项目的现金流入一般包括产品销售收入、回收固定资产原值及回收流动资金等;现金流出包括建设投资、流动资金、经营成本和销售税金等。

(二)现金流量表(了解)

一个项目的实施要持续一定的时间。在项目的寿命期内,各种现金流量的发生时间和数额都不尽相同,为便于分析不同时间点上的现金流入和现金流出,计算其净现金流量,通常采用现金流量表的形式来表示特定项目在一定时间内发生的现金流量。现金流量表如下表所示。

现 金 流 量 表

年　　末	1	2	3	…	n
现金流入	0	200	500	…	1 000
现金流出	800	600	300	…	380
净现金流量	−800	−400	200	…	620

(三)现金流量图(熟悉)

1.概念

现金流量图是一种反映经济系统资金运动状态的图式。即把经济系统的现金流量绘入时间坐标图中,表示出各现金流入、现金流出与相应时间的对应关系。运用现金流量图可以全面、直观、形象地表达经济系统的资金运动状态。现金流量图如下图所示。

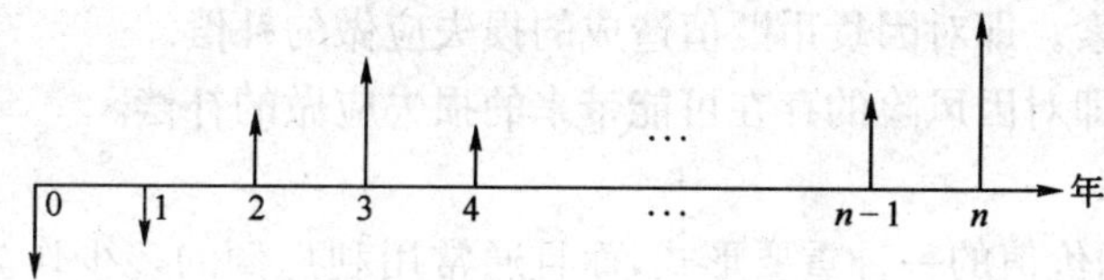

2.现金流量的三要素

包括现金流量的大小(现金数量)、方向(现金流入或流出)和作用点(现金发生的时间点)三要素。

3.绘制方法和规则

(1)横轴是时间轴,表示一个从 0 开始到 n 的时间序列,每一间隔代表一个时间单位(一个记息期)。随计息期长短的不同,时间单位可以是年、半年、季度或月。零表示时间序列的起点,同时也是第一个计息期的起始点。1～n 分别代表各计息期的终点,第一个计息期的终点也就是第二个计息期的起点,n 点表示时间序列的终点。横轴反映的是所考察的经济系统的寿命周期。

(2)和横轴相连的垂直线表示不同时间点上流入或流出系统的现金流量。垂直线的箭头表示现金流动的方向。箭头向上表示现金流入,箭头向下表示现金流出。

(3)现金流量的方向,即现金的流入与流出是相对特定的经济系统而言的。贷款方的现金流入就是借款方的现金流出,贷款方的还本付息就是借款方的现金流入。通常,工程项目现金流量的方向是针对资金使用者的系统而言的。

(4)在现金流量图中,垂直线的长度与现金流量的金额成正比,金额越大,相应垂直线的长度越长。一般来说,现金流量图上要注明每一笔现金流量的金额。

(四)累计现净金流量(了解)

将现金流量表中各年净现金流量的数值逐年横向相加,就可以得到各年净现金流量的累计值。累计现金流量表示从项目开始到某年为止的期间内所有现金流量的代数和,它从经济角度直观地表示了项目总体的进展和经营情况。其计算公式为:

$$CNCF_t=\sum_{t=0}^{n}NCF_t=\sum_{t=0}^{n}(CI-CO)_t$$

式中:$CNCF_t$——第 t 年的累计净现金流量;

NCF_t——第 t 年的净现金流量;

CI_t——第 t 年的现金流入;

CO_t——第 t 年的现金流出。

二、资金的时间价值(熟悉)

(一)资金时间价值含义

资金的时间价值就是资金在流通过程中,随着时间的变化而产生的增值。从投资的角度来看,资金的增值特性使资金具有时间价值;从消费的角度来看,资金的时间价值体现为对放弃现期消费的损失所做的必要补偿。

资金的时间价值和通货膨胀引起的货币贬值不同。通货膨胀是指国家为了弥补财政赤字大量发行纸币,纸币的发行超过商品流通中的实际需要量所引起货币贬值的现象;而资金的时间价值是一个普遍的现象,只要商品生产存在,资金就具有时间价值。

资金的时间价值的大小取决于多方面的因素,从投资角度看主要有:

(1)投资利润率。即单位投资所能取得的利润。

(2)通货膨胀因素。即对因货币贬值造成的损失应做的补偿。

(3)风险因素。即对因风险的存在可能带来的损失应做的补偿。

(二)利息和利率

利息是资金时间价值的一种重要形式,而且通常用利息额的多少作为衡量资金时间价值的绝对尺度,用利率作为衡量资金时间价值的相对尺度。

1.利息

利息是资金所有者转让资金使用权而获得的报酬,或资金使用者为取得他人资金使用权而付出的代价。利息的计算公式为:

$$I = F - P$$

式中:I——利息;

F——目前债务人应付(或债权人应收)总金额;

P——原借贷款金额,常称为本金。

2.利率

利率是一定时期的利息与本金的比值,是计算利息的尺度。一年的利息额与本金之比称为年利率,一个季度或一个月的利息额与本金之比称为季利率或月利率。其公式为:

$$i = I/P \times 100\%$$

式中:i——利率;

P——借款本金。

利率是国民经济发展的重要杠杆之一,利率的高低由以下因素决定:

(1)利率的高低首先取决于社会平均利润率的高低。它一般是利率的上限。因为如果利率高于社会平均利润率,借款者就会由于无利可图而不去借贷。

(2)在社会平均利润率一定的情况下,利率高低取决于金融市场上借贷资本的供求状况。若供大于求,则利率上升;反之,利率下降。

(3)利率与风险大小成正比。所以一般政府借贷的利率较低,私人借贷的利率较高。

(4)通货膨胀对利率的波动有直接影响。物价水平发生变动会使借贷成本或收益也发生相应变化,即通货膨胀时使实际利率下降,因此一般将名义利率上调;反之,通货紧缩时会使实际利率上升,因此一般将名义利率下调。

(5)利率与借贷期限长短成正比。贷款期限长,不可预见因素多,风险大,利率也就高;反之,利率就低。

3. 利息的计算

按照计算利息时所采用基数的不同，利息计算有单利和复利之分。

(1)单利

单利是指在计算利息时，仅用最初本金来加以计算，而不计入在先前利息周期中所累积增加的利息，即通常所说的“利不生利”的计息方法。其计算公式为：

$$利息:I = P \times i \times n$$

$$本利和:F = P(1 + in)$$

式中：F——本金与全部利息的总和，简称本利和；

n——计息期数。

(2)复利

复利是指在计算利息时，用本金加上先前计息周期所累积利息总额之和作为本周期计算利息的本金来一并计算利息的计息方式，即通常所说的“利滚利”。其计算公式为：

$$利息:I = i \times F_{t-1}$$

$$本利和:F = P(1 + i)^{n}$$

式中：F_{t-1}——第$(t-1)$期末复利本利和。

4. 名义利率和实际利率

(1)名义利率

利息的计算周期通常按年计，习惯上银行的利率也是以年利率来标明的。但实际工作中，有时会出现按半年、一个季度、一个月甚至一天计算一次利息的情况。因此一年可分若干个计息期，此时我们把按年计的利率称为名义利率。其计算公式为：

$$r = i \times m$$

即名义利率 r 等于计息周期利率 i 乘以一年内的计息周期数 m。如果计息周期月利率为 1%，则年名义利率为 12%。

(2)实际利率

把名义利率除以一年的利期数所得的商就称为此利期的实际(或有效)利率。若名义利率为 r，实际年利率为 i，每年的利期数为 m，年初本金为 P，则在一年末的本利和 F 应为：

$$F = P\left(1 + \frac{r}{m}\right)^{m}$$

年实际利率为：

$$i = \frac{F - P}{P} = \left(1 + \frac{r}{m}\right)^{m} - 1$$

当一年内多次计息时，区分名义利率和实际利率才有意义。当一年内计息一次(即 $m=1$)时，名义利率就是实际利率；m 越大，年实际利率越大。

(3)连续复利

当一年之内的计息次数趋于无穷大时，这种计息方式称为连续复利。其年实际利率计算公式为：

$$i = \lim_{m \to \infty}\left[\left(1 + \frac{r}{m}\right)^{m} - 1\right] = \lim_{m \to \infty}\left[\left(1 + \frac{r}{m}\right)^{\frac{m}{r}r} - 1\right] = e^{r} - 1$$

(三)资金等值(熟悉)

1. 相关概念

(1)等值

资金等值是指在不同时点绝对值不等，而从资金的时间价值观点上认为是价值相等的资金。

(2)时值、现值和终值

货币在某一特定的时间上的数量就称为货币的时值。现值是表示某一特定的时间序列的初始值，通常用符号 P 表示。终值是表示某一特定的时间序列的终点值，通常用符号 F 表示。

(3)折现与折现率

折现就是把货币的时值折算成现值或终值。折现时所用的利率称为折现率。折现率反映资金的机会成本或最低收益水平，它是经济分析中的一个重要参数。

2. 资金的等值计算

资金的等值计算就是把一个时间点发生的资金额转换成另一个时间点等值的资金额的转换过程。把将来某一时点的资金金额转换成现在时点的等值金额的过程称为折现(贴现)，折(贴)现后的金额称为现值 P，与现值等价的将来时点称为终值 F。资金等值计算如下：

(1)一次支付终值公式

$$F = P(1+i)^n = P(F/P,i,n)$$

式中：F——一次支付 n 年后的将来值(本利和)；

P——一次支付金额；

i——年利率；

n——计息年数；

$(1+i)^n$——称为一次支付终值系数，用$(F/P,i,n)$表示，可查复利表。

(2)一次支付现值公式

$$P = \frac{F}{(1+i)^n} = F(1+i)^{-n}$$

式中：$(1+i)^{-n}$——称为一次支付现值系数，用$(P/F,i,n)$表示。

一次支付现值系数和一次支付终值系数互为倒数。

(3)等额支付终值公式

$$F = A\frac{(1+i)^n-1}{i} = A(F/A,i,n)$$

式中： A——等额支付值，也称年金，发生在各期末；

$\frac{(1+i)^n-1}{i}$——等额支付终值系数(年金终值系数)，用$(F/A,i,n)$表示。

(4)等额支付现值公式

$$P = A\frac{(1+i)^n-1}{i(1+i)^n} = A(P/A,i,n)$$

式中：$\frac{(1+i)^n-1}{i(1+i)^n}$——等额支付现值系数(年金现值系数)，用$(P/A,i,n)$表示。

(5)等额支付资金回收公式

$$A = P\frac{i(1+i)^n}{(1+i)^n-1} = P(A/P,i,n)$$

式中：$\frac{i(1+i)^n}{(1+i)^n-1}$——资金回收系数，用$(A/P,i,n)$表示。

(6)等额支付偿债基金公式

$$A = F\frac{i}{(1+i)^n-1} = F(A/F,i,n)$$

式中：$\frac{i}{(1+i)^n-1}$——偿债基金系数，用$(A/F,i,n)$表示。

(7)永久年金

在大多数情况下，年金都是在有限时期内发生的，但实际情况中，有些年金是无期限的，如股份有限公司的经营具有连续性，可认为有无限寿命，当等额支付现值公式中的$n\to\infty$时，可以得到永久年金的现值。

$$P=A\lim_{n\to\infty}\left\{\frac{(1+i)^n-1}{i(1+i)^n}\right\}=A\lim_{n\to\infty}\left\{\frac{1-[1/(1+i)^n]}{i}\right\}=\frac{A}{i}$$

三、经济评价指标与方法

(一)经济评价的概念与内容(了解)

1.概念

建设项目经济评价是指对建设项目方案计算期内各种有关技术经济因素和方案投入与产出的有关财务、经济资料数据进行调查、分析、预测，对方案的经济效果进行计算、评价，通过多方案比较，对拟建项目的财务可行性和经济合理性进行分析论证，作出全面的经济评价，为拟建项目的科学决策提供依据。建设项目经济效果的评价包括财务评价和国民经济评价两个层次。

财务评价主要是从企业角度计算项目的投资费用、产品成本与产品销售收入、税金等财务数据，以考察项目投资在财务上的潜在获利能力。国民经济评价是从国家整体角度分析、计算项目对国民经济的贡献率，据以判断项目的经济合理性。

2.经济评价的主要内容

(1)盈利能力：分析和测算项目计算期的盈利能力和盈利水平。

(2)清偿能力：分析和测算项目偿还贷款的能力和投资的回收能力。

(3)抗风险能力：分析项目在建设和运营期可能遇到的不确定性因素和随机因素对项目经济效果影响程度，考察项目承受各种投资风险的能力，提高项目投资的可靠性和盈利性。

(二)独立方案的经济评价(熟悉)

1.投资收益率

投资收益率是指投资方案建成达到设计生产能力后的一个正常生产年份的年净收益总额与方案投资总额的比率。其计算公式为：

$$R=\frac{A}{I}\times 100\%$$

式中：R——投资收益率；

A——年净收益总额或年平均净收益额；

I——总投资(包括建设投资和流动资金)。

评价准则：

将计算出的投资收益率R与所确定的基准投资收益率R_c进行比较：

若$R\geq R_c$，则方案可以考虑接受；若$R<R_c$，则方案不可行。

根据分析目的的不同，投资收益率又具体分为：总投资收益率、自有资金收益率、总投资利润率和自有资金利润率。其计算公式分别如下：

(1)总投资收益率

$$R_a=\frac{(F+Y+D)}{I}\times 100\%$$

式中：F——正常年销售利润；

Y——正常年贷款利息；

D——折旧费；

I——总投资(包括建设投资和流动资金)。

(2)自有资金收益率

$$R_e = \frac{(F+D)}{Q} \times 100\%$$

式中：Q——自有资金。

(3)总投资利润率

$$R'_a = \frac{(F+Y)}{I} \times 100\%$$

(4)自有资金利润率

$$R'_e = \frac{F}{Q} \times 100\%$$

2.投资回收期

投资回收期是指用投资方案所产生的净收益补偿初始投资所需要的时间。根据是否考虑资金的时间价值，可分为静态投资回收期和动态投资回收期。

(1)静态投资回收期

静态投资回收期是在不考虑资金时间价值的条件下，以项目方案的净收益回收其总投资所需要的时间，其单位通常用"年"表示。静态投资回收期可以自项目建设开始年算起，也可以自项目投产年算起，但应予以注明。其计算公式如下：

自建设开始年算起，投资回收起期 P_t 的计算公式为：

$$\sum_{t=0}^{P_t}(CI-CO)_t = 0$$

式中：　P_t——静态投资回收期；

$(CI-CO)_t$——第 t 年净现金流量。

静态投资回收期可借助现金流量表，根据净现金流量来计算。其具体计算又分以下两种情况：

1)项目建成投产后各年的净收益(即净现金流量)都相同时：

$$P_t = \frac{I}{A}$$

式中：I——全部投资；

A——每年净收益，即 $A=(CI-CO)$。

2)如果项目建成后各年的净收益不相同，则静态投资回收期可根据累计净现金流量求得，也就是现金流量表中累计净现金流量由负值转向正值的年份。其计算公式为：

$$P_t = (\text{累计净现金流量出现正值的年份数}-1) + \frac{\text{上一年累计净现金流量的绝对值}}{\text{出现正值年份的净现金流量}}$$

评价准则：

将计算出的静态投资回收期 P_t 与所确定的基准投资回收期 P_c 进行比较：

1)若 $P_t \leqslant P_c$，表明项目投资在规定的时间内能收回，方案可以考虑接受；

2)若 $P_t > P_c$,表明方案不可行。

(2)动态投资回收期

动态投资回收期是把投资项目各年的净现金流量按基准收益率折成现值之后,再推算投资回收期,这是它与静态投资回收期的根本区别。动态投资回收期就是净现金流量累计现值等于零时的年份。其计算公式为:

$$\sum_{t=0}^{P'_t}(CI-CO)_t(1+i_c)^{-t}=0$$

式中:P'_t——动态投资回收期;

i_c——基准收益率。

评价准则:

1)若 $P'_t \leqslant P_c$,表明项目能在规定的时间内收回投资,是可行的;

2)若 $P'_t > P_c$,表明方案不可行,应予拒绝。

3. 偿债能力指标

(1)借款偿还期

借款偿还期是指根据国家财政规定及投资项目的具体财务条件,以项目可作为偿还贷款的收益(利润、折旧及其他收益)来偿还项目投资借款本金和利息所需要的时间。

$$I_d=\sum_{t=1}^{P_d}(R_p+D'+R_o-R_r)_t$$

式中:P_d——借款偿还期(应注明是从借款年开始计算,还是从投产年开始计算);

I_d——建设投资借款本金和利息(不包括已用自有资金支付的部分)之和;

R_p——第 t 年可用于还款的利润;

D'——第 t 年可用于还款的折旧和摊销费;

R_o——第 t 年可用于还款的其他收益;

R_r——第 t 年企业留利。

评价准则:

若借款偿还期满足贷款机构要求的期限,则被认为项目有偿还能力。

借款偿还期指标适用于那些计算最大偿还能力、尽快还款的项目,不适用于那些预先给定借款偿还期的项目。

(2)利息备付率

利息备付率(已获利息倍数):指项目在借款偿还期内各年可用于支付利息的税息前利润与当期应付利息费用的比值。

利息备付率=税息前利润/当期应付利息费用

评价准则:

若为正常经营企业,利息备付率应>2,否则,项目付息能力不足。尤其是当利息备付率低于1时,表示项目没有足够资金支付利息,偿债风险很大。

(3)偿债备付率

偿债备付率指项目在借款偿还期内各年可用于还本付息的资金与当期应还本付息金额的比值。

偿债备付率=可用于还本付息资金/当年应还本付息金额

评价准则:

若为正常经营企业,偿债备付率应>1,而且越高越好,否则,表明当年资金不足以偿付当期债务。

4.净现值法

净现值是反映投资方案在计算期内获利能力的动态评价指标。投资方案的净现值是指用一个预定的基准收益率(或设定的折现率),分别把整个计算期间内各年所发生的净现金流量都折算到投资方案开始实施时的现值之和。其计算公式为:

$$NPV=\sum_{t=0}^{n}\frac{CI_t-CO_t}{(1+i_c)^t}=\sum_{t=0}^{n}\frac{CF_t}{(1+i_c)^t}$$

式中:NPV——净现值;

CI_t——第 t 年现金流入;

CO_t——第 t 年现金流出;

CF_t——第 t 年净现金流量;

i_c——基准折现率;

n——计算期。

净现值是评价项目盈利能力的绝对指标,其评价准则是:

(1)若 NPV>0,说明方案在满足基准收益率的盈利之外,还能得到超额收益,所以方案可行;

(2)若 NPV=0,说明方案在满足基准收益率的盈利水平,方案勉强可行或有待改进;

(3)若 NPV<0,说明方案不能满足基准收益率的盈利水平,方案不可行。

5.净年值、净终值

(1)净年值

净年值是以一定的基准收益率将项目计算期内净现金流量等值换算成的等额年值。其计算公式为:

$$NAV=\left[\sum_{t=0}^{n}(CI-CO)_t(1+i_c)^{-t}\right](A/P,i_c,n)$$

或

$$NAV=NPV(A/P,i_c,n)$$

式中:NAV——净年值;

$(A/P,i_c,n)$——资本回收系数。

评价准则:

若 NAV⩾0,项目在经济上可行;若 NAV<0,项目在经济上不可行。

(2)净终值

净终值是指投资方案各年收入的将来值与各年支出将来值之差,也就是寿命期内净现金流量将来值的总和。其计算公式为:

$$FW=\sum_{t=0}^{n}C_t(1+i)^{n-t}$$

或

$$FW=NPV(F/P,i,n)$$

式中: FW——净终值;

$(F/P,i,n)$——复利终值系数。

评价准则:

FW>0,方案可行;FW<0,则方案不可行。

6. 内部收益率

内部收益率就是使投资方案的净现值等于零时的贴现率。即：

$$\sum_{t=0}^{n}\frac{(CI-CO)_t}{1+IRR}=0$$

式中：IRR——内部收益率。

评价准则：

一个工程项目的内部收益率越高，说明这个项目的经济性越好。内部收益率在用于单方案分析时，要与基准贴现率进行比较。若 $IRR \geqslant i_c$，项目在经济上可行；若 $IRR < i_c$，项目在经济上不可行，方案应予以拒绝。

（三）互斥型方案的比较（掌握）

1. 互斥型方案的概念和类型

所谓互斥型方案是指各方案之间是相互排斥的，即在多个方案中只能选取一个。也就是说，一个项目被选中后，将自动排除所有其他待选项目被选中的可能，相互排斥方案之间的效果不具有可加性。

按互斥型方案寿命是否相等，互斥型方案分为各方案寿命相等的互斥型方案和各方案寿命不全相等的互斥型方案。

2. 互斥型方案选优的比较原则

(1)现金流量的差额评价原则。即评价互斥型方案时，首先计算两个方案的现金流量之差，然后再考虑某一方案比另一个方案增加的投资在经济上是否合算。应用差额现金流量法选择方案应遵循以下原则：

1)唯有较低投资额的方案被证明是合理时，较高投资额的方案方能与其比较。

2)若追加投资是合理的，则应选择投资额较大的方案；反之，则应选择投资额较小的方案。

(2)比较基准原则。即相对于某一给定的基准收益率而言，如果追加投资收益率大于或等于基准收益率，则应选择投资大的方案；反之，应选择投资小的方案。

(3)环比原则。即对于互斥型方案的选择，必须将各方案按投资从小到大排序，依次比较，而不能将各方案与投资最小的方案比较。

(4)时间可比原则。即进行互斥型投资方案比选时，各方案的寿命应该相等，否则必须利用某些方法进行方案寿命上的变换，以保证各方案具有相同的比较时间。

3. 互斥型方案的静态指标

(1)增量投资分析法

增量投资分析法是通过计算互斥型方案的增量投资收益率和增量投资回收期来判断互斥型方案的相对经济效果，并据此进行方案选优。

1)增量投资收益率法

适用于投资额小、经营成本高和投资额大、经营成本低的两方案比选。投资大的方案和投资小的方案就形成了增量投资，增量投资所带来的经营成本上的节约与增量投资之比就是增量投资收益率。

若 $I_2>I_1$、$C_2<C_1$、$A_2>A_1$，则：

$$R_{(2-1)}=\frac{C_1-C_2}{I_2-I_1}=\frac{A_2-A_1}{I_2-I_1}$$

式中：C_1、C_2——1、2 方案的经营成本；

A_1、A_2——1、2 方案的年净收益额；

I_1、I_2——1、2 方案的投资额。

评价准则：

$R_{(2-1)} \geqslant R_c$，表明投资的增量可以由经营成本的节约得到补偿；反之，投资小的方案为优。

2)增量投资回收期法

增量投资回收期是指用经营成本的节约或增量净收益来补偿增量投资的年限。

若 $I_2 > I_1$、$C_2 < C_1$、$A_2 > A_1$，则：

$$R_{t(2-1)} = \frac{I_2 - I_1}{C_1 - C_2} = \frac{I_2 - I_1}{A_2 - A_1}$$

评价准则：

$R_{t(2-1)} \leqslant R_c$，投资大的方案为优；反之，新方案不可行。

(2)年折算费用法

年折算费用法就是只需计算各方案的年折算费用，即将投资额用基准投资回收期分摊到各年，再与各年的年经营成本相加。其计算公式为：

$$Z_j = \frac{I_j}{P_c} + C_j$$

或

$$Z_j = I_j \times i_c + C_j$$

式中：Z_j——第 j 个方案的年折算费用；

I_j——第 j 个方案的总投资额；

P_c——基准投资回收期；

i_c——基准投资收益率；

C_j——第 j 个方案的年经营成本。

评价准则：

年折算费用最小(即 Z_j 最小)的方案为最优方案。

(3)综合总费用法

综合总费用法是指方案的投资与基准投资回收期内年经营成本的总和。

$$S_j = I_j + P_c \times C_j$$

在互斥型方案评选时，综合费用即 S_j 最小的方案最优。

4.互斥型方案的动态指标

(1)各方案寿命期相等的互斥型方案比较

对于寿命期相同的互斥方案，一般采用净现值法、差额净现值法、差额内部收益率法等方法选择最佳方案。

1)净现值法和净年值法

净现值法是将包括期初投资额在内的各期净现金流量换算成现值的比较方法。比较时净现值最大或费用现值最小的为最佳方案。

净年值法将初期投资额乘以等额资金系数，再将其折算成等额年值进行比较。比较时净年值最大或费用年值最小的为最佳方案。

2)差额净现值法

首先利用两方案 A 和 B 的现金流量之差构成一个差额现金流量。差额现金流量的净现值就称为差额净现值，用 NPV_{B-A} 表示（B 方案投资大于 A 方案）。如差额净现值>0，则说明投资的增加是合算的，因而投资大的方案是较好的；反之，则说明投资较小的方案是好的。

3）差额内部收益率法

差额现金流量的内部收益率就称为差额内部收益率，用 IRR_{B-A} 表示（B 方案投资大于 A 方案）。如果差额内部收益率大于基准贴现率，则说明投资的增加是合算的，因而投资大的方案是较好的；反之，则说明投资较小的方案是较好的。

4）收益相同的互斥型方案选优的最小费用法

这种方法是指当各方案的效益相同时，只要考虑或只能考虑比较各方案的费用大小，包括进行费用现值或费用年值比较。比较时，费用最小的方案就是最好的方案。

（2）各方案寿命期不相等的互斥型方案比较

多数情况下，被比较的几个投资方案的寿命往往是不同的。对于寿命期不同的方案，严格来说是不可比的，除非能说明从较短寿命期开始，一直到与之对比的较长寿命期方案终了为止，全部时期内的投资是如何使用的，使之在时间上具有可比性。但是，实际中未来情况很难预测得十分准确，因此，为了能进行比较，必须进行适当处理以保证时间的可比性。最常用的方法是方案重复法、年值法和研究期法等。

1）显方案重复法

显方案重复法是将被比较方案的一个或几个重复比较若干次或无限次，直至各方案期限相等为止。显然，这一相等期限就是各方案寿命的最小公倍数或无穷大寿命，可将它们分别称为最小公倍数法和无穷大寿命法。

①最小公倍数法（又称方案重复法）

最小公倍数法是以各备选方案计算期的最小公倍数作为方案选优的共同计算期，并假设各个方案均在这样一个共同的计算期内重复进行，即各备选方案在其计算期结束后，均可按与原方案计算期内完全相同的现金流量系列周而复始地循环下去，直到共同的计算期。在此基础上计算出各个方案的净现值。净现值最大的方案为最佳方案。

②无穷大寿命法

若备选方案计算期的最小公倍数很大，或根本不存在有限的最小公倍数寿命，则可取共同计算期为无穷大，计算 NPV。NPV 最大者为最优方案。

2）隐方案重复法

隐方案重复法是指虽然比较选优过程不需进行重复，但却以方案重复为前提假设。隐方案重复法有净年值法和追加投资内部收益率法。

①净年值法

净年值法是以“年”为时间单位比较各方案的经济效果，因为一个方案无论重复实施多少次，其净年值是不变的，从而使寿命不等的互斥方案间具有时间可比性。所以净年值法更适用于评价具有不同计算期的互斥方案的经济效果。

比较时对各备选方案净现金流量的净年值进行比较，以净年值大于零且净年值最大或费用年值最小的为最佳方案。

②追加投资内部收益率法

追加投资内部收益率法实际上是净年值法的变形。当互斥型方案寿命不相等时，可以利用令两方案净年值相等的方法求解追加投资内部收益率。即：

$$\sum_{t=0}^{n_A} A_{A_t}(P/F,\Delta IRR,t)(A/P,\Delta IRR,n_A)$$
$$=\sum_{t=0}^{n_B} A_{B_t}(P/F,\Delta IRR,t)(A/P,\Delta IRR,n_B)$$

式中：$A_{A_t}=(CI-CO)_{A_t}$，$A_{B_t}=(CI-CO)_{B_t}$

在 ΔIRR 存在的情况下，若 $\Delta IRR \geqslant i_c$，则初始投资大的方案优；若 $0<\Delta IRR<i_c$，则初始投资小的方案优。

3)研究期法

方案重复法、年值法及追加投资内部收益率法实质上都是延长寿命期以达到可比要求，但是在某些情况下并不符合实际，因为技术进步使完全重复是不经济的，甚至在实践中是完全不可能的。这时就可以利用研究期法，即选择一段时间作为可比较的计算期。研究期的选择没有什么特殊规定，但显然以各方案中寿命最短者为研究期时计算是最为简便的，而且可以完全避免可重复性假设。

在选择方案时，将各个备选方案在研究期内的净现值进行比较，净现值大的方案为最佳方案。

四、国民经济评价

国民经济评价是指按照合理配置资源的原则，采用影子价格、影子汇率、社会折现率等国民经济评价参数，从国民经济的角度考察项目所耗费的社会资源和对社会的贡献，评价项目的经济合理性。

(一)国民经济评价的范围和内容(了解)

需要进行国民经济评价的项目主要有：国家及地方政府参与投资的项目；国家给予财政补贴或减免税费的项目；动用社会资源和自然资源较大的中外合资项目；主要产出物和投入物的市场价格不能反映其真实价值的项目。

国民经济评价的内容主要是识别国民经济效益与费用，计算和选取影子价格，编制国民经济评价报表，计算国民经济评价指标，并进行方案比选。

(二)国民经济评价的基本原理(了解)

1.采用费用与效益比较的理论方法

国民经济评价采用费用—效益分析方法，寻求以最小的投入(费用)获取最大的产出(效益)；采用"有无对比"方法识别项目的费用和效益；采用影子价格理论方法估算各项费用和效益；采用现金流量分析方法，使用报表分析，采用内部收益率、净现值等经济盈利性指标进行定量的经济效益分析。

2.遵循费用与效益的计算范围一致的基本原则

在国民经济评价中，需要计算项目的外部费用和外部效益。在外部费用和外部效益计算中，计算范围的确定需要仔细分析，确保费用与效益的计算范围保持一致。

3.项目方案优化遵循基本的经济分析法则

国民经济评价目标是资源的最优配置，使资源使用获得最大的经济效益。在实践中通常采取总量效益最大化或单位效率最大化两种方法。从资源最有效利用角度考虑，总量效益最大化是基本原则。在使用单位效率最大化方法时，需要分析是否会与总量效益最大化的原则相冲突。

(三)费用与效益的识别(了解)

1.识别费用与效益的基本原则

识别和划分费用与效益的基本原则是：凡是项目对国民经济所做的贡献，均计为项目的效益;凡是国民经济为项目所付出的代价均计为项目的费用。也就是说,项目的国民经济效益是指项目对国民经济所作的贡献,包括项目的直接效益和间接效益;项目的国民经济费用是指国民经济为项目付出的代价,包括直接费用和间接费用。判别项目的效益和费用要使用“有无对比”的方法,即将“有”项目(项目实施)与“无”项目(项目不实施)的情况加以对比,以确定某项效益和费用的存在。

2. 直接效益与直接费用

(1)直接效益

直接效益是指由项目产出物直接生成,并在项目范围内计算的经济效益。一般表现为:增加项目产出物或者服务的数量以满足国内需求的效益、替代效益较低的相同或类似企业的产出物或者服务使被替代企业减产(停产)而减少国家有用资源耗费或者损失的效益、增加出口或者减少进口而增加或者节支的外汇等。项目直接效益大多在财务评价中能够得以反映。

(2)直接费用

直接费用是指项目使用投入物所形成的并在项目范围内计算的费用。一般表现为:其他部门为本项目提供投入物而需要扩大生产规模所耗用的资源费用、减少对其他项目或者最终消费投入物的供应而放弃的效益、增加进口或者减少出口而耗用或者减少的外汇等。直接费用一般在项目的财务评价中已经得到反映。

3. 间接效益与间接费用

(1)间接效益

间接效益是指由项目引起而在直接效益中没有得到反映的效益。间接效益一般在项目的财务评价中不会得到反映。

(2)间接费用

间接费用是指由项目引起而在项目的直接费用中又没有得到反映的费用。间接费用一般在项目的财务评价中没有得到反映。

通常把与项目有关的间接效益(外部效益)和间接费用(外部费用)统称为外部效果。为防止外部效果计算扩大化,项目的外部效果一般只计算一次相关效果,不应连续计算。外部效果的计算范围应考虑环境及生态影响效果、技术扩散效果和产业关联效果。

4. 转移支付

项目的某些财务收益和支出,从国民经济的角度看,并没有造成资源的实际增加或者减少,而是国民经济内部的“转移支付”,不计作项目的国民经济效益与费用。转移支付的内容包括:国家和地方政府的税收、国内银行借款利息、国家和地方政府给予项目的补贴。

如果以项目的财务评价为基础进行国民经济评价时,应从财务效益与费用中剔除在国民经济评价中计作转移支付的部分。

(四)费用与效益的估算(了解)

1. 影子价格

影子价格是进行项目国民经济评价,计算国民经济效益与费用时专用的价格,是指依据一定原则确定的,能够反映投入物和产出物真实经济价值,反映市场供求状况,反映资源稀缺程度,使资源得到合理配置的价格。

在进行国民经济评价时,项目的主要投入物与产出物价格在原则上都应采用影子价格。

2. 市场定价货物的影子价格

随着市场经济的发展和贸易范围的扩大,大部分货物的价格由市场形成,价格可以近似反映其真实价值。进行国民经济评价时可将这些货物的市场价格加上或减去国内运杂费等，作为投入物或者产出物的影子价格。

(1)外贸货物影子价格

外贸货物影子价格是指以口岸价为基础，乘以影子汇率，再加上或减去国内运杂费和贸易费用。即：

投入物影子价格(项目投入物的到厂价格)＝到岸价(CIF)×影子汇率＋国内运杂费＋贸易费用

产出物影子价格(项目产出物的出厂价格)＝离岸价(FOB)×影子汇率－国内运杂费－贸易费用

(2)非外贸货物影子价格

非外贸货物影子价格是指以市场价格加上或减去国内运杂费作为影子价格。即：

投入物影子价格(到厂价)＝市场价格＋国内运杂费

产出物影子价格(出厂价)＝市场价格－国内运杂费

3.政府调控价格货物的影子价格

有些货物或者服务不完全由市场机制形成价格，而是由政府调控价格。这些货物或者服务的价格不能完全反映其真实价值，在进行国民经济评价时应采用特殊方法确定。确定影子价格的原则是：投入物按成本分解法、机会成本定价，产出物按消费者支付意愿定价。

4.特殊投入物的影子价格

特殊投入物是指项目建设、生产运营中使用的劳动力、土地和自然资源等。

(1)影子工资

影子工资反映国民经济为项目使用劳动力所付出的真实代价，由劳动力机会成本和劳动力转移而引起的新增资源耗费两部分构成。劳动力机会成本是指劳动力如果不就业于拟建项目而从事于其他生产经营活动所创造的最大收益。新增资源耗费是指项目使用劳动力，由于劳动力就业或者迁移而增加的城市管理费用和城市交通等基础设施投资的费用。

(2)土地影子价格

土地影子价格反映土地用于该拟建项目后不能再用于其他目的所放弃的国民经济效益，以及国民经济为其增加的资源耗费。

1)农用土地影子价格

农用土地影子价格是指项目占用农用土地后国家放弃的收益，由土地的机会成本和占用该土地而引起的新增资源耗费两部分构成。土地的机会成本按项目占用土地后国家放弃该土地最佳可替代用途的净效益计算。新增资源耗费一般包括拆迁费用和劳动力安置费用。

2)城镇土地影子价格

城镇土地影子价格通常按市场价格计算，主要包括土地出让金、征地费、拆迁安置补偿费等。

(3)自然资源影子价格

自然资源影子价格是反映项目对国家矿产资源、水资源、森林资源等自然资源的占有和消耗。矿产等不可再生资源的影子价格按资源的机会成本计算，水和森林等可再生资源按资源再生费用计算。

(五)国民经济评价的指标(熟悉)

1.经济内部收益率(EIRR)

项目国民经济评价只进行国民经济盈利能力的分析。国民经济盈利能力的评价指标是经济内部收益率。

经济内部收益率是反映项目对国民经济净贡献的相对指标，它表示项目占用资金的动态收益率，也是项目在计算期内各年经济净效益流量的现值累计等于零时的折现率。其计算公式为：

$$\sum_{t=1}^{n}(B-C)_t(1+\text{EIRR})^{-t}=0$$

式中：B——国民经济效益流量；

C——国民经济费用流量；

$(B-C)_t$——第 t 年的国民经济净效益流量；

n——计算期。

经济内部收益率大于或等于社会折现率，表示项目对国民经济的净贡献达到或者超过要求的水平，应认为项目可以接受。

2. 经济净现值(ENPV)

经济净现值反映项目对国民经济净贡献的绝对指标，是用社会折现率将项目计算期内各年的净效益流量折算到建设期初的现值之和。其计算公式为：

$$\text{ENPV}=\sum_{t=1}^{n}(B-C)_t(1+i_s)^{-t}$$

式中：i_s——社会折现率。

项目经济净现值等于或大于零，表示国家为拟建项目付出的代价可以得到符合社会折现率要求的社会盈余，或者除得到符合社会折现率要求的社会盈余外，还可以得到以现值计算的超额社会盈余。经济净现值越大，表示项目所带来的经济效益的绝对值越大。

(六)国民经济评价的参数(了解)

国民经济评价参数是国民经济评价的基础。国民经济评价的参数体系有两类，一类是通用参数，如社会折现率、影子汇率和影子工资等，这些通用参数由有关专门机构组织测算和发布；另一类是各种货物、服务、土地、自然资源等的影子价格，由行业或者项目评价人员测定。

1. 社会折现率

社会折现率是国民经济评价、衡量资金时间价值的重要参数，代表社会资金被占用应获得的最低收益率，并用作不同年份资金价值换算的折现率，可作为经济内部收益率的判别标准。社会折现率可以根据国民经济发展的多种因素综合测定。

2. 影子汇率

影子汇率是指能正确反映外汇真实价值的汇率，即外汇的影子价格。在国民经济评价中，影子汇率通过影子汇率换算系数计算，影子汇率换算系数是影子汇率与国家外汇牌价的比值。投资项目投入物和产出物涉及进出口的，应采用影子汇率换算系数调整计算影子汇率。

3. 影子工资

影子工资一般是通过影子工资换算系数计算。影子工资换算系数是影子工资与项目财务评价中劳动力的工资和福利费的比值。

五、不确定性分析(了解)

在项目评价时所采用的很多数据都是来自于估算和预测，具有某种不确定性，用带有不确定性的基础数据所作出的经济评价，也就含有许多虚假的成分，对于决策者来说是有风险性的，因此要在这种不确定条件下作出比较合乎情理的决策，就需要进行不确定性分析，估计项目可能存在的风险，考察其可行性。

不确定性分析就是研究经济因素发生变化时，经济评价结果的变化情况和变化范围，估计经济评价结果所面临的风险，为投资决策提供风险分析的资料和结果，以避免投资决策的失误。常用的不确定性分析方法有盈亏平衡分析、敏感性分析和概率分析。

（一）盈亏平衡分析（了解）

盈亏平衡分析（也称量本利分析）是在一定市场、生产能力及经营管理条件下（即假设在此条件下生产量等于销售量），研究项目的产量、成本与收益之间平衡关系的方法。任何一个项目都存在盈利和亏损的可能性，盈利与亏损有个分界点，称为盈亏平衡点（简称 BEP）。在这一点上，收入等于成本，项目既未盈利也未亏损。盈亏平衡分析包括线性盈亏平衡分析和非线性盈亏平衡分析。

1.线性盈亏平衡分析

当投资项目的销售收入及成本都是产量的线性函数时，此时盈亏平衡分析称之为线性盈亏平衡分析。

(1)线性盈亏平衡分析要满足以下四个前提条件：

1)生产量等于销售量；

2)生产量变化，单位可变成本不变，从而总生产成本为生产量的线性函数；

3)生产量变化，销售单价不变，从而销售收入为销售量的线性函数；

4)只生产单一产品，或者生产多种产品，但可以换算为单一产品计算。

(2)线性盈亏平衡分析的基本分析

利润＝销售收入－总成本－税金

销售收入＝单位售价×销量

总成本＝变动成本＋固定成本＝单位变动成本×产量＋固定成本

销售税金＝(单位产品销售税金＋单位产品增值税)×销售量

将销售收入、总成本、销售税金代入利润公式，则利润的数学表达式为：

$$B=PQ-C_VQ-C_F-T\times Q$$

式中：C_F——年固定总成本；

C_V——单位产品变动成本；

P——单位产品销售价格；

T——单位产品销售税金和单位产品增值税；

Q——销售或生产量。

1)以产销量(工程量)表示的盈亏平衡点

$$\text{BEP}(Q)=\frac{C_F}{P-C_V-T}$$

盈亏平衡点越低，达到盈亏平衡点的盈亏平衡产销量就越少，项目投产后的盈利可能性越大，适应市场变化的能力越强，抗风险能力也越强。

2)以销售单价表示的盈亏平衡点

$$\text{BEP}(P)=\frac{C_F}{Q}+C_V+T$$

3)以生产能力利用率表示的盈亏平衡点

$$\text{BEP}(\%)=\frac{\text{BEP}(Q)}{Q}=\frac{C_F}{(P-C_V-T)\times Q}$$

4)以销售额表示的盈亏平衡点

$$BEP(S)=BEP(Q)\times P=\frac{P\times C_F}{P-C_V-T}$$

(3)经营风险状况分析

利用盈亏平衡分析可以对方案的经营风险状况进行评价。一般采用经营安全率来说明方案的经营安全或抵御风险的状况。经营安全率是指在方案设计生产能力下,能获利的产量占设计生产能力的百分比。其计算公式为:

$$A=\frac{Q-Q_c}{Q}\times 100\%$$

式中:A——经营安全率;

Q——项目设计生产能力;

Q_c——盈亏平衡点上的产量。

经营安全率越大,说明方案越安全,抗风险能力也越强。

2. 非线性盈亏分析

在实际生产经营过程中,投资项目的产品价格与成本不一定是常数,此时销售收入与产量的关系呈非线性关系。同样,变动成本在不同生产规模下也不一定保持不变,因此总成本函数与产量也可能是非线性关系。当销售收入函数与成本函数呈现非线性关系时的盈亏分析称为非线性盈亏分析。

在非线性盈亏分析时,如果一个企业生产多种产品,可换算成单一产品,或选择其中一种不确定性最大的产品进行分析。运用盈亏平衡分析,在方案选择时应优先选择平衡点较低者,盈亏平衡点越低意味着项目的抗风险能力越强,越能承受意外的风险。

在需要对若干个互斥方案进行比选的情况下,如果有一个共有的不确定因素影响这些方案的取舍,可以先求出两种方案的盈亏平衡点,再根据盈亏平衡点进行方案取舍。

(二)敏感性分析(了解)

敏感性分析是研究不确定因素对项目经济效果的影响。具体来说,它是通过测定一个或多个不确定因素的变化所导致的决策评价指标的变化幅度,了解各种因素对实现预期目标影响的程度。敏感性分析包括单因素敏感性分析和多因素敏感性分析。

1. 单因素敏感性分析的步骤和方法

(1)确定分析指标

敏感性分析指标就是敏感性分析的具体对象,敏感性分析的对象应该是项目的经济效果,而项目的经济效果却是由作为评价标准的技术经济指标加以反映的,其各个标准都有特定含义,因而分析所反映的问题有所不同。实际上,不可能也不需要用每种经济评价标准来作敏感性分析,而应该根据经济评价深度和项目特点、不同研究阶段、实际需求情况和指标的重要程度,选择一种或几种主要评价指标进行分析。但无论选用哪种指标,都应与效益费用分析的评价标准一致。

(2)设定不确定性因素

影响工程项目经济效果的不确定因素很多,应该说,凡是影响方案经济效果的因素都在某种程度上带有不确定性。但实际上不可能也没必要对全部不确定因素逐个分析,而应该根据项目特点给定几个变化可能性较大,且对项目经济效果影响较大的因素即可。

(3)计算分析影响程度

计算分析不确定因素的变动对分析指标的影响程度，并建立起对应的数量关系，并用图表的形式表示出来。

(4)找出敏感因素，对方案的风险作出判断

敏感因素是指能引起经济效果产生相应较大变化的因素。测定某种特定因素敏感与否，可以通过计算敏感度系数和临界点来判断。

敏感度系数是指表示项目评价指标对不确定因素的敏感程度，也就是项目效益指标变化率与不确定性因素变化率之比。即设定要分析的因素均从不确定性分析中所采取的数值开始变动，且各因素每次变动的幅度(增或减的百分数)相同，比较在同一变动幅度下各因素的变动对经济评价指标的影响，敏感度系数高表示项目效益对该不确定因素敏感程度高。

其计算公式为：

$$E=\Delta A/\Delta F$$

式中：E——敏感度系数；

ΔF——不确定因素 F 发生的变化率；

ΔA——不确定因素 F 发生 ΔF 变化率时，评价指标 A 的相应变化率。

临界点是指不确定性因素的变化使项目由可行变为不可行的临界数值。即该不确定因素使项目内部收益率等于基准收益率或净现值变为零时的变化百分率，当该不确定因素为费用科目时，即为其增加的百分率；当其为效益科目时为降低的百分率。临界点可以用专用软件的财务函数计算，也可由敏感性分析图直接求得近似值。

(5)方案选择

一般选择敏感程度小、承受风险能力强、可靠性大的项目或方案。

2. 多因素敏感性分析

多因素敏感性分析是对两个或两个以上互相独立的不确定因素同时变化时，分析这些变化的因素对经济评价指标的影响程度和敏感程度。

在实际中，一个因素的变动往往也伴随着其他因素的变动。单因素敏感性分析忽略了各种因素之间的相互作用，而多因素敏感性分析则考虑了这种相关性，因而能反映几个因素同时变动对项目评价指标产生的综合影响，弥补了单因素分析的局限性，更全面地揭示了事物的本质。因此，对一些有特殊要求的项目进行敏感性分析时，除单因素敏感性分析外，还应进行多因素敏感性分析。多因素敏感性分析的方法主要有：

(1)敏感面分析法

一次改变一个参数的敏感性可以得到敏感性曲线，如果分析两个参数同时变化的敏感性，就可以得到敏感面，根据其所反映出的对投资效果的影响来进行判断。

(2)乐观—悲观分析法

当分析的不确定因素不超过三个，且计算指标比较简单时，可以采用乐观—悲观分析法。其基本思路是：对技术方案的各种参数分别给出三个预测值(估计值)，即悲观的预测值、最可能的预测值、乐观的预测值。然后根据这三种预测值对技术方案进行敏感性分析并作出评价。

(三)概率分析(风险分析)(了解)

概率分析是利用概率来研究和预测不确定因素对项目经济评价指标影响的一种定量分析方法。

1. 概率分析的步骤

(1)选定一个或几个评价指标；

(2)选择需要进行概率分析的不确定因素；

(3)预测不确定因素变化的取值范围及概率分布；

(4)计算评价指标相应取值和概率分布；

(5)计算评价指标的期望值和项目可接受概率；

(6)分析计算结果，判断其可接受性，找出应对措施。

2. 概率分析的方法

(1)净现值的期望值

在对项目进行概率分析时，一般都要计算项目净现值的期望值及净现值大于或等于零时的累计概率。累计概率越大，表明项目承担的风险越小。

$$E(\mathrm{NPV})=\sum_{i=1}^{n}\mathrm{NPV}_i \times P_i$$

式中：$E(\mathrm{NPV})$——NPV 的期望值；

NPV_i——各种现金流量情况下的净现值；

P_i——对应于各种现金流量情况下的概率值。

如果决策目标是效益最大，则应采取收益期望值最大的方案，如果方案中对应的损益值为费用值，而且决策目标是费用最小，则应选择期望值最小的方案。

(2)决策树法

一般由决策点、机会点、方案枝、概率枝等组成。通过构成决策树来求取净现值的期望值大于等于零的概率，评价项目风险，判断其可行性的决策分析方法。

六、价值工程

价值工程是以提高产品(或作业)价值和有效利用资源为目的，通过有组织的创造性工作，寻求用最低的寿命周期成本，可靠地实现使用者所需功能的一种管理技术。这里的“工程”是指为实现提高价值的目标所进行的一系列分析研究的活动。“价值”也是一个相对的概念，是指作为某种产品或作业所具有的功能与获得该功能的全部费用的比值。它不是对象的使用价值和交换价值，而是对象的比较价值，是作为评价事物有效程度的一种尺度。其数学表达式为：

$$价值=\frac{功能}{成本}$$

简写为

$$V=\frac{F}{C}$$

式中：V——价值；

F——研究对象的功能，广义上是指产品或作业的功用和用途；

C——成本，即寿命周期成本。

(一)价值工程的特点(了解)

根据价值工程的定义，可以看出其具有以下特点：

(1)价值工程目标是提高产品价值，即以满足用户要求，不降低质量为前提，以尽可能低的寿命周期成本，实现产品的必要功能，使用户得到最大的经济效益。

(2)价值工程核心是对产品(或作业)进行功能分析。通过功能分析，研究出更好的办法来实现这个功能，从而达到取得良好经济效益的目的。

(3)价值工程是一种依靠集体智慧所进行的有组织、有领导、有计划的系统的管理活动。

(4)价值工程强调不断改革和创新。开拓新构思和新途径，获得新方案，创造新功能载体，从而简化产品结构，节约原材料，提高产品的技术经济效益。

(5)价值工程将产品价值、功能和成本作为一个整体同时来考虑。价值工程是在确保产品功能的基础上综合考虑生产成本和使用成本，兼顾生产者和用户的利益，创造出总体价值最高的产品。

(6)价值工程要求将功能定量化，即将功能转化为能够与成本直接相比的量化值。

(二)提高产品价值的途径(了解)

根据价值工程的基本公式 $V=F/C$，可以看出要提高价值有以下 5 种途径：

(1)成本不变，功能提高。即通过提高利用资源的成果或效用等方法，达到提高产品价值的目的。

(2)功能不变，成本降低。即在保持产品功能不变的前提下，通过采取措施降低成本，达到提高价值的目的。

(3)功能提高，成本降低。即在提高产品功能的同时，又降低产品成本。这也是提高价值最理想的途径，但对生产者要求较高，往往要借助科学技术才能实现。

(4)成本少量提高，功能大幅度提高。即成本虽然有所增加，但功能的提高超过了成本的增加，因此价值还是得到了提高。

(5)功能略有下降，成本大幅度下降。这种情况下，功能虽然降低了一些，但仍能满足顾客对产品的特定功能要求。即以微弱的功能下降换得成本较大的降低，最终提高产品的价值。

(三)价值工程的基本工作程序(掌握)

价值工程的一般工作就是对产品的功能和成本提出问题、分析问题、解决问题的过程。其一般工作步骤如下表所示。

<table>
<tr><th>工作阶段</th><th>工作步骤</th><th>对应问题</th></tr>
<tr><td rowspan="3">准备阶段</td><td>对象选择</td><td rowspan="3">1. 价值工程的研究对象是什么？
2. 围绕价值工程对象需要做哪些准备工作？</td></tr>
<tr><td>组成价值工程工作小组</td></tr>
<tr><td>制订工作计划</td></tr>
<tr><td rowspan="4">分析阶段</td><td>收集整理信息资料</td><td rowspan="4">3. 价值工程对象的功能是什么？
4. 价值工程对象的成本是多少？
5. 价值工程对象的价值是多少？</td></tr>
<tr><td>功能定义</td></tr>
<tr><td>功能整理</td></tr>
<tr><td>功能评价</td></tr>
<tr><td rowspan="3">创新阶段</td><td>方案创新</td><td rowspan="3">6. 有无其他方法可以实行同样功能？
7. 新方案的成本是多少？
8. 新方案能满足功能要求吗？</td></tr>
<tr><td>方案评价</td></tr>
<tr><td>提案编写</td></tr>
<tr><td rowspan="3">实施与评价阶段</td><td>方案审批</td><td rowspan="3">9. 怎样保证新方案的实施？
10. 价值工程活动的效果有多大？</td></tr>
<tr><td>方案实施</td></tr>
<tr><td>成果评价</td></tr>
</table>

1. 价值工程对象的选择

(1)对象选择的原则

一切具有使用价值的产品都可以作为分析的对象，但实际工作中不可能同时对所有产品进行分析，而要有所选择。选择的原则，应从实际出发，根据企业的发展方向，提高质量、降低成本的目标和存在的问题而定。一般来说，对象的选择原则有以下几方面。

1)设计方面，对产品结构复杂、性能和技术指标差距大、体积大、质量大的产品进行价值工程活动，可使产品结构、性能、技术水平得到优化，从而提高产品价值。

2)生产方面，对量多而广、关键部位、工艺复杂、原材料消耗高和废品率高的产品或零部件，特别是对量多、产值比重大的产品，只要成本下降，所取得总的经济效果就大。

3)市场销售方面，选择用户意见多、系统配套差、维修能力低、竞争力差、利润低的，生命周期较长的，市场上畅销但竞争激烈的新产品、新工艺等进行价值工程活动，以赢得消费者的认同，占领更大的市场份额。

4)成本方面，在同类产品中选择成本高、利润低的产品或成本构成中比重大的产品，如材料费、管理费、人工费等。推行价值工程就是要降低成本，以最低的寿命周期成本实现产品的必要功能。

(2)对象选择的方法

选择分析对象的方法有很多，每种方法都有自己的特点，适宜不同的价值工程对象，所以在选择时应根据本企业具体情况灵活选用适合的方法，这样才能取得较好的效果。常用的方法有因素分析法、ABC分析法、强制确定法、百分比分析法、价值指数法等。

1)因素分析法(经验分析法)

根据价值工程对象选择应考虑的各种因素，凭借分析人员经验集体研究确定选择对象。

2)ABC分析法

这种方法的基本原理是抓住“关键的少数和次要的多数”。抓住关键的少数可以解决问题的大部分。其基本思路是根据研究对象对某项目技术经济指标的影响程度和研究对象数量的比例大小两个因素，把所有研究对象划分为A、B、C三类。部件数量占10%～15%、成本占70%～80%的为A类；部件数量占15%～20%、成本占10%～20%的为B类；部件数量占60%～80%、成本占50%～10%的为C类。其中A类零部件是价值工程的主要研究对象。

3)强制确定法

以功能重要程度作为选择价值工程对象，先求出分析对象的成本系数、功能系数，然后得出价值系数，以揭示出分析对象的功能与成本之间是否相符。如果不相符，价值低的则被选为价值工程的研究对象。

强制确定法从功能和成本两方面综合考虑，比较适用、简便，不仅能明确揭示出价值工程的研究对象所在，而且具有数量概念。但这种方法是人为打分，不能准确地反映出功能差距的大小，只适用于部件间功能差别不太大且比较均匀的对象，而且一次分析的部件数目也不能太多。

4)百分比分析法

按照费用或资源对企业的某个技术经济指标的影响程度的大小(百分比)来选择价值工程对象的方法。

5)价值指数法

通过比较各个对象(或零部件)之间的功能水平位次和成本位次，寻找价值较低对象(零部件)，并将其作为价值工程研究对象的一种方法。

2.信息资料的搜集

分析对象确定以后，就要围绕分析对象收集必要的信息资料。一般包括以下几方面：

(1)销售和使用方面的信息资料。主要包括产品规格，使用环境，使用费用，可靠性，维修服务条件，价格范围，市场占有率，用户对产品性能、寿命、外观等方面的要求。

(2)技术方面的信息资料。包括设计图纸、说明书、技术标准、产品目录和手册，有关新结构、新材料、新技术、标准化和“三废”处理方面的资料，加工工艺、生产设备状况、产量、次品率及生产中的其他问题。

(3)费用方面的信息资料。包括材料费、装配费、外协费、运输费、试制费、维修费和管理费等。

(4)本企业的基本资料。包括生产规模、生产条件和经营情况等。

(5)政府和社会有关部门规定的法律、条例、方针和政策等方面的情况。

收集的信息资料要进行分类、整理，仔细分析，作出评价：哪些是可靠的，可作为分析的依据；哪些是不可靠的；哪些是可供参考的。

3.功能分析

(1)功能定义

功能定义是指用简明准确的语言来描述产品的功能和作用，其目的是为了限定功能概念的内容，明确功能概念所包含的本质，与其他功能相区别，以便实现功能评价。

(2)功能的分类

1)按功能的重要程度分为：基本功能和辅助功能。基本功能是要达到这种产品的目的所必不可少的功能，是产品的主要功能；辅助功能是为了更有效地实现基本功能而附加的功能，是次要功能。

2)按功能的性质分为：使用功能和美学功能。使用功能是从功能的内涵反映其使用属性，是一种动态功能；美学功能是从产品的外观反映功能的艺术属性，是一种静态的外观功能。

3)按用户的需求分为：必要功能和不必要功能。必要功能是指用户所要求的功能以及与实现用户所需求功能有关的功能，包括基本功能、辅助功能、使用功能、美学功能等；不必要功能是不符合用户要求的功能，包括多余功能、重复功能、过剩功能。

4)按功能的量化标准分为：过剩功能和不足功能。过剩功能是指某些功能虽属必要，但满足要求有余，在数量上超过了用户要求或标准功能水平；不足功能是相对于过剩功能而言，产品整体功能或零部件功能水平在数量上低于标准功能水平，不能完全满足用户需要。

5)按总体与局部分为：总体功能和局部功能。总体功能和局部功能是目的和手段的关系。总体功能以局部功能为基础，又呈现出整体的新特征。

(3)功能整理

功能整理就是按照一定的逻辑关系，把定义化了的功能系统化，确保必要功能，消除不必要的功能。一个产品的全部功能明确定义后，还要加以分析整理。目的是分清哪些是基本功能，哪些是必要的辅助功能，哪些是不必要的可以取消的功能，还应补充哪些功能，同时要明确各个功能之间的相互关系。对功能的分析整理，大致有以下内容。

1)挑选出基本功能。挑选出基本功能，又称最上位功能。挑选最上位功能，关键在于这个功能是否必不可少，是否是生产这一产品的主要目的。如果回答是肯定的，这个功能就是最基本功能，即最上位功能。除基本功能外，其余的就是辅助功能。

2)逐个明确功能之间的关系。明确各功能之间是上下关系还是并列关系。上下关系是指上位功能和下位功能的关系，上位功能是具有目的性的功能，下位功能是具有手段性的功能。同时，功能的上位和下位是相对的，一个功能对其上位功能是手段，对其下位功能则是目的。并列关系是指两个以上的功能处于同等地位，都是为实现同一目的而必须具备的手段。

3)排出功能系统图。根据“目的—手段”，把零部件之间的关系系统化，并把上位功能放在左边，下位功能放在右边，画出功能系统图。

4. 功能评价(掌握)

功能评价是指找出实现功能的最低费用作为功能的目标成本(又称功能评价值)，以功能目标成本为基准，通过与功能现实成本的比较，求出两者的比值(功能价值)和两者的差异值(改善期望值)，然后选择功能价值低、改善期望值大的功能作为价值工程活动的重点对象。

(1)功能最低成本 C 的计算

1)经验估计法。即邀请一些有实践经验的人，根据自己掌握的信息资料，运用已有的知识，对实现某项功能的方法先设想几个新方案，然后对新方案的成本进行估算，每人的估值可能不同，经协商一致或取平均值，在各方案的估算成本中，必有一个最小值，就以这个最小值作为功能最低成本。

2)实际调查法。以不同的功能类别收集企业内外实现该功能的不同程度的费用和技术资料，根据这些调查资料，确定它们的目前成本，再把目前成本按不同功能类别描绘在功能成本图上，找出该功能在各种实现程度下的最低成本。

(2)成本指数的计算

成本指数是指评价对象的现实成本在全部成本中所占的比率。其计算如下：

$$第\,i\,个评价对象的成本指数\,C_{\mathrm{I}}=\frac{第\,i\,个评价对象的现实成本\,C_{\mathrm{i}}}{全部成本}$$

(3)功能评价值 F 的计算

对象的功能评价值 F(目标)成本是指可靠地实现用户要求功能的最低成本。计算功能评价值的方法很多，这里仅介绍功能重要性系数评价方法。功能重要性系数评价方法是一种根据功能重要性系数确定功能评价值的方法。

1)确定功能重要性系数

①环比评分法(DARE)：通过确定各因素的重要性系数来评价和选择创新方案。

②强制评分法(FD)：包括 0—1 评分法和 0—4 评分法两种方法。采用一定的评分规则，强制性地对评价对象打分来评价其功能的重要性。

0—1 评分法是请 5～15 名对产品熟悉的人员参加功能的评价，按照功能的重要程度一一对比打分，重要的功能打 1 分，相对不重要的功能打 0 分。

0—4 评分法是因为 0—1 评分法的功能重要程度差别仅为 1 分，不能拉开档次。为弥补这一不足，将分档扩大为 4 级，其打分矩阵仍同 0—1 评分法。档次划分如下：

F_1 功能比 F_2 功能重要得多：F_1 得 4 分，F_2 得 0 分；

F_1 功能比 F_2 功能重要：F_1 得 3 分，F_2 得 1 分；

F_1 功能与 F_2 功能同等重要：F_1 得 2 分，F_2 得 2 分；

F_1 功能不如 F_2 功能重要：F_1 得 1 分，F_2 得 3 分；

F_1 功能远不如 F_2 功能重要：F_1 得 0 分，F_2 得 4 分。

强制确定法适用于被评价对象在功能重要程度上的差别不太大，并且评价对象子功能数目不太多的情况。

以各部分功能得分占总分的比例确定各部件功能评价指数的计算公式如下：

$$第\,i\,个评价对象的功能指数\,F_{\mathrm{I}}=\frac{第\,i\,个评价对象的功能得分值\,F_{\mathrm{i}}}{全部功能得分值}$$

如果功能评价指数大，说明功能重要；反之，功能评价指数小，说明功能不太重要。

2)确定功能评价值 F

①新产品设计：在功能重要性系数确定后，将目标成本按已有的功能重要性系数加以分配计算，求得各个功能区的功能评价值，并将此功能评价值作为功能的目标成本。

②既有产品的改进设计：功能区新分配成本与原成本之间存在差异时，若功能区新分配成本等于现实成本，以现实成本作为功能评价值 F；若新分配成本小于现实成本，以新分配成本作为功能评价值 F；若新分配成本大于现实成本，需要进行具体分析。如果因为功能重要性系数定得高，可适当降低；如果因为成本确实投入太少而不能保证必要功能，可以允许适当提高。

3)功能价值 V 的计算

①功能成本法

功能成本法(也称绝对值法)是通过一定的测算方法，测定实现应有功能所必须消耗的最低成本，同时计算为实现应有功能所耗费的现实成本，经过分析、对比，求得对象的价值系数和成本降低期望值，确定价值工程的改进对象。其表达式如下：

$$第\ i\ 个评价对象的价值系数\ V_i=\frac{第\ i\ 个评价对象的功能评价值\ F_i}{第\ i\ 个评价对象的现实成本\ C_i}$$

根据计算公式，功能的价值系数计算结果有以下 3 种情况：

第一种，$V_i=1$，即功能评价值等于功能现实成本，这表明评价对象的现实成本与实现功能所必需的最低成本大致相当。此时评价对象的价值为最佳，一般无需改进。

第二种，$V_i<1$，即功能评价值小于功能现实成本，这表明评价对象的现实成本偏高，而功能要求不高。一种可能是由于存在着过剩的功能，另一种可能是功能虽无过剩，但实现功能的条件或方法不佳，以致实现功能的成本大于功能的实际需要。这两种情况都应列入功能改进的范围，并且以剔除过剩功能及降低现实成本为改进方向，使成本与功能比例趋于合理。

第三种，$V_i>1$，即功能评价值大于功能现实成本，这说明该部件功能比较重要，但分配的成本比较少，此时应具体进行分析，功能与成本的分配可能已较理想，或者有不必要的功能，或者应该提高成本。

应注意：当 $V_i=0$ 时，要进一步分析。如果是不必要的功能，该部件则取消；如果是最不重要的必要功能，则要根据实际情况处理。

②功能指数法

功能指数法(也称相对值法)是通过评定各对象功能的重要程度，用功能指数 F_j 表示其功能程度的大小，然后将评价对象的功能指数 F_j 与相对应的成本指数 C_j 进行比较，得出该评价对象的价值指数 V_j，从而确定改进对象，并求出该对象的成本改进期望值。其表达式为：

$$第\ j\ 个评价对象的价值系数\ V_j=\frac{第\ j\ 个评价对象的功能指数\ F_j}{第\ j\ 个评价对象的成本指数\ C_j}$$

价值指数的计算结果也有 3 种情况。

第一种，$V_j=1$。此时评价对象的功能比重与成本比重大致平衡，合理匹配，可认为功能的实现成本是比较合理的。

第二种，$V_j<1$。此时评价对象的功能比重小于成本比重，表明相对于系统内的其他对象而言，目前所占的成本比重偏高，从而会导致该对象的功能过剩。此时应将评价对象列为改进对象，改善方向主要是降低成本。

第三种，$V_j>1$。此时评价对象的功能比重大于成本比重。出现这种结果的原因可能有 3 种：

a. 由于现实成本偏低，不能满足评价对象实现其应具有的功能要求，致使对象功能偏低。这种情况应列为改进对象，改善方向是增加成本。

b. 对象目前具有的功能已经超过了其应该具有的水平，也即存在过剩功能。这种情况也应列入改进对象，改善方向是降低功能水平。

c. 对象在技术、经济等方面具有某些特征，在客观上存在着功能很重要而需要消耗的成本却很少的情况。这一情况一般就不应列为改进对象。

4）确定价值工程对象的改进范围

对产品部件进行价值分析，就是使每个部件的价值系数尽可能趋近于1。价值工程对象经过以上各个步骤，特别是完成功能评价以后，得到其价值的大小，就明确了改进的方向、目标和具体范围。所以，确定对象改进范围的原则应为：

①F/C 值低的功能区域，即目标成本与现实成本的比值小于1，属于低功能领域，基本上都应作为提高功能的对象，通过改进设计使 V 达到1。

②$\Delta C=C-F$ 值大的功能区，因为 $(C-F)$ 的值反映了成本应降低的绝对值，该值越大，说明成本降低的幅度也越大。当几个功能区域的价值系数同样低时，就要优先选择 ΔC 数值大的功能区域作为重点对象。一般情况下，当 ΔC 大于零时，ΔC 大者为优先改进对象。

③复杂的功能区，说明其功能是通过采用很多零件来实现的。一般来说，复杂的功能区域其价值系数也较低。

5. 方案创造

方案创造是从提高对象的功能价值出发，在正确的功能分析和评价的基础上，针对应改进的具体目标，通过创造性的思维活动，提出能够可靠地实现必要功能的新方案。比较常用的方法有：

(1)头脑风暴法：由改进对象有较深了解的人员组成的小集体在非常融洽和不受任何限制的气氛中进行讨论、座谈，打破常规、积极思考、互相启发、集思广益，提出创新方案。这种方法可使获得的方案新颖、全面、富有创造性，并可以防止片面和遗漏。

(2)哥顿法：在研究新方案时，会议主持人把要研究的问题适当抽象，并不全部摊开要解决的问题，而是只对大家作一番抽象笼统的介绍，要求大家提出各种设想，以激发出有价值的创新方案。这种方法要求会议主持人机智灵活、提问得当。提问太具体，容易限制思路；提问太抽象，则方案可能离题太远。

(3)德尔菲法：组织者将研究对象的问题和要求函寄给若干有关专家，使他们在互不商量的情况下提出各种建议和设想，专家返回设想意见，经整理分析后，归纳出若干较合理的方案和建议，再函寄给有关专家征求意见，再回收整理。这种方法可以不受约束地从各种角度提出意见和方案，但花费时间较长，缺乏面对面的交谈和商议。

(4)专家检查法：主管设计的工程师先作出设计，提出完成所需功能的办法和生产工艺，然后顺序请各方面（如材料方面、生产工艺、工艺装备、成本管理、采购）的专家审查。这种方法一般先由熟悉的人进行审查，以提高效率。

6. 方案评价

方案评价是在方案创造的基础上对新构思的技术、经济和社会效果等几方面进行估价，以便选择最佳方案。

(1)概略评价：是对方案创新阶段提出的各个方案设想进行初步评价，目的是淘汰那些明显不可行的方案，筛选出少数几个价值较高的方案，以供详细评价作进一步的分析。

(2)详细评价：是在掌握大量数据资料的基础上，对通过概略评价的少数方案，从技术、经济和社会三个方面进行详尽的评价分析，为提案的编写和审批提供依据。

(3)方案综合评价：常用的定性方法有德尔菲法、优缺点列举法等；常用的定量方法有直接评分法、加权评分法、比较价值评分法、环比评分法、强制评分法、几何平均值评分法等。

【典型例题解析】

一、单项选择题

1. 现金流量图可以全面、直观地反映经济系统的资金运动状态，其中现金流量的三大要素包括(　　)。

A. 投入现金的额度、时间和回收点　　B. 现金流量的大小、方向和作用点

C. 现金流入的大小、方向和时间点　　D. 现金流出的额度、方向和时间点

【答案】 B

【考核点】 现金流量三要素

【解析】 现金流量图的三要素是现金流量大小(就是现金数量)、方向(就是现金流入或流出)和作用点(就是现金发生的时间点)。现金流量包括现金的流入量和流出量，只讲现金流入或现金流出的大小、方向和作用点是不全面的。在备选答案中，A、C、D 三项都是只提到现金的流入或流出，所以不符合规定，只有 B 项符合要求。因此，应选择 B。

2. 当名义利率一定时，(　　)。

A. 计息期越多，有效年利率越高　　B. 计息期越多，有效年利率越低

C. 有效年利率的数值与计息期数成正比　　D. 有效年利率的数值与计息期数成反比

【答案】 A

【考核点】 资金时间价值

【解析】 本题主要考查对名义利率与有效利率之间关系的理解。通常把按年计的利率称为名义利率，在名义利率一定时，每年计息期数越多，有效利率与名义利率相差越大。因此，有效年利率也就表现为越高。在备选答案中，只有 A 项符合。因此，应选择 A。

3. 某项贷款的计息周期为月，月利率为 3‰，则贷款的名义年利率为(　　)。

A. 8‰　　B. 8%　　C. 3.6%　　D. 3.6‰

【答案】 C

【考核点】 资金时间价值计算

【解析】 名义利率是指计息周期利率与一定时期内计息次数的乘积，计算时忽略了前面各期利息再生的因素，与单利的计算相同。所以，贷款的名义年利率为 3‰×12=3.6%，在备选答案中，只有 C 项符合。因此，应选择 C。

4. 某项目有 A、B、C 三个方案，寿命周期均为 8 年，按投资额由大到小排序为 A＞B＞C，方案 A 对于 B 的差额内部收益率为 7.5%，方案 B 对于 C 的差额内部收益率为 12.5%，基准收益率为 10%，则最优方案为(　　)。

A. A 方案　　B. B 方案　　C. C 方案　　D. 不能确定

【答案】 B

【考核点】 技术方案的比较

【解析】 本题考核的是寿命期相同的互斥方案进行经济评价的方法。寿命期相同的两个方案相比较，差额内部收益率大于基准收益率的，投资大的方案为优，反之，投资小的方案优。

题目中 A、B 方案相比，其差额内部收益率小于基准收益率，所以 B 方案优于 A 方案；B 和 C 相比差额内部收益率大于基准收益率，所以 B 方案优于 C 方案。因此，应选择 B 方案。

5. 在价值工程活动中，价值指数 V_i 的计算结果不同，采取的改进策略也不同。下列改进策略中正确的是（　　）。

A. $V_i<1$ 时，应改进评价对象，改善的方向主要是提高功能水平

B. $V_i<1$ 时，应改进评价对象，改善的方向主要是增加成本

C. $V_i>1$ 时，应改进评价对象，改善的方向主要是降低功能成本

D. $V_i>1$ 时，应改进评价对象，应作进一步分析后再确定

【答案】 D

【考核点】 价值工程

【解析】 本题考核的内容是价值功能分析。当 $V_i<1$ 时，评价对象的成本比重大于其功能比重，故改善方向主要是降低成本；当 $V_i>1$ 时，评价对象的成本比重小于其功能比重，原因可能是：①现实成本偏低，不能实现其对应的功能要求，致使对象功能偏低，故改善方向为增加成本；②功能过剩，对象目前具有的功能超过了其应具有的水平，故应降低功能水平；③客观上可能存在某些功能很重要而需要消耗的成本却较少的情况，一般不应列为改进对象。在备选答案中，只有 D 项正确，因此，应选择 D。

二、多项选择题

1. 资金时间价值产生的原因主要是因为（　　）。

A. 货币增值因素　　B. 人为因素

C. 时间风险因素　　D. 资金多少因素

E. 通货膨胀因素

【答案】 A、C、E

【考核点】 资金时间价值

【解析】 资金之所以会产生时间价值，主要是因为：第一，资金在生产和流通领域的循环往复运动中实现增值，即货币增值；第二，由于社会平均物价水平的不断上涨所引起货币的贬值，要通过货币的时间价值来进行补偿；第三，未来的预期收入具有不确定性，时间长，风险也随时间的增加而增大，人们对未来的不确定性也需要用一定量的货币作为补偿。因此可以看出，货币时间价值的产生主要是由于货币增值因素、时间风险因素和通货膨胀因素。而人为因素和资金的多少并不是其产生的原因，只是对资金时间价值的大小有影响。因此，应选择 A、C、E。

2. 影响资金等值的因素包括（　　）。

A. 资金额的大小　　B. 资金发生的时间

C. 资金的终值　　D. 资金的现值

E. 利率

【答案】 A、B、E

【考核点】 资金等值

【解析】 在特定利率下，不同时间点上，绝对数额不等而经济价值相等的资金称为等值资金。影响资金等值的因素有 3 个：资金额的多少、资金发生的时间、利率（或折现率）的大小。在备选答案中，A、B、E 三项都符合条件。因此，应选择 A、B、E。

3. 在下列投资项目评价指标中，属于静态评价指标的有（　　）。

A. 净年值　　　　　　　　　　　　B. 投资收益率
C. 借款偿还期　　　　　　　　　　D. 偿债备付率
E. 经济内部收益率

【答案】 B、C、D

【考核点】 经济评价指标

【解析】 评价指标是动态评价指标还是静态评价指标，主要看是否考虑了资金时间价值。如果没有考虑资金时间价值的指标就是静态评价指标。在所给的答案中，投资收益率、借款偿还期、偿债备付率都属于静态评价指标，而净年值和经济内部收益率属于动态评价指标。因此，应选择B、C、D。

4. 利用功能指数法进行价值分析时，如果 $V_i>1$，则可能的原因是(　　)。
A. 目前成本偏低，不能满足评价对象应具有的功能要求
B. 功能过剩，已经超过了应具有的功能水平
C. 功能成本比较好，是价值分析追求的理想目标
D. 实现功能的条件和方法不佳，致使成本过高
E. 功能很重要，但成本较低，不必列为改进对象

【答案】 A、B、E

【考核点】 价值工程

【解析】 在价值工程功能分析时，当 $V_i>1$ 时，此时评价对象的成本比重小于其功能比重。出现这种结果的原因可能有三种：(1)由于现实成本偏低，不能满足评价对象实现其应具有的功能要求，致使对象功能偏低，这种情况应列为改进对象，改善方向是增加成本；(2)对象目前具有的功能已经超过了其应该具有的水平，也即存在过剩功能，这种情况也应列入改进对象，改善方向是降低功能水平；(3)对象在技术、经济等方面具有某些特征，在客观上存在着功能很重要而需要消耗的成本却很少的情况，这一情况一般就不应列为改进对象。因此，应选择A、B、E。

5. 下列各项中，属于不确定性分析的方法是(　　)。
A. 价值分析　　　　　　　　　　　B. 盈亏平衡分析
C. 敏感性分析　　　　　　　　　　D. 概率分析
E. 功能分析

【答案】 B、C、D

【考核点】 不确定性分析

【解析】 由于项目评价所采用的数据很多来自于估算和预测，带有不确定性，所以要进行不确定性分析，分析不确定因素对经济评价指标的影响。常用的不确定性分析方法有盈亏平衡分析、敏感性分析和概率分析。因此，应选择B、C、D。

三、判断题

1. 现金流量就是现金的流出量。　　(　　)

【答案】 ×

【考核点】 现金流量的概念

【解析】 现金流出量、现金流入量和净现金流量统称为现金流量，而不仅指现金的流出量。

2. 在现金流量图中，垂直线的长度与现金流量的金额成反比。　　(　　)

【答案】 ×

【考核点】 现金流量图

【解析】 在现金流量图中，垂直线的长度与现金流量的金额成正比，金额越大，相应垂直线的长度越长。

3. 在国民经济评价中，费用与效益的计算范围应一致。 （ ）

【答案】 √

【考核点】 国民经济评价

【解析】 国民经济评价应遵循费用与效益的计算范围一致的基本原则，在计算范围的确定时需要仔细分析，确保费用与效益的计算范围保持一致。

4. 在非线性盈亏分析时，盈亏平衡点越低，意味着项目的抗风险能力越差。 （ ）

【答案】 ×

【考核点】 盈亏平衡分析

【解析】 在非线性盈亏分析时，盈亏平衡点越低，意味着项目的抗风险能力越强，越能承受意外的风险。

5. 价值工程的“价值”就是指产品的价格大小。 （ ）

【答案】 ×

【考核点】 价值工程的含义

【解析】 价值工程的“价值”是一个相对的概念，是指作为某种产品或作业所具有的功能与获得该功能的全部费用的比值。

【习 题 精 练】

一、单项选择题

1. 在下述各项中，不构成现金流量的是（ ）。

A. 折旧　　B. 投资　　C. 经营成本　　D. 税金

2. 某企业年初向银行借款 1 500 万元，年有效利率为 10%。若按月复利计息，则该年第 3 季度末借款本利和为（ ）万元。

A. 1 611.1　　B. 1 612.5　　C. 1 616.3　　D. 1 237.5

3. 在资金时间价值计算的公式中，一次支付现值的公式是（ ）。

A. $P=F\cdot(1+i)^{n}$　　B. $P=F\cdot(1+i)^{-n}$

C. $P=F\cdot[(1+i)^{n-1}]/i$　　D. $P-F\cdot i[(1+i)^{n-1}]$

4. 某企业为 4 年后的第 5 年年初至第 7 年年末每年投资 100 万元建立一个新项目，已知年利率 10%，则该企业现在应准备资金数量为（ ）。

A. 100(P/A，10%，3)(*P*/*F*，10%，4)　　B. 100(A/P，10%，3)(A/F，10%，4)

C. 100(P/A，10%，3)(*F*/*P*，10%，4)　　D. 100(A/P，10%，3)(*F*/*A*，10%，4)

5. 净现值率是净现值与（ ）的比值。

A. 投资总额　　B. 投资现值　　C. 投资年值　　D. 投资未来值

6. 方案的投资发生在期初，且各年的净收益均相等时，投资回收期与投资收益（ ）。

A. 相等　　B. 互为倒数　　C. 无关　　D. 成正比

7. 对于正常经营企业来说，一般利息备付率应（ ）。

A. 等于 1　　B. 小于 1　　C. 大于 1　　D. 大于 2

8. 互斥方案比选时，用净现值法和增量内部收益率法进行项目比选的结论（ ）。

A. 相同　　B. 不相同　　C. 不一定相同　　D. 近似

9. 下列评价指标中，属于动态指标的是(　　)。

A. 投资利润率　　B. 投资利税率
C. 内部收益率　　D. 流动比率

10. 按照差额内部收益率的比选准则，若 $\Delta IRR < i_0$，则(　　)。

A. 投资小的方案为优　　B. 投资大的方案为优
C. 所有方案都不可行　　D. 不能判断

11. 方案寿命期内，使净现金流量的净现值等于零时的收益率称为(　　)。

A. 净现值率　　B. 投资收益率　　C. 内部收益率　　D. 折现率

12. 某企业年产量 4 万件，年固定成本为 20 万元，其单位可变成本为 15 元，产品市场价格为 25 元/件，该企业当年免征销售税金，则该企业当年盈亏平衡点价格为每件(　　)元。

A. 15　　B. 18　　C. 20　　D. 25

13. 下面不是线性盈亏平衡分析前提条件的是(　　)。

A. 销售收入是销售量的线性函数
B. 单位可变成本随生产量的增加成比例降低
C. 销售收入与销售量之间成线性比例关系
D. 只生产单一产品，且生产量等于销售量

14. 速动比率指标是用于反映项目(　　)。

A. 偿债能力　　B. 偿付流动负债的能力
C. 财务风险程度　　D. 快速偿付流动负债能力

15. 用销售量表示的盈亏平衡点越低，则项目(　　)。

A. 安全性越小　　B. 抗风险能力越小
C. 盈利的可能性大　　D. 发生亏损的机会大

16. 国民经济分析中所有的社会折现率就是资金的(　　)。

A. 名义利率　　B. 有效利率　　C. 年利率　　D. 影子利率

17. 价值工程的核心是(　　)。

A. 提高价值　　B. 功能分析　　C. 降低成本　　D. 方案创造

18. 价值、成本、功能这三者的关系是(　　)。

A. 成本＝价值×功能　　B. 价值＝成本×功能
C. 价值＝功能/成本　　D. 功能＝价值/成本

19. 在功能成本表达式 $V=F/C$ 中，V 代表(　　)。

A. 成本系数　　B. 价值功能　　C. 价值系数　　D. 价值功能系数

20. 价值工程工作步骤的正确顺序是(　　)。

A. 提出改进方案、方案的评价与选择、功能分析、功能评价
B. 功能分析、功能评价、提出改进方案、方案的评价与选择
C. 功能评价、功能分析、提出改进方案、方案的评价与选择
D. 方案的评价与选择、功能评价、功能分析、提出改进方案

二、多项选择题

1. 建设项目的现金流入量一般包括(　　)。

A. 产品销售收入　　B. 回收固定资产原值

C. 流动资金　　D. 回收流动资金

E. 税金

2. 下列关于现金流量图表述正确的是(　　)。

A. 是一种反映经济系统资金运动状态的图式

B. 横轴表示一个从 0 开始到 n 的时间序列

C. 和横轴相连的垂直线箭头向上表示现金流出

D. 横轴反映的是所考察的经济系统的寿命周期

E. 现金的流入与流出是相对特定的经济系统而言的

3. 利息作为衡量资金时间价值的绝对尺度,是指(　　)。

A. 资金所有者转让资金使用权而获得的报酬

B. 资金使用着为取得他人资金使用权而付出的代价

C. 资金的一种机会成本

D. 考虑通货膨胀所得的补偿

E. 投资者的一种收益

4. 利率是国民经济发展的重要杠杆之一,以下有关利率的表述正确的是(　　)。

A. 利率的高低由社会平均利润率的高低决定

B. 社会平均利润率一定时,利率高低取决于金融市场上借贷资本的供求状况

C. 利率与风险大小成正比

D. 通货膨胀对利率的波动没有太大影响

E. 利率与借贷期限长短无关

5. 下列关于年实际利率说法正确的有(　　)。

A. 当计息期数 $m=1$,实际利率=名义利率

B. 当计息期数 $m=1$,实际利率<名义利率

C. 当 m 越大,年实际利率越大

D. 当 m 越大,年实际利率越小

E. 当 m 越小,年实际利率越大

6. 等额支付现值公式应满足的条件是(　　)。

A. 支付期每期间隔相等　　B. 每次支付金额相等

C. 每次支付金额可以不等　　D. 支付期每期间隔可以不等

E. 第一次支付在期末,以后每次支付均在期末

7. 经济评价的主要内容包括(　　)。

A. 盈利能力　　B. 管理能力

C. 筹资能力　　D. 清偿能力

E. 抗风险能力

8. 在进行国民经济评价时,不应考虑为费用或收益的项目是(　　)。

A. 土地费　　B. 国家和地方政府的税收

C. 国内银行借款利息　　D. 国外银行借款利息

E. 国家和地方政府给予项目的补贴

9. 下列属于国民经济评价参数的有(　　)。

A. 行业基准收益率　B. 影子价格　C. 影子汇率　D. 官方汇率　E. 社会折现率

10. 下列属于特殊投入物的是(　　)。

A. 资金　　B. 劳动力　　C. 土地　　D. 机械设备　　E. 自然资源

11. 对能满足同一需要的各种技术方案进行动态评价时，如果逐年收益没有办法或没有必要具体核算时，可采用(　　)。

A. 内部收益率法　　B. 净现值法

C. 净现值率法　　D. 费用现值法

E. 费用年值法

12. 影响盈亏平衡点产量的因素有(　　)。

A. 设计生产能力　　B. 总固定成本

C. 产品价格　　D. 单位产品变动成本

E. 所得税

13. 线性盈亏平衡分析要满足的前提条件是(　　)。

A. 生产量等于销售量　　B. 总生产成本为生产量的线性函数

C. 销售收入为销售量的线性函数　　D. 生产多种产品

E. 只生产单一产品

14. 在进行寿命期不同的互斥方案选择时，可采用的方法是(　　)。

A. 最小公倍数法　　B. 内部收益率法

C. 净年值法　　D. 差额净现值法

E. 资金利润率

15. 测定某种特定因素敏感与否，可以通过计算(　　)来判断。

A. 净年值　　B. 净年值率　　C. 敏感度系数　　D. 临界点　　E. 风险

16. 概率分析方法是在已知概率分布的情况下，计算(　　)来反映方案的风险程度。

A. 期望值　　B. 净终值　　C. 净年值　　D. 净收益　　E. 均方差

17. 对建设项目进行不确定性分析的目的是(　　)。

A. 减少不确定性对经济效果评价的影响　　B. 预测项目承担风险的能力

C. 增加项目的经济效益　　D. 确定项目财务上的可靠性

E. 提高投资决策的科学性

18. 关于价值工程的特点叙述正确的有(　　)。

A. 价值工程目标是提高产品价值　　B. 价值工程核心是降低成本

C. 价值工程强调不断改革和创新　　D. 价值工程要求将功能定量化

E. 价值工程将产品价值、功能和成本作为一个整体同时来考虑

19. 价值工程工作的分析阶段的主要工作内容包括(　　)。

A. 收集整理信息资料　　B. 功能定义

C. 方案评价　　D. 功能整理

E. 功能评价

20. 计算功能最低成本的常用方法有(　　)。

A. 头脑风暴法　　B. 哥顿法

C. 德尔菲法　　D. 经验估计法

E. 实际调查法

三、判断题

1. 在相同的利率下，数额相等、发生在不同时间的两笔现金流量的价值不相等。 ( )

2. $(A/F,i,n)=1/(F/A,i,n)$不成立。 ( )

3. 有关资金时间价值的计算公式是在复利计算的基础上演算而来的。 ( )

4. 若一年中复利计息的次数大于1，则名义利率高于其实际年利率。 ( )

5. 影响资金等值的因素有资金的流向、流量以及利率。 ( )

6. 内部收益率的大小主要与项目的初始投资有关。 ( )

7. 国民经济评价主要是考察项目投资在财务上的潜在获利能力。 ( )

8. 若方案的净现值小于零，则表明该方案为选优方案。 ( )

9. 采用 NPV 或 IRR 最大准则都能保证互斥方案比选结果的正确性。 ( )

10. 内部收益率反映了投资的使用效率。 ( )

11. 在常规投资项目中，只要累计净现金流量大于零，则其内部收益率方程有唯一解，此解就是项目的内部收益率。 ( )

12. 敏感性越高的因素给项目带来的风险越大。 ( )

13. 决策树方法采用的决策原则为满意原则。 ( )

14. 在概率分析中，不确定因素的概率分布是未知的。 ( )

15. 影子汇率是能正确反映外汇真实价值的汇率。 ( )

16. 盈亏平衡生产能力利用率应该大于或等于设计的生产能力利用率。 ( )

17. 临界点是指不确定性因素的变化使项目由一般方案变为较优方案。 ( )

18. 盈亏平衡单位产品变动成本是根据确定的产量设定的。 ( )

19. 价值工程的“价值”是对象的使用价值和交换价值。 ( )

20. 功能的价值系数$V_i=1$，此时评价对象应列入改进的范围。 ( )

四、综合分析题

1. 有一笔资金 1 000 万元，年利率为 12%，计息期为半年，求一年后的本利和F。

2. 某单位准备以 850 万元投资某一项目，基准收益率为 10%，该项目寿命期为 10 年，投资后每年经营成本为 20 万元，前三年每年收益 100 万元，第三年末追加投资 200 万元，今后每年收益均为 240 万元。试计算：该项目收益的净现值及净年值。

【习题答案及简析】

一、单项选择题

1. A 【简析】根据现金流量的定义，现金流量是指现金的流入量和流出量以及净现金流量。折旧不符合其含义要求，所以不构成现金流量内容。因此，应选择 A。

2. A 【简析】按照有效利率的计算关系式：年有效利率＝$(1+月利率)^{12}-1$，则月利率＝$(年有效利率+1)^{1/12}-1$。按月复利计算，则第 3 季度末借款本利和为 $1\ 500\times(1+10\%)^{9}=1\ 611.1$ 万元。因此，应选择 A。

3. B 【简析】根据资金时间价值计算的公式中的一次支付现值计算公式可以判断 B 项为正确的计算公式。因此，应选择 B。

4. A 【简析】分析题意可知，企业前 4 年为一次支付，后 3 年为等额支付，因此计算时要用一次支付现值系数和等额支付现值系数进行。因此，应选择 A。

5.B 【简析】根据净现值率的定义，净现值率是净现值与投资现值的比率。因此，应选择B。

6.B 【简析】在方案的投资发生时间和各年的净收益均相等情况下，投资收益越大，则其投资回收期越短，因此它们之间是互为倒数关系。因此，应选择B。

7.D 【简析】利息备付率是评价投资项目偿还能力的重要指标，对于正常经营企业，利息备付率>2，否则，项目付息能力不足。因此，应选择D。

8.C 【简析】用净现值法和增量内部收益率法对互斥方案比选时，比选的结论不一定相同，有时会出现矛盾，这时要通过和基准比率进行比较来确定方案。因此，应选择C。

9.C 【简析】投资利润率、投资利税率和流动比率都属于静态评价指标，而内部收益率是属于动态评价指标。因此，应选择C。

10.A 【简析】根据差额内部收益率的比选准则，当差额内部收益率小于基准收益率时，应选投资小的方案。因此，应选择A。

11.C 【简析】根据内部收益率的定义，方案寿命期内，使净现金流量的净现值等于零时的收益率称为内部收益率。因此，应选择C。

12.C 【简析】根据用销售单价表示的盈亏平衡点的计算公式：盈亏平衡点价格=(20/4)+15+0=20。因此，应选择C。

13.D 【简析】线性盈亏平衡分析的前提条件包括：生产量等于销售量；生产量变化，单位可变成本不变，总生产成本为生产量的线性函数；生产量变化，销售单价不变，销售收入为销售量的线性函数；只生产单一产品，或者生产多种产品，但可以换算为单一产品计算。因此，应选择D。

14.D 【简析】根据速动指标的含义，其是用于反映快速偿付流动负债能力的指标。因此，应选择D。

15.C 【简析】用销售量表示的盈亏平衡点越低，达到此点的盈亏平衡产量和收益或成本也就越少，盈利性越大，适应市场变化能力越强，抗风险能力也越强。因此，应选择C。

16.D 【简析】国民经济分析中所有的社会折现率就是资金的影子利率。因此，应选择D。

17.B 【简析】根据价值工程的含义，价值工程的核心内容就是进行功能分析。因此，应选择B。

18.C 【简析】根据价值工程的表达式可知，价值=功能/成本，在备选答案中，只有C项符合。因此，应选择C。

19.C 【简析】根据价值工程的含义，V所反映的是价值系数，在备选答案中，只有C项符合。因此，应选择C。

20.B 【简析】价值工程的工作顺序为：对象选择和资料收集、功能分析、功能评价、提出改进方案、方案的评价与选择。因此，应选择B。

二、多项选择题

1.A、B、D 【简析】建设项目的现金流入量一般包括产品销售收入、回收固定资产原值及回收流动资金等，A、B、D三项都符合，而流动资金和税金属于现金流出量的内容，不符合题意。因此，应选择A、B、D。

2.A、B、D、E 【简析】根据现金流量图的含义及绘制规则，备选答案中A、B、D、E四项都符合要求，而和横轴相连的垂直线箭头向上表示现金流入，所以C项错误。因此，应选择A、

B、D、E。

3. A、B、C、E 【简析】利息常被看作是资金的机会成本，因为如果放弃资金使用权，就相当于失去收益的机会，从投资角度看，利息是放弃使用所得到的补偿。通货膨胀会导致资金贬值，但利息并不是对通货膨胀的补偿。因此，应选择 A、B、C、E。

4. A、B、C 【简析】在所给的备选答案中，A、B、C 三项均正确，而通货膨胀对利率的波动有直接影响，且利率与借贷期限长短成正比，所以后两项不正确。因此，应选择 A、B、C。

5. A、C 【简析】当一年内计息多次时，区分名义利率和实际利率才有意义，当一年内计息一次时，名义利率就是实际利率，即当 $m=1$，实际利率＝名义利率；m 越大，年实际利率越大。因此，应选择 A、C。

6. A、B、E 【简析】根据等额支付的含义可知，备选答案中的 A、B、E 三项均符合等额支付现值的条件，而 C、D 两项不符合。因此，应选择 A、B、E。

7. A、D、E 【简析】经济评价主要是分析和测算项目计算期的盈利能力和盈利水平；分析和测算项目偿还贷款的能力和投资的回收能力；考察项目承受各种投资风险的能力，备选答案中，A、D、E 三项都符合要求，而其他两项不符合。因此，应选择 A、D、E。

8. B、C、E 【简析】从国民经济的角度看，并没有造成资源的实际增加或者减少，而是国民经济内部的“转移支付”，不计作项目的国民经济效益与费用。所以，国家和地方政府的税收、国内银行借款利息、国家和地方政府给予项目的补贴不应考虑。因此，应选择 B、C、E。

9. B、C、E 【简析】国民经济评价是指按照合理配置资源的原则，采用影子价格、影子汇率、社会折现率等国民经济评价参数，从国民经济的角度考察项目所耗费的社会资源和对社会的贡献，评价项目的经济合理性。因此，应选择 B、C、E。

10. B、C、E 【简析】特殊投入物是指项目建设、生产运营中使用的劳动力、土地和自然资源等。因此，应选择 B、C、E。

11. D、E 【简析】在各种技术方案进行动态评价时，如果逐年收益没有办法或没有必要具体核算时，则可对方案的费用进行比较，费用小的方案为优方案。在备选答案中，D、E 两项符合要求。因此，应选择 D、E。

12. B、C、D 【简析】盈亏平衡分析是研究项目的产量、成本与收益之间平衡关系的方法，盈利与亏损的分界点，称为盈亏平衡点。在这一点上，收入等于成本，项目既未盈利也未亏损。在备选答案中，总固定成本、产品价格和单位产品变动成本对盈亏平衡点有影响。因此，应选择 B、C、D。

13. A、B、C、E 【简析】线性盈亏平衡分析要满足四个前提条件：生产量等于销售量；生产量变化，单位可变成本不变，从而总生产成本为生产量的线性函数；生产量变化，销售单价不变，从而销售收入为销售量的线性函数；只生产单一产品，或者生产多种产品，但可以换算为单一产品计算。因此，应选择 A、B、C、E。

14. A、B、C 【简析】在进行寿命期不同的互斥方案选择时，一般可采用的方法是最小公倍数法、内部收益率法、净年值法和研究期法等方法，不适合用差额净现值法和资金利润率法。因此，应选择 A、B、C。

15. C、D 【简析】敏感因素是指能引起经济效果产生相应较大变化的因素。测定某种特定因素敏感与否，可以通过计算敏感度系数和临界点来判断。因此，应选择 C、D。

16. A、E 【简析】概率分析方法是在已知概率分布的情况下，计算期望值和标准差（或均方差）来反映方案的风险程度。在备选答案中，A、E 符合要求。因此，应选择 A、E。

17. A、B、D、E 【简析】不确定分析就是研究经济因素发生变化时，经济评价结果的变化情况和变化范围，估计经济评价结果所面临的风险，为投资决策提供风险分析的资料和结果，以避免投资决策的失误。因此，应选择 A、B、D、E。

18. A、B、D、E 【简析】根据价值工程的含义和特点，在备选答案中，除 C 项以外的其余四项都表述正确，而价值工程核心是对产品（或作业）进行功能分析，所以 C 项不正确。因此，应选择 A、B、D、E。

19. A、B、D、E 【简析】价值工程工作的分析阶段的主要工作是收集整理信息资料、功能定义、功能整理和功能评价，而方案评价是创新阶段的工作内容。因此，应选择 A、B、D、E。

20. D、E 【简析】功能最低成本的计算常用的方法有经验估计法和实际调查法，头脑风暴法、歌顿法和德尔菲法并不是计算最低成本的方法，而是方案创造的方法。因此，应选择 D 和 E。

三、判断题

1. ✓ 【简析】在相同的利率下，数额相等、发生在不同时间的两笔现金流量的时间价值不同，因此其价值不相等。

2. × 【简析】资金终值系数和偿债基金系数成倒数关系，因此 $(A/F,i,n)=1/(F/A,i,n)$ 成立。

3. ✓ 【简析】资金时间价值就是考虑了资金的时间增值因素，因此其计算公式是在复利计算的基础上演算而来的。

4. × 【简析】若一年中复利计息的次数大于 1，则年实际利率高于其名义利率。

5. × 【简析】影响资金等值的因素有资金数额、资金流动的时间以及利率。

6. × 【简析】内部收益率的大小主要与项目的初始投资有关，而且与各年的净收益大小有关。

7. × 【简析】国民经济评价是从国家整体角度分析、计算项目对国民经济的贡献率，据以判断项目的经济合理性。

8. × 【简析】若方案的净现值小于零，则表明该方案不可行。

9. × 【简析】IRR 最大准则不能保证互斥方案比选结果的正确性，有时还要同基准收益率进行比较。

10. × 【简析】净现值率反映了投资的使用效率。

11. ✓ 【简析】根据内部收益率的定义可知，累计净现金流量大于零，则其内部收益率方程有唯一解，此解就是项目的内部收益率。

12. × 【简析】敏感性越高的因素给项目带来的风险不一定越大，它只是表明这种因素的敏感程度高。

13. × 【简析】决策树方法采用的决策原则为期望值最大原则。

14. × 【简析】在概率分析中，不确定因素的概率分布是已知的。

15. ✓ 【简析】根据影子汇率的定义，影子汇率是指能正确反映外汇真实价值的汇率，即外汇的影子价格。

16. × 【简析】盈亏平衡生产能力利用率应该小于或等于设计的生产能力利用率。

17. × 【简析】临界点是指不确定性因素的变化使项目由可行变为不可行的临界数值。

18. × 【简析】盈亏平衡单位产品变动成本是根据设计生产能力产量设定的。

19. × 【简析】价值工程的“价值”是一个相对的概念，是对象的比较价值。

20. × 【简析】功能的价值系数 $V_i=1$，表明评价对象的现实成本与实现功能所必需的最低成本大致相当。此时评价对象的价值为最佳，一般无需改进。

四、综合分析题

1. **解**：根据题意可知名义利率 $i_{名义}=12\%$，因半年计息一次，期利率为 12%÷2=6%，一年内计息 2 次，故有效年利率 $i_{有效}=(1+i_{名义}/2)^2-1$

$$=(1+0.12/2)^2-1=12.36\%$$

一年后的本利和为：$F=1\,000\times(1+12.36\%)=1\,123.6$(万元)

2. **解**：

(1)该项目收益的净现值(NPV)

$$NPV=-850+(100-20)(P/A,10\%,3)-200(P/F,10\%,3)+(240-20)(P/A,10\%,7)(P/F,10\%,3)$$

$$=-850+80\times2.486\,8-200\times0.751\,32+220\times4.868\,3\times0.751\,32$$

$$=3.36\text{(万元)}$$

(2)该项目收益的净年值(NAV)

$NAV=3.36\times0.162\,75=0.547$(万元)

第二章 工程概、预算与竣工决算

【本 章 提 要】

通过复习本章内容，应做到理解并掌握公路工程施工定额的相关内容和概、预算及竣工决算的编制，特别注意应掌握定额按生产要求及用途分类的几类指标内容。本章重点是施工定额、概预算定额、施工机械费用定额的应用和建筑安装工程费的计算，难点是概预算费用中的有关单价计算。

【考 纲 要 求】

了解：概预算与竣工决算的编制依据，定额的分类、作用和特点。

熟悉：人工、机械台班、材料消耗数量的确定（定额应用），竣工决算报告的组成，概预算与竣工决算的编制程序。

掌握：人工、材料、机械台班单价的组成和计算，概预算与竣工决算的编制内容与方法，建筑安装工程费用的组成和计算。

【知 识 体 系】

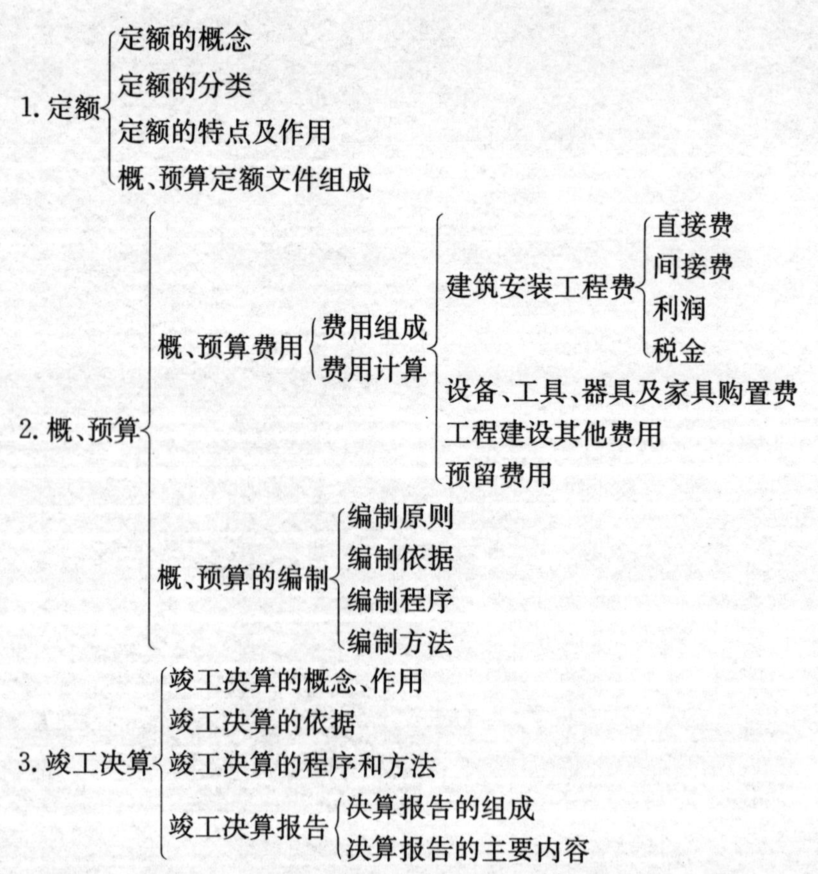

【知识点复习】

一、公路工程定额

（一）定额的概念（了解）

定额是指在正常的生产（施工）技术和组织条件下，为完成单位合格产品所规定的人力、机械、材料、资金等消耗量的标准。

定额属于计价依据的主要内容之一。所谓计价依据系指用以计算工程造价的基础资料的总称，除包括定额、指标、费率基础单价外，还包括设计图纸、工程量数据以及政府主管部门颁发的各种有关经济法规、政策、计价办法等。

按计价依据的作用，定额一般包括两部分：一是工程定额；二是费用定额。公路工程定额指《公路工程预算定额》、《公路工程概算定额》及《公路工程估算指标》等；公路费用定额指《公路工程机械台班费用定额》、《公路工程基本建设项目概算预算编制办法》（以下简称《概预算编制办法》和《公路基本建设工程投资估算编制办法》中规定的各项费用定额或费率。

在我国，凡经国家或其授权机关颁发的定额，是具有法律性的一种指标，不得擅自修改和滥用。

（二）定额的分类（了解）

定额是一个综合概念，是各类定额的总称。定额的分类方法很多，可以按照不同的原则和方法对其进行科学的分类。

1. 按颁发部门和管理权限分类

（1）全国统一定额。全国统一定额是由国家建设行政主管部门，综合全国工程建设中技术和施工组织管理的情况编制，并在全国范围内执行的定额。如：全国统一安装工程定额。

（2）行业统一定额。行业统一定额是考虑到各行业部门专业工程技术特点，以及施工生产和管理水平编制的。它是一般只在本行业和相同专业性质的范围内使用的专业定额。如公路建设工程定额、铁路建设工程定额等。

（3）地区统一定额。地区统一定额主要是在考虑地区性特点和全国统一定额水平后，做适当调整补充编制的，包括省、自治区、直辖市定额。如建筑工程预算定额、市政工程预算定额、房屋修缮定额等结合各地区特点编制的定额。

（4）企业定额。企业定额是施工企业根据本企业具体情况，参照国家、部门或地区定额的水平制定的定额。企业定额只在企业内部使用，是企业素质的一个标志。企业定额水平一般应高于国家现行的定额，才能满足生产技术发展、企业管理和市场竞争的需要。如施工企业附属的加工厂、车间为了内部核算便利而编制的定额。

（5）补充定额。补充定额是指随着设计、施工技术、新材料、新工艺的发展，现行定额不能完全满足需要的情况下（如补充缺项）所编制的定额。补充定额只能在指定的范围内使用，并可以作为以后修订定额的基础。

2. 按投资的费用性质分类

（1）建筑工程定额。建筑工程定额是施工生产中必须直接耗费的人工、材料、机械台班的数量标准。

（2）设备安装工程定额。设备安装定额是对在设备安装工程中需要消耗的人工、材料、机械所规定的数量标准。建筑工程和设备安装工程所完成的是不同类型的施工产品，在工艺上和施工方法上有很大的区别，但同时又是一项工程的两个有机组成部分，习惯上称建筑安装工程。

（3）其他工程费定额。其他工程费定额是指建筑工程定额以外的与施工生产直接有关的其他工程费用开支标准。如冬季施工增加费、雨季施工增加费、夜间施工增加费等。

(4)间接费用定额。间接费用定额是指企业生产全部产品和维持企业的经营管理活动所必须发生的各项费用开支标准。间接费包括企业管理费和规费两类性质的费用。

(5)工器具定额。工器具定额是指为新建或扩建项目投资运转首次配置的工器具数量标准。工具和器具是指按照有关规定不够固定资产标准,而起劳动手段作用的工具、器具和办公、生活用家具等。

(6)工程建设其他费用定额。是指独立于建筑安装工程、设备和工器具购置之外的其他费用开支标准。工程建设的其他费用主要包括:土地征用及拆迁补偿费、建设项目管理费等。这些费用的发生和整个建设项目密切相关。其他费用定额是按照各项独立费用分别制定的。

3.按生产要素分类

(1)劳动消耗定额。简称劳动定额,亦称工时定额或称人工定额。它是在正常的生产技术和生产组织条件下,为完成单位合格产品所规定的劳动量消耗标准。

劳动定额有两种表现形式:时间定额和产量定额。

1)时间定额。是指工人在正常施工条件下,为完成单位合格产品或工作任务所消耗的必要劳动时间。时间定额以工时为单位。每一工日除潜水工作按 6 小时,隧道工作按 7 小时外,其余均按 8 小时计算,其计算方式如下:

$$时间定额=\frac{1}{一个工人每日产量}$$

或

$$时间定额=\frac{小组成员工日数的总和}{小组完成产品数量总和}$$

或

$$时间定额=\frac{耗用工时数量}{完成单位合格产品数量}$$

2)产量定额。是指在正常施工条件下,在单位时间内所应完成合格产品数量。计算单位为产品单位劳动量,如 m^3/工日。其计算公式如下:

$$产量定额=\frac{1}{单位产品时间定额(工日)}$$

或

$$产量定额=\frac{小组完成产品数量总和}{小组成员工日数总和}$$

或

$$产量定额=\frac{完成合格产品数量}{耗用时间数量}$$

3)时间定额与产量定额的关系。时间定额与产量定额是互为倒数关系。即:

$$时间定额=\frac{1}{产量定额}$$

或

$$时间定额\times产量定额=1$$

时间定额和产量定额虽然都表示同一个劳动定额,但各有用处。时间定额用于综合计算劳动量比较方便;产量金额具有形象化特点,便于分配任务,容易使工人理解和接受。

(2)材料消耗定额。简称材料定额。它是指在节约和合理使用材料的条件下,生产单位合格产品必须消耗的一定品种规格的材料、半成品、配件、构件等的数量标准，包括材料的净消耗量和必要的工艺性损耗量及废料数量。材料的净消耗量是在合理的施工条件下，生产单位合格产品所消耗的材料净用量；必要的工艺性损耗量则是在施工过程中发生的自然和工艺性的损耗量。材料净消耗量和必要的工艺性损耗量都是以材料的实物计量单位来表示，如 m、kg、t 等。材料消耗定额计算公式如下：

材料消耗定额＝完成单位合格产品材料消耗量×(1＋材料损耗率)

材料消耗量＝(1＋材料损耗率)×完成单位产品的材料净用量

材料损耗率＝损耗量/净用量×100％

材料定额也有两种表现形式，即材料产品定额和材料周转定额。

1)材料产品定额。是指用一定规格的原材料，在合理的操作条件下按规定完成合格产品的数量。这种定额形式在公路工程定额中应用较少。

2)材料周转定额。是指周转性材料(如模板、支架的木料等)在施工中合理使用的次数和用量标准。在现行预算定额中，周转性材料均按正常周转次数摊入定额中。

(3)机械设备定额。机械设备定额包括机械台班消耗定额和机械台班费用定额。

1)机械台班消耗定额，简称机械定额。它是指完成单位合格产品所规定的机械台班消耗数量标准，或在单位时间内机械完成的产品数量。机械定额也有两种表现形式，即机械时间定额和机械产量定额。

①机械时间定额。是指在一定的操作内容和质量、安全要求的条件下，某种机械完成单位合格产品所需要的时间(如台时、台班等)标准。每 1 台班等于 1 台机械 8 小时工作的劳动量。

②机械产量定额。是指某种机械在单位时间(如台时、台班等)内所完成的合格产品数量标准。

③机械时间定额与机械产量定额之间的关系。机械时间定额与机械产量定额之间互为倒数关系。即：

$$\text{机械时间定额}=\frac{1}{\text{机械产量定额}}$$

或

$$\text{机械时间定额}\times\text{机械产量定额}=1$$

④机械和人工共同工作时间的人工定额。

$$\text{时间定额}=\frac{\text{机械台班内工人的工口数}}{\text{机械的台班产量}}$$

$$\text{机械台班产量定额}=\frac{\text{机械台班内工人的工日数}}{\text{时间定额}}$$

2)机械台班费用定额。机械台班费用定额是一个机械台班所消耗的工时、燃料及费用的数量标准，它是计算机械台班单价的依据。利用机械台班单价和机械台班消耗量即可算出施工机械的使用费。即：

施工机械使用费＝机械台班单价×机械台班消耗量

4. 按使用用途分类

定额按使用用途分为施工定额、预算定额、概算定额、估算定额。

(1)施工定额。施工定额是规定建筑安装工人在合理的劳动组织，或工人小组在正常施工条件下，为完成单位合格产品所需劳动、机械、材料消耗的数量标准。它是施工单位组织生产、编制施工阶段施工组织设计和施工作业计划、签发工程任务单和限额领料单、考核工效、评奖、计算劳动报酬、加强企业成本管理和经济核算、编制施工预算等工作的依据。施工定额是根据专业施工的作业对象和工艺制定的，定额水平是平均先进的。它是在施工阶段及施工准备阶段使用的定额，一般只有施工企业内部人员使用。施工定额包括时间定额和产量定额。采用的产品计量单位一般比较细，其中时间以工日计，产品以最小单位(m、m^2、m^3 等)计。

(2)预算定额。预算定额是用于确定一定计量单位的分项工程或结构构件的人工、材料和机械消耗量的数量标准。它是在施工定额的基础上，按照国家的方针、政策编制的，经过国家或授权机关批准的具有权威性质的一种指示性文件。它体现了一个工程项目在正常条件下，用货币形式描述的一定时期的工程造价，其定额水平是社会平均先进合理的，比施工定额水平略低，主要用于施工图设计阶段，为编制施工组织设计、设计方案进行技术经济比较及分析提供依据，是编制施工图预算、确定和控制项目建筑工程造价以及编制概算定额和估算指标的基础。产品单位比施工定额大(如 10m、10m^2 等)。

(3)概算定额。概算定额是在预算定额基础上以主要工序为准，综合相关分项的扩大定额。它是按主要分项工程规定的计量单位及综合相关工序的劳动、材料和机械的消耗标准。主要用于初步设计或技术设计阶段。预算定额和概算定额都属于计价定额，具有同等重要性，只是其偏重面及编制阶段不同。它是编制设计概算、修正概算的主要依据，而且是编制估算指标的基础。其定额水平比预算定额低，产品计量单位更大。

(4)估算指标。估算指标是以独立的建设项目、单项工程或单位工程为标定对象，完成单位合格产品(1km、100 m^2等)所必须消耗的人工、材料、机械的数量标准。它是在项目建议书、可行性研究和设计任务书阶段采用的一种扩大技术经济指标。

估算指标主要是为了做好公路基本建设项目可行性研究中的投资估算工作，为经济效益评价提供建设项目造价成本的计算依据。它包括综合指标和分项指标两部分。

①综合指标。是以人工、主要材料、其他材料费、机械使用费消耗量及各项费用指标等全部工程造价为表现形式的指标。它是编制建设项目建议书(预可行性研究)和编制规划、估算投资的依据，主要用于建设项目经济上的研究、项目的选择及合理性研究、建设规模和编制公路建设发展规划的研究。

②分项指标。是以各项工程的人工、主要材料和其他材料费、机械使用费消耗量及施工管理费指标为表现形式的指标。其项目的划分与概算定额十分接近。它是编制设计计划任务书前的工程可行性研究估算投资的依据。主要用于建设项目投资效益、经济可行性研究、方案的经济比选和建设成本的确定。

(三)定额的特点及作用(了解)

1.定额的特点

定额的标准是与社会生产力的发展水平相适应的，并且是通过严密科学的方法测定出来的。因而我国公路工程定额具有科学性、系统性、统一性、法令性、群众性、相对稳定性的特点。

(1)科学性

定额是人们生产实践的总结，其定额值的测定是在先进合理的技术条件、组织条件下，根据一般的劳动情况、技术水平，对各工序进行分解，分别测定每一工序的各种资源消耗数量，然后在反复观测、整理、分析对比的基础才能最后确定。因此，定额的科学性一方面是指定额必须和生产力发展水平相适应；另一方面是指定额值的测定是在实践基础上，通过科学的测定、分析、计算，用科学的方法和手段测定出来，它符合生产消费的客观规律。

(2)系统性

一种专业定额是一个相对完整独立的系统,公路工程定额从测定到使用,直至再修订都是为了全面反映公路工程所有的工程内容和项目。在庞大的公路建设实体系统中,公路项目分解可以作出成千上万道工序,而其内部却层次分明,任何一个分部分项工程在公路定额中都能一一确定,而且在编制定额的过程中,每一个不同工作都有不同的计算规则或计算规模,它们互相协调组成一个完整的系统。

(3)统一性

公路工程定额由初期借助于国家统一的技术标准、规范到现在依据交通工程的统一标准、规范,在交通运输部的统一领导下,按照定额的制定颁布和贯彻执行的统一行动,使定额工作及定额的管理工作有统一的程序、统一的原则、统一的要求、统一的用途。

(4)法令性

定额是工程建设规定、组织、调节、控制的尺度,具有严肃性,凡经国家建设管理部门或授权机关颁发的定额,都是具有法令性的一种指标,不能私自修改和滥用。

(5)群众性

群众性是指它的制定和执行都具有广泛的群众基础。即广大群众是测定、编制定额的参加者,定额水平高低的取舍主要取决于群众的生产能力和创造水平;定额中的劳动消耗数量标准,是按照平均先进水平,即一般劳动量制定的,是广大群众经过努力能够实现的指标。

(6)相对稳定性

定额水平是与社会生产力发展水平相适应的,当定额执行一段时间后,随着新设备、新工艺、新材料的不断涌现,原有定额就会逐渐不适应生产力发展水平,而成为落后、陈旧的定额,这时就应重新编制、修订定额。重新修订定额的时间不宜过长,但也不宜过于频繁,否则会因定额的执行时间太短而失去定额的稳定性。因此,从长远来看,定额需要一次又一次地修订,但以某一阶段来看,定额又要相对稳定。一般在5～10年之间,是公路工程定额的稳定期。

2.定额的作用

公路工程定额(简称定额)是公路工程概算定额、预算定额和施工定额的总称。在建设项目的整个设计、施工、管理过程中,都必须以定额为工作尺度。只有认真贯彻执行定额,才能有周密的计划和合理的施工,才能有真正的经济核算。所以,定额是现代科学管理的基础,其作用主要有以下几个方面。

(1)定额是确定工程造价的依据

基本建设投资和工程造价的确定是根据工程建设规模、工程数量以及相应定额中的各种资源消耗量来决定的。因此,定额是确定工程基本建设投资和造价的依据,是编制概预算和签发任务单、领料单的依据。

(2)定额是企业经营核算,考核成本的依据

在施工过程中,定额起着严密的经济监督作用。执行定额,按定额规定签发任务单,就要求施工人员必须自觉遵守定额的人工、材料、机械台班、各种半成品以及行政管理费等各方面的规定,使其不超过规定的额度,并在保证工程质量的前提下力求节约。这样不仅控制了成本,而且为企业内部经济核算,考核成本提供了依据。

(3)定额是工资核算,实行经济承包责任制的依据

定额明确规定了工人在一定工作时间内应当完成的生产任务。企业通过定额，可以把具体而又合理的生产任务落实到每个工人或班组。工人为了完成或超额完成定额，就必须不断提高操作水平，改进劳动组织，提高劳动效率。因此，定额不仅是加强施工管理，提高劳动效率的重要手段，而且还是工资核算、实行经济承包责任制的依据。

(4)定额是国家对工程建设项目进行宏观调控和管理的手段

市场经济并不排斥宏观调控，即使在资本主义国家，政府也要利用各种手段影响和调控经济的发展。利用定额对工程建设进行宏观调控和管理主要表现在：对工程造价进行管理和调控；对资源配置和流向进行预测和平衡；对经济结构，包括企业结构和所有制结构进行合理的调控，也包括对技术结构和产品结构的调整。

(5)定额是节约社会劳动和提高生产效率的工具

定额在工程建设中节约社会劳动和优化资源配置方面起着十分重要的作用。这是因为，一方面生产性的施工定额直接作用于建筑安装工人，企业以定额作为促使工人节约社会劳动(工作时间、原材料等)和提高劳动效率，加快工作进度的手段，以增加市场竞争能力，获得更多利润；另一方面，作为工程造价计算依据的各类定额，又促使企业加强管理，把社会劳动的消耗控制在合理的限度范围内；第三，作为项目决策的定额指标，又在更高层次上促使项目投资者合理而有效地利用和分配社会劳动。

(6)定额有利于推广先进的施工技术和工艺

定额水平中包含着某些已成熟的、先进的施工技术经验，工人要达到和超过定额，就必须掌握和应用这些先进技术；如果工人要大幅度超过定额水平，他就必须创造性的劳动。第一，在自己工作中注意改进工具和改进技术操作方法，注意节约原材料。第二，企业或主管部门必须推行先进施工工艺和施工方法，所以贯彻定额也就意味着推广先进技术。第三，企业或主管部门为了推行定额，往往要组织技术培训，以帮助工人能达到或超过定额。这样，新技术、新工艺、新材料、新经验就很容易推广，从而大大提高全社会的劳动生产效率。

(四)概、预算定额文件组成(了解)

现行的概、预算定额文件主要由颁发定额的文件号、目录、总说明、各章节说明和定额项目表组成，对预算定额还包括定额附录。其中定额项目表是最主要的部分。

1.总说明

总说明的内容包括：定额的适用范围，内容范围，对各章节都适用的统一规定，注意事项，采用的标准及有关编制补充定额和抽换定额的方法、规章等。

2.各章、节说明

各章、节说明的内容包括：本章、节的内容，工程项目的统一规定，工程量的计算规则，工程项目综合的内容及允许抽换的规定等。

3.定额项目表

定额项目表是定额的主要部分，是定额各指标数额的具体体现，其主要内容包括：

(1)工程项目名称及定额单位。

(2)工程项目包括的工程内容。

(3)完成单位定额工程量所消耗的工、料、机的名称、单位、代号和数量。其中主要材料以实际使用量或周转量表示；次要材料及使用量很少的材料以其他材料费的形式表示；吊装等金属设备的折旧费以设备摊销费表示；主要机械以实际使用台班数量表示；次要机械及使用量很少的机械以小型机具使用费的形式表示。

(4)定额基价。定额基价是完成单位定额规定的分项工程量所必须消耗的人工费、材料费、机械使用费的合计值。其中人工费、材料费是按定额附录中的人工、材料单价计算的，机械使用费是按与工程定额相配套的机械台班费用定额中的台班单价计算的。

定额基价是计算其他直接费和现场经费的基数，是计算间接费和其他以费率计算的各项费用(税金除外)的计算依据。

(5)有些定额项目下还列有在章、节说明中未包括的、仅供本定额项目使用的注解。

4. 定额附录

定额附录是配合预算定额使用不可缺少的重要组成部分，主要包括以下几部分内容：

(1)基本定额。是指在合理的条件下，为生产单位数量的半成品、中间产品所规定的各种资源(工、料、机费用等)的消耗量标准。如浇灌混凝土定额，混凝土配合比表，砂浆配合比表等。基本定额的用途主要是进行定额抽换和分析分项工程或半成品所需人工、材料、机械等的消耗量。

(2)材料周转及摊销次数定额。它主要是规定各种周转性材料的周转、摊销次数，以及对达不到规定周转次数的材料定额进行抽换。

(3)人工、材料代号及人工、材料、半成品的单位重量、损耗基价表。这里的人工、材料基价即是计算定额项目表中定额基价的人工、材料单价。

(五)定额运用要点及注意问题(了解)

运用定额就是"查定额"。即根据编制概、预算的具体条件和目的，查得需要的、正确的定额项目(或子目)的过程。为了快捷、准确地查找定额，在具体运用时应遵循以下几个要点：

(1)定额所列出的定额细目是非常全面的，包括了各种施工工程内容。为正确、快速地套用定额和根据设计图纸正确地提取工程量，应反复学习，熟练掌握定额。

(2)定额针对某一项工程内容，可能提供了多种施工方法，套用定额时应依据施工组织设计确定的施工方案，正确选择定额细目。

(3)定额规定了每个定额项目的工程内容和计量单位，在确定套用某个定额细目之前，应认真阅读工程内容说明，防止漏列、重列工作项目。在确定套用某个定额细目后，还应认真核对工程量单位和定额的计量单位是否相符，防止出现定额工程量错误。

(4)详细阅读定额总说明，各章、节说明及定额项目下的注解，根据设计图纸和施工组织设计，检查子目中有无需要抽换的定额。

另外，在运用定额时应注意以下问题：

(1)计量单位表与项目之间要一致，特别是在抽换、增量计算时更应注意。

(2)当项目中任何一项(工、料、机)定额值变化时，不要忘记其相应基价也要作相应的变化。

(3)当查定额时，首先要鉴别工程项目是属于哪类工程，以免盲目随意确定而在表中找不到栏目，无法计算或错误引用定额。

(4)定额表中对某些物品规定按成品价格编制预算，而对某些物品规定按半成品价格编制预算，查定额时要予以注意。

二、公路工程施工定额

(一)施工定额的性质和作用(了解)

施工定额反映了企业的施工水平、装备水平和管理水平，是直接用于建筑施工管理的定额。施工定额不同于预算定额，它是制定预算的基础，属于企业定额性质。

施工定额作用主要作用表现在以下几个方面。

1.施工定额是企业计划管理的依据

施工定额是企业编制施工组织设计、施工作业计划的依据。

施工组织设计是指导拟建工程进行施工准备和施工生产的技术经济文件，其基本任务是根据招标文件及合同协议的规定，确定出经济合理的施工方案，在人力和物力、时间和空间、技术和组织上对拟建工程作出最佳的安排。施工作业计划则是根据企业的施工计划、拟建工程施工组织设计和现场实际情况编制的，它是一个以实现企业施工计划为目的的施工队、组的具体执行计划。它综合体现了企业生产计划、施工进度计划和现场实际情况的要求，是组织和指挥生产的技术文件，也是队、组进行施工的依据。因此，施工组织设计和施工作业计划是企业计划管理中不可缺少的环节。这些计划的编制必须依据施工定额。

2.施工定额是组织和指挥施工生产的有效工具

施工任务单，是下达施工任务的技术文件，也是班、组经济核算的原始凭证。施工任务单上的工程计量单位、产量定额和计件单位，均需取自施工的劳动定额，工资结算也要根据劳动定额的完成情况计算。

限额领料单是施工队随任务单同时签发的领取材料的凭证，是根据施工任务和施工的材料定额填写的。其中领料的数量，是班组为完成规定的工程任务消耗材料的最高限额，这一限额也是评价班组完成任务情况的一项重要指标。

3.编制单位工程施工预算、进行施工预算和施工图预算“两算对比”、加强企业经济核算和成本管理的依据

施工预算是施工单位用以确定单位工程人工、机械、材料和资金需要量的计划文件。施工预算以施工定额为编制基础，既要反映设计图纸的要求，也要考虑在现有条件下可能采取的节约人工、材料和降低成本的各项具体措施。这就能够更合理地组织施工生产，有效地控制施工中人力、物力消耗，节约成本开支。

施工中人工、机械和材料的费用，是构成工程成本中直接费用的主要内容，对间接费用的开支也有着很大的影响。严格执行施工定额可以起到控制成本、降低费用开支、加强经济核算、班组核算和增加盈利的作用。

4.施工定额有利于先进技术的推广

施工定额是按成熟的、先进的施工技术和施工组织编制的，工人要达到和超过定额，就必须掌握和运用这些先进技术，注意原材料的节约。施工定额中往往明确要求采用某些较先进的施工工艺和施工方法，所以贯彻施工定额也就意味着推广先进技术。另外企业或主管部门为了推行施工定额，往往也要组织技术培训，以帮助工人能达到和超过定额，企业培训和技术表演等方式也都可以大大普及先进技术和先进操作方法。

(二)施工定额的编制原则(了解)

1.施工定额水平要贯彻平均先进的原则

定额水平是指完成单位产品消耗的人工、材料、机械台班的数量大小的程度。在施工企业内部，工人劳动生产率总是存在高、中、低三种水平，即先进、中间、后进三种状态。施工定额的定额水平应能让大多数中间状态的工人经过努力可以达到。在贯彻执行定额的过程中，让大多数劳动者看到希望，经过努力就可以完成定额指标。因此，施工定额水平应遵守平均先进水平原则。

2. 施工定额在内容和形式上要贯彻简明适用的原则

简明适用的原则是指定额在内容和形式上既要能够满足多方面用途的需要，又要简单明了，易于掌握，便于使用。

施工定额项目是根据施工过程来划分的，施工定额应为所有的各种不同性质的施工过程规定出定额指标，特别是那些主要的、常用的施工过程，都必须直接反映在各个定额项目中，以便在需要时能及时查找到它们的工、料、机消耗标准。施工定额的项目划分要粗细恰当、步距合理。项目划分过粗就会失去它的适用性。定额的步距是指同类性质的一组定额，在确定和合并项目时保留的间隔。步距大，定额项目就会减少，精确度就会降低；步距小，定额项目就会增加，精确度也会提高。所以确定步距时，除依据定额所属的施工过程类型、性质及定额量差别大小外，对于主要工种、主要项目、常用项目，定额步距要小些；对于次要工种、次要项目和不常用项目，定额步距可以适当大些。步距合理，定额项目划分合理，既要保证定额的精确度，还提高它的适用性。

3. 施工定额在编制的方法上要贯彻以专业人员为主，专业人员和群众相结合的原则

施工定额的编制工作量大，周期长，又具有很强的技术性和政策性。所以要求编制人员应是具有一定政策水平，经验丰富，掌握全面技术与管理知识的专业人员。同时，还要注意与群众相结合。因为广大建筑工人才是具体的施工生产人员和定额的执行者，最了解施工生产的实际情况和定额的执行情况及存在问题，要虚心向他们求教，这样才能使定额制定得更科学、更合理。

(三)施工定额编制依据(了解)

1. 交通部颁发的各项建安工程施工及验收技术规范；

2. 施工操作规程和安全操作规程；

3. 建筑安装工人技术等级标准；

4. 技术测定资料、经验统计资料、有关半成品配合比资料等。

(四)公路工程施工定额的内容(了解)

施工定额册的主要内容包括文字说明、分节定额和附录三部分。

1. 文字说明

文字说明又分为总说明、章说明和分节说明。

(1)总说明。有关定额全部并具有共同性的问题和规定，通常列入总说明中。总说明的基本内容有：定额的用途、适用范围及编制依据；定额水平；有关定额全册综合性工作内容；工程质量及安全要求；定额指标的计算方法；有关规定及说明等。有的施工定额还有分册的定额项目和工作内容；施工方法和质量安全要求；有关规定和说明等。

(2)章说明。主要内容有使用范围、工作内容、定额计算方法、质量要求、施工方法、术语说明以及其他说明。

(3)分节说明。主要内容有工作内容、施工方法、小组成员等。

2. 分节定额

分节定额包括分节说明、定额表和附注。

定额表是分节定额中的核心部分和主要内容。《公路工程施工定额》中包括劳动定额、机械台班定额等。

附注一般列在定额表的下面，主要是根据施工条件的变动，规定工人、材料、机械定额用量的增减变化，通常采用乘系数和增减工日或台班的方法来计算。附注的作用是对定额表的补

充，也是对定额使用的限制。

3. 附录

附录放在定额分册的最后，作为使用定额的参考和换算依据。包括名词解释，必要时附图解说明；先进经验介绍及先进工具介绍；参考资料。

（五）施工定额的制定（熟悉）

施工定额的内容一般包括劳动定额、机械消耗定额、材料消耗定额三部分。

1. 确定人工消耗量的方法

时间定额和产量定额是人工定额的两种表现形式。拟定出时间定额，也就可以计算出产量定额。

时间定额是在拟定基本工作时间、辅助工作时间、不可避免中断时间、准备与结束的工作时间以及休息时间的基础上制定的。

（1）拟定基本工作时间

基本工作时间在必须消耗的工作时间中占的比重最大。在确定基本工作时间时，必须细致、精确。基本工作时间消耗一般应根据计时观察资料来确定。其做法是，首先确定工作过程每一组成部分的工时消耗，然后再综合出工作过程的工时消耗。如果组成部分的产品计量单位与工作过程的产品计量单位不符，就要先求出不同计量单位的换算系数，进行产品计量单位的换算，然后再相加，求得工程过程的工时消耗。

（2）拟定辅助工作时间和准备与结束工作时间

辅助工作和准备与结束工作时间的确定方法与基本工作时间相同。但是，如果这两项工作时间在整个工作班工作时间消耗中所占比重不超过5%～6%，则可归纳为一项，以工作过程的计量单位表示，确定出工作过程的工时消耗。

如果计时观察时不能取得足够的资料，也可采用工时规范或经验数据来确定。如具有现行的工时规范，可以直接利用工时规范中规定的辅助和准备与结束工作时间的百分比来计算。

（3）拟定不可避免的中断时间

在确定不可避免中断时间的定额时，必须注意由工艺特点所引起的不可避免中断才可列入工作过程的时间定额。

不可避免中断时间也需要根据测时资料通过整理分析获得，也可以根据经验数据或工时规范，以占工作日的百分比表示此项工时消耗的时间定额。

（4）拟定休息时间

休息时间应根据工作班作息制度、经验资料、计时观察资料，以及对工作的疲劳程度作全面分析来确定。同时，应考虑尽可能利用不可避免中断时间作为休息时间。

（5）拟定定额时间

确定的基本工作时间、辅助工作时间、准备与结束工作时间、不可避免中断时间和休息时间之和，就是劳动定额的时间定额。根据时间定额可计算出产量定额，时间定额和产量定额互为倒数。

2. 确定机械台班定额消耗量的基本方法

（1）确定正常的施工条件

拟定机械工作正常条件，主要是拟定工作地点的合理组织和合理的工人编制。

工作地点的合理组织，就是对施工地点机械和材料的放置位置、工人从事操作的场所，作出科学合理的平面布置和空间安排。

拟定合理的工人编制，就是根据施工机械的性能和设计能力，工人的专业分工和劳动工效，合理确定操作机械的工人和直接参加机械化施工过程的工人的编制人数。

拟定合理的工人编制，应要求保持机械的正常生产率和工人正常的劳动工效。

(2)确定机械1h纯工作正常生产率

确定机械正常生产率时，必须首先确定出机械纯工作1h的正常生产效率。

机械纯工作时间，就是指机械的必须消耗时间。机械1h纯工作正常生产率，就是在正常施工组织条件下，具有必需的知识和技能的技术工人操作机械1h的生产率。

根据机械工作特点的不同，机械1h纯工作正常生产率的确定方法也有所不同。对于循环运作机械，确定机械纯工作1h正常生产率的计算公式如下：

机械一次循环的正常延续时间＝∑(循环各组成部分正常延续时间)－交叠时间

机械纯工作1h循环次数＝60×60(s)/一次循环的正常延续时间

机械纯工作1h正常生产数＝机械纯工作1h正常循环次数×一次循环生产的产品数量

从以上公式中可以看到，计算循环机械纯工作1h正常生产率的步骤是：根据现场观察资料和机械说明书确定各循环组成部分的延续时间；将各循环组成部分的延续时间相加，减去各组成部分之间的交叠时间，求出循环工程的正常延续时间；计算机械纯工作1h的正常循环次数；计算循环机械纯工作1h的正常生产率。

对于连续运作机械，确定机械纯工作1h正常生产率要根据机械的类型和机构特征，以及工作过程的特点来进行。计算公式如下：

连续运作机械纯工作1h正常生产率＝工作时间内生产的产品数量/工作时间(h)

工作时间内的产品数量和工作时间的消耗，要通过多次现场观察和机械说明书来取得数据。

对于同一机械进行作业属于不同的工作过程，如挖掘机所挖土壤的类别不同，碎石机所破碎的石块硬度和粒径不同，均需分别确定其纯工作1h的正常生产率。

(3)确定施工机械的正常利用系数

确定施工机械正常利用系数，是指机械在工作班内对工作时间的利用率。机械的利用系数和机械在工作班内的工作状况有着密切的关系。所以，要确定机械的正常利用系数，首先要拟定机械工作班的正常工作状况，保证合理利用工时。

确定机械正常利用系数，要计算工作班正常状况下准备与结束工作，机械启动、机械维护等工作所必须消耗的时间，以及机械有效工作的开始与结束时间，从而进一步计算出机械在工作班内的纯工作时间和机械正常利用系数。机械正常利用系数的计算公式如下：

机械止常利用系数＝机械在一个工作班内的纯工作时间/一个工作班延续时间(8h)

(4)计算施工机械台班定额

计算施工机械定额是编制机械定额工作的最后一步。在确定了机械工作正常条件、机械1h纯工作正常生产率和机械正常利用系数之后，采用下列公式计算施工机械的产量定额：

施工机械台班产量定额＝机械1h纯工作正常生产率×工作班纯工作时间

或

施工机械台班产量定额＝机械1h纯工作正常生产率×工作延续时间×机械正常利用系数

施工机械时间定额＝1/机械台班产量定额指标

3.确定材料定额消耗的方法

确定材料净用量和材料损耗定额的计算数据，是通过技术测定、实验室试验、现场统计和理论计算等方法获得。

(1)利用现场技术测定法，主要是编制材料损耗定额，也可以提供编制材料净用量定额的参考数据，其优点是能通过现场观察、测定，取得产品产量和材料消耗的情况，为编制材料定额提供技术根据。

(2)利用实验室实验法，主要是编制材料净用量定额。通过实验，能够对材料的结构、化学成分和物理性能以及按强度等级控制的混凝土、砂浆配比作出科学的结论，给编制材料消耗定额提出有技术根据的、比较精确的计算数据。用于施工生产时，还需要加以必要的调整方可作为定额数据。

(3)采用现场统计法，是通过对现场进料、用料的大量统计资料进行分析计算，获得材料消耗的数据。这种方法由于不能分清材料消耗的性质，因而不能作为确定材料净用量定额和材料损耗定额的依据。

上述三种方法的选择必须符合国家有关标准规范，即材料的产品标准，计量要使用标准容器和称量设备，质量符合施工验收规范要求，以保证获得可靠的定额编制依据。

(4)理论计算法，是运用一定的数学公式计算材料消耗定额。

三、公路工程预算定额

(一)预算定额的含义和作用(了解)

预算定额，是规定消耗在单位的工程基本构造要素上的劳动力、材料和机械的数量标准，是计算建筑安装产品价格的基础。

预算定额是工程建设中一项重要的技术经济文件，它的各项指标，反映了在完成规定计量单位符合设计标准和验收规范分项工程消耗的活劳动数量和物化劳动的数量限度。这种限度最终决定着单项工程和单位工程成本和造价。

预算定额是一种具有广泛用途的计价定额。与施工定额的性质不同，预算定额不是企业内部使用的定额，不具有企业定额的性质。

公路工程预算定额的作用主要表现在以下几方面。

1.预算定额是编制施工图预算，确定和控制项目投资、建筑安装工程造价的基础

施工图预算是施工图设计文件之一，是控制建设工程项目投资和确定建筑安装工程造价的必要手段。编制施工图预算的依据：一是设计文件，它决定着工程的功能和规模，它的尺寸、标志和文字说明，是计算分部分项工程量和结构构件数量的依据；二是预算定额，它是确定一定计量单位工程分项人工、材料、机械的消耗的依据，也是计算分项工程单价的基础；三是人工工资单价、材料预算价格(或市场价格)、机械台班单价等价格资料。

2.预算定额是对设计方案进行技术经济比较，进行技术经济分析的依据

设计方案在设计工作中居于中心地位。根据预算定额对方案进行技术分析和比较，是选择经济合理设计方案的重要方法。对设计方案进行比较，主要是对不同方案通过定额对所需人工、材料和机械台班消耗量、材料质量、材料资源以及工期等进行比较。这种比较可以判明不同方案对工程造价及工期的影响、材料质量对荷载及基础工程量和材料运输量的影响、以及由此而产生的对工程造价的影响。

3.预算定额是编制施工组织设计的依据

在不同的设计阶段编制施工组织设计是建设和施工准备工作所必需的，也是保证工程顺利实现、进行建设工程成本控制的有效手段。根据预算定额确定的劳动力、建筑材料、成品、半成品和施工机械、台班的需用量，为组织材料供应和预制构件加工，平衡劳动力和施工机械，提供可靠依据。

4. 预算定额是工程结算的依据

由于建筑安装工程的周期长，不可能采取竣工后一次结算，往往需要在施工过程中通过分次结算方式结算工程价款。当采用按已完成分部分项工程量计算时，必须以预算定额为依据确定的工程预算结算工程价款。

5. 预算定额是编制概算定额和估算指标的基础

概算定额和估算指标是在预算定额基础上经综合扩大编制的，也需要利用预算定额作为编制依据。

6. 预算定额是合理编制标底、投标报价的基础

目前，公路建设项目一般都在初步设计批准后即进行施工招标投标，但初步设计概算主要是为控制建设项目总价而编制的，项目划分比较粗，在工、料、机的消耗量上比预算定额或实际需要有一定的余量，不宜直接作为编制标底采用。建设单位在编制招标标底时应以预算定额为基础，施工单位投标报价应采用自己的报价定额，也可以以预算定额作为投标报价的参考。

(二)预算定额的编制原则(了解)

1. 按社会平均水平确定预算定额的原则

预算定额的社会平均水平，是指在正常的施工条件、合理的施工组织和工艺条件，平均劳动熟练程度和劳动强度下，完成单位分项工程基本构造要素所需的劳动时间。预算定额的水平以施工定额水平为基础，二者有着密切的联系，但预算定额绝不是简单地套用施工定额的水平，预算定额是平均水平，施工定额是平均先进水平。

2. 坚持统一性和因地制宜相结合的原则

统一性，就是编制全国统一定额，使建筑安装工程具有一个统一的计价依据，也使考核设计和施工的经济效果具有一个统一的尺度。在统一性基础上，再编制地区性定额、补充性制度和管理办法，以满足地区间差异过大的实际情况。

3. 简明适用原则和专家编审责任制原则

简明适用原则是对执行定额的可操作性便于掌握而言的。编制预算定额时，对于那些主要的、常用的、价值量大的项目，分项工程划分宜细。次要的、不常用的、价值量相对较小的项目则可以放粗一些。定额的编制工作具有政策性、专业性强的特点，所以必须由专业队伍来完成。

4. 与公路建设相适应的原则

预算定额是为公路建设服务的，必须满足公路建设发展的需要。定额项目要能覆盖当前及今后一定时期绝大部分工程项目。当前普遍采用或今后将普遍采用的新技术、新工艺、新材料、新设备都应在定额中得反映，使预算定额与建设发展相适应。

5. 贯彻国家政策、法规的原则

预算定额作为工程造价的计价依据，涉及国家、企业和劳动者的利益，具有“责任性大、通用性强、关系公共利益”的特点，必须认真贯彻国家的方针政策，包括技术、经济和安全方面的法规、条例。

(三)预算定额的编制依据(了解)

1. 国家的有关规定

编制预算定额必须依据国家关于基本建设的方针、政策和各项管理制度，如基本建设程序、设计文件编制办法、预算管理工作等。

2. 标准和规范

如公路工程技术标准、设计规范、施工技术及验收规范等。交通部缺少的规范可采用其他

部委的设计、施工规范、规程。

3. 施工图纸

以交通部批准的标准设计图纸为主，没有标准设计图纸的定额项目，则可选择有代表性的设计图纸或施工详图。至于某些辅助工程，如围堰、施工平台、脚手架等，既无施工详图又无技术资料可采用时，可根据施工技术规范的要求，绘制简图设计，并附在计算底稿内备查。

4. 公路工程施工定额

根据各有关单位提供的公路施工定额资料，通过汇总、平衡、分析，提出一个合理的施工定额水平，并得到主管部门同意后，即作为编制定额的依据。

5. 人工工资标准、材料单价和机械台班单价

通过调查得到预算定额编制期间各地公路工程生产工人的工资标准、工程材料的单价和施工机械台班单价。

(四)公路工程预算定额的内容(了解)

现行《公路工程预算定额》分为路基工程、路面工程、隧道工程、桥涵工程、防护工程、交通工程及沿线设施、临时工程、材料采集及加工、材料运输共 9 章。主要内容包括总说明、9 个章说明(第四章桥涵工程又有 11 个节说明)、定额表及表下附注和附录。

1. 预算定额的总说明及各章、节说明

(1)总说明的内容

预算定额的使用范围、指导思想及目的、作用；预算定额的编制原则、主要依据及上级下达的有关定额修编文件；各章节都适用的统一规定；定额所采用的标准及允许抽换定额的原则；定额中包括的内容；对定额中未包括的项目需编制补充定额的规定。

(2)章说明的内容

本章包括的内容；本章工程项目的统一规定；本章工程项目综合的内容及允许抽换的规定；本章工程项目的工程量计算原则。

(3)节说明的内容

预算定额只在桥涵工程章分节，由于桥涵工程包括的内容较多，为便于使用，按工程项目类别分为 11 节。

本节工程项目的统一规定；本节工程综合的内容及允许抽换的规定；本节工程项目的工程量计算原则。

2. 预算定额项目表

预算定额项目表主要内容包括：

(1)工程项目名称及定额单位。

(2)工程项目包括的工作内容。

(3)完成定额单位工程的人工、单位、代号数量。数量中包括施工定额综合为预算定额项目的人工幅度差，还包括材料工地小搬运的人工工日。

(4)完成定额单位工程的材料名称、单位、代号、数量。

1)主要材料以实际使用量或周转使用量的消耗量表示。材料消耗量包括施工过程中的场内运输及操作损耗。

2)次要材料及消耗量很少的材料以其他材料费的形式表示。

3)不以材料数量表示，而以使用时间来进行折旧的金属构件，以设备摊销费的形式表示。

(5)完成定额单位工程的机械名称、单位、代号、数量。

1)主要机械以实际使用台班数量表示。定额的台班数量包括由施工定额综合为预算定额项目的机械幅度差。

2)次要机械及消耗量很少的机械以小型机具使用费的形式表示。

(6)定额基价。将完成单位工程项目所需的人工、材料、机械的数量以费用的形式表示,并作为计算其他直接费用、现场经费和间接费的计价依据。

(7)有些定额项目下还列有在章、节说明中没有包括的,仅供本定额项目使用的注释。如路基工程洒水项目中注明,若水需计费时,水费另行计算。

3.定额附录

定额附录是配合定额使用不可缺少的一个重要组成部分。定额附录的作用包括:

(1)了解定额编制时采用的各种统一规定,如路面材料计算基础数据;预制构件混凝土与模板的接触面积,每 $10m^2$ 接触面积的模板所需的人工、机械及材料的周转使用量。

(2)供抽换定额中混凝土强度等级、砂浆强度等级时使用的混凝土、砂浆配合比表。

(3)编制补充预算定额所需的统一规定,如材料的周转次数、规格、单位、代号、基价等。

(4)便于使用单位经过施工实践核定定额水平,并对定额水平提出意见,作为修订定额的重要资料。

(五)预算定额消耗量指标的制订(熟悉)

公路工程预算定额的消耗量指标主要包括人工消耗指标、材料消耗指标、机械台班消耗指标及定额基价。

1.人工消耗量指标

定额包括完成某分项工程所必需的各种用工量。它是根据测算后综合取定的工程数量和参照施工定额中人工消耗指标计算出的。人工消耗量不分工种、不分技术等级全部综合在一起,再考虑人工幅度差,则可制订出该项目的人工消耗量指标。

预算定额的用工数量=(基本用工+超运距用工+辅助用工)×人工幅度差系数

(1)基本用工

即完成施工定额项目内容的用工,或完成预算定额某分项工程的主要用工数量。基本用工按综合取定的工程量套用劳动定额累加计算。

$$\text{基本用工(工日)}=\sum_{1}^{n}(\text{施工定额某工序人工消耗量}\times\text{工程数量})$$

其中:

工程数量=工程量/定额计量单位

(2)超运距用工

当预算定额确定的材料运输距离超过施工定额规定的运输距离时,应计算超运距用工量。超运距用工(工日)应按各种超运距的材料数量、超运距以及单位运距的人工消耗材料。

超运距=预算定额规定的运距-施工定额规定运距

$$\text{超运距用工(工日)}=\sum_{1}^{n}(\text{施工定额人工消耗}\times\text{超运距}\times\text{超运距材料数量})$$

(3)辅助用工

指施工定额内没有包括,而在预算定额内又必须考虑的用工。如机械土方工程的配合用工、电焊着火用工等。

(4)人工幅度差

由施工定额综合为预算定额时,考虑到一些琐碎的工作难以一一计算,而且在施工中可能出现一些事先无法估计的工作及影响效率的各种因素，因此人工工日和机械台班数应以施工定额综合后的数量，增加一定的百分数，增加的幅度与原数之比即为幅度差。公路工程预算定额编制时采用幅度差系数（幅度差+1）。

人工幅度差=（基本用工+超运距用工+辅助用工）×（人工幅度差系数-1）

预算定额用工数=（基本用工+超运距用工+辅助用工）×人工幅度差系数

人工幅度差系数的取值因不同专业和不同分项工程而异。《公路工程预算定额》的人工幅度差考虑了以下因素。

1）工序搭接及转移工作面的间断时间；

2）各工种交叉作业的相互影响；

3）工作开始及结束时由于放样交底及任务不饱满而影响产量；

4）配合机械施工及移动管线时发生的操作间歇；

5）检查质量及验收掩蔽工程时影响工时利用；

6）因雨雪或其他原因须排除故障；

7）其他零星工作，如临时交通指挥、安全警戒、现场挖沟派水、修路、材料整理堆放、场地清扫等；

8）由于图纸或施工方法的差异需增加的工序及工作项目。

2. 材料消耗指标

预算定额的材料消耗量由材料的净用量和各种合理损耗组成。各种合理损耗是指场内运输损耗和操作损耗，而场外运输损耗和工地仓库保管损耗则计入材料预算价格之中。

根据作用不同，公路工程预算定额中材料消耗指标的表现形式和计算方法也不同。

（1）主要材料

直接构成工程实体的各种量大或昂贵的材料，如钢材、水泥、石油沥青、砂子、石料等。

材料消耗量=净用量（1+场内运输及操作损耗率）

（2）周转性材料

多次周转使用不构成工程实体的材料，如模板、脚手架、支架等。

材料消耗量=周转摊销量

即

$$Q=\frac{A(1+K)}{nV}$$

式中：A——周转性材料的图纸一次使用总数量；

K——场内运输及操作损耗；

V——工程的设计实体数量（m^3、m^2、m、座、处等）；

n——周转次数或摊销次数，通过施工实践测定。

（3）其他材料

用量较少、难以计量的零星材料，如脱模剂、硬塑料管、油毛毡等。

其他材料费= Σ（材料预算单价×数量）

（4）金属设备

用定型或现场加工制作的金属构件制作拼装而成的常用的可周转使用的金属设备，如铧犁、单双导梁、跨墩门架等。

设备摊销费=55 元×设备质量(t)×施工期（月）

其中，包括设备本身的折旧费用和维修、保养等费用。

3.机械台班消耗指标

预算定额中的机械台班消耗量指标，是根据其施工定额各分项工程的机械台班耗用量，再考虑机械的幅度差来确定。公路工程预算定额按定额综合范围将施工机械分为主要机械和小型机具。

(1)主要机械

工程中用量大、对工程造价影响大的机械，如推土机、压路机、摊铺机等。

$$\text{预算定额某种机械台班消耗量}=[\sum_{i=1}^{n}(\text{施工定额该种机械台班消耗量}\times\text{工程数量})\times\text{该种机械幅度差系数}$$

机械的幅度差，是指在施工定额测定范围内未包括的，而在预算定额中又必须考虑的因素而增加的机械台班数量。对不同的机械，其幅度差系数是不同的，取值范围在1.25～3.00之间。

《公路工程预算定额》的机械幅度差考虑了下列因素：

1)正常施工组织情况下不可避免的机械空转、技术中断及合理停置时间；

2)必要的备用台数造成的闲置台班；

3)由于气候关系或排除故障影响台班的利用；

4)工地范围内机械转移的台班数及非自行式机械转移时所需的运载牵引工具；

5)配套机械相互影响所损失的时间及停车场至工作地点超定额运距所需的时间；

6)施工初期限于条件所造成的效率差及结尾时工程量不饱满所损失的时间；

7)因供电、供水故障及水电路线的移动检修而发生的运转中断；

8)不同厂牌机械的效率差、机械不配套造成的效率低；

9)工程质量检查的影响。

(2)小型机具

对工程造价影响不大，自重较小的机械，如电钻、电锯、刨床等。

$$\text{小型机具使用费}=\sum(\text{小型机具台班预算单价}\times\text{台班数})$$

4.定额基价

定额基价是完成定额计量单位的工程量，按人工、材料、机械台班基价及定额工、料、机消耗量计算出的人工费、材料费和机械使用费之和。定额基价是为了使全部定额统一在一个水平上，便于对定额的分析、比较和测算，另外作为计算的基数使用。公路工程预算定额基价基本上是按北京市的人工、材料预算价格计算的，机械使用费是按2007年交通部颁布的《公路工程机械台班费用定额》(JTG/T B06-03—2007)计算的。

$$\text{定额基价}=\text{人工基价}\times\text{工日数}+\sum(\text{材料基价}\times\text{消耗量})+\text{其他材料费}+\text{设备摊销费}+\sum(\text{机械台班基价}\times\text{台班数})+\text{小型机具使用费}$$

四、公路工程概算定额

(一)概算定额的概念与作用(了解)

概算定额，是在预算定额基础上以主要工序为准综合相关分项的扩大定额，是按主要分项工程规定的计算单位及综合相关工序的劳动、材料和机械台班的消耗标准。

概算定额与预算定额，都属于计价定额。二者区别是在项目划分和综合扩大程度上以及适用阶段不同。

概算定额的作用主要表现在以下几方面。

1. 概算定额是初步设计阶段编制建设项目概算和技术设计阶段编制修正概算的依据。建设程序规定,采用两阶段设计时,其初步设计必须编制概算;采用三阶段设计时,其技术设计必须编制修正概算,对拟建项目进行总估价。

2. 概算定额是设计方案比较的依据。所谓设计方案比较,目的是选择出技术先进、可靠、经济合理的方案,在满足使用功能的条件下,达到降低造价和资源消耗的目的。概算定额采用扩大综合后可以为设计方案的比较提供方便条件。

3. 概算定额是编制主要材料需要量的计算基础。根据概算定额所列材料消耗指标计算,工程用料数量可在施工图设计之前提出供应计划,为材料的采购、供应做好施工准备。

4. 概算定额是编制建设项目投资估算指标的基础。

5. 在不具备施工图预算的情况下,概算定额还可以作为制订工程标底的基础。

6. 在实行建设项目投资包干时,其项目包干费用通常可以以概算定额为计算依据。

(二)概算定额的编制原则(了解)

1. 与设计深度相适应的原则

公路初步设计和技术设计的深度是根据交通部颁发的《公路工程基本项目设计文件编制办法》确定的,包括设计提供的工程量深度和设计为建设项目计划提供人工、材料和机械台班数量的规定。初步设计或技术设计提供的工程设计的深度,决定概算定额项目划分和定额单位的确定。

2. 满足概算能控制工程造价的原则

要使初步设计概算或技术设计修正概算能起到控制建设项目工程造价的作用,作为计价依据的概算定额,在项目上应能覆盖建设项目的全部工程项目,并且设计概算或修正概算要能起到控制施工图预算的作用。

3. 简明适用的原则

是指定额的项目名称要与初步设计或技术设计所能提供的工程量名称相一致,定额项目的工程内容界定明确、清楚、方便使用。适用还包括尽量不留缺口,即定额不要留有许多不完备的内容。

4. 贯彻社会平均水平和国家政策法规的原则

概算定额的编制要体现社会平均水平,同时还要贯彻落实国家有关政策法规。

(三)概算定额的编制依据(了解)

(1)国家有关方针、政策及规定。

(2)现行的工程施工技术及验收规范、质量评定标准及安全操作规程。

(3)现行标准设计图纸或有代表性的设计图和施工详细图。

(4)现行预算定额。

(5)编制期的人工工资标准、材料预算价格、机械台班单价。

(6)施工方案、施工工艺及方式、机械的选择。

(四)公路工程概算定额的内容(了解)

1. 概算定额的表现形式

正确、合理地使用概算定额,对确定工程造价、控制和节约建设投资、保证材料物资供应等各方面都有重要作用,因此必须明了概算定额的组成和表现形式,才能保证概算的编制质量。

(1)概算定额的总说明及各章、节说明

总说明的内容:

1)概算定额的适用范围及包括的内容。

2)对各章、节都适用的统一规定。

3)概算定额所采用的标准及抽换的统一规定。

4)概算定额的材料名称在预算定额的基础上综合情况的说明,以及对应于预算定额材料名称的统一规定。

5)概算定额中未包括的内容。

6)概算定额中未包括的项目,须编制补充定额的规定。

章、节说明:包括各章、节的工作内容、工作范围、工程项目的统一规定、工程量的计算规则等。

(2)概算定额项目表

1)工程项目名称及定额单位。

2)工程项目包括的工程内容。

3)完成定额单位工程的人工消耗量的单位、代号、数量,数量中包括预算定额综合为概算定额项目的人工幅度差。

4)完成定额单位工程的材料消耗量的名称、单位、代号、数量。其中主要材料以定额消耗量或周转使用量表示,主要材料中数量很小的材料及次要材料以其他材料费表示,吊装等金属设备的折旧费以设备摊销费表示。在桥涵及隧道工程还包括预算定额综合为概算定额材料幅度差。

5)完成定额单位工程的机械名称、单位、代号、数量。其中主要机械以台班消耗数量表示,数量中包括预算定额综合为概算定额的机械幅度差。次要机械以小型机械使用费的形式表示。概算定额中还将机械的数量以费用的形式表示为机械使用费,以了解机械费占定额基价的比例。

6)完成定额单位工程的定额基价。定额基价可作为各项目间技术经济比较的参考,并作为计算其他直接费和现场经费的计算依据。

7)有些定额项目下还列有在章、节说明中未包括的使用本概算定额项目的注解。

2.概算定额的基本内容介绍

该定额包括路基工程、路面工程、隧道工程、涵洞工程、桥梁工程、其他工程及沿线设施、临时工程共七章。概算定额中特别强调不包括附录内容。

(五)概算定额消耗指标的制定(熟悉)

在概算定额中要注意概算定额的子目划分综合误差和幅度差。

1.子目划分综合误差控制的规定

(1)在一个建设项目中工程量较大,对工程造价影响较大的定额项目,如路基土石方、路面、隧道、桥梁、涵洞等工程,子目之间的基价综合误差控制在10%以内。

(2)在一个建设项目中工程量不大,对工程造价影响较小的定额项目,子目之间的基价综合误差控制在15%~20%的范围内。

(3)考虑到材料、机械台班的价格变动较大,因此在子目划分时除了按基价综合误差控制外,还考虑了主要材料和主要机械台班消耗量的误差。

2.概算定额的幅度差

(1)概算定额是在预算的基础上扩大、综合而成的,它反映了更大范围的内容。因而在工程量取值、工程标准和施工方法等进行综合取定时，概、预算定额间将产生一定的幅度差。由预算定额综合为概算定额的幅度差主要考虑以下因素。

1)由于概算定额是以主要工程结构部位的工程量与次要结构部位的工程量按一定的比例关系综合编制的，在工程标准、工程量、施工方法等进行综合取定时，必然有一定误差，为留有余地，需要考虑一定增加量。

2)还有一些零星工程项目也难以一一计算，也需要适当增加一定幅度的差额。

(2)人工幅度差：公路工程概算定额中，人工幅度差系数的规定如下表所示。

概算定额人工幅度差系数表

概算定额工程项目	系　　数	概算定额工程项目	系　　数
路基工程	1.02	涵洞工程	1.06
路面、其他工程及沿线设施、临时工程	1.04	隧道、桥梁工程	1.10

(3)机械幅度差系数一律为 1.05。

(4)材料幅度差系数：桥涵、隧道按 1.02 计算。

3.计算工、料、机消耗量及定额基价

明确每一个项目的工程内容、所综合的预算定额项目名称和每一个子目的工程量后，各子目的工、料、机消耗量和定额基价可通过所包含的各预算定额项目工、料、机消耗量按照工程量综合后，再考虑幅度差系数计算得出。

如果某概算定额项目包括 n 个预算定额的项目内容，该概算定额项目每一个子目的 n 个子项工程量已确定，通过查阅预算定额，可以得到各子项的工、料、机消耗量，那么：

(1)人工

$$概算定额子目人工消耗量=[\sum_{i=1}^{n}(预算定额人工消耗量\times工程数量)]\times人工幅度差系数$$

(2)材料

由预算定额综合为概算定额的材料可能有若干种，先分别综合：

$$概算定额子目某种材料消耗量=[\sum_{i=1}^{n}(预算定额某种材料消耗量\times工程数量)]\times材料幅度差系数$$

$$概算定额子目其他材料费=[\sum_{i=1}^{n}(预算定额其他材料费\times工程数量)]\times材料幅度差系数$$

$$概算定额子目设备摊销费=[\sum_{i=1}^{n}(预算定额设备摊销费\times工程数量)]\times材料幅度差系数$$

概算定额对某些品种、规格相近的材料进一步综合，例如概算定额中的“钢材”，就综合了预算定额中的“型钢”、“钢轨”、“钢管”；“铁丝”综合了各种型号铁丝；“水泥”综合了各种标号水泥等。

(3)机械

由预算定额综合为概算定额的机械可能有若干种，应分别综合：

$$概算定额子目某种机械台班消耗量=[\sum_{i=1}^{n}(预算定额某种机械台班消耗量\times工程数量)]\times机械幅度差系数$$

$$概算定额子目小型机具使用费=[\sum_{i=1}^{n}(预算定额小型机具使用费\times工程数量)]\times机械幅度差系数$$

(4)定额基价

概算定额基价与预算定额基价类似，是完成定额计量单位工程量，按人工、材料、机械台班基价及定额工、料、机消耗量计算出的人工费、材料费和机械使用费之和。

概算定额子目定额基价＝人工基价×工日数＋Σ(材料基价×消耗量)＋其他材料费＋Σ(机械台班基价×台班数)＋设备摊销额＋小型机具使用费

其中，人工、材料基价与预算定额相同，可参见《公路基本建设工程概算、预算编制办法》。机械台班基价也与预算定额相同，可参见《公路工程机械台班费用定额》。

五、公路工程施工机械台班费用定额

(一)公路工程施工机械台班费用定额的概念和作用(了解)

《公路工程施工机械台班费用定额》是编制公路基本建设工程概、预算，确定机械台班预算价格，进行经济核算和结算的依据。公路工程施工机械台班费用定额的作用主要是：

(1)据以计算机械台班单价。根据《公路工程概算定额》总说明及《公路工程预算定额》总说明的规定，若地区机械工人的工资、燃料、水和电的预算价格与定额中的基价出入较大，编制预算时，机械台班单价应按台班费用定额分析计算确定。

(2)据以计算台班消耗的人工、燃料等实物量。为了编制施工组织设计，需要统计人工、材料等实物量，其中有关机械所消耗的各种资源实物量，要根据台班费用定额分析计算确定。

(3)有时可用该定额中的基价作为概、预算中的台班单价。

(4)公路工程养护大、中修工程，可参考使用本定额。

(二)机械台班费用定额的编制原则(了解)

现行的《公路工程机械台班费用定额》在编制时主要遵循了以下原则：

(1)为合理确定和控制公路基本建设工程造价，提高投资效益，依据目前国家有关经济技术政策，充分考虑基本建设工程的特点以及近几年来高等级公路和施工机械技术发展情况，编制定额。

(2)有利于促进公路基本建设工程施工机械化的发展，提高公路和施工企业的管理水平和自我积累、自我发展能力。

(3)施工机械选型。国产机械按国家已定型生产的，目前公路基本建设工程中常用的施工机械的型号、规格取定；进口机型中凡与国产机械性能、规格相同的，一律选用国产机械，其性能、规格与国产机械不相同的，则从我国公路施工中应用较广泛、成熟的机型和规格选择取定。

(4)机械预算价格的确定。对于国产机械，由于近年来国家对大部分施工机械的价格已经放开，因此，国家机械的预算价格主要按照机械生产厂家询价、市场价格以及各地公路施工企业实购的价格，经分析后合理取定；进口机械，按照公路施工企业实际购置或外贸部门调查的到岸完税价格取定。

(5)充分考虑公路施工机械管理部门的机械设备能力、机械完好率和利用率以及台班费的经营核算情况等。

(6)注重调查研究，广泛搜集各地公路施工企业和各部门有关施工机械的技术、经济基础数据资料。

(三)定额的编制依据(了解)

(1)财政部、中国人民建设银行(1993)财预字第6号通知颁布的《施工、房地产开发企业财务制度》中“企业固定资产分类折旧年限表”的有关规定。

(2)建设部(1993)建标 341 号通知发布的《全国统一施工机械保修理技术经济定额》。

(3)交通部(1993)交工字 691 号通知公布的《公路工程机械台班费用定额》及编制说明。

(4)国务院发[1995]50 号《关于发布车辆购置附加费征收办法的通知》。

(5)交通部《公路工程基本建设项目概算预算编制办法》(JTG B06—2007)。

(6)国家有关部门颁发制订的“机械产品出厂价格”以及市场机械产品信息价格。

(7)国家的其他有关规定。

(四)公路工程施工机械台班费用定额的内容(了解)

台班费用定额的内容包括土石方工程机械,路面工程机械,混凝土及灰浆机械,水平运输机械,起重及垂直运输机械,打桩、钻孔机械,泵类机械,金属、木、石料加工机械,动力机械,工程船舶,其他机械等 11 类 746 个子目。

台班费用定额表,是《公路工程机械台班费用定额》的主要组成部分。台班费用定额表是按机械分类编制的,共分 11 个表。每个表又根据机械的规格分为若干子目。

台班费用定额表的组成栏目如下。

1. 表名

如“二、路面工程机械”,就是指《公路工程机械台班费用定额》所列的各种规格路面工程机械的台班费用定额。

2. 代号

是指每种规格的机械在用电子计算机编制概、预算时对机械的识别符号,也就是该子目机械的代号。各子目所示的代号与《公路工程概算定额》、《公路工程预算定额》中该子目所示机械的代号是一致的、相同的。代号不许变动,而且在各类机械之间,留有一些空号,以备补充之用。

3. 子目

每个代号为一个子目,表示一种规格的机械。

4. 不变费

指定额表中的 1~4 项费用(折旧费、大修理费、经常修理费、安装拆卸及辅助设施费)为不变费用。编制机械台班单价时,除青海、新疆、西藏边远地区外,应直接采用定额值,亦即直接采用不变费用的小计值。

5. 可变费用

指定额表中的 5~7 项费用(人工费、动力燃料费、养路费及车船使用税)为可变费用。编制机械台班单价时,随机操作人员数量及动力物资消耗量应以本定额中的数值为准。工资标准按《公路工程基本建设项目概算预算编制办法 》(JTG B06—2007)的规定执行,工程船舶和潜水设备的工日单价,按当地有关部门规定计算。动力燃料费按当地动力物资的工地预算价格计算。养路费及车船使用税,如需缴纳时,应按各省、自治区、直辖市及国务院有关部门规定的标准,按机械的年工作台班计入台班费中。

6. 基价

是不变费用和可变费用之合计数,仅供参考比较之用,不作为编制公路工程基本建设项目概算、预算的依据。

(五)机械台班费用定额的计算与确定(熟悉)

定额的费用项目划分为不变费用和可变费用。不变费用包括:折旧费、大修理费、经常修理费、安装拆卸及辅助设施费;可变费用包括:人工费、动力燃料费、养路费及车船使用税。

1.不变费用的计算

(1)折旧费

指机械设备在规定的使用期限内,陆续收回其原值的费用。台班折旧费指分摊到每一台班上的折旧费,其计算公式如下:

$$台班折旧费=\frac{机械预算价格\times(1-残值率)}{耐用总台班}$$

1)机械预算价格:由机械出厂(或到岸完税)价格和从生产厂(销售单位交货地点或口岸)运至使用单位机械管理部门验收入库的全部费用组成。即:

国产机械预算价格=出厂(或销售)价格+供销部门手续费+一次性运杂费

国产运输机械预算价格=出厂(或销售)价格×(1+车辆购置附加费率)+供销部门手续费+一次性运杂费

进口机械预算价格=到岸价格+关税+增值税+外贸部门手续费+银行财务费+国内一次性运杂费

进口运输机械预算价格=(到岸价格+关税+增值税)×(1+车辆购置附加费率)+外贸部门手续费+银行财务费+国内一次性运杂费

国产机械的出厂(或销售)价格主要按照机械生产厂家询价、市场价格以及各地公路施工企业的实购价格,经分析后合理取定。

国产机械的供销部门手续费和一次性运杂费,按机械厂(或销售)价格的7%计算。

进品机械的到岸价格主要是依据机械到岸价格的外币值乘以定额编制期国家公布的外汇汇率计算。

进口机械的国内一次性运杂费,按机械到岸完税价格的3%计算。

机械预算价格中有关关税、增值税、车辆购置附加费、外贸部门手续费、银行财务费,按现行国家规定计算。

2)残值率:指施工机械报废时,其回收残余价值占机械原值的比率,一般为2%~5%。

其中:运输机械2%;特、大型机械3%;中、小型机械4%;掘进机械5%。

3)耐用总台班:指机械设备从开始投入使用至报废前所使用的总台班数。

耐用总台班=机械年工作台班×折旧年限

年工作台班,指机械在规定的使用期内,每年应作业的平均台班数。其数值根据国家的有关规定和公路施工企业的调查资料取定,年工作台班数据的取定,考虑了北方地区因气候寒冷施工期短而进行两班作业因素。主要施工机械的年工作台班参见《公路工程机械台班费用定额》基础数据表。

各类机械的折旧年限按财政部、中国人民建设银行(1993)财预字第6号通知颁布的《施工、房地产开发企业财务制度》中"企业固定资产分类折旧年限表"的有关规定取定。

(2)大修理费

指机械设备按规定的大修间隔台班必须进行大修理,以恢复其正常功能所需的费用。台班大修费指分摊到每一台班上的大修理费,其计算公式为:

$$台班大修理费=\frac{一次大修理费\times大修理次数}{耐用总台班}$$

式中:大修理一次费用,指机械设备按规定的大修理范围,修理工作内容所需更换零、配件、消耗材料及机械加工时、送修运杂费等。大修理一次费用可依据《技术经济定额》中的有关数据,按定额编制期的配件、辅料及工时等市场价格计算。对于少量的目前尚无大修理一次费用资料的机械项目，按同类或相近机械的大修理一次费用占机械预算价格的比例予以取定。

$$大修理次数=使用周期数-1$$

使用周期数，是指机械在正常施工作业的条件下，在其寿命期(耐用总台班)内，按规定的大修理次数划分的工作周期数。

$$使用周期数=耐用总台班\div大修理间隔台班$$

大修理间隔台班，指机械从开始投入使用至第一次大修理或自上次大修理起至下次大修理止的使用台班数。根据《技术经济定额》的规定，结合公路工程的施工作业特点取定。

(3)经常修理费

指机械设备除大修理以外的各级保养及临时故障排除所需的费用，为保障机械正常运转所需替换设备、随机使用工具，附具摊销和维护的费用，机械运转与日常保养所需的润滑脂、清洗油料、擦拭材料(布及棉纱等)费用和机械在停置期间的维护保养费用等。台班经常修理费指分摊到每一台班上的经常修理费。其计算公式化为：

$$台班经常修理费=\frac{\sum(大修理期内各级保养一次费用\times保养次数)+临时故障排除费用}{大修理间隔台班}+\frac{[替换设备及工具附具费用\times(1-残值率)]+替换设备及工具附具维护费用}{替换设备及工具附具耐用台班}+\sum例保辅料费$$

台班经常修理费的计算方法是：典型机械采用按照确定经常修理范围、内容等测算的办法确定；其余机械则采用典型机械测算的台班经常修理费与台班大修理费的比值(K值)办法推算。

$$K=\frac{典型机械台班经常修理纲测算值}{典型机械台班大修理费测算值}$$

$$台班经常修理费=台班大修理费\times K$$

K值可参考《公路工程机械台班费用定额》基础数据表。

(4)安装拆卸及辅助设施费

指机械设备在施工现场进行安装、拆卸所需的人工、材料、机械费(打桩、钻孔机械桩架安装及拆卸，则包括在工程项目内)、试运转费以及安装所需的辅助设施费。辅助设施费包括安置机械的基础、底座及固定锚桩等项费用。至于特大型机械的辅助设施(大型发电机、拌和设备、动力机的混凝土基础、散热池等)以及机械操作所需的轨道、工作台，不在此项费用内，在工程项目中另行计算。其计算公式为：

$$台班安装拆卸及辅助设施费=\frac{机械一次安装拆卸费\times年平均安装折卸次数}{年工作台班}+台班辅助设施摊销费$$

各种机械的一次安装拆卸费、年平均安装拆卸次数和台班辅助设施摊销费根据各公路施工部门的资料经分析平衡后取定。

2.可变费用的计算

(1)人工费

指随机操作人员的工作日工资。台班人工费指每一台班所需的随机操作人员的工日数与人工单价的乘积。人工单价按交通部颁布的《公路工程基本建设项目概算预算编制办法》(JTG B06—2007)的有关规定计算。

(2)动力燃料费

指机械在运转施工作业中所耗用的电力、固定燃料(煤、木柴)、液体燃料(汽油、柴油、重油)和水等。

台班动力燃料费＝台班动力燃料消耗量×动力燃料单价

动力燃料单价按《公路基本建设概算、预算编制办法》中材料预算单价计算。

定额动力燃料消耗量按以下方法确定;

1)施工现场实测数据和施工企业的统计资料。

2)机械规格与《技术经济定额》中相同的机械项目按《技术经济定额》中相应的燃料动力消耗量,结合公路施工特点和机械燃料动力消耗的调查资料分析平衡后取定。

3)对于无法取得上述资料的机械项目按以下公式计算:

①电力台班消耗量计算公式为:

$$Q=\frac{K_w \times 8 \times K_1 \times K_2 \times K_3}{K_4}$$

式中:Q——电力台班消耗量(kW·h);

K_w——电动机定额功率(kW);

K_1——电动机时间利用系数;

K_2——电动机能力利用系数;

K_3——低压线路损耗系数 $K_3=1.05$;

K_4——电动机有效利用系数,取与 K_2 相对应的值,可以内插法求值。

②燃油台班消耗量计算公式为:

$$Q=\frac{K_w \times 8 \times G \times K_1 \times K_2 \times K_3 \times K_4}{1\,000}$$

式中:Q——燃料台班消耗量(kg);

K_w——发动机定额功率(kW);

G——单位功率燃油消耗,即功率为1kW的机械一个小时所消耗的燃油数量(g/kW·h);

K_1——时间利用系数;

K_2——能力利用系数;

K_3——车速耗油系数,可取0.97～1.0;

K_4——油料损耗系数,可取1.03。

(3)养路费及车船使用税

指机械按国家规定应缴纳的养路费和车船使用税。此项费用定额,按各省、自治区、直辖市及国务院有关部门的规定标准计算。计算公式为:

$$台班养路费及车船使用税=\frac{[养路费(元/吨·月)\times 12(年工作月)+车船使用税(元/吨·年)]\times 计算吨位}{年工作台班}$$

式中:计算吨位＝征费计量标准×应征系数。

征费计算标准:执行交通部、国家物价局(91)交工字799号通知公布的《公路汽车征费标准计量手册》的有关规定。

应征系数:执行各省、自治区、直辖市的有关规定。

六、公路工程估算指标

(一)估算指标的含义及作用(了解)

估算指标是以独立的建设项目、单项工程或单位工程为标定对象,完成单位合格产品

(1km 或 1 000m^3、100m^2 等)所必须消耗的工、料、机数量(或费用)标准。

估算指标是以能独立发挥投资效益的建设项目或单项工程为对象的扩大的技术经济指标。它既是定额的一种表现形式,但又不同于其他的计价定额,由于它要与项目的前期工作深度相适应,从项目建设的全过程出发估算全部投资额,所以比其他各种计价定额具有更大综合性和概括性。其作用主要表现在以下几个方面。

(1)在编制项目建议书和可行性研究报告阶段,它是多方案比选、优化设计方案、正确编制投资估算、合理确定项目投资额的重要基础;

(2)在建设项目评价、决策过程中,它是评价建设项目投资可行性、分析投资效益的主要经济指标;

(3)在实施阶段,它是限额设计和工程造价确定与控制的依据。

(二)估算指标的分类及编制原则(了解)

1.估算指标的分类

估算指标是编制和确定项目建议书和可行性研究报告投资估算的基础和依据,按其用途和表现形式分综合指标和分项指标两大类。

综合指标适用于编制项目建议书投资估算,主要用于建设项目经济上的研究、项目的选择及合理性研究,建设规模和编制公路建设发展规划的研究。

分项指标适用于编制公路建设项目可行性研究报告投资估算,主要用于建设项目投资效益、经济可行性研究,方案的经济比选和建设成本的确定。

2.编制原则

由于估算指标所反映的是建设项目从立项至竣工所需的全部费用,要求估算指标应具有较强的综合性、概括性和准确性。所以估算指标的编制工作除应遵守一般的定额编制原则外,还必须坚持以下原则:

(1)与项目前期阶段的工作深度相适应;

(2)按不同的单项工程和单位工程编制;

(3)具有较强的综合性、概括性;

(4)表现形式应准确、简化、方便使用;

(5)应选择具有代表性的典型项目。

(三)估算指标的编制依据(了解)

估算指标的编制工作是一项技术性、政策性、经济性很强的工作,必须有可靠的科学依据和政策依据。包括:

(1)国家对基本建设的有关方针、政策。

(2)国家和交通部制定颁布的技术标准、规范。

(3)交通部颁布的《水运、公路建设项目可行性研究报告编制办法》。

(4)指标编制年度交通部颁布的《公路工程概算定额》和《公路基本建设工程概算、预算编制办法》以及建设项目用地定额、建设项目工期定额等。概算定额缺少的项目按《公路工程预算定额》分析计算。

(5)编制年度的各类工资标准、材料预算价格及施工机械台班单价。

(6)典型图纸或资料。一般一种结构类型应有两种以上资料经过分析,提出一份具有代表性的图纸或资料,作为编制指标的依据。如比较分析后,因条件不同对造价影响较大时,可以分不同因素划分子目编制。

(7)施工方案。一般应选用经济合理、有代表性、多数施工企业能做到的施工方案,作为编制指标的依据。如因施工条件不同影响造价较大时,可以按不同因素划分子目编制。

(四)估算指标工程数量的确定(了解)

估算指标的编制,就是利用已完工程或在建工程的概、预、决算资料,在概算定额项目划分的基础上,进行适当的综合和扩大,其关键环节就是指标中综合的工程项目的工程量含量的确定。因此,指标的编制方法也就是对基础资料工程量会量分析取定的方法。一般有如下三种:

1. 算术平均取值法

基本做法就是根据所占有的基础资料,在"指标子目划分平衡分析表"中对每个建设项目的资料进行必要的分析。其中误差较大的建设项目属于正常情况的,根据产生误差的界定条件划分子目。不合理的内容予以剔除,最后将属于同一指标子目的各建设项目的工程细目的工程量进行算术平均,求得指标子目的工程量组合。

2. 加权平均取值法

其基本方法与算术平均取值法相同,区别之处是将属于同一子目的各建设项目的工程细目工程量进行加权平均,最后求得指标子目的工程量组合。

3. 典型工程取值法

基本做法就是在"指标子目划分平衡分析表"中对每个建设项目的资料进行必要的分析后,在计算出指标子目的算术平均值或加权平均值的基础上,选用某一与算术平均值或加权平均值指标子目基价接近的建设项目的工程含量,或某几个建设项目工程含量的平均值作为取定指标子目的工程量组合的依据。

这三种取值方法各有特点,在指标编制时,要根据不同指标项目的特点选用合适的编制方法。

七、概、预算费用的组成及计算

公路基本建设概、预算费用由建筑安装工程费,设备、工具、器具及家具购置费,工程建设其他费用,预留费用四部分组成。

(一)建筑安装工程费(掌握)

建筑安装工程费是直接形成工程实体所发生的费用。它是施工企业通过生产活动,消耗一定资源,按预定生产目的创造的工程实体的价值体现。现行的《公路工程基本建设项目概算预算编制办法》(JTG B06—2007)将其分解为直接费、间接费、利润和税金四部分。

1. 直接费

直接费是指施工企业直接体现在工程上的费用,即直接使用生产资料发生转移而形成预定使用功能新投入的费用。直接费由直接工程费和其他工程费组成。

直接费的计算方法是:第一,将工程项目按要求分解成分项工程,并计算各分项工程的工程量;第二,查阅和套用定额项目表中各分项工程的人工、材料、机械消耗量及定额基价;第三,根据分项工程的工程量大小和定额的规定计算出各分项工程的的人工、材料、机械消耗量及定额基价;第四,用人工工日单价、材料预算单价和机械台班单价计算出各分项工程的人工费、材料费、机械使用费;第五,以直接工程费为基数,按其他工程费率计算其他工程费;第六,由工、料、机费用和其他工程费求得直接费。

(1)直接工程费

直接工程费是指施工过程中耗费的构成工程实体和有助于工程形成的各项费用,包括人工费、材料费、施工机械使用费。

1)人工费

①人工费的内容

人工费是指列入概、预算定额的直接从事建筑安装工程施工的生产工人开支的各项费用。其主要内容如下：

A. 基本工资。指支付给生产工人的基本工资、流动施工津贴和生产工人劳动保护费，以及为职工缴纳的养老、失业、医疗保险和住房公积金等。生产工人劳动保护费是指按国家有关部门规定的标准发放的劳动保护用品的购置及修理费、徒工服装补贴、防暑降温费、在有碍身体健康环境中施工的保健费用等。

B. 生产工人辅助工资。指生产工人年有效施工天数以外非作业天数的工资，包括开会和执行必要的社会义务时间的工资，职工学习、培训期间的工资，调动工作、探亲、休假期间的工资，因气候影响停工期间的工资，女工哺乳时间的工资，病假在六个月以内的工资及产、婚、丧假期的工资。

C. 工资性补贴。是指按规定标准发放的物价补贴，煤、燃气补贴，交通补贴，住房补贴，地区津贴等。

D. 职工福利费，指国家按规定标准计提的职工福利费。

②人工费的计算

人工费指列入概、预算定额的直接从事建筑安装工程施工的生产工人(包括现场内水平、垂直运输等辅助工人)和附属辅助生产单位的工人的人工工日数及工日单价计算的各项费用，但材料采购及保管人员，驾驶施工机械、运输工具的工人，材料到达工地以前的搬运、装卸工人等人员的工资以及由施工管理费支付工资的人员的工资，不应计入人工费。

$$\text{人工费}=\sum(\text{分项工程数量}\times\text{相应项目定额单位工日数}\times\text{工日单价})$$

分项工程数量为由设计图纸按工程量计算规则计算得到的定额单位工程数量；定额单位工日数由定额可直接查得；工日单价由标准工资、工资性质的津贴、地区生活补贴和劳动保护费组成，其确定可按下列公式计算，也可按地区规定执行。

$$\text{人工工日单价(元/工日)}=[\text{基本工资(元/月)}+\text{地区生活补贴(元/月)}+\text{工资性津贴(元/月)}]\times(1+14\%)\times 12\text{月}\div 240\text{(工日)}$$

式中：工人基本工资——按不低于工程所在地政府主管部门发布的最低工资标准的 1.2 倍计算；

地区生活补贴——指国家规定的边远地区生活补贴、特区补贴；

工资性津贴——指物价补贴，煤、燃气补贴，交通费补贴等。

应注意：人工费单价仅作为编制概、预算的依据，不作为施工企业实发工资的依据。

2)材料费

材料费是指列入概预算定额的材料、构(配)件、零件和半成品、成品的用量以及周转材料的摊销量，按相应预算价格计算的费用。其计算公式如下；

$$\text{材料费}=\sum(\text{分项工程数量}\times\text{定额值}\times\text{材料预算价格})$$

其中，工程数量和定额都可用前面介绍的方法得到，关键是材料预算价格的计算。

材料预算价格是指材料由其来源地(或交货地)到达工地仓库后的出库价格，由材料原价、运杂费、场外运输损耗、采购及仓库保管费组成。

$$\text{材料预算价格}=(\text{材料原价}+\text{运杂费})\times(1+\text{场外运输损耗率})\times(1+\text{采购及保管费率})-\text{包装品回收价值}$$

①材料原价

各种材料原价按以下规定计算。

外购材料:国家或地方的工业产品,按工业产品的出厂价格或供销部门的供应价格计算,并根据情况加计供销部门手续费和包装费。如供应情况、交货条件不明确时,可采用当地规定的价格计算。

地方性材料:地方性材料包括外购的砂、石材料等,按实际调查价格或当地主管部门规定的预算价格计算。

自采材料:自采的砂、石、黏土等材料,按定额中开采单价加辅助生产现场经费和矿产资源税(如有)计算。

②运杂费

运杂费是指材料自供应地点至工地仓库(施工地点存放材料的地方)的运杂费用,包括装卸费、运费,如果发生,还应计囤存费及其他杂费(如过磅、标签、支撑加固等费用)。

通过铁路、水路和公路运输部门运输的材料,按铁路、航运和当地交通部门规定的运价计算运费。

施工单位自办的运输,单程运距15km以上的长途汽车运输按当地交通部门规定的统一运价计算运费;单程运距5～15km的汽车运输按当地交通部门规定的统一运价计算运费,当工程所在地交通不便、社会运输力量缺乏时,如边远地区和某些山岭区,允许按当地交通部门规定的统一运价加50%计算运费;单程运距5km及以内的汽车运输以及人力场外运输,按预算定额计算运费,其中人力装卸和运输另按人工费加计辅助生产间接费。

一种材料如有两个以上的供应点时,应根据不同的运距、运量、运价采用加权平均的方法计算运费。

③场外运输损耗率

场外运输消耗是指有些材料在正常的运输过程中发生损耗,这部分损耗应摊入材料单价内。材料场外运输损耗率见下表。

材料场外运输操作损耗率(%)

材料名称		场外运输(包括一次装卸)	每增加一次装卸
块状沥青		0.5	0.2
石屑、碎砾石、砂砾、煤渣、工业废渣、煤		1.0	0.4
砖、瓦、桶装沥青、石灰、黏土		3.0	1.0
草皮		7.0	3.0
水泥	袋装	1.0	0.4
	散装	1.0	0.4
砂	一般地区	2.5	1.0
	多风地区	5.0	2.0

注:汽车运水泥如运距超过500km时,增加损耗率:袋装0.5%。

④采购及保管费费率

材料采购及保管费是指材料供应部门(包括工地仓库及各级管理部门)在组织采购、供应和保管材料过程中,所需的各项费用及工地仓库的材料储存损耗。

材料采购及保管费,以材料的原价加运杂费及场外运输损耗的合计数为基础,乘以采购保管费率计算。材料的采购及保管费率为2.5%。

外购的构件、成品及半成品的预算价格，其计算方法与材料相同，但构件(如外购的钢桁梁、钢筋混凝土构件及加工钢材等半成品)的采购保管费率为1%。

3)施工机械使用费

施工机械使用费，是指列入概、预算定额的施工机械台班数量按相应台班费用定额计算的施工机械使用费和小型机具使用费。其计算公式为：

$$施工机械使用费=\sum(分项工程数量\times相应项目定额单位机械台班消耗量\times 机械台班单价)+小型机具使用费$$

分项工程数量：同前。

定额机械台班消耗量：由定额直接查得完成一定数量单位的分项工程定额所规定消耗的机械种类和台班数量。

机械台班单价：应按交通部公布的《公路工程机械台班费用定额》计算。

机械台班单价由不变费用可变费用两部分组成。

$$机械台班单价=不变费用+可变费用$$

不变费用。包括：折旧费、大修理费、经常修理费、安装拆卸及辅助设施费。这类费用主要是取决于机械年工作制度的费用，不因施工地点和条件的不同而有较大的变化，故称不变费用。

可变费用。包括：机上人员工资、动力燃料费、养路费及车船使用税。这类费用常因施工地点和条件不同而发生较大的变化，故称可变费用。不变费用全国除青海、新疆、西藏三省区允许调整外，其余各地均应直接采用。

(2)其他工程费

其他工程费是指直接工程费以外施工过程中发生的直接用于工程的费用。内容包括冬季施工增加费、雨季施工增加费、夜间施工增加费、特殊地区施工增加费、行车干扰工程施工增加费、安全及文明施工措施费、临时设施费、施工辅助费、工地转移费九项。

以上九项费用均以各类工程直接费为基数乘以相应的费率计算。即：

$$某类工程其他工程费=某类工程直接费\times\sum_{1}^{9}(相应的费率)$$

1)冬季施工增加费

冬季施工增加费指按照公路工程施工及验收规范所规定的冬季施工要求，为保证工程质量和安全生产所需要采取的防寒保温设施、工效降低和机械作业率降低以及技术操作过程的改变所增加的有关费用。内容包括：

①因冬季施工所需增加的一切人工、机械与材料的支出。

②施工机具所需修建的暖棚(包括拆、移)，增加油脂及其他保温设备费用。

③因施工组织设计确定，需增加的一切保温、加温及照明等有关支出。

④与冬季施工有关的其他各项费用，如清除工作地点的冰雪等费用。

冬季气温区的划分，是根据气象部门提供的满15年以上的气温资料确定的。全国各地的冬季区划分参见《概、预算编制办法》附录七。若当地气温资料与划定的冬季气温区划分有较大出入时，可按当地气温资料及冬季气温区的划分标准确定工程所在地的冬季气温区。

冬季施工增加费的计算方法，是根据各类工程的特点，规定各气温区的取费标准。为了简化计算手续，采用全年平均摊销的方法，即不论是否在冬季施工，均按规定的取费标准计取冬季施工增加费。一条路线穿过两个以上的气温区时，可分段计算或按各区的工程量比例求得全线的平均增加率，计算冬季施工增加费。

2)雨季施工增加费

雨季施工增加费是指雨季期间施工为保证工程质量和安全生产所需采取的防雨、排水、防潮和防护措施，工效降低和机械作业率降低以及技术作业过程的改变等所需增加的有关费用。

雨量区和雨季期的划分，是根据气象部门提供的满 15 年以上的降雨资料确定的。全国各地雨量区及雨季期的划分见《概、预算编制办法》附录八。若当地气象资料与划定的雨量区及雨季期出入较大时，可按当地气象资料及雨量区和雨季期的划分标准确定工程所在地的雨量区及雨季期。

雨季施工增加费的计算方法，是将全国划分为若干雨量区和雨季期，并根据各类工程的特点规定各雨量区和雨季期取费标准，采用全年平均摊销的方法，即不论是否在雨季施工，均按规定的取费标准计取雨季施工增加费。

一条路线通过不同的雨量区和雨季时，应分别计算雨季施工增加费或按工程量比例求得平均的增加率，计算全线雨季施工增加费。

3)夜间施工增加费

夜间施工增加费是指根据设计、施工的技术要求和合理的施工进度要求，必须在夜间连续施工而发生的工效降低、夜班津贴及有关照明设施等增加的费用。

夜间施工增加费按夜间施工工程项目(如桥梁工程项目包括上、下部构造全部工程)的直接工程费之和为基数，按“夜间施工增加费费率表”规定费率计算。

4)特殊地区施工增加费

特殊地区施工增加费包括高原地区施工增加费、风沙地区施工增加费和沿海地区施工增加费三项。

①高原地区施工增加费是指在海拔高度 1 500m 以上地区施工，由于受气候、气压的影响，致使人工、机械效率降低而增加的费用。该费用以各类工程人工费和机械使用费之和为基数，按“高原地区施工增加费率表”中规定费率计算。

一条线路通过两个以上(含两个)不同的海拔高度分区时，应分别计算高原地区施工增加费或按工程量比例求得平均的增加率，计算全线高原地区施工增加费。

②风沙地区施工增加费指沙漠地区施工时，由于受风沙影响，按照施工及验收规范要求，为保证工程质量和安全生产而增加的有关费用。内容包括防风、防沙及气候影响的措施费、材料费，人工、机械效率降低增加的费用，以及积沙、风蚀的清理修复等费用。

全国风沙地区公路施工划分见《概、预算编制办法》附录九。若当地气象资料及自然特征与附录九中的风沙区划分有较大出入时，由工程所在省、自治区、直辖市公路(交通)工程造价(定额)管理站按当地气象资料和自然特征及上述划分标准确定工程所在地的风沙区划，并抄送交通运输部公路司备案。

风沙地区施工增加费以各类工程的人工费和机械使用费之和为基数，根据工程所在地的风沙区划及类别，按“风沙地区施工增加费费率表”中规定费率计算。

一条线路穿过两个以上(含两个)不同风沙地区时，按路线长度经过不同的风沙区加权计算项目全线风沙地区施工增加费。

③沿海地区工程施工增加费是指工程项目在沿海地区施工受海风、海浪和潮汐的影响，致使人工、机械效率降低等所需增加的费用。本项目费用，由沿海各省、自治区、直辖市交通厅(局)制订具体的适用范围(地区)，并抄送部公路工程定额站备案。

沿海地区工程施工增加费以各类工程的直接工程费之和为基数，按“沿海地区工程施工增加费费率表”的规定费率计算。

5)行车干扰工程施工增加费

行车干扰工程施工增加费是指由于边施工边维持通车，受行车干扰的影响，致使人工、机械效率降低等所需增加的费用。该费用以受行车影响部分的工程项目的人工费和机械使用费之和为基数，按“行车干扰工程施工增加费费率表”的规定费率计算。

6)安全及文明施工措施费

安全及文明施工措施费指工程施工期间为满足安全生产、文明施工、职工健康生活所发生的费用。该费用不包括施工期间为保证交通安全而设置的临时安全设施和标志、标牌的费用，需要时，应根据设计要求计算。安全及文明施工措施费以各类工程的直接工程费之和为基数，按“安全及文明施工措施费费率表”中规定的费率计算。

7)临时设施费

临时设施费指施工企业为进行建筑安装工程施工所必需的生活和生产用的临时建筑物、构筑物和其他临时设施的费用等，但不包括概、预算定额中临时工程在内。

临时设施费用内容包括：临时设施的搭设、维修、拆除费或摊销费。临时设施费以各类工程的直接工程费之和为基数，按“临时设施费费率表” 中规定的费率计算。

8)施工辅助费

施工辅助费包括生产工具用具使用费、检验试验费、工程定位复测、工程点交、场地清理等费用。

生产工具用具使用费是指施工所需不属于固定资产的生产工具、检验、试验用具及仪器、仪表等的购置、摊销和维修费，以及支付给工人自备工具的补贴费。

检验试验费是指对建筑材料、构件和建筑安装工程进行一般鉴定、检查所发生的费用，包括自设试验室进行试验所耗用的材料和化学药品的费用，以及技术革新和研究试验费。但不包括新结构、新材料的试验费和建设单位要求对具有出厂合格证明的材料进行检验、对构件破坏性试验及其他特殊要求检验的费用。

施工辅助费以各类工程的直接工程费之和为基数，按“施工辅助费费率表”的规定费率计算。

9)工地转移费

工地转移费指施工企业根据建设任务的需要，由已竣工的工地或后方基地迁至新工地的搬迁费用。其内容包括：

①施工单位全体职工及随职工迁移的家属向新工地转移的车费、家具行李运费、途中住宿费、行程补助费、杂费及工资与工资附加费等。

②公物、工具、施工设备器材、施工机械的运杂费，以及外租机械的往返费及本工程内部各工地之间施工机械、设备、公物、工具的转移费等。

③非固定工人进退场及一条路线中各工地转移的费用。

工地转移费以各类工程的直接工程费之和为基数，按“工地转移费费率表” 中规定的费率计算。

2.间接费

间接费由规费和企业管理费两项组成。

(1)规费

规费系指法律、法规、规章、规程规定施工企业必须缴纳的费用(简称规费)，包括：

1)养老保险费。指施工企业按规定标准为职工缴纳的基本养老保险费。

2)失业保险费。指施工企业按规定标准为职工缴纳的失业保险费。

3)医疗保险费。指施工企业按规定标准为职工缴纳的基本医疗保险费和生育保险费。

4)住房公积金。指施工企业按规定标准为职工缴纳的住房公积金。

5)工伤保险费。指施工企业按规定标准为职工缴纳的工伤保险费。

各项规费以各类工程的人工费之和为基数,按国家或工程所在地法律、法规、规章、规程规定的标准计算。

(2)企业管理费

企业管理费由基本费用、主副食运费补贴、职工探亲路费、职工取暖补贴和财务费用五项组成。

1)基本费用

企业管理费基本费用指施工企业为组织施工生产和经营管理所需的费用,内容包括:

①管理人员工资。指管理人员的基本工资、工资性补贴、职工福利费、劳动保护费以及缴纳的养老、失业、医疗、生育、工伤保险费和住房公积金等。

②办公费。指企业办公用的文具、纸张、账表、印刷、邮电、书报、会议、水、电、烧水和集体取暖(包括现场临时宿舍取暖)用煤(气)等费用。

③差旅交通费。指职工因公出差和工作调动(包括随行家属的旅费)的差旅费、住勤补助费,市内交通费和误餐补助费,职工探亲路费,劳动力招募费,职工离退休、退职一次性路费,工伤人员就医路费,以及管理部门使用的交通工具的油料、燃料、养路费及牌照费。

④固定资产使用费。指管理和试验部门及附属生产单位使用的属于固定资产的房屋、设备、仪器等的折旧、大修、维修或租赁费等。

⑤工具用具使用费。指管理使用的不属于固定资产的生产工具、器具、家具、交通工具和检验、试验、测绘、消防用具等的购置、维修和摊销费。

⑥劳动保险费。指企业支付离退休职工的易地安家补助费、职工退职金、六个月以上的病假人员工资、职工死亡丧葬补助费、抚恤费、按规定支付给离休干部的各项经费。

⑦工会经费。指企业按职工工资总额计提的工会经费。

⑧职工教育经费。指企业为职工学习先进技术和提高文化水平,按职工工资总额计提的费用。

⑨保险费。指企业财产保险、管理用车辆等保险费用。

⑩工程保修费。指工程竣工交付使用后,在规定保修期以内的修理费用。

⑪工程排污费。指施工现场按规定缴纳的排污费用。

⑫税金。指企业按规定缴纳的房产税、车船使用税、土地使用税、印花税等。

⑬其他。指上述项目以外的其他必要的费用支出,包括技术转让费、技术开发费、业务招待费、绿化费、广告费、投标费、公证费、定额测定费、法律顾问费、审计费、咨询费等。

基本费用以各类工程的直接费之和为基数,按"基本费用费率表"中规定的费率计算。

2)主副食运费补贴

主副食运费补贴指施工企业在远离城镇及乡村的野外施工购买生活必需品所需增加的费用。该费用以各类工程的直接费之和为基数,按"主副食运费补贴费率表" 中规定的费率计算。

3)职工探亲路费

职工探亲路费指按照有关规定施工企业职工在探亲期间发生的往返车船费、市内交通费和途中住宿费等费用。该费用以各类工程的直接费之和为基数,按“职工探亲路费费率表”中规定的费率计算。

4)职工取暖补贴

职工取暖补贴指按规定发放给职工的冬季取暖费或在施工现场设置的临时取暖设施的费用。该费用以各类工程的直接费之和为基数,按工程所在地的气温区(见《概、预算编制办法》附录七)选用“职工取暖补贴费率表”中的费率计算。

5)财务费用

财务费用指施工企业为筹集资金而发生的各项费用,包括企业经营期间发生的短期贷款利息净支出、汇兑净损失、调剂外汇手续费、金融机构手续费,以及企业筹集资金发生的其他财务费用。财务费用以各类工程的直接费之和为基数,按“财务费用费率表”中规定的费率计算。

3.利润

利润指施工企业完成所承包工程应取得的盈利。利润按直接费与间接费之和扣除规费的7%计算。

4.税金

税金是指按照国家税法规定应计入建筑安装工程造价内的营业税、城市维护建设税及教育费附加。

计算公式如下:

综合税金额=(直接工程费+间接费+利润)×综合税率

综合税率为:

纳税人在市区的,综合税率为3.41%;

纳税人在县城、乡镇的,综合税率为3.35%;

纳税人不在市区、县城、乡镇的综合税率为3.22%。

(二)设备、工具、器具及家具购置费(了解)

1.设备购置费

设备购置费指为满足公路的营运、管理、养护需要,购置的达到固定资产标准的设备和虽低于固定资产标准但属于设计明确列入设备清单的设备的费用,包括渡口设备,隧道照明、消防、通风的动力设备,高等级公路的收费、监控、通信、供电设备,养护用的机械、设备和工具、器具等的购置费用。

设备购置费应由设计单位列出计划购置的清单(包括设备的规格、型号、数量),以设备原价加综合业务费和运杂费按以下公式计算:

设备购置费=设备原价+运杂费(运输费+装卸费+搬运费)+
运输保险费+采购及保管费

需要安装的设备,应在第一部分建筑安装工程费的有关项目内另计设备的安装工程费。

2.工器具及生产家具(简称工器具)购置费

工器具购置费指建设项目交付使用后为满足初期正常营运必须购置的第一套不构成固定资产的设备、仪器、仪表、工卡模具、器具、工作台(框、架、柜)等的费用。该费用不包括构成固定资产的设备、工器具和备品、备件,及已列入设备购置费中的专用工具和备品、备件。

对于工器具购置,应由设计单位列出计划购置的清单(包括规格、型号、数量),购置费的计算方法同设备购置费。

3. 办公和生活用家具购置费

办公和生活用家具购置费系指为保证新建、改建项目初期正常生产、使用和管理所必须购置的办公和生活用家具、用具的费用。

范围包括：行政、生产部门的办公室、会议室、资料档案室、阅览室、单身宿舍及生活福利设施等的家具、用具。

办公和生活用家具购置费按《公路工程基本建设项目概算预算编制办法（JTG B06—2007）》中“办公和生活用家具购置费标准表”的规定计算。

（三）工程建设其他费用（了解）

1. 土地征用及拆迁补偿费

土地征用及拆迁补偿费指按照《中华人民共和国土地管理法》及《中华人民共和国土地管理法实施条例》、《中华人民共和国基本农田保护条例》等法律、法规的规定，为进行公路建设需征用土地所支付的土地征用及拆迁补偿费等费用。

(1)费用内容包括：土地补偿费、征用耕地安置补助费、拆迁补偿费、复耕费、耕地开垦费、森林植被恢复费。

(2)计算方法

土地征用及拆迁补偿费应根据审批单位批准的建设工程用地和临时用地面积及其附着物的情况，以及实际发生的费用项目，按国家有关规定及工程所在地的省（自治区、直辖市）人民政府颁发的有关规定和标准计算。

森林植被恢复费应根据审批单位批准的建设工程占用林地的类型及面积，按国家有关规定及工程所在地的省（自治区、直辖市）人民政府颁发的有关规定和标准计算。

当与原有的电力电信设施、水利工程、铁路及铁路设施互相干扰时，应与有关部门联系，商定合理的解决方案和补偿金额，也可由这些部门按规定编制费用，以确定补偿金额。

2. 建设项目管理费

建设项目管理费包括建设单位（业主）管理费、工程质量监督费、工程监理费、工程定额测定费、设计文件审查费和竣（交）工验收试验检测费。

(1)建设单位（业主）管理费

建设单位（业主）管理费指建设单位（业主）为建设项目的立项、筹建、建设、竣（交）工验收、总结等工作所发生的费用，不包括应计入设备、材料预算价格的建设单位采购及保管设备、材料所需的费用。

由施工企业代建设单位（业主）办理“土地、青苗等补偿费”的工作人员所发生的费用，应在建设单位（业主）管理费项目中支付。当建设单位（业主）委托有资质的单位代理招标时，其代理费应在建设单位（业主）管理费中支出。

建设单位（业主）管理费以建筑安装工程费总额为基数，按《概、预算编制办法》中“建设单位管理费费率表”的费率，以累进办法计算。

(2)工程质量监督费

工程质量监督费指根据国家有关部门规定，各级公路工程质量监督机构对工程建设质量和安全生产实施监督应收取的管理费用。

工程质量监督费以建筑安装工程费总额为基数，按0.15%计算。

(3)工程监理费

工程监理费指建设单位（业主）委托具有公路工程监理资格的单位，按施工监理规范进行全面的监督和管理所发生的费用。

工程监理费以建筑安装工程费总额为基数，按《概、预算编制办法》中“工程监理费费率表”的费率计算。

(4)工程定额测定费

工程定额测定费系指各级公路(交通)工程定额(造价管理)站为测定劳动定额、搜集定额资料、编制工程定额及定额管理所需要的工作经费。

工程定额测定费以建筑安装工程费总额为基数，按0.12%计算。

(5)设计文件审查费

设计文件审查费系指国家和省级交通主管部门在项目审批前，为保证勘察设计工作的质量，组织有关专家或委托有资质的单位，对设计单位提交的建设项目可行性研究报告和勘察设计文件以及对设计变更、调整概算进行审查所需要的相关费用。

设计文件审查费以建筑安装工程费总额为基数，按0.1%计算。

(6)竣(交)工验收试验检测费

竣(交)工验收试验检测费系指在公路建设项目交工验收和竣工验收前，由建设单位(业主)或工程质量监督机构委托有资质的公路工程质量检测单位按照有关规定对建设项目的工程质量进行检测，并出具检测意见所需要的相关费用。

竣(交)工验收试验检测费按《概、预算编制办法》中“竣(交)工验收试验检测费标准表”的规定计算。

3.研究试验费

研究试验费系指为本建设项目提供或验证设计数据、资料进行必要的研究试验和按照设计规定在施工过程中必须进行试验、验证所需的费用，以及支付科技成果、先进技术的一次性技术转让费。该费用不包括：

(1)应由科技三项费用(新产品试制费、中间试验费和重要科学研究补助费)开支的项目。

(2)应由施工辅助费开支的施工企业对建筑材料、构件和建筑物进行一般鉴定、检查所发生的费用及技术革新研究试验费。

(3)应由勘察设计费或建筑安装工程费用中开支的项目。

计算方法：按照设计提出的研究试验内容和要求进行编制，不需验证设计基础资料的不计本项费用。

4.建设项目前期工作费

建设项目前期工作费系指委托勘察设计、咨询单位对建设项目进行可行性研究、工程勘察设计，以及设计、监理、施工招标文件及招标标底或造价控制值文件编制时，按规定应支付的费用。该费用包括：

(1)编制项目建议书(或预可行性研究报告)、可行性研究报告、投资估算，以及相应的勘察、设计、专题研究等所需的费用。

(2)初步设计和施工图设计的勘察费(包括测量、水文调查、地质勘探等)、设计费、概(预)算及调整概算编制费等。

(3)设计、监理、施工招标文件及招标标底(或造价控制值或清单预算)文件编制费等。

计算方法：依据委托合同计列，或按国家颁发的收费标准和有关规定进行编制。

5.专项评价(估)费

专项评价(估)费系指依据国家法律、法规规定须进行评价(评估)、咨询，按规定应支付的费用。该费用包括环境影响评价费、水土保持评估费、地震安全性评价费、地质灾害危险性评价费、压覆重要矿床评估费、文物勘察费、通航论证费、行洪论证(评估)费、使用林地可行性研究报告编制费、用地预审报告编制费等费用。

计算方法:按国家颁发的收费标准和有关规定进行编制。

6.施工机构迁移费

施工机构迁移费系指施工机构根据建设任务的需要,经有关部门决定成建制地(工程处等)由原驻地迁移到另一地区所发生的一次性搬迁费用。费用内容包括:职工及随同家属的差旅费,调迁期间的工资,施工机械、设备、工具、用具和周转性材料的搬运费。

计算方法:施工机构迁移费应经建设项目的主管部门同意按实计算。但计算施工机构迁移费后,如迁移地点即新工地地点(如独立大桥),则其他工程费内的工地转移费应不再计算;如施工机构迁移地点至新工地地点尚有部分距离,则工地转移费的距离,应以施工机构新地点为计算起点。

7.供电贴费

供电贴费系指按照国家规定,建设项目应交付的供电工程贴费、施工临时用电贴费。

计算方法:按国家有关规定计列(目前停止征收)。

8.联合试运转费

联合试运转费系指新建、改(扩)建工程项目,在竣工验收前按照设计规定的工程质量标准,进行动(静)载荷载试验所需的费用,或进行整套设备带负荷联合试运转期间所需的全部费用抵扣试车期间收入的差额。该费用不包括应由设备安装工程项下开支的调试费的费用。

联合试运转费以建筑安装工程费总额为基数,独立特大型桥梁按0.075%、其他工程按0.05%计算。

9.生产人员培训费

生产人员培训费系指新建、改(扩)建公路工程项目,为保证生产的正常运行,在工程竣工验收交付使用前对运营部门生产人员和管理人员进行培训所必需的费用。

生产人员培训费按设计定员和2 000元/人的标准计算。

10.固定资产投资方向调节税

固定资产投资方向调节税系指为了贯彻国家产业政策,控制投资规模,引导投资方向,调整投资结构,加强重点建设,促进国民经济持续稳定协调发展,依照《中华人民共和国固定资产投资方向调节税暂行条例》规定,公路建设项目应缴纳的固定资产投资方向调节税。

计算方法:按国家有关规定计算(目前暂停征收)。

11.建设期贷款利息

建设期贷款利息系指建设项目中分年度使用国内贷款或国外贷款部分,在建设期内应归还的贷款利息。费用内容包括各种金融机构贷款、企业集资、建设债券和外汇贷款等利息。

计算方法:根据不同的资金来源按需付息地分年度投资计算。

计算公式如下:

$$建设期贷款利息=\sum(上年末付息贷款本息累计+本年度付息贷款额\div 2)\times 年利率$$

(四)预备费(了解)

预备费由价差预备费及基本预备费两部分组成。

1.价差预备费

价差预备费指设计文件编制年至工程竣工年期间，第一部分费用的人工费、材料费、机械使用费、其他工程费、间接费等以及第二、三部分费用由于政策、价格变化可能发生上浮而预留的费用及外资贷款汇率变动部分的费用。

计算方法：价差预备费以概(预)算或修正概算第一部分建筑安装工程费总额为基数，按设计文件编制年始至建设项目工程竣工年终的年数和年工程造价增涨率计算。

计算公式如下：

$$价差预备费 = p \times [(1+i)^{n-1} - 1]$$

式中：p——建筑安装工程费总额(元)；

i——年工程造价增长率(%)；

n——设计文件编制年至建设项目开工年＋建设项目建设期限(年)。

2.基本预备费

基本预备费指在初步设计和概算中难以预料的工程和费用。

计算方法：以第一、二、三部分费用之和(扣除固定资产投资方向调节税和建设期贷款利息两项费用)为基数按下列费率计算：

设计概算按5%计列；

修正概算按4%计列；

施工图预算按3%计列。

采用施工图预算加系数包干承包的工程，包干系数为施工图预算中直接费与间接费之和的3%。施工图预算包干费用由施工单位包干使用。

(五)回收金额(了解)

概、预算定额所列材料一般不计回收，只对按全部材料计价的一些临时工程项目和由于工程规模或工期限制达不到规定周转次数的拱盔、支架及施工金属设备的材料计算回收金额。回收率参见《概、预算编制办法》中回收金额回收率表中相关的规定。

八、公路工程概、预算文件的编制

(一)概、预算的编制依据(了解)

1.概算(或修正概算)编制依据

(1)国家发布的有关法律、法规、规章、规程等。

(2)现行的《公路工程概算定额》(JTG/T B06-01—2007)，《公路工程预算定额》(JTG/T B06-02—2007)，《公路工程机械台班费用定额》(JTG/T B06-03—2007)及本办法。

(3)工程所在地省级交通主管部门发布的补充计价依据。

(4)批准的可行性研究报告(修正概算时为初步设计文件)等有关资料。

(5)初步设计(或技术设计)图纸等设计文件。

(6)工程所在地的人工、材料、机械及设备预算价格等。

(7)工程所在地的自然、技术、经济条件等资料。

(8)工程施工方案。

(9)有关合同、协议等。

(10)其他有关资料。

2.预算编制依据

(1)国家发布的有关法律、法规、规章、规程等。

(2)现行的《公路工程预算定额》(JTG/T B06-02—2007),《公路工程机械台班费用定额》(JTG/T B06-03—2007)及本办法。

(3)工程所在地省级交通主管部门发布的补充计价依据。

(4)批准的初步设计文件(或技术设计文件,若有)等有关资料。

(5)施工图纸等设计文件。

(6)工程所在地的人工、材料、机械及设备预算价格等。

(7)工程所在地的自然、技术、经济条件等资料。

(8)工程施工组织设计或施工方案。

(9)有关合同、协议等。

(10)其他有关资料。

(二)概、预算的编制内容与方法(掌握)

1.概、预算编制方法

公路工程基本建设项目概算、预算应分别以《公路工程概算定额》(JTG/T B06-1—2007)、《公路工程预算定额》(JTG/T B06-2—2007)为依据。编制概、预算时应根据概、预算定额规定的各工程项目的人工、材料、机械台班消耗量和按本办法规定的概、预算编制时根据工程所在地的人工费工日单价、材料预算单价和机械台班单价计算出各工程项目的工、料、机费用,并按本办法的规定计算各项费用。概、预算的材料、机械台班单价及各项费用的计算都应通过规定的表格反映。

2.概、预算文件组成

概、预算文件由封面及目录,概、预算编制说明及全部概、预算计算表格组成。

(1)封面及目录

概、预算文件的封面和扉页应按《公路工程基本建设项目设计文件编制办法》中的规定制作,扉页的次页应有建设项目名称,编制单位,编制、复核人员姓名并加盖执业(从业)资格印章,编制日期及第几册共几册等内容。目录应按概、预算表的表号顺序编排。

(2)概、预算编制说明

概、预算编制完成后,应写出编制说明,文字力求简明扼要。应叙述的内容一般有:

1)建设项目设计资料的依据及有关文号,如建设项目可行性研究报告批准文号、初步设计和概算批准文号(编修正概算及预算时),以及根据何时的测设资料及比选方案进行编制的等。

2)采用的定额、费用标准,人工、材料、机械台班单价的依据或来源,补充定额及编制依据的详细说明。

3)与概、预算有关的委托书、协议书、会议纪要的主要内容(或将抄件附后)。

4)总概、预算金额,人工、钢材、水泥、木料、沥青的总需要量情况,各设计方案的经济比较,以及编制中存在的问题。

5)其他与概、预算有关但不能在表格中反映的事项。

(3)概、预算表格

公路工程概、预算应按统一的概、预算表格计算,其中概、预算相同的表式,在印制表格时,应将概算表与预算表分别印制。

(4)甲组文件与乙组文件

概、预算文件是设计文件的组成部分,按不同的需要分为两组,甲组文件为各项费用计算表,乙组文件为建筑安装工程费各项基础数据计算表(只供审批使用)。甲、乙组文件应按《公路工程基本建设项目设计文件编制办法》关于设计文件报送份数的要求，随设计文件一并报送。报送乙组文件时，还应提供“建筑安装工程费各项基础数据计算表”的电子文档和编制补充定额的详细资料，并随同概、预算文件一并报送。

乙组文件中的“建筑安装工程费计算数据表”（08-1 表）和“分项工程概（预）算表”（08-2 表）应根据审批部门或建设项目业主单位的要求全部提供或仅提供其中的一种。

概、预算应按一个建设项目[如一条路线或一座独立大（中）桥、隧道]进行编制。当一个建设项目需要分段或分部编制时，应根据需要分别编制，但必须汇总编制“总概（预）算汇总表”。

3.概、预算项目的内容

概、预算项目应按项目表的序列及内容编制，如实际出现的工程和费用项目与项目表的内容不完全相符时，一、二、三部分和“项”的序号应保留不变，“目”、“节”、“细目”可随需要增减，并按项目表的顺序以实际出现的“目”、“节”、“细目”依次排列，不保留缺少的“目”、“节”、“细目”的序号。如第二部分，设备及工具、器具购置费在该项工程中不发生时，第三部分工程建设其他费用仍为第三部分。同样，路线工程第一部分第六项为隧道工程，第七项为公路设施及预埋管线工程，若路线中无隧道工程项目，但其序号仍保留，公路设施及预埋管线工程仍为第七项。但如“目”、“节”或“细目”发生这样的情况时，可依次递补改变序号。路线建设项目中的互通式立体交叉、辅道、支线，如工程规模较大时，也可按概、预算项目表单独编制建筑安装工程，然后将其概、预算建筑安装工程总金额列入路线的总概、预算表中相应的项目内。

概、预算项目主要包括以下内容。

第一部分　建筑安装工程费

第一项　临时工程

第二项　路基工程

第三项　路面工程

第四项　桥梁涵洞工程

第五项　交叉工程

第六项　隧道工程

第七项　公路设施及预埋管线工程

第八项　绿化及环境保护工程

第九项　管理、养护及服务房屋

第二部分　设备及工具、器具购置费

第三部分　工程建设其他费用

4.概、预算文件的编制程序（熟悉）

为了确保概、预算文件的编制质量，必须根据工程概、预算内在的规律和国家的有关规定，按一定的步骤来进行。

（1）熟悉设计图纸和资料

编制概算、修正概算、施工图预算等文件前，应对相应阶段的初步设计、技术设计和施工图设计内容进行检查和整理，认真阅读和核对设计图纸及有关表格，若图纸中所有材料规格或要求不清时，要核对查实。

（2）准备概、预算资料

概、预算资料包括概、预算表格，定额和有关文件等。在编制预算前，应将有关文件准备好，同时，也应将定额及各类补充定额等准备齐全。最后，要将概、预算表格备齐。

(3)分析外业调查资料及施工方案

1)概、预算调查资料分析

概、预算资料的调查工作是一项关系到概、预算文件质量的基础工作，一般在公路工程外业勘察时同时进行。调查的内容很广，原则上凡对施工生产有影响的一切因素都必须调查，主要是筑路材料的来源(沿线料场及有无自采材料)，材料运输方式及运距，运费标准，占用土地的补偿费、安置费及拆迁补偿费，沿线可利用房屋及劳动力供应情况等，对这些调查资料应进行分析，若有不明确或不全的部分，应另行调查，以保证概、预算的准确和合理。

2)施工方案的分析

对于相应设计阶段配套的施工组织设计文件(尤其是施工方案)应认真分析其可行性、合理性、经济性。因为施工方案将直接影响概、预算金额的高低和定额的查用，因此编制概、预算时，重点应对施工方案进行认真分析。

①施工方法：同一工程内容，可以采用不同施工方法，如钢筋混凝土工程既可以采用现浇施工，也可以采用预制安装。因此，应根据工程设计的意图和要求同工程实际相结合，选择最经济的施工方法。

②施工机械：施工机械选择也将直接影响施工费用，因此，应根据选定的施工方法选配相应的施工机械。

③其他方面：运距远近的选择(如土方中取土坑、弃土堆的位置)，材料堆放的位置及仓库的设置，人员高峰等。

(4)分项

公路工程概预算是以分项工程概、预算表为基础计算和汇总而来的，所以工程分项是概、预算工作中的一项重要基础工作。一般公路工程分项时必须满足三个方面的要求：

1)按照概、预算项目表的要求分项，这是基本要求。概、预算项目表实质上是将一个复杂的建设项目分解成许多分项工程的一种科学划分方法。

2)符合定额项目表的要求。定额项目表是定额的主体内容，分项后的分项工程必须能在定额项目表中直接查到。

3)符合费率的要求。其他工程费和间接费都是按不同工程类别确定的费率定额，因此，所分的项目应满足其要求。

按以上三个方面的要求分项后，便可将工程项目一一引出并填入 08 表中。

(5)计算工程量

在编制概、预算时，应对各分项工程量按工程量计算原则进行计算。一是对设计中已有的工程量进行核对，二是对设计文件中缺少或未列的工程量进行补充计算，计算时应注意计算单位和计算规则与定额的计量单位及计算规则一致。将算得的分项工程量填入 08 表中。

(6)查定额

概、预算定额就是以分项工程为对象，统一规定完成一定计量单位分项工程所需的人工、材料、机械台班消耗数量。分项工程一般是按照选用的施工方法，所使用的材料、结构构件规格等因素划分。经较为简单的施工过程就能完成，以适当的计量单位就可以计算工程量及其单价的建筑安装工程产品，是建设项目最基本的组成要素。因此，根据分项所得的工程细目(分项工程)即可从定额中查出相应的人工、材料、施工机械名称、单位及消耗量定额值。查出各分项工程的定额基价，并将查得的定额值和定额单位及定额号分别填入 08 表的有关项目，再将各分项工程的实际工程换算的定额工程数量乘以相应的定额即可得出各分项工程的资源消耗数量及定额基价，填入08表的数量栏中。

(7)基础单价的计算

编制概、预算的另一项重要工作便是确定基础单价。基础单价是人工工日单价、材料预算单价和施工机械台班单价的统称。定额中除基价和小额零星材料及小型机具用货币指标外，其他均是资源消耗的实物指标。要以货币来表现消耗，就必须计算各种资源的单价。有关单价的计算方法已在前面介绍，公路工程概、预算的基础单价通过09表、10表和11表来计算。

1)根据08表中所出现的材料种类、规格及机械作业所需的燃料和水电编制09表。

2)根据08表中所发生的自采材料种类、规格，按照外业料场调查资料编制"自采材料料场价格计算表"(10表)，并将计算结果汇入09表的材料原价栏中。

3)根据08表、10表中所出现的所有机械种类和09表中自办运输的机械种类，计算工程所有机械的台班单价，即编制"机械台班单价计算表"(11表)。

4)根据地区类别和地方规定等资料计算人工工日单价。

5)将上面的(1)、(2)、(3)、(4)项所得的各基础单价汇总，编制人工、材料、机械单价汇总表(07表)。

(8)计算分项工程的直接费和间接费

有了各分项工程的资源消耗数量及基础单价，便可计算其直接费和间接费。

1)将07表的单价填入08表中的单价栏，由单价与数量相乘得出人工费、材料费、机械使用费，并可算得工、料、机合计费用。

2)根据工程类别和工程所在地区，取定各项费率并计算其他直接费费率和间接费费率，即可编制04表。

3)将04表中各费率填入08表中的相应栏目，并以定额基价为基数计算其他直接费和间接费。

4)分别在08表中计算直接费和定额直接费。

(9)计算建筑安装工程费

建筑安装工程费通过03表计算。

1)将08表中各分项工程的直接费、间接费按工程(单位工程)汇总填入03表中的相应栏目。

2)按税收要求计算出间接费中的计税部分，为了计算税收的方便，也可对04表进行补充。

3)按要求确定计划利润、税金的百分率，并填入03表的有关栏目。

4)以定额直接费为基数计算计划利润和税金。

5)合计各单位工程的直接费、间接费、计划利润和税金，得到各单位工程的建筑安装工程费，总计各单位工程的建安费，得到工程项目的建安费。

(10)实物指标计算

概、预算还必须编制工程项目的实物消耗量指标，这可以通过02表的计算完成。

1)将09表和10表中的人工、材料、机械消耗量汇总编制辅助生产工、料、机单位数量表(12表)。

2)汇总08表中人工、主要材料、机械台班数量。

3)计算各种增工数量。

4)合计上面(1)、(2)、(3)项中的各项数据得出工程概预算的实物数量，即得到02表。

(11)计算其他有关费用

按规定计算第二部分至第七部分费用，即编制 05 表和 06 表。

(12)编制总概、预算表并进行造价分析

1)编制总概、预算表：将 02、05、06 表中的各项填入 01 表中相应栏目，并计算各项技术经济指标。

2)造价分析：根据概算总金额、各单位工程或分项工程的费用比值和各项技术经济指标进行全面分析，对设计提出修改建议和从经济角度对设计是否合理予以评价，找出挖潜措施。

(13)编制综合概、预算

根据建设项目要求，当分段或分部编制 01 表和 02 表时，需要汇总编制综合概、预算。

1)汇总各种概、预算表，编制“总汇总表”(01-1 表)。

2)汇总各段的 02 表编制“全概(预)算人工、主要材料、机械台班数量汇总表”(02-1 表)。

(14)编制说明

概、预算表格计算并编制完后，必须编制概、预算说明，主要说明概、预算编制依据，编制中存在的问题，工程总造价的货币和实物量指标及其他与概、预算有关但不能在表格中反映的事项。

九、竣工决算

(一)竣工决算报告的编制依据(了解)

公路建设项目工程决算(以下简称工程决算)是指项目实际完成的工程量、采用的单价和费用支出，以及与批准的概(预)算对比情况。工程决算是建设项目竣工验收工作的重要组成部分。未编制工程决算的建设项目，不得组织竣工验收。

工程决算根据下列资料进行编制：

(1)经交通主管部门批准的设计文件，以及批准的概(预)算或调整概(预)算文件；

(2)招标文件、标底(如果有)及与各有关单位签订的合同文件；

(3)建设过程中的文件及有关支付凭证；

(4)竣工图纸；

(5)其他有关文件、资料、凭证等。

(二)竣工决算报告的编制程序和方法(熟悉)

1. 编制程序

竣工决算一般应在已编好工程竣工图表文件，并经交工验收各标段达到合格以上的工程时，才能进行竣工决算的编制工作。其编制程序如下。

(1)认真熟悉竣工图表资料，凡涉及工程费用支付(结算)的工程量，应进行必要的核对；应使竣工图纸、工程现场、有关表格(含计量支付表格)“三对口”；要审核工程量计量是否符合合同文件规定，竣工图表资料是否符合国家《基本建设项目档案资料管理暂行规定》的要求。

(2)审查施工过程中各项工程变更、索赔、价格调整、暂定金额等支付项目是否符合合同文件规定，签证手续是否完备；审查各中期支付和最终支付是否与竣工图表资料、合同文件相符。

(3)统计汇总设计和实际完成的主要工程量以及钢材、木材、水泥、沥青等主要材料消耗量。

(4)摘取各种实物量、财务数据等资料，填入各种相应的竣工决算表格内，编制竣工平面图和竣工决算说明书。

2. 编制方法

根据经审定的中期支付证书、最后(终)支付证书及其支付表格(结账单),对原概、预算进行调整,重新核定各单项工程、单位工程造价。原概(预)算中的费用项目,建筑安装工程费归属于“建筑安装工程投资”;设备、工具、器具购置费归属于“设备投资”;办公和生活用家具购置费归属于“其他投资”;工程建设其他费用一般归属于“待摊投资”;预留费用部分在施工期中已转化为建筑安装工程费,因此应归属于“建筑安装工程投资”。通过实际对属于增加固定资产价值的其他投资或待摊投资,如建设单位管理费、研究试验费、土地征用及拆迁补偿费等,应分摊于受益工程,随同受益工程交付使用的同时,一并计入新增固定资产价值。

竣工决算图表的编制方法,不像编制概预算那样要进行各种资料的分析计算,主要是对建设工程的各种原始资料进行全面的审查与统计汇总,然后按照竣工决算表格的要求,将各种数据资料摘录填入,同时做好决算与概算的对比分析,编制技术经济指标比较表。

(三)竣工决算报告的组成及主要内容(掌握)

竣工决算报告由以下部分组成。

1. 竣工决算报告的封面、目录

2. 竣工工程平面图

为了满足竣工验收和竣工决算需要,应绘制能反映竣工工程全部内容的工程设计平面示意图。平面示意图按经过施工实际修改后的工程设计平面图绘制。

3. 竣工决算报告说明书

竣工决算报告说明书总括反映竣工工程建设成果和经验,是全面考核分析工程投资与造价的书面总结。其主要内容包括:

(1)工程决算概况;

(2)工程概(预)算执行情况说明,其中应说明招标方式、结果及重大设计变更情况;

(3)设备、工具、器具购置情况的说明;

(4)工程建设其他费用使用情况的说明(包括征地拆迁费、建设单位管理费、监理费等);

(5)预留费用使用情况的说明;

(6)工程决算编制中有关问题处理的说明;

(7)造价控制的经验与教训总结;

(8)工程遗留问题;

(9)其他需要说明的事项。

4. 竣工决算表格

工程决算文件由项目法人在交工验收后负责组织编制,竣工验收前编制完成,并将工程决算文件及工程决算数据软盘各 1 份上报交通主管部门,同时抄送工程造价管理部门。

根据完成的时间、资料来源、作用的不同及满足不同的管理要求将表格分为两部分,即以合同段为对象的基础数据表(由 10 表～19 表组成)和以整个项目为对象的工程决算表(由 01 表～09 表组成)。

工程决算表包括:

(1)建设项目概况表(01 表)

(2)投资控制情况比较表(02 表)

(3)工程数量情况比较表(03 表)

(4)概(预)算分析表(04 表)

(5)标底及合同费用分析表(05 表)

(6)项目总决算(分析)表(06 表)

(7)建安工程决算汇总表(07 表)

(8)设备、工具及器具购置费用支出汇总表(08 表)

(9)工程建设其他费用支出汇总表(09 表)

工程决算数据软盘包括工程决算文件和基础数据表。基础数据表包括以下内容:

(1)合同段工程决算表(10 表)

(2)工程合同登记表(11 表)

(3)变更设计登记表(12 表)

(4)变更引起调整金额登记表(13 表)

(5)工程项目调价登记表(14 表)

(6)工程项目索赔登记表(15 表)

(7)计日工支出金额登记表(16 表)

(8)收尾工程登记表(17 表)

(9)报废工程登记表(18 表)

(10)工程支付情况登记表(19 表)

5.工程造价比较分析

经批准的概、预算是考核实际建设工程造价的根据。在分析时,可将决算报表中所提供的实际数据和相关资料与批准的概、预算指标进行对比,以反映出竣工项目总造价和单位造价是节约还是超支。在比较的基础上,总结经验教训,找出原因,以利改进。

为了考核概、预算执行情况,正确核实建设工程造价,财务部门首先应积累概、预算动态变化资料,如设备材料价差、人工价差和费率价差及设计变更资料等;其次,考查竣工工程实际造价节约或超支的数额。在进行比较分析时,可先对比整个项目的总概算,然后对比单项工程的概算和其他工程费用概算,最后对比分析单位工程概算,并分别将建筑安装工程费、设备工器具费和其他工程费用逐一与竣工决算的实际工程造价对比分析,找出节约和超支的具体内容和原因。在实际工作中,侧重分析以下内容。

(1)主要实物工程量

概、预算编制的主要实物工程量的增减必然使工程概预算造价和竣工决算实际工程造价随之增减。因此,要认真对比分析和审查建设项目的建设规模、结构、标准、工程范围等是否遵循批准的设计文件规定,其中有关变更是否按照规定的程序办理,它们对造价的影响如何。对实物工程量出入较大的项目,还必须查明原因。

(2)主要材料消耗量

在建筑安装工程投资中,材料费一般占直接工程费 70%以上,因此考核材料费的消耗是重点。在考核主要材料消耗量时,要按照竣工决算表中所列三大材料实际超概算的消耗量,查清是在哪一个环节超出量最大,并查明超额消耗的原因。

(3)建设单位管理费、建筑安装工程其他工程费和间接费

要根据竣工决算报表中所列的建设单位管理费与概、预算所列的建设单位管理费数额进行比较,确定其节约或超支数额,并查明原因。对于建筑安装工程其他工程费和间接费的费用项目的取费标准,国家和各省(自治区、直辖市)均有规定,要按照有关规定查明是否多列或少列费用项目,有无重计、漏计、多计的现象以及增减的原因。

以上所列内容是工程造价对比分析的重点，应侧重分析。但对具体项目应进行具体分析，究竟选择哪些内容作为考核、分析重点，还必须因地制宜，视项目的具体情况而定。

【典型例题解析】

一、单项选择题

1. 公路工程定额按其反应的生产要素分类，可分为(　　)。

A. 施工定额、预算定额、概算定额

B. 劳动消耗定额、机械设备定额、材料消耗定额

C. 行业统一定额、企业定额、补充定额

D. 建筑工程定额、设备安装工程定额、工程建设其他费用定额

【答案】 B

【考核点】 定额的分类

【解析】 定额是各类定额的总称，是一个综合概念，可以按照不同的原则和方法对其进行科学的分类。按生产要素分为劳动消耗定额、机械设备定额、材料消耗定额；按使用用途分为施工定额、概算定额、预算定额、估算定额；按颁发部门和管理权限分为全国统一定额、行业统一定额、地区统一定额、企业定额和补充定额；按费用性质分为建筑工程定额、设备安装工程定额、其他工程费定额、间接费定额、工器具定额、工程建设其他费用定额等。备选答案 A 是按用途分类；C 是按颁发部门和管理权限分类；D 是按费用的性质内容划分的，只有 B 项是按生产要素进行分类的。因此，应选择 B。

2. 按平均先进性原则编制的定额是(　　)。

A. 概算定额　　B. 预算定额　　C. 施工定额　　D. 估算指标

【答案】 C

【考核点】 施工定额

【解析】 施工定额是建筑安装工人在合理的劳动组织或工人小组在正常施工条件下，为完成单位合格产品所需劳动、机械、材料消耗的数量标准。它是建筑安装企业内部使用的定额，属于企业定额性质。施工定额编制原则其中的一条就是定额水平要贯彻平均先进的原则。所谓平均先进水平就是在正常施工条件下，大多数生产者和施工队组经过努力能够达到的水平。一般低于先进水平，略高于平均水平。A、B、D 三项都属于计价定额，定额水平应取平均水平。根据施工定额的性质和编制原则要求，施工定额应按平均先进性原则编制。因此，应选 C 项。

3. 下列不是公路工程预算定额编制依据的是(　　)。

A. 设计施工图纸　　B. 有关政策法规

C. 技术标准与规范　　D. 工程量清单

【答案】 D

【考核点】 预算定额的编制依据

【解析】 预算定额是规定消耗在单位的工程基本构造要素上的劳动力、材料和机械的数量标准，是计算建筑安装产品价格的基础。预算定额的编制依据主要有：国家的有关规定、技术标准和规范、设计施工图纸、施工定额、人工工资标准、材料单价和机械台班单价等。在备选答案中 A、B、C 三项都符合预算定额编制依据的要求，只有 D 项不符合，工程量清单是投标报价或标底的编制依据。因此，应选择 D。

4. 预算定额中工人消耗的人工幅度差是指(　　)。

A. 预算定额消耗量与概算定额消耗量的差额

B. 预算定额消耗量的自身误差

C. 预算定额中人工定额必须消耗量与全部工时消耗量的差额

D. 在施工定额工作时间之外,预算定额中应考虑在正常施工条件所发生的各种工时损失

【答案】 D

【考核点】 人工消耗量指标

【解析】 公路工程预算定额的消耗量指标主要包括人工消耗指标、材料消耗指标、机械台班消耗指标及定额基价。人工消耗量不分工种、不分技术等级全部综合在一起,再考虑人工幅度差,就可制订出该项目的人工消耗量指标。在由施工定额综合为预算定额时,考虑到一些琐碎的工作难以一一计算,而且在施工中可能出现一些事先无法估计的工作及影响效率的各种因素,因此,人工工日和机械台班数,应以施工定额综合量的数量,增加一定的百分比,增加的幅度与原数之比即为幅度差。根据幅度差的含义,它是在施工定额工作时间之外,预算定额中应考虑的正常施工条件下所发生的各种工时损失。在备选项中只有D符合,其余三项均不符合人工幅度差的含义。因此,应选择D。

5. 由施工企业代建设单位办理"土地、青苗等补偿费"的工作人员所发生的费用,应在(　　)项目中支付。

A. 土地、青苗等补偿费　　B. 安置补助费

C. 企业管理费　　D. 建设单位(业主)管理费

【答案】 D

【考核点】 工程建设其他费用

【解析】 在工程建设其他费用中,建设单位(业主)管理费是指建设单位为建设项目的立项、筹建、竣工验收、总结等工作发生的管理费用。根据《公路基本建设概算、预算编制办法》中的有关规定,由施工企业代建设单位办理"土地、青苗等补偿费"的工作人员所发生费用,应在建设单位管理费中支付,在备选答案中只有D项符合要求。因此,应选择D。

二、多项选择题

1. 以下是工程建设概、预算编制依据的有(　　)。

A. 工程量计算规则　B. 设计图纸　C. 工程量清单　D. 有关政策法规　E. 施工方案

【答案】 A、B、D、E

【考核点】 概、预算编制依据

【解析】 概、预算编制的依据较多,这些依据都是由国家有关主管部门批准颁发的,具有法律效力,必须严格遵守,认真贯彻执行。主要包括:概、预算编制办法;概、预算定额;设计图纸和文字说明;施工组织方案;工程量计算规则;有关政策法规;有关的文件、规定和合同协议;有关计算材料、机械台班单价和调查资料等。可以看出,在备选答案中A、B、D、E都属于编制依据的内容,只有C项工程清单不符。工程量清单是编制投标报价或标底的依据。因此,应选择A、B、D、E。

2. 以下是竣工决算编制依据的有(　　)。

A. 竣工图表　B. 工程税金　C. 材料价差　D. 预算定额　E. 施工方案

【答案】 A、B、C

【考核点】 竣工决算的编制依据

【解析】 根据《公路建设项目工程决算编制办法》中的有关规定,竣工决算应依据以下文

件资料编制。(1)经交通主管部门批准的设计文件,以及批准的概(预)算或调整概(预)算文件;(2)招标文件、标底(如果有)及与各有关单位签订的合同文件;(3)建设过程中的文件及有关支付凭证;(4)竣工图纸;(5)其他有关文件、资料、凭证等。在备选答案中,A、B、C 三项都包括在编制依据内容中,D、E 两项则不包括在内,这两项都属于概、预算编制依据,而不是竣工决算的编制依据。因此,应选择 A、B、C。

3. 属于建筑安装工程费用内容的有(　　)。

A. 直接工程费　　B. 建设项目管理费

C. 其他工程费　　D. 间接费

E. 税金

【答案】 A、C、D、E

【考核点】 建筑安装工程费

【解析】 建筑安装工程费是施工企业通过生产活动,消耗一定的资源,按预定生产目的创造的工程实体的价值体现。根据现行的《公路基本建设工程概、预算编制办法》将其分解为直接费、间接费、利润、税金四部分。备选答案中 A、C、D、E 四项都属于其费用组成内容。B 项大型专用机械设备购置费属于工程建设其他费用内容,不属于建筑安装工程费内容。因此,应选择 A、C、D、E。

4. 估算指标按其用途和表现形式分为(　　)。

A. 综合指标　　B. 分部工程指标

C. 单项工程指标　　D. 工序指标

E. 分项指标

【答案】 A、E

【考核点】 估算指标

【解析】 估算指标是以独立的建设项目、单项工程或单位工程为标定对象,完成单位合格产品所必须消耗的工、料、机数量(或费用)标准。它是编制和确定项目建议书和可行性研究报告投资估算的基础和依据,按其用途和表现形式分"综合指标"和"分项指标"两大类,在备选答案中只有 A、E 符合。因此,应选择 A、E。

5. 竣工决算的内容包括(　　)。

A. 竣工报告说明书　　B. 竣工验收标准

C. 竣工工程平面示意图　　D. 竣工决算报表

E. 工程造价对比分析

【答案】 A、C、D、E

【考核点】 竣工决算

【解析】 在竣工决算是在建设项目完工后的竣工验收阶段,由建设单位编制的建设项目从筹建到建成投产使用过程中,所消耗的全部实际成本的技术经济文件,是全面反映一个建设项目从筹建到竣工投产整个过程中各项资金实际的使用情况,以及设计概(预算)执行情况的文件。因此,竣工决算的内容应包括竣工决算报告说明书、竣工决算报表、竣工工程平面示意图和工程造价对比分析四部分,前两部分又称为建设项目竣工财务决算,是竣工决算的核心内容。在备选答案中,除 B 项以外的其他四项都符合。因此,应选择 A、C、D、E。

三、判断题

1. 预算定额是在概算定额基础上,按照国家的方针、政策编制的。　　(　　)

【答案】 ×

【考核点】 预算定额

【解析】 预算定额是在施工定额的基础上，按照国家的方针、政策编制的，经过国家或授权机关批准的、具有权威性的一种指示性文件。

2. 施工定额是依据社会平均水平编制的。 （ ）

【答案】 ×

【考核点】 施工定额

【解析】 施工定额属于企业定额性质。这就决定了确定定额水平时有利于提高工效，降低消耗；有利于正确考核和评价工人劳动成果；有利用提高企业管理水平。因此，施工定额水平必须贯彻平均先进性原则。

3. 场外运输消耗是指有些材料在正常的运输过程中发生的损耗，这部分损耗应投入企业管理费。 （ ）

【答案】 ×

【考核点】 材料消耗量指标

【解析】 场外运输消耗是指材料在正常运输过程中的损耗，这部分损耗应摊入材料单价内。

4. 冬季施工增加费的计算为了简化计算手续，采用全年平均摊销的方法。 （ ）

【答案】 √

【考核点】 其他工程费

【解析】 冬季施工增加费的计算方法，是根据各类工程的特点，规定各气温区的收费标准。为了简化计算手续，采用全年平均摊销的方法，即不论是否在冬季施工，均按规定的取费标准计取冬季施工增加费。

5. 临时设施费是指施工企业进行建设工程施工所必需的生活和生产用的临时建筑物，构筑均和其他临时设施及概、预算定额中临时工程费用。 （ ）

【答案】 ×

【考核点】 其他工程费

【解析】 临时设施费是指施工企业为进行建设工程施工所必需的生活和生产用的临时建筑物、构筑物和其他临时设施费等，但不包括概、预算定额中临时工程在内。

【习 题 精 练】

一、单项选择题

1. 下列属于按定额用途分类的定额是（ ）。

A. 概算定额 B. 企业定额 C. 补充金额 D. 设备安装工程定额

2. 劳动定额的表现形式主要有两种，它们之间的关系是（ ）。

A. 正比关系 B. 不相关关系 C. 相关关系 D. 互为倒数

3. 机械台班使用定额的两种表现形式是（ ）。

A. 人工定额和时间定额 B. 消耗定额和产量定额

C. 人工定额和消耗定额 D. 时间定额和产量定额

4. 预算定额的编制原则应贯彻（ ）。

A. 平均先进水平 B. 社会平均水平 C. 先进水平 D. 一般水平

5. 概算定额主要是在（ ）适用的定额。

A. 施工阶段　　B. 施工图设计阶段
C. 初步设计阶段　　D. 可行性研究阶段

6. 凡经国家建设管理部门或授权机关颁发的定额，不能私自修改和滥用，这体现了定额的(　　)特点。

A. 科学性　　B. 法令性　　C. 群众性　　D. 稳定性

7. 建筑安装工程费的直接工程费由(　　)组成。

A. 人工费、材料费、机械使用费
B. 直接费、企业管理费、现场经费
C. 企业管理费、现场经费、施工技术装备费
D. 企业管理费、现场管理费、基本费用金额

8. 按照公路工程概、预算办法的规定，人工费由(　　)构成。

A. 基本工资
B. 基本工资、生产工人辅助工资
C. 基本工资、工资性补贴、职工福利费
D. 基本工资、工资性补贴、生产工人辅助工资、职工福利费

9. 其他工程费的各项费用均以(　　)为基数，按相应取费计算。

A. 实际费用　　B. 幅度差　　C. 幅度差系数　　D. 定额基价

10. 辅助生产间接费按(　　)的 5%计算。

A. 直接费　　B. 人工费　　C. 材料费　　D. 机械使用费

11. 管理人员工资及办公费应计入(　　)。

A. 职工福利费　　B. 企业管理费　　C. 财务费用　　D. 其他费用

12. 某材料消耗量是 10 200 吨，损耗率为 2%，则这种材料净用量是(　　)。

A. 9 996　　B. 10 000　　C. 10 096　　D. 10 404

13. 某工程需用钢筋，其供应价格为 2 500 元/t，供应点距施工现场堆放地点距离 30km，每吨公里定价为 1 元，装卸费为 1.5 元/t，采购及保管费率 2.5%，则钢筋的预算价格为(　　)元/t。

A. 2 405　　B. 2 468　　C. 2 532　　D. 2 595

14. 某建设项目直接工程费为 200 万元，间接费 40 万元，计划利润 10 万元，税率为 3%，则其税金应为(　　)万元。

A. 7.2　　B. 6.3　　C. 7.5　　D. 6.7

15. 某工程直接费为 1 000 万元，人工费为 200 万元，规费综合费率为 5%，企业管理费综合费率为 3%，其间接费为(　　)万元。

A. 40　　B. 56　　C. 20　　D. 36

16. 根据设计要求，在施工过程中需对某种钢筋混凝土结构进行一次破坏性试验，以验证设计正确性，此项费用应由(　　)支付。

A. 设计单位　　B. 建设单位预算研究试验费
C. 施工单位其他直接费　　D. 施工单位的间接费

17. 以下属于预留费用内容的是(　　)。

A. 供电贴费　　B. 预备费　　C. 勘察设计费　　D. 施工辅助费

18. 概算定额和预算定额的主要差别在于(　　)的不同。

A. 表达的主要内容　　B. 表达的主要方式
C. 基本使用方法　　D. 综合扩大程序

19. 竣工决算由(　　)主编。
A. 设计单位　B. 施工单位　C. 建设单位　D. 监理单位

20. 为检查基本建设投资计划执行情况和概、预算执行情况提供依据的是(　　)。
A. 施工概算　B. 施工预算　C. 竣工决算　D. 投资估算

二、多项选择题

1. 以下属于按投资费用的性质划分的定额有(　　)。
A. 建设工程定额　　B. 企业定额
C. 其他直接费定额　　D. 现场经费定额
E. 行业统一定额

2. 公路工程定额的特点包括(　　)。
A. 科学性　B. 复杂性　C. 系统性　D. 相对稳定性　E. 群众性

3. 施工定额由下列哪些部分组成(　　)。
A. 时间定额　B. 劳动定额　C. 产量定额　D. 机械定额　E. 材料定额

4. 定额时间包括(　　)。
A. 有效工作时间　　B. 休息时间
C. 停工时间　　D. 偶然工作时间
E. 不可避免中断时间

5. 在制订预算定额的用工数量时应考虑(　　)。
A. 人工单价　B. 基本用工　C. 超运距用工　D. 辅助用工　E. 人工幅度差

6. 施工中材料的消耗可分为必需的材料消耗和损失的材料两类性质，必须消耗的材料包括(　　)。
A. 直接用于建筑和安装工程的材料　　B. 不可避免的材料废料
C. 不可避免的材料损耗　　D. 加工制作的合理损耗
E. 施工操作失误的材料损耗

7. 确定材料消耗定额的方法有(　　)。
A. 利用现场技术测定法　　B. 根据经验推测法
C. 实验室试验法　　D. 现场统计法
E. 理论计算法

8. 以下关于预算定额的说法正确的是(　　)。
A. 预算定额是对设计方案进行技术经济比较和技术经济分析的依据
B. 预算定额是编制施工组织设计的依据
C. 预算定额是在概算定额的基础上编制的
D. 预算定额是编制估算的基础
E. 预算定额是合理编制标底、投标报价的重要参考

9. 概算定额的编制依据有(　　)。
A. 现行的工程施工技术及验收规范　B. 预算定额
C. 施工定额　　D. 施工方案
E. 人工工资标准、材料预算价格、机械台班单价

10. 以下属于机械台班可变费用的有(　　)。

A. 机上人员工资　　B. 养路费

C. 安装拆卸费　　D. 经常修理费

E. 动力燃料费

11. 属于机械台班费中不变费用的有(　　)。

A. 折旧费　B. 大修理费　C. 人工费　D. 经常修理费　E. 养路费

12. 公路工程投资估算指标同其他计价定额相比,具有更大的(　　)。

A. 精确性　B. 综合性　C. 系统性　D. 科学性　E. 概括性

13. 下列费用中属于建筑安装工程间接费的是(　　)。

A. 研究试验费　　B. 施工辅助增加费

C. 企业管理费　　D. 勘察设计费

E. 规费

14. 施工机构迁移费用内容中不包括(　　)。

A. 由施工企业自行负担的,在规定距离范围内调动施工力量以及内部平衡施工力量所发生的费用

B. 职工随同家属的差旅费

C. 周转材料的搬运费

D. 因中标而引起施工机构迁移所发生的迁移费

E. 调迁期间的工资

15. 以下属于企业管理费内容的有(　　)。

A. 主副食运费补贴　　B. 职工探亲路费

C. 预备费　　D. 现场管理人员工资

E. 财务费用

16. 公路基本造价由(　　)构成。

A. 概、预算总金额　　B. 建筑安装工程费

C. 大型专用机械设备购置费　　D. 税金

E. 回收金额

17. 办公和生活用具家具购置费包括(　　)。

A. 照明、通风动力设备　　B. 会议室家具

C. 单身宿舍用具　　D. 生活福利设施

E. 购置的清扫车

18. 施工辅助费包括以下(　　)费用。

A. 生产工具用具使用费　　B. 检验试验费

C. 施工机械使用费　　D. 工程定位复测费

E. 场地清理费用

19. 竣工决算报表包括以下(　　)内容。

A. 建设项目全部投资现金流量表　　B. 工程数量情况比较表

C. 建安工程决算汇总表　　D. 建设项目概况表

E. 工程项目调价登记表

20. 可作为竣工决算编制依据的有(　　)。

A. 设计概算或修正概算　　B. 招、投标的标底，承包合同、工程结算资料

C. 可行性研究报告及投资估算　　D. 设备、材料调价文件和调价记录

E. 项目预测的现金流量

三、判断题

1. 定额编制过程是一个循序渐进的过程，是一个不断综合的过程。具体的过程表现为编制施工定额→估算定额→概算定额→预算指标。（　）

2. 施工定额是以同一性质的施工过程中的综合标准为研究对象，表示生产产品数量与时间消耗定额综合关系的定额。（　）

3. 概算定额是编制初步设计概算和技术修正概算的依据。（　）

4. 机械台班费由其时间定额和产量定额组成。（　）

5. 估算指标中的综合指标主要用于建设项目投资效益、经济可行性研究、方案的经济比选和建设成本的确定。（　）

6. 定额基价既是计算其他费用的基数，而且也是工程费用中的一部分。（　）

7. 建筑安装工程费包括直接费、间接费、利润和税金。（　）

8. 因气候影响停工期间的工资及产、婚、丧假期的工资都应计人工资性补贴中。（　）

9. 沿海地区工程施工增加费以各类工程的直接费之和为基数乘以相应的费率计算。（　）

10. 工程项目通过竣工检验，办理验收手续之前，必须编制竣工决算报告，竣工决算报告由监理工程师编制。（　）

四、综合分析题

1. 某公路基础工程，其人工费为 125 000 元，材料费为 187 500 元，机械使用费为 95 000 元，其中其他工程费综合费率为 6.27%，企业管理费费率为 3%，规费综合费率为 15.84%，计划利润率为 5%，综合税率为 3.14%，求该项目的建筑安装工程费。

2. 某工程需要用一批钢筋，钢筋供应价格为 2 500/t，供应点至施工堆放地点的距离为 30km，每吨公里运价为 0.5 元，装卸费为 1.1 元/t，采购及仓库保管费率为 2.5%。求钢筋的预算价格。

【习题答案及简析】

一、单项选择题

1. A 【简析】定额按其使用用途分为施工定额、预算定额、概算定额和估算定额四种。因此，应选择 A。

2. D 【简析】时间定额是在正常条件下，在单位合格产品上所消耗的必要劳动时间；产量定额则是在正常条件下，在单位时间内所应完成合格产品的数量。根据其定义可以看出两者互为倒数关系。因此，应选择 D。

3. D 【简析】机械台班使用定额同劳动定额一样都有两种表现形式，即时间定额和产量定额。因此，应选择 D。

4. B 【简析】预算定额是在施工定额基础上编制的，为了保证预算定额的质量，充分发挥预算定额的作用，必须按社会平均水平编制，也就是要使平均熟练程度和劳动强度下能够完成任务所需的劳动时间。因此，应选择 B。

5. C 【简析】概算定额是在预算定额基础上综合相关分项扩大的定额，是初步设计阶段

编制建设项目概算和技术设计阶段编制修正概算的依据。因此,应选择 C。

6. B 【简析】定额是工程建设规划、组织、调节、控制的尺度,经国家建设管理部门或授权机关颁布的定额,具有严肃性,不能私自修改和滥用,体现出定额的法令性特点。因此,应选择 B。

7. A 【简析】建筑安装工程费中的直接工程费的组成包括人工费、材料费、机械使用费三部分内容。因此,应选择 A。

8. D 【简析】人工费是直接费的内容之一,是指列入概、预算定额的直接从事建筑安装工程的生产工人开支的各项费用。在备选答案中,A、B、C 三项虽然都属于人工费的内容但均未能完整反映出人工费的组成,只有 D 项符合要求。因此,应选择 D。

9. D 【简析】其他工程费是指直接工程费以外施工过程中发生的直接用于工程的费用,其各项费用均以定额基价为基数,按相应费率取费计算。因此,应选择 D。

10. B 【简析】辅助生产间接费是指由施工单位自行开采加工的砂、石等自采材料及施工单位自办的人工装卸和运输的间接费。它是按人工费的 5%计算。因此,应选择 B。

11. B 【简析】企业管理费是指施工企业为组织施工生产和经营管理活动所需的费用。管理人员工资及办公费属于企业管理费内容之一。因此,应选择 B。

12. B 【简析】材料耗用量的计算公式为:材料消耗量=净用量(1+损耗率),根据计算公式将消耗量和损耗率代入公式,就可求出材料净用量 10 000t,在备选四个答案中只有 B 项正确。因此,应选择 B。

13. D 【简析】材料预算价格=(材料原价+运杂费)×(场外运输损耗率)×(采购及保管费率)-包装品回收值

运杂费=30×1+1.5=31.5 元/吨

场外运输损耗率为 0,采购及保管费率为 2.5%

钢筋预算价格=(2 500+31.5)×(1+2.5%)=2 595 元/吨

因此,应选择 D。

14. C 【简析】税金=(直接工程费+间接费+利润)×税率

=(200+40+10)×3%=7.5 万元

因此,应选择 C。

15. A 【简析】间接费=人工费×规费综合费率+直接费×企业管理费综合费率

=200×5%+1 000×3%=40

因此,应选择 A。

16. B 【简析】研究试验费就是指为本建设项目提供或验证设计数据、资料进行必要的研究试验和按照设计规定在施工过程中必须进行试验所需的费用,以及支付科技成果、先进技术的一次性技术转让费。因此,应由建设单位的研究试验费支付。因此,应选择 B。

17. B 【简析】预留费用是为了防备某些难以事先预料的客观因素出现而准备的费用。该项费用包括工程造价增涨预留费和预备费两项。因此,应选择 B。

18. D 【简析】概算定额是在预算定额基础上编制的,其表达的主要内容、方式及基本使用方法接近,不同之处就在于项目划分和综合扩大程度上的差异。因此,应选择 D。

19. C 【简析】根据交通部《交通基本建设项目竣工决算报告编制办法》中的规定,竣工决算报告由建设单位(业主)编制。在备选答案中只有 C 项符合。因此,应选择 C。

20. C 【简析】建设项目竣工决算就是要检查落实项目是否已达到设计要求,有无不合理开支或违背财经纪律和投资计划的情况等。所以,它是为检查基本建设投资计划执行情况和概、预算执行情况提供依据的。因此，应选择 C。

二、多项选择题

1. A、C、D 【简析】定额按其费用性质分为建筑安装工程定额、设备安装工程定额、其他直接费定额、现场经费定额、间接费用定额、工器具定额和工程建设其他定额。在备选项中，A、C、D 都符合，B 和 C 属于按颁发部门和管理权限划分内容。因此，应选择 A、C、D。

2. A、C、D、E 【简析】我国公路工程定额具有科学性、系统性、法令性、群众性、相对稳定性特点。因此，应选择 A、C、D、E。

3. B、D、E 【简析】施工定额是建筑安装工人合理的劳动组织或工人小组在正常施工条件下，为完成单位合格产品所需劳动、机械、材料消耗的数量标准。因此它主要包括劳动定额、机械定额和材料定额。时间定额和产量定额只是劳动金额和机械定额的两种表现形式。因此，应选择 B、D、E。

4. A、B、E 【简析】定额时间是指在正常施工条件下，工人为完成一定产品所必须消耗的工作时间，它包括有效工作时间、休息时间、不可避免的中断时间，不包括多余或偶然工作时间、停工时间、违反劳动纪律时间。因此，应选择 A、B、E。

5. B、C、D、E 【简析】人工消耗量不分工种、不分技术等级，全部综合在一起，再考虑人工幅度差，则可制订出该项目的人工消耗量指标。即：预算定额的用工数量＝(基本用工＋超运距用工＋辅助用工)×人工幅度差系数。因此，应选择 B、C、D、E。

6. A、B、C、D 【简析】必须消耗的材料是指在合理用料条件下，生产合格产品所须消耗的材料。因此备选项中前四项都属于其内容要求，而施工操作失误的材料损耗是在施工过程中可以避免的，不属于必须消耗材料。因此，应选择 A、B、C、D。

7. A、C、D、E 【简析】确定材料净用量和材料损耗定额的计算数据，是通过技术测定、实验室试验、现场统计和理论计算等方法获得。因此，应选择 A、C、D、E。

8. A、B、D、E 【简析】预算定额是在施工定额的基础上，按照国家的方针政策编制的，其作用主要是编制施工图预算、确定和控制造价的基础；是对设计方案进行技术经济比较和技术经济分析提供依据，为编制合理标底，投标报价提供参考；同时也是编制概算定额和估算指标的基础。因此，应选择 A、B、D、E。

9. A、B、D、E 【简析】概算定额是在预算定额基础上以主要工序为准综合相关分项的扩大定额，根据概算定额的编制依据内容。备选项中，A、B、D、E 都属于概算定额的编制依据，而 C 项施工定额不是编制概算定额的依据。因此，应选择 A、B、D、E。

10. A、B、E 【简析】机械台班可变费用主要包括机上人员工资、动力燃料费、养路费及车船使用税。在备选答案中，C 和 D 两项属于机械台班单价中的不变费用，A、B、E 三项属于可变费用内容。因此，应选择 A、B、E。

11. A、B、D 【简析】机械台班费由不变费用和可变费用组成。不变费用包括机械的折旧费、大修理费、经常修理费、安装拆卸及辅助设施费。在备选答案中，A、B、D 三项都属于不变费用的组成部分，C、E 两项属于可变费用部分。因此，应选择 A、B、D。

12. B、E 【简析】估算指标是以能独立发挥投资效益的建设项目或单项工程为对象的扩大的技术经济指标。它要与项目的前期工作深度相适应，从项目建设的全过程出发估算全部投资额，所以比其他各种计价定额具有更大的综合性和概括性。因此，应选择 B、E。

13. C、E 【简析】间接费是间接为建筑安装工程施工生产服务所发生的费用，它包括企业管理费和规费二项。在备选答案中，A、B、D 三项都是工程建设其他费用内容，不属于间接费。

因此,应选择 C、E。

14. A、D 【简析】施工机构迁移费包括:职工及随同家属的差旅费,调迁期间的工资,施工机械、设备、工具、用具和周转性材料的搬运费。除备选答案中 A、D 两项外,还不包括有由于违反基建程序、盲目调迁队伍所发生的迁移费。因此,应选择 A、D。

15. A、B、E 【简析】企业管理费内容主要包括:基本费用定额、主副食运费补贴、职工探亲路费、职工取暖补贴、财务费用。在备选答案中,A、B、E 都符合。因此,应选择 A、B、E。

16. A、E 【简析】公路工程项目全部建设费用,以其基本造价表示。而公路基本造价则是由概、预算总金额和回收金额所构成。因此,应选择 A、E。

17. B、C、D 【简析】办公和生活用具购置费是指为保证新建、改建项目初期正常生产使用和管理所必须购置的办公和生活用家具、用具的费用。具体范围包括:行政、生产部门的办公室、会议室、资料档案室、阅览室,单身宿舍及生活福利设施等的家具用具。在备选答案中,B、C、D 三项都属于其内容范围,而 A、E 则属于设备、工具、器具购置费内容。因此,应选择 B、C、D。

18. A、B、D、E 【简析】施工辅助费包括生产工具用具使用费、检验试验费和工程定位复测、工程点交、场地清理等费用。因此,应选择 A、B、D、E。

19. B、C、D、E 【简析】根据《公路建设项目工程决算编制办法》,工程决算表格分为两部分:以合同段为对象的基础数据表和以整个项目为对象的工程决算表。备选答案中,B、C、D 属于工程决算表内容,E 项属于基础数据表内容,因此,应选择 B、C、D、E。

20. B、D 【简析】竣工决算报告的编制依据很多,根据《公路建设项目工程决算编制办法》中的规定。在备选项中,只有 B、D 两项属于其编制依据的范围。因此,应选择 B、D。

三、判断题

1. × 【简析】定额的编制过程具体表现为:编制施工定额→预算定额→概算定额→估算指标。

2. × 【简析】施工定额是以同一性质的施工过程—工序作为研究对象,表示生产产品数量与时间消耗定额综合关系的定额。

3. √ 【简析】概算定额属于计价定额。概算定额的作用就是为初步设计阶段编制建设项目概算和技术设计阶段编制修正概算提供依据。

4. × 【简析】机械台班费用由不变费用和可变费用两大部分组成。

5. × 【简析】估算指标分为综合指标和分项指标两大类。综合指标主要用于建设项目经济上的研究、项目的选择及合理性研究,建设规模和编制公路建设发展规划的研究。

6. × 【简析】定额基价只是计算其他费用的基数,并不构成工程费用。

7. √ 【简析】建筑安装费用的组成内容包括直接费、间接费、利润和税金四部分。

8. × 【简析】因气候影响停工期间的工资及产、婚、丧假期的工资都属于年有效施工天数以外非作业天数的工资,属于生产工人辅助工资,而不是工资性补贴的内容。

9. × 【简析】沿海地区工程施工增加费是以各类工程的直接工程费之和为基数乘以相应的费率计算。

10. × 【简析】工程项目竣工后必须编制竣工决算报告,竣工决算报告是由建设单位(即业主)来编制的。

四、综合分析题

1. **解**:建筑安装工程费由直接费、间接费、利润和税金四部分构成,因此要分别计算出这几部分费用。

直接工程费＝人工费＋材料费＋机械使用费

＝125 000＋187 500＋95 000＝407 500(元)

其他工程费＝直接工程费×其他工程费综合费率

＝407 500×6.27％＝19 938.6(元)

直接费＝直接工程费＋其他工程费

＝407 500＋19 938.6＝427 438.6(元)

间接费＝人工费×规费综合费率＋直接费×企业管理费费率

＝125 000×15.84％＋427 438.6×3％＝32 623.2(元)

规费＝人工费×规费综合费率

＝125 000×15.84％＝19 800(元)

利润＝(直接费＋间接费－规费)×利润率

＝(427 438.6＋32 623.2－19 800)×5％＝22 013.1(元)

税金＝(直接费＋间接费＋利润)×综合税率

＝(427 438.6＋32 623.2＋19 800)×3.14％＝15 137.2(元)

建筑安装工程费＝直接费＋间接费＋利润＋税金

＝427 438.6＋32 623.2＋22 013.1＋15 137.2＝497 212.1(元)

2.**解：**

材料预算价格＝(材料供应价格＋运杂费)×(1＋场外运输损耗率)×

(1＋采购及从库保管费率)－包装的回收价值

钢筋的运杂费＝30×0.5＋1.1＝16.1(元/t)

场外运输损耗率为0，采购及保管费率为2.5％，无包装回收。

所以，钢筋的预算价格＝(2 500＋16.1)×(1＋2.5％)

＝2 579(元/t)

第三章　施工招、投标中的费用管理

【本 章 提 要】

本章应对公路工程建设招、投标的主要内容有所把握，知道招、投标的范围、方式、程序以及《公路工程标准施工招标文件》(2009 年版)中投标人须知的有关规定，重点掌握标价的构成、计算以及开标、评标、和定标的内容。

【考 纲 要 求】

了解：公路工程建设招标的范围、方式，《公路工程标准施工招标文件》(2009 年版)中投标人须知的内容。

掌握：标价和标底的构成、各分项工程单价的分析和计算，标书的审查和复核，评标价的计算以及定标的方式。

【知 识 体 系】

- 1. 招标
  - 招标
    - 招标的概念
    - 招标方式
    - 招标的意义
  - 招标条件
    - 招标项目应具备的条件
    - 招标人应具备的条件
  - 公路工程建设招标
    - 公路工程建设招标的范围
    - 公路工程建设招标的基本原则
  - 标价
    - 总报价的构成和计算
    - 分项工程单价的构成和计算
  - 标底
    - 标底及报价的编制依据
    - 标底编制的原则和要求
    - 标底编制时注意问题
- 2. 投标
  - 投标的概念
  - 投标人资格要求
  - 投标文件组成
  - 投标有效期
  - 投标担保金
  - 投标文件的修改与撤回

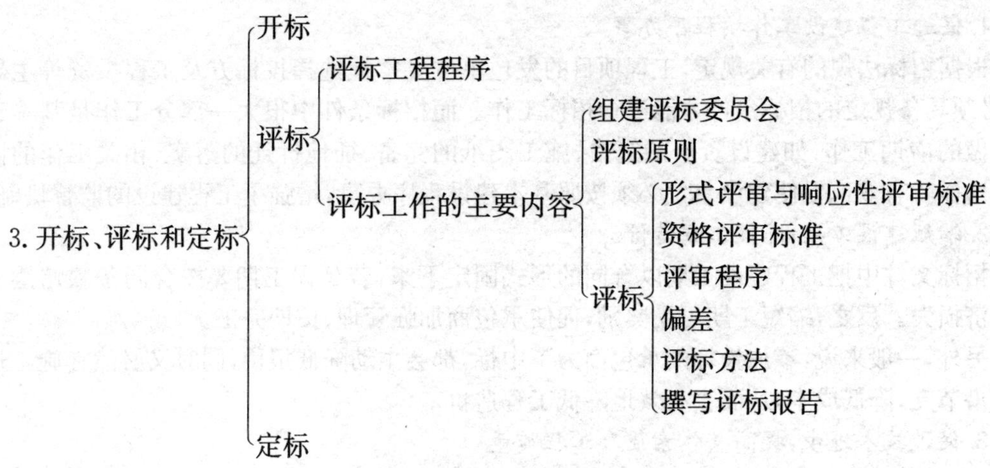

【知识点复习】

一、招标

(一)招标的概念(了解)

招标是指招标人,又称发包人(业主、建设单位),就拟实施的工程项目,提出必要的文件资料和技术经济条件,按照法定的招标程序,通过审查、评比,最后择优选定承包人的过程。

(二)招标的方式(了解)

招标方式包括公开招标和邀请招标两种。

(1)公开招标。公开招标是指通过国家指定报刊、信息网络或其他媒体发布招标公告,凡是对进行招标的工程感兴趣,且具备相应资质,符合招标条件的法人或其他组织,均可申请投标的一种招标方式。它是一种无限竞争方式,不受地域和行业的限制

优点:招标人有较大的选择范围,能给投标人平等竞争的机会,最能体现出平等竞争的原则;同时,招标人可以在较广的范围内选择报价合理、工期较短、信誉良好、最有竞争实力的承包商。

缺点:对于保密工程、专业性较强的工程和公开招标时费用较大的工程不易采用公开招标。

(2)邀请招标。邀请招标是招标人根据自己掌握的资料和信息,预选择若干家具备承担招标项目能力,资信良好的法人或其他组织,并发出投标邀请函,将招标工程的概况、工作范围和实施条件等作出简要说明,请他们参加投标竞争。邀请对象不应少于3家。

优点:简化了招标程序,不需要发布公告和设置资格预审程序,节约了招标费用和时间。另外,由于对投标人以往的业绩和履约能力比较了解,减少了合同履行过程中承包方违约的风险。

缺点:范围较窄,可能失去了在技术上或报价上有竞争能力的一些潜在投标人,因此这种竞争具有局限性。

另外,按照招标的范围,还可以划分为国内招标和国际招标。

(三)实行招标的意义(了解)

工程项目招标投标制度是在市场经济条件下广泛采用的一种制度,招、投标工作在整个工程建设项目的建设程序中占有重要地位。事实证明,实施招、投标制度加快了我国公路建设的速度,取得了明显的经济效益和社会效益。实行招标的意义主要表现在以下几方面。

1. 促进工程建设工作按程序办事

根据招标法规的有关规定，工程项目的发包单位要掌握选择投标方及工程投资等主导权利，必须具备规定的招标条件才能进行招标工作。而招标条件中很大一部分工作是基本建设必须做的前期工作，如建设资金的筹措、施工图纸的完备、征地拆迁的落实、相关工作的协调等。这样就有效地促使建设单位必须按照基本建设程序办事，增强了工程建设的监督机制。

2. 缩短建设工期，降低工程造价

招标文件中把工程建设工期以合同的形式固定下来，若延误工期要按合同条款赔偿业主的经济损失。反之，缩短工期可受奖励，促使承包商加强管理，按期完工。

另外，一般来说，参加投标的承包商为了中标，都会主动降低报价，同时又必然在施工过程中挖潜节支，降低成本，从而会有效地降低工程造价。

3. 促进技术进步，提高整体素质和工程质量

实行招标制度，迫使企业为了生存和发展，不断提高自身的竞争力，除了改革自身经营管理体制和经营方式外，还要努力加快企业内部的技术进步，采用新技术、新设备、新工艺，同时还要引进人才，提高人员素质，以适应市场竞争的需要。

招标文件中还有根据有关技术规范和质量评价验收标准提出的工程各方面质量要求细则，并规定相应奖惩办法。除承包商自身具有的一套内部质量保证体系外，还有工程监理工程师的质量检查、试验和审批，从而可以提高工程质量。

4. 责、权、利明确，便于法制化管理

在承包合同中对工程中的一些重要问题，如工期和质量、工程款支付结算等都做了明确规定，双方责、权、利明确，减少相互扯皮现象，减少经济纠纷。承包合同受法律保护，任何一方违约，都要受到经济和法律制裁。

另外，招、投标制度也促进了其他一些相关、配套制度的改革和体系的完善。

二、招标项目及招标单位应具备的条件

(一)公路工程施工招标的项目应当具备的条件(了解)

根据 2003 年 3 月 8 日发布的《工程建设项目施工招标投标办法》，公路工程施工招标的项目应当具备以下条件：

(1)投标人已经依法成立；

(2)初步设计及概、预算应当履行审批手续的，已经批准；

(3)招标范围、招标方式和招标组织形式等应当履行核准手续的，已经核准；

(4)有相应资金或资金来源已经落实；

(5)有招标所需的设计图纸及技术资料。

根据交通部颁布的于 2006 年 8 月 1 日起实行的《公路工程施工招标投标管理办法》的规定，公路工程施工招标的项目应当具备以下条件：

(1)初步设计文件已被批准；

(2)建设资金已经落实；

(3)项目法人已经确定，并符合项目法人资格标准的要求。

(二)招标人应当具备的条件(了解)

(1)招标人应当是提出公路工程施工招标项目，进行公路工程施工招标的项目法人；

(2)具有与招标项目相适应的工程管理、造价管理、财务管理能力；

(3)具有组织编制公路施工招标文件的能力；

(4)具有对投标人进行资格审查和组织评标的能力。

如果招标人不具备以上2、3、4条规定条件的，应当委托具有相应资格的招标代理机构办理公路工程施工招标事宜，任何组织和个人不得为招标人指定招标代理机构。

三、公路工程建设招标的范围及基本原则

(一)招标的范围(了解)

根据招、投标法中的规定，在我国境内进行下列工程建设项目，包括项目勘察、设计、施工、监理以及与工程建设有关的重要设备、材料的采购，必须进行招标。

(1)大型基础设施，公用事业等关系社会公共利益、公共安全的项目；

(2)全部或者部分使用国有资金或者国家融资的项目；

(3)使用国际组织或者外国政府贷款、援助资金项目。

如果上述规定的工程建设项目，包括勘察、设计、施工、监理以及与工程建设有关的重要设备、材料等的采购，达到下列条件之一的，也必须进行招标。

(1)施工单项合同估算价在200万元人民币以上的；

(2)重要设备、材料等货物的采购，单项合同估算价在100万元人民币以上的；

(3)勘察、设计、监理等服务的采购，单项合同估算价在50万元人民币以上的；

(4)单项合同估算价低于第1、2、3项规定的标准，但项目总投资在3 000万元人民币以上的。

(二)招标的基本原则(了解)

招标投标活动应当遵循公开、公平、公正和诚实信用的原则。

(1)公开原则。就是招标整个活动过程具有一定的透明度，公开招标公告及有关信息资料，公开招标程序及有关条件要求，公开开标及公开中标结果。

(2)公平原则。就是破除保护主义壁垒，给予所有投标人以公平竞争的机会，真正做到优胜劣汰。

(3)公正原则。就是要求按照招标文件规定的标准和方法进行评标，不得以任何背景照顾或歧视投标人。任何单位和个人不得非法干预、影响评标过程和结果，违规者要负法律责任。

(4)诚实信用原则。要求招标投标当事人应以诚实、守信的态度行使权利，履行义务，遵守法纪，以维持双方的权利平衡和利益平衡，不得损害第三者和社会公共利益。

需要注意：

涉及国家安全、国家秘密、抢险救灾或者利用扶贫资金实行以工代赈等公路工程施工项目不适宜进行招标。另外，符合下列条件之一的，不适宜公开招标，依法履行审批手续后，可以进行邀请招标：

(1)项目技术复杂或有特殊技术要求，且符合条件的潜在投标人数量有限的；

(2)受自然地域环境限制的；

(3)公开招标的费用与工程费用相比，所占比例过大的。

四、标价的构成及计算(掌握)

(一)总报价的构成及计算

投标的对外总报价主要由直接费、管理费、利润、税收、计日工、专业分包工程费、业主规定暂列金额等构成。

总报价的计算是按照定额或市场的单价，分别计算每一个项目的单价与合计价，分别填入招标人提供的工程量清单中，包括人工费、材料费、机械使用费、其他直接费、间接费、利润、税

金及材料价差和风险费用等全部费用。然后将所有费用进行汇总后得到的价格就是对外总报价。其计算形式如下：

对外总报价＝∑分项工程单价×分项工程量＋计日工合计＋不可预见费用(暂列金额)

(二)分项工程单价的构成及计算

分项工程单价包括完成该项单位分项工程的所有费用。计算公式如下：

$$分项工程单价=分项工程单位直接费\times 平均分摊系数$$

$$平均分摊系数=\frac{\sum 分项工程直接费+待摊费}{\sum 分项工程直接费}\times 100\%$$

1.待摊费用

工程中必须分摊的费用一般有初期费用、现场管理费用和其他待摊费用三种。

(1)初期费用

不同的招标项目中所包含的内容不尽相同，一般包括以下组成部分。

1)现场勘察费。业主移交现场后，应立即进行补充测量或者勘探，可根据工程场地面积估算。

2)现场清理费。包括清除树木、旧有建筑物等，可根据现场考察实际情况进行估算。

3)进场临时道路费。如果需要时，应考虑其长度、宽度和其是否有小桥、涵洞及相应的排水设施等，并应考虑其经常维护费用。

4)业主代表和监理工程师设施费。如标书规定了具体内容和要求，则应根据其要求计算报价。

5)现场试验设施费。如标书中有具体规定，应按其要求计算，否则可按工程规模考虑简易的试验设施并计算其费用，如混凝土配料试块、试验等，而其他材料、成品的试验可送往附近的研究试验机构鉴定，考虑一笔试验费用即可。

6)施工用水、电费。根据施工方案中计算的水电用量，结合现场考察调查，确定水电供应设施。例如水源地、储水设施、供水管网、外接电源或柴油发电站、供电线路等，并考虑水费、电费或发电的燃料动力费用。

7)施工机械费。一般可将机具设备的折旧费和安装拆卸费计入施工机具设备使用基价中，至于燃料动力、操作人工和维护修理等都计入台班费中，并摊入各工程单价。

8)脚手架及小型工具费。根据施工方案，考虑脚手架的需用量并计算总费用。

9)承包人临时设施费。按施工方案中计算的施工人员数量，计算临时住房、办公用房、仓库和其他临时建筑物等，并按简易标准计算费用，还应考虑生活经营地的水、电、道路、电话、卫生设施等费用。

10)现场保卫设施和安全费用，按施工方案中规定的围墙、警卫室和夜间照明等计算。

11)职工交通费。根据生活营地远近和职工人数计算交通车辆和职工由住地到工地往返费用。

12)其他杂项。如恶劣气候施工措施、职工劳动保护和施工安全措施等，可按施工方案的安排估算。这些内容一般在技术规范第一章出现，哪些进入工程量，由技术规范中的计量与支付内容规定。

(2)现场管理费用

不便列入上述初期费用的其他一切开支，列入管理费，按一定系数摊入各项工程量中。一般包括以下项目。

1)投标费用。包括投标文件购置费、投标人员差旅费和工资、外事活动费等。

2)保函手续费。包括投标保函、履约保函、预付保函和维修保函等，可按估计各项保证金乘以银行保函年费率，再乘以各种保函有效期(以年计)即可。

3)保险费。包括工程全险、第三方责任险、车辆保险等，至于施工人员的人身事故和医疗保险及强制性的社会福利保险费可计入事故人员的工资(工日基价内)，材料设备运输过程中的保险计入材料设备基价内。

4)税金。包括合同税、印花税、公司营业税和各种关税等。

5)管理人员费。从生产和辅助生产劳务数量按比例(国外工程一般用8%～10%)，结合管理岗位计算管理人员数量，并参照工日基价计算管理人员工资和费用。

6)行政办公费。包括管理部门的文具、纸张、表册、邮电及办公室用家具、器具和日常使用低值易耗品，移交水电、空调、采暖等开支。

7)生活设施费。如厨房设施、卫生设施、洗澡、环境清洁等设施费用。

8)交通车辆使用费。办公人员的交通工具(如卧车、面包车等)的折旧、保险、维修和油料费用等。

9)竣工清理费用。竣工清理如未列工程量表，可计入现场管理费中。

10)其他费用。凡是在“初期费用”中不能列出，而又必须支出的各项费用均可计入，也可总价列入一笔不可预见费用。

(3)其他待摊费用

其他待摊费用是指现场管理用之外的各项费用，它们可以根据不同条件研究确定其比例，也应同现场管理费用一样，摊入工程量表的各细目价格中。

1)流动资金利息。可根据资金流量计算。承包人为维持工程的正常施工，需要先垫付一笔流动资金，应当将流动资金的利息部分计入工程款中。另外，某些延期付款的工程细目由承包人垫付绝大部分资金，特别是某些合同规定，延期付款的利息只能从竣工交付时计起。这时，承包人必须将建设期间垫付资金的利息全部计入工程成本。

流动资金或其垫付资金的利息，应当在编制资金流量表的基础上，根据承包人获得的资金来源的利率和占用时间详细核算。如果承包人从银行获得的贷款货币与将来获得的付款货币有所不同，承包人还应当计算换汇汇率的变化可能带来的风险。至于在竣工后分期分批延期付款，应当在合同中明确规定贷款利率。假如承包人借贷资金的利率高于业主可接受的延期付款利率，则其差额一般也会摊入工程的报价之中。

2)上层机构管理费。除了现场管理外，为了保证工程顺利实施，承包人的公司总部和地区办事处也要做大量的组织管理工作，提取一定的上层机构管理费是必要的和合理的。其比例大小可由各公司自行规定。

3)利润。承包人可以事先提出一项预计利润的比例进行计算。

4)风险系数和降价系数。工程承包是一项风险事业，各种意外事件难以避免，为了应付施工过程中偶然发生的事故而预留一笔风险金，有时是必要的。另外，承包人中标后，在议标和商签合同过程中，业主可能还会施加压力，要求承包人适当让价。有些承包人事先在算标时考虑了一个降价系数，这样，在业主议价压价时，虽然适当让步，也不致影响预期利润。这两项系数究竟取多大的值才合适，很难测算，需根据招标项目具体情况和竞争对手报价水平的估计而研究确定。监理进行分析时，只能靠自己的工程经验来测算，一般可按15%考虑。

2. 人工、材料、机械单价计算

投标时人工、材料、机械单价根据企业自身的情况以及建设市场和劳动力、施工机械租赁市场的状况综合确定。

(1)人工费

人工费＝单位工程的用工量(以工日计)×工日基础价格

工日基础价格是指工人每个工作日的平均工资。如果整个工程是雇用当地工人，只需按当地建筑工人的月工资，适当加入应由雇用人支付的各类法定津贴费、招募开支等，除以每月平均工作天数，即为工日基价，若当地有工资上涨的趋势，可再适当乘以预计上涨率。

(2)材料费

材料费＝单位工程的材料消耗量×材料的单位基础价格

材料的单位基础价格是指全部换算为材料设备到达施工现场的价格。这是由于交货方式不一样，供货人所报价格的表现形式可能也是多种多样的，是为方便进行工程投标的计算而定的。

(3)施工机具使用费

施工机具设备费用以何种方式计入工程报价中，要根据招标文件的规定而定，多数情况是将工程施工中使用的机械设备、工具及动力消耗等按不同类别的子项工程分别推销。

3. 在计算出直接费的基础上，依据企业自身情况确定各项费率及法定税率，再计算出其他直接费、间接费、利润和税金

五、标底

(一)标底及报价编制依据(了解)

公路工程项目及报价编制的主要依据如下：

(1)国家有关公路建设的政策、法律、法规及当地各级政府有关规定；

(2)招标文件：包括投标邀请书、投标须知、合同文件、技术规范、投标书及附表格式、工程量清单、施工组织设计建议书及附表、招标文件补遗书等；

(3)工程施工图纸、工程量计算规则；

(4)施工现场地质、水文、交通、通信、劳力及材料供应、水电供应情况等有关资料；

(5)现行建筑市场情况：市场竞争、材料供应及价格等；

(6)现行工程预算定额、工期定额、工程项目计价类别及取费标准、国家或地方有关价格及费率调整文件规定等。

(二)标底编制的原则和要求(了解)

标底是建设产品在建筑市场中的预期价格，在招标投标过程中，标底是衡量投标报价是否合理，是否具有竞争力的重要工具。所以，科学合理地制定标底是做好评标工作的前提和基础。制定标底时应遵照以下原则和要求。

(1)标底的编制应遵循价值规律。即标底作为一种价格应反映建设项目的价值。价格与价值相适应是价值规律的要求，是标底科学性的基础。因此，在标底编制时应充分考虑建设项目在施工过程中的社会必要劳动消耗量、机械设备使用量及材料和其他资源的消耗量。

(2)标底的编制应服从供求规律。在编制标底时应考虑建筑市场的供求状况对建筑产品价格的影响，力求使标底和建筑产品的市场价格相适应。

(3)标底在编制过程中应反映建筑市场当前平均先进的劳动生产力水平。标底在编制过程中应反映竞争规律对建筑产品价格的影响，以达到通过标底促进投标竞争和社会生产力水平提高的作用。

(三)标底编制时应注意的问题(掌握)

在编制标底的过程中应注意以下几点：

(1)根据设计图纸及有关资料、招标文件，参照国家规定的技术、经济标准定额及规范，确定工程量和设定标底；

(2)标底价格应由成本、利润和税金组成，一般应控制在批准的建设项目总概算及投资包干的限额内；

(3)标底价格作为招标人的期望值，应力求与市场实际变化吻合，要有利于竞争和保证工程质量；

(4)标底价格考虑人工、材料、机械台班等价格变动因素，还应包括施工不可预见费、包干费和措施费等，工程要求优良的，还应增加相应费用；

(5)一个标段只能编制一个标底。

六、投标

(一)投标的概念(了解)

投标是指准备承包项目的企业(投标人)经发包人审查获得投标资格，根据招标文件所提出的各项要求和条件，结合自己的能力和经济目标，在满足招标文件中关于工期、质量、机械设备和技术水平等要求的前提下，在规定期限内，提出投标书和报价，并争取中标，获取项目承包权的活动。

招标与投标可分为全过程招标、勘察设计招标、材料设备招标、监理招标及工程施工招标五种形式。目前我国公路工程主要实行的是施工招标，也已经有一些工程实行设计、施工联合招标。

公路工程施工招标的投标人是响应招标、参加投标竞争的公路工程施工单位。投标人应当具备招标文件规定的资格条件，具有承担所投标项目的相应能力。

(二)投标人资格要求(了解)

根据《公路工程标准施工招标文件》(2009年版)中的规定：已进行资格预审的，投标人应是收到招标人发出投标邀请书的单位。未进行资格预审的，投标人资格要求包括以下内容。

1.投标人应具备承担本标段施工的资质条件、能力和信誉。包括由招标人根据招标项目具体特点和实际需要编制和填写：

(1)资质条件；

(2)财务要求；

(3)业绩要求；

(4)信誉要求；

(5)项目经理资格；

(6)其他要求。

2.接受联合体投标的，除应符上条要求外，还应遵守以下规定：

(1)联合体各方应按招标文件提供的格式签订联合体协议书，明确联合体牵头人和各方权利义务；

(2)由同一专业的单位组成的联合体，按照资质等级较低的单位确定资质等级；

(3)联合体各方不得再以自己名义单独或参加其他联合体在同一标段中投标；

(4)联合体所有成员数量不得超过投标人须知前附表规定的数量；

(5)联合体牵头人所承担的工程量必须超过总工程量的50%；

(6)联合体各方应分别按照本招标文件的要求，填写投标文件中的相应表格，并由联合体牵头人负责对联合体各成员的资料进行统一汇总后一并提交给招标人；联合体牵头人所提交的投标文件应认为已代表了联合体各成员的真实情况；

(7)尽管委任了联合体牵头人，但联合体各成员在投标、签约与履行合同过程中，仍负有连带的和各自的法律责任。

3.投标人不得存在下列情形之一：

(1)为招标人不具有独立法人资格的附属机构(单位)；

(2)为本标段前期准备提供设计或咨询服务的，但设计施工总承包的除外；

(3)为本标段的监理人；

(4)为本标段的代建人；

(5)为本标段提供招标代理服务的；

(6)与本标段的监理人或代建人或招标代理机构同为一个法定代表人的；

(7)与本标段的监理人或代建人或招标代理机构相互控股或参股的；

(8)与本标段的监理人或代建人或招标代理机构相互任职或工作的；

(9)被责令停业的；

(10)被暂停或取消投标资格的；

(11)财产被接管或冻结的；

(12)在最近三年内有骗取中标或严重违约或重大工程质量问题的；

(13)涉及正在诉讼的案件，或涉及正在诉讼的案件但经审查委员会认定不会对承担本项目造成重大影响；

(14)被省级及以上交通主管部门取消项目所在地的投标资格或禁止进入该区域公路建设市场且处于有效期内；

(15)为投资参股本项目的法人单位。

(三)投标文件的组成

投标文件应包括下列内容：

(1)投标函及投标函附录；

(2)法定代表人身份证明或附有法定代表人身份证明的授权委托书；

(3)联合体协议书；

(4)投标保证金；

(5)已标价工程量清单；

(6)施工组织设计；

(7)项目管理机构；

(8)拟分包项目情况表；

(9)资格审查资料；

(10)承诺函；

(11)调价函及调价后的工程量清单(如有)；

(12)投标人须知前附表规定的其他材料。

(四)投标有效期(了解)

(1)在投标人须知前附表规定的投标有效期内，投标人不得要求撤销或修改其投标文件。

(2)出现特殊情况需要延长投标有效期的，招标人以书面形式通知所有投标人延长投标有效期。投标人同意延长的，应相应延长其投标保证金的有效期，但不得要求或被允许修改或撤销其投标文件；投标人拒绝延长的，其投标失效，但投标人有权收回其投标保证金。

（五）投标保证金（了解）

根据投标人须知中的规定：

(1)投标人在递交投标文件的同时，应按投标人须知前附表规定的金额（投标保证金一般为投标总价的1%～2%，招标人应据此测算出具体金额。投标保证金的金额应符合国家有关规定）、担保形式和“投标文件格式”规定的投标保证金格式递交投标保证金，并作为其投标文件的组成部分。联合体投标的，其投标保证金由牵头人递交，并应符合投标人须知前附表的规定。

投标保证金必须选择下列任一种形式：电汇、银行保函或招标人规定的其他形式。

1)若采用电汇，投标人应在投标人须知前附表规定的投标保证金递交截止时间之前，将投标保证金由投标人的基本账户一次性汇入招标人指定账户，否则视为投标保证金无效。招标人的开户银行及账号见投标人须知前附表。

2)若采用银行保函，则应由投标人开立基本账户的银行开具。银行保函应采用招标文件提供的格式，且应在投标有效期满后30天内保持有效，招标人如果按前述投标有效期第2条的规定延长了投标有效期，则投标保证金的有效期也相应延长。银行保函原件应装订在投标文件的正本之中。

(2)投标人不按上述第1条要求提交投标保证金的，其投标文件作废标处理。

(3)招标人与中标人签订合同后5个工作日内，向未中标的投标人和中标人退还投标保证金。

(4)有下列情形之一的，投标保证金将不予退还：

1)投标人在规定的投标有效期内撤销或修改其投标文件；

2)中标人在收到中标通知书后，无正当理由拒签合同协议书或未按招标文件规定提交履约担保；

3)投标人不接受依据评标办法的规定对其投标文件中细微偏差进行澄清和补正；

4)投标人提交了虚假资料。

（六）投标文件的修改与撤回

(1)在招标文件的澄清第2条（即：招标文件的澄清将在投标人须知前附表规定的投标截止时间15天前以书面形式发给所有购买招标文件的投标人，但不指明澄清问题的来源。如果澄清发出的时间距投标截止时间不足15天，相应延长投标截止时间）规定的投标截止时间前，投标人可以修改或撤回已递交的投标文件，但应以书面形式通知招标人。

(2)投标人修改或撤回已递交投标文件的书面通知应按照投标文件的编制第3条（即：投标文件应用不褪色的材料书写或打印，并由投标人的法定代表人或其委托代理人签字或盖单位章。委托代理人签字的，投标文件应附法定代表人签署的授权委托书。投标文件应尽量避免涂改、行间插字或删除。如果出现上述情况，改动之处应加盖单位章或由投标人的法定代表人或其授权的代理人签字确认）的要求签字或盖章。招标人收到书面通知后，向投标人出具签收凭证。

(3)修改的内容为投标文件的组成部分。修改的投标文件应按照有关具体规定进行编制、密封、标记和递交，并标明“修改”字样。

七、开标、评标及定标

(一)开标(了解)

开标由招标人主持，邀请交通主管部门和所有投标人的法定代表人或其授权的代理人参加。开标应当公开进行；开标时间应当与招标文件中确定的提交投标文件截止时间一致；开标地点也应当是招标文件中预先确定的地点，不得随意变更。

开标时，由投标人或者其推选的代表检查投标文件的密封情况，也可以由招标人委托的公证机构检查并予以公证。投标文件的密封情况经确认无误后，招标人应当众拆封，并宣读投标人名称、投标价格和投标文件的其他主要内容。招标人设有标底的，应当同时公布标底。

招标人应当记录开标过程，并存档备查。

(二)评标

评标是指招标人依法组建的评标委员会根据国家有关法律、法规和招标文件，对投标文件进行评审，推荐中标候选人或由招标人授权直接确定中标人的工作过程。

1.评标工作的程序

评标工作应按以下程序进行：

(1)组建清标工作组；

(2)组建评标委员会；

(3)初步评审；

(4)详细评审；

(5)投标文件的澄清和补正；

(6)推荐中标候选人，撰写评标报告。

2.评标工作的主要内容

(1)组建评标委员会

评标委员会由招标人的代表和技术、经济专家组成，人数为五人以上单数。其中，评标专家人数不得少于成员总数的三分之二。国道主干线和国家高速公路网建设项目，评标委员会专家从交通运输部设立的评标专家库中随机抽取，其他公路建设项目的评标委员会专家从省级人民政府交通主管部门设立的评标专家库中随机抽取。评标委员会应民主推荐一名主任委员，负责组织协调评标委员会成员开展评标工作。评标委员会应根据评标工作量和工程特点，制订工作计划，明确分工，交叉审核，确保评标质量。

评标委员会成员名单一般应于开标前确定，在中标结果确定前应当保密。

评标委员会成员有下列情形之一的，应当回避：

①招标人或投标人的主要负责人的近亲属；

②项目主管部门或者行政监督部门的人员；

③与投标人有经济利益关系，可能影响对投标公正评审的；

④曾因在招标、评标以及其他与招标投标有关活动中从事违法行为而受过行政处罚或刑事处罚的。

(2)评标原则

评标活动遵循公平、公正、科学和择优的原则。

(3)评标

评标委员会按照《公路工程标准施工招标文件》(2009年版)中“评标办法”规定的方法、评审因素、标准和程序对投标文件进行评审。

1)形式评审与响应性评审标准

①投标文件按照招标文件规定的格式、内容填写，字迹清晰可辨：

a. 投标函按招标文件规定填报了投标价、工期及工程质量目标；

b. 投标函附录的所有数据均符合招标文件规定；

c. 已标价工程量清单说明及承诺函文字与招标文件规定一致，未进行修改和删减；

d. 按照招标文件规定的格式、内容编制了施工组织设计及项目管理机构相关图表；

e. 投标文件组成齐全完整，内容均按规定填写。

②投标文件上法定代表人或其授权代理人的签字、投标人的单位章盖章齐全，符合招标文件规定：

投标函及投标函附录、承诺函、已标价工程量清单、调价函及调价后的工程量清单（如有）的内容，应由投标人的法定代表人或其委托代理人逐页签署姓名（本页正文内容已由投标人的法定代表人或其委托代理人签署姓名的可不签署）并逐页加盖投标人单位章（本页正文内容已加盖单位章的除外）。

③与申请资格预审时比较，投标人资格没有实质性下降：

a. 通过资格预审后法人名称变更时，应提供相关部门的合法批件及企业法人营业执照和资质证书的副本变更记录复印件；

b. 资格没有实质性下降，指投标人仍然满足资格预审中的最低要求（业绩、人员、财务等）。

④投标人按照招标文件规定的金额、形式、时效和内容提供了投标担保：

a. 投标担保金额符合招标文件规定的金额；

b. 若采用电汇，投标人在投标人须知前附表规定的时间之前，将投标保证金由投标人的基本账户一次性汇入招标人指定账户；

c. 若采用银行保函，银行保函的格式、开具保函的银行、银行保函的有效期均满足招标文件要求，且银行保函原件装订在投标文件的正本之中。

⑤投标人法定代表人的授权代理人，需提交附有法定代表人身份证明的授权委托书，并符合下列要求：

a. 授权人和被授权人均在授权书上签名，未使用印章、签名章或其他电子制版签名；

b. 附有公证机关出具的加盖钢印、单位章并盖有公证员签名章的公证书，钢印应清晰可辨，同时公证内容完全满足招标文件规定；

c. 公证书出具的日期与授权书出具的日期同日或在其之后。

⑥投标人法定代表人若亲自签署投标文件的，提供了法定代表人身份证明，并符合下列要求：

a. 法定代表人在法定代表人身份证明上签名，未使用印章、签名章或其他电子制版签名；

b. 附有公证机关出具的加盖钢印、单位章并盖有公证员签名章的公证书，钢印应清晰可辨，同时公证内容完全满足招标文件规定；

c. 公证书出具的日期与法定代表人身份证明出具的日期同日或在其之后。

⑦投标人以联合体形式投标时，联合体协议书满足招标文件的要求：

a. 未进行资格预审的，投标人按照招标文件提供的格式签订了联合体协议书，并明确了联合体牵头人；

b. 进行资格预审的，投标人提供了资格预审申请文件中所附的联合体协议书复印件。

⑧投标人如有分包计划，应按第八章“投标文件格式”的要求填写“拟分包项目情况表”，且专业分包的工程量累计未超过总工程量的30%。

⑨一份投标文件应只有一个投标报价，在招标文件没有规定的情况下，未提交选择性报价。

⑩投标人若提交调价函，调价函符合招标文件要求。

⑪投标人若填写工程量固化清单，填写完毕的工程量固化清单未对工程量固化清单电子文件中的数据、格式和运算定义进行修改。

⑫投标文件载明的招标项目完成期限未超过招标文件规定的时限。

⑬投标文件未附有招标人不能接受的条件。

⑭权利义务符合招标文件规定：

a. 投标人应接受招标文件规定的风险划分原则，未提出新的风险划分办法；

b. 投标人未增加发包人的责任范围，或减少投标人义务；

c. 投标人未提出不同的工程验收、计量、支付办法；

d. 投标人对合同纠纷、事故处理办法未提出异议；

e. 投标人在投标活动中无欺诈行为；

f. 投标人未对合同条款有重要保留。

2)资格评审标准

①投标人具备有效的营业执照、资质证书和安全生产许可证和基本账户开户许可证；

②投标人的资质等级符合招标文件规定；

③投标人的财务状况符合招标文件规定；

④投标人的类似项目业绩符合招标文件规定；

⑤投标人的信誉符合招标文件规定；

⑥投标人的项目经理(包括备选人)和项目总工(包括备选人)资格符合招标文件规定；

⑦投标人的其他要求符合招标文件规定；

⑧投标人不存在“投标人须知”投标人资格中规定的任何一种情形；

3)评标程序

①初步评审

A. 评标委员会可以要求投标人提交以下有关证明和证件的原件，以便核验：

第一，“投标人基本情况表”应附投标人营业执照副本及其年检合格的证明材料、资质证书副本和安全生产许可证等材料的复印件。

第二，“近年财务状况表”应附经会计师事务所或审计机构审计的财务会计报表，包括资产负债表、现金流量表、利润表和财务情况说明书的复印件，具体年份要求见投标人须知前附表。

第三，“近年完成的类似项目情况表”应附中标通知书和(或)合同协议书、工程接收证书(工程竣工验收证书)的复印件，具体年份要求见投标人须知前附表。每张表格只填写一个项目，并标明序号。

第四，“正在施工和新承接的项目情况表”应附中标通知书和(或)合同协议书复印件。每张表格只填写一个项目，并标明序号。

第五，“近年发生的诉讼及仲裁情况”应说明相关情况，并附法院或仲裁机构作出的判决、裁决等有关法律文书复印件，具体年份要求见投标人须知前附表。

评标委员会依据初步评审标准规定的标准对投标文件进行初步评审。有一项不符合评审

标准的，作废标处理。（适用于未进行资格预审的）

评标委员会依据评审办法中形式评审与响应性评审标准规定的评审标准对投标文件进行初步评审。有一项不符合评审标准的，作废标处理。当投标人资格预审申请文件的内容发生重大变化时，评标委员会依据评审办法中资格评审标准规定的标准对其更新资料进行评审。（适用于已进行资格预审的）

B. 投标人有以下情形之一的，其投标作废标处理：

a.“投标人须知”中投标人资格要求规定的任何一种情形的；

b. 串通投标或弄虚作假或有其他违法行为的；

c. 不按评标委员会要求澄清、说明或补正的。

C. 投标报价有算术错误的，评标委员会按以下原则对投标报价进行修正，修正的价格经投标人书面确认后具有约束力。投标人不接受修正价格的，其投标作废标处理，并没收其投标担保。

a. 投标文件中的大写金额与小写金额不一致的，以大写金额为准；

b. 总价金额与依据单价计算出的结果不一致的，以单价金额为准修正总价，但单价金额小数点有明显错误的除外；

c. 当单价与数量相乘不等于合价时，以单价计算为准，如果单价有明显的小数点位置差错，应以标出的合价为准，同时对单价予以修正；

d. 当各子目的合价累计不等于总价时，应以各子目合价累计数为准，修正总价。

D. 工程量清单中的投标报价有其他错误的，评标委员会按以下原则对投标报价进行修正，修正的价格经投标人书面确认后具有约束力。投标人不接受修正价格的，其投标作废标处理，并没收其投标担保。

a. 在招标人给定的工程量清单中漏报了某个工程子目的单价、合价或总额价，或所报单价、合价或总额价减少了报价范围，则漏报的工程子目单价、合价和总额价或单价、合价和总额价中减少的报价内容视为已含入其他工程子目的单价、合价和总额价之中。

b. 在招标人给定的工程量清单中多报了某个工程子目的单价、合价或总额价，或所报单价、合价或总额价增加了报价范围，则从投标报价中扣除多报的工程子目报价或工程子目报价中增加了报价范围的部分报价。

c. 当单价与数量的乘积与合价（金额）虽然一致，但投标人修改了该子目的工程数量，则其合价按招标人给定的工程数量乘以投标人所报单价予以修正。

E. 修正后的最终投标报价若超过投标控制价上限（如有），投标人的投标文件作废标处理。

F. 修正后的最终投标报价仅作为签订合同的一个依据，不参与评标价得分的计算。

注意：若项目招标采用“投标人须知”有关规定，由投标人按照招标人提供的工程量清单填写本合同各工程子目的单价、合价和总额价方式，则评标委员会按照上述 C、D 两项规定对投标人的投标报价进行修正。若项目招标采用“投标人须知”有关规定，投标人按照招标人提供的工程量固化清单电子文件填写工程量清单的，无须按上述规定对投标报价进行修正，E、F 两项内容也不适用。

②详细评审

A. 评标委员会按详细评审标准规定的量化因素和分值进行打分，并计算出综合评估得分。

B. 评标委员会发现投标人的报价明显低于其他投标报价，或者在设有标底时明显低于标底，使得其投标报价可能低于其成本的，应当要求该投标人作出书面说明并提供相应的证明材料。投标人不能合理说明或者不能提供相应证明材料的，由评标委员会认定该投标人以低于成本报价竞标，其投标作废标处理。

③投标文件的澄清和补正

A. 在评标过程中，评标委员会可以书面形式要求投标人对所提交的投标文件中不明确的内容进行书面澄清或说明，或者对细微偏差进行补正。评标委员会不接受投标人主动提出的澄清、说明或补正。

B. 澄清、说明和补正不得改变投标文件的实质性内容(算术性错误修正的除外)。投标人的书面澄清、说明和补正属于投标文件的组成部分。

C. 评标委员会对投标人提交的澄清、说明或补正有疑问的，可以要求投标人进一步澄清、说明或补正，直至满足评标委员会的要求。

D. 凡超出招标文件规定的或给发包人带来未曾要求的利益的变化、偏差或其他因素在评标时不予考虑。

④评标结果

除"投标人须知"前附表授权直接确定中标人外，评标委员会按照经评审的价格由低到高的顺序推荐中标候选人。

评标委员会完成评标后，应当向招标人提交书面评标报告。

4)偏差

①重大偏差

投标文件不符合合同条款所列的初步评审标准以及按照合同条款的规定对投标价进行算术性错误修正及其他错误修正后，最终投标报价超过投标控制价上限(如有)的，属于重大偏差，视为对招标文件未作出实质性响应，按废标处理。

②细微偏差

A. 在按照合同条款的规定对投标价进行算术性错误修正及其他错误修正后，最终投标报价未超过投标控制价上限(如有)的情况下，出现合同条款所列的投标报价的算术性错误和投标报价的其他错误；

B. 施工组织设计(含关键工程技术方案)和项目管理机构不够完善。

③细微偏差的处理

评标委员会对投标文件中的细微偏差按如下规定处理：

对于上述 A 条的细微偏差，按照合同条款的规定予以修正并要求投标人进行澄清；

对于上述 B 条的细微偏差，如果采用合理低价法或经评审的最低投标价法评标，应要求投标人对细微偏差进行澄清，只有投标人的澄清文件被评标委员会接受，投标人才能参加评标价的最终评比。如果采用综合评估法评标，评标委员会可在相关评分因素的评分中酌情扣分，但最多扣分不得超过各评分因素权重分值的 40%。

5)评标方法

公路工程施工招标的评标方法可以使用合理低价法、最低评标价法、综合评估法和双信封评标法以及法律、法规允许的其他评标方法。

①合理低价法

"合理低价法"是综合评估法的评分因素中评标价得分为 100 分、其他评分因素分值为 0

分的特例。评标委员会对满足招标文件实质性要求的投标文件，按照合同条款规定的评分标准进行打分，并按得分由高到低顺序推荐中标候选人，或根据招标人授权直接确定中标人，但投标报价低于其成本的除外。综合评分相等时，以投标报价低的优先；投标报价也相等的，招标人可采用被招标项目所在地省级交通主管部门评为较高信用等级的投标人优先或递交投标文件时间较前的投标人优先或其他方法确定第一中标候选人。

A. 评标基准价计算方法

在开标现场，招标人将当场计算并宣布评标基准价。

a. 评标价的确定：

方法一：评标价＝投标函文字报价

方法二：评标价＝投标函文字报价－暂估价－暂列金额(不含计日工总额)

b. 评标价平均值的计算：

除按“投标人须知”有关规定开标现场被宣布为废标的投标报价之外，所有投标人的评标价去掉一个最高值和一个最低值后的算术平均值即为评标价平均值(如果参与评标价平均值计算的有效投标人少于5家时，则计算评标价平均值时不去掉最高值和最低值)。

c. 评标基准价的确定

招标人可依据招标项目特点和实际需要，选择或制定适合项目的评标基准价计算方法。

方法一：将评标价平均值直接作为评标基准价。

方法二：将评标价平均值下浮____%，作为评标基准价。

方法三：招标人设置评标基准价系数，由投标人代表或监标人现场抽取，评标价平均值乘以现场抽取的评标基准价系数作为评标基准价。

方法四：……

如果投标人认为某一标段的评标基准价计算有误，有权在开标现场提出，经监标人当场核实确认之后，可重新宣布评标基准价。确认后的评标基准价在整个评标期间保持不变，不随通过初步评审和详细评审的投标人的数量发生变化。

B. 评标价的偏差率计算公式

偏差率＝100％×(投标人评标价－评标基准价)/评标基准价

C. 评标价得分计算公式示例

如果投标人的评标价＞评标基准价，则评标价得分＝100－偏差率×100×E_1

如果投标人的评标价≤评标基准价，则评标价得分＝100＋偏差率×100×E_2

其中：E_1——评标价每高于评标基准价一个百分点的扣分值；

E_2——评标价每低于评标基准价一个百分点的扣分值。

招标人可依据招标项目具体特点和实际需要设置E_1、E_2，但E_1应大于E_2。

②综合评估法

评标委员会对满足招标文件实质性要求的投标文件，按照合同条款规定的评分标准进行打分，并按得分由高到低顺序推荐中标候选人，或根据招标人授权直接确定中标人，但投标报价低于其成本的除外。综合评分相等时，以投标报价低的优先；投标报价也相等的，招标人可采用被招标项目所在地省级交通主管部门评为较高信用等级的投标人优先或递交投标文件时间较前的投标人优先或其他方法确定第一中标候选人。

分值构成(总分100分)包括：施工组织设计：__________分；项目管理机构：__________分；评标价：__________分；财务能力：__________分；业绩：__________分；履约信誉：

______分；其他：______分。

A. 评标基准价计算方法

同合理低价法

B. 评标价的偏差率计算公式

偏差率＝100％×(投标人评标价－评标基准价)/评标基准价

C. 评标价得分计算公式示例

如果投标人的评标价＞评标基准价，则评标价得分＝F－偏差率×100×E_1

如果投标人的评标价≤评标基准价，则评标价得分＝F＋偏差率×100×E_2

其中：F——评标价所占的权重分值；

E_1——评标价每高于评标基准价一个百分点的扣分值；

E_2——评标价每低于评标基准价一个百分点的扣分值。

招标人可依据招标项目具体特点和实际需要设置E_1、E_2，但E_1应大于E_2。

③经评审的最低投标价法

评标委员会对满足招标文件实质要求的投标文件，根据合同条款规定的量化因素及量化标准进行价格折算，按照经评审的投标价由低到高的顺序推荐中标候选人，或根据招标人授权直接确定中标人，但投标报价低于其成本的除外。经评审的投标价相等时，投标报价低的优先；投标报价也相等的，招标人可采用被招标项目所在地省级交通主管部门评为较高信用等级的投标人优先或递交投标文件时间较前的投标人优先或其他方法确定第一中标候选人。

评标价计算：

经评审的投标价(评标价)＝修正后的投标报价－修正后的暂估价－修正后的暂列金额(不含计日工总额)

项目招标采用合同条款规定的投标人按照招标人提供的工程量固化清单电子文件填写工程量清单的，无须按照有关规定对投标报价进行修正。

经评审的投标价(评标价)＝投标函文字报价－暂估价－暂列金额(不含计日工总额)

④双信封评标法

双信封评标法，是指投标人将投标报价和工程量清单单独密封在一个报价信封中，其他商务和技术文件密封在另外一个信封中，分两次开标的评标方法。第一次开商务和技术文件信封，对商务和技术文件进行初步评审和详细评审，确定通过商务和技术评审的投标人名单。第二次再开通过商务和技术评审投标人的投标报价和工程量清单信封，当场宣读其报价，再按照招标文件规定的评标办法进行评标，推荐中标候选人。对未通过商务和技术评审的投标人，其报价信封将不予开封，当场退还给投标人。

公路工程施工招标评标，一般应当使用合理低价法。"综合评估法"适用于技术特别复杂的特大桥梁和长大隧道工程。使用世界银行、亚洲开发银行等国际金融组织贷款的项目和工程规模较小、技术含量较低的工程采用经评审的最低投标价法进行评标。

6)撰写评标报告

评标工作完成后，评标委员会主任委员应组织编写评标报告，提交给招标人，并抄报交通主管部门，在评标报告中应记录以下内容：

(1)项目概况(包括招标项目基本情况和数据)；

(2)招标过程(包括资格预审和开标记录)；

(3)评标工作(包括评标委员会组成、评标标准与办法、初步评审、详细评审以及废标说明);

(4)评标结果;

(5)评标附表及有关澄清记录。

评标委员会成员应在上述(3)、(4)、(5)项中每一页上签字。招标人和由招标人组织成立的清标工作组应对其所提供的评标信息签字负责。评标委员会成员对评标结论持有异议的,可保留意见,但应以书面方式在评标报告中阐述理由。评标委员会成员拒绝在评标报告上签字且不陈述理由的,视为同意评标结论。

(三)定标(掌握)

在评标工作结束后,招标人应根据评标委员会提交的评标报告和建议,在推荐的候选人当中确定中标人。

(1)中标人的投标应当符合下列条件之一。

1)能够最大限度满足招标文件中规定的各项综合评价标准。

2)能够满足招标文件的实质性要求,并且经评审的投标价格最低,但是投标价格低于成本的除外。

(2)在确定中标人之前,招标人不得与投标人就投标价格,投标方案等实质性内容进行谈判。

(3)使用国有资金或者国家融资的项目,招标人应当确定排名第一的中标候选人为中标人。排名第一的中标候选人放弃中标,未能在招标文件规定期限内提交履约保证金或者因不可抗力提出不能履行合同的,招标人可以确定排名第二的中标候选人为中标人。排名第二中标候选人因上述同样原因不能签订合同的,招标人可以确定排名第三的中标候选人为中标人。

(4)招标人可以授权评标委员会直接确定中标人。

(5)中标人确定后,招标人应当向中标人发出中标通知书,并与中标人在规定期限内签订合同。签订合同后应当向未中标的投标人发出未中标结果通知书,同时退还投标保证金。

【典型例题解析】

一、单项选择题

1. 一般来说,在邀请招标中,邀请对象不应少于(　　)家。

A. 3　　B. 4　　C. 5　　D. 6

【答案】 A

【考核点】 邀请招标

【解析】 招标包括公开招标和邀请招标两种方式,邀请招标是招标人根据自己掌握的资料和信息,预选择若干家具备承担招标项目能力、资信良好的法人或其他组织,并发出投标邀请函,将招标工程的概况、工作范围和实施条件等作出简要说明,请他们参加投标竞争。一般来说,邀请对象不应少于3家。因此,应选择A。

2. 下列情况中,(　　)必须进行招标。

A. 施工单项合同估算价在200万元人民币以下的

B. 重要设备、材料等货物的采购,单项合同估算价在50万元人民币以上的

C. 勘察、设计、服务的采购,单项合同在50万元人民币以上的

D. 监理服务的采购,单项合同在100万元人民币的

【答案】 C

【考核点】 招标的范围

【解析】 根据公路工程建设招标文件范围中的有关规定:①施工单项合同估算价在200万元人民币以上的;②重要设备、材料等货物的采购,单项合同估算价在100万元人民币以上的;③勘察设计、监理服务的采购,单项合同在50万元人民币以上的;④单项合同估算价低于①、②、③项规定的标准,但项目总投资在3 000万元人民币以上的,必须进行招标。因此,应选择C。

3. 接受联合体投标的,联合体牵头人所承担的工程量必须超过总工程量的( )。

A. 30% B. 50% C. 60% D. 80%

【答案】 B

【考核点】 投标人资格要求

【解析】 根据《公路工程标准施工招标文件》(2009版)中投标人须知中的有关规定,投标人一般应独自参与投标。如以联合体形式投标,联合体要由两个或两个以上独立法人组成,联合体各成员应出具授权书,授权主办人办理投标事宜,联合体各成员在投标、签约与履行合同中,负有连带和各自的法律责任,并且,联合体牵头人所承担的工程量必须超过总工程量的50%,因此,应选B。

4. 以下不属于投标报价组成费用的是( )。

A. 直接费 B. 管理费 C. 利润 D. 设计费

【答案】 D

【考核点】 标价构成

【解析】 投标对外总报价主要由直接费、管理费、利润、税收、计日工、指定分包工程费、业主规定暂列金额等构成,在备选答案中,只有D项不属于其内容,因此,应选择D。

5. 评标委员对因施工组织设计和项目管理机构不够完善出现的细微偏差,在采用综合评估法评标时,可在相关评分因素的评分中扣分,但最多扣分不得超过各评分因素权重分值的( )。

A. 30% B. 40% C. 45% D. 50%

【答案】 A

【考核点】 投标人须知内容

【解析】 根据《公路工程标准施工招标文件》(2009年版)中投标人须知中的规定,因施工组织设计和项目管理机构不够完善出现的细微偏差,如果采用综合评估法评标,评标委员会可在相关评分因素的评分中酌情扣分,但最多扣分不得超过各评分因素权重分值的40%。因此,应选择B。

二、多项选择题

1. 工程建设的招标方式有( )。

A. 开标 B. 公开招标 C. 施工招标 D. 邀请招标 E. 评标

【答案】 B、D

【考核点】 招标的方式

【解析】 根据招、投标法中的规定,招标方式包括公开招标(又称无限竞争性公开招标)和邀请招标(又称有限竞争性选择招标)两种方式。另外,投招标范围还可以划分为国内招标和国际招标方式。显然,在备选项中,B、D两项属于正确的招标方式。因此,应选择B、D。

2. 以下属于招、投标的原则的是( )。

A. 公平原则　　B. 公开原则
C. 公正原则　　D. 低价原则
E. 诚实信用原则

【答案】 A、B、C、E

【考核点】 招、投标原则

【解析】 根据招、投标法中的规定，招、投标活动应当遵循公开、公平、公正和诚实信用的原则。在备选答案中，除D项低价原则以外的其他四项均属于招、投标的基本原则。因此，应选择A、B、C、E。

3. 以下对于编制标底说法正确的是(　　)。

A. 标底价格应由成本、利润和税金组成，一般应控制在批准的建设项目总概算及投资包干的限额内

B. 一个标段只能编制一个标底

C. 根据设计图纸及有关资料、招标文件，参照国家规定的技术、经济标准定额及规范，确定工程量和设定标底

D. 标底价格考虑人工、材料、机械台班等价格变动因素，但不包括施工不可预见费、包干费和措施费等其他费用

【答案】 A、B、C

【考核点】 标底

【解析】 在备选答案中，A、B、C三项说法都正确，只有D项是错误的，标底价格考虑人工、材料、机械台班等价格变动因素，还应包括施工不可预见费、包干费和措施费等。工程要求优良的，还应增加相应费用，因此，应选择A、B、C。

4. 投标人在计算工程单价时，工程中必须分摊的费用包括(　　)。

A. 初期费用　　B. 分项工程直接费
C. 现场管理费　　D. 暂列金额
E. 其他待摊费用

【答案】 A、C、E

【考核点】 分项工程单价的构成

【解析】 根据投标报价的计算方法，分项工程单价包括完成该单位分项工程的所有费用。在有些招标项目的报价单列有初期费用(或称开办费)一项，则应当从招标文件的说明中，搞清楚允许列入这个分项的具体内容，如果报价要求中没有这个分项，则所有的初期费用都应当与其他管理费用一起摊入到工程量清单的计价工程中，工程中必须分摊的费用，一般有初期费用，现场管理费和其他待摊费用三种。因此，应选择A、C、E。

5. 以下关于投标保证金说法正确的是(　　)。

A. 投标保证金不是投标文件的组成部分

B. 投标人不按要求提交投标保证金的，其投标文件作废标处理

C. 出现特殊情况需要延长投标有效期的，招标人以书面形式通知了投标人，但投标人拒绝延长的，其投标失效，投标保证金予以没收。

D. 标人与中标人签订合同后5个工作日内，向未中标的投标人和中标人退还投标保证金

E. 中标人在收到中标通知书后，未按招标文件规定提交履约担保，投标保证金将不予退还

【答案】 B、D、E

【考核点】 投标保证金

【解析】 根据《公路工程标准施工招标文件》(2009 年版)中投标人须知的有关规定,备选答案中,B、D、E 三项都符合投标保证金的有关要求。根据规定,投标人在递交投标文件的同时,应按投标人须知前附表的相关规定递交投标保证金,并作为其投标文件的组成部分;如出现特殊情况需要延长投标有效期的,招标人以书面形式通知所有投标人延长投标有效期。投标人同意延长的,应相应延长其投标保证金的有效期,但不得要求或被允许修改或撤销其投标文件;投标人拒绝延长的,其投标失效,但投标人有权收回其投标保证金。A、C 两项有误。因此,应选择 B、D、E。

三、判断题

1. 公开招标可以缩短工期,降低投资费用,因而对于保密工程和专业性较强的工程可以采用公开招标方式进行招标。 (   )

【答案】 ×

【考核点】 招标方式

【解析】 公开招标方式可以使招标人有较大的选择范围,在较多的投标人中选择报价合理、工期较短、信誉良好、最有竞争力的承包商,但对于一些保密工程、专业性较强和公开招标时费用较大的工程不易采用公开招标。

2. 如果招标人不具备规定的招标条件,则当地交通主管部门可以为招标人指定代理机构办理施工招标事宜。 (   )

【答案】 ×

【考核点】 招标条件

【解析】 根据《公路工程施工招标投标管理办法》中的有关规定,招标人如不具备相关条件,应当委托具有相应资格的招标代理机构办事施工招标事宜,但任何组织和个人不得为招标人指定招标代理机构。

3. 投标人在投标过程中的一切费用,由招标单位负责。 (   )

【答案】 ×

【考核点】 投标人须知

【解析】 根据《公路工程标准施工招标文件》(2009 年版)中投标人须知中的有关投标费用的规定,投标人准备和参加投标活动发生的费用自治。

4. 清标工作组的清标工作要对投标文件作出评价建议。 (   )

【答案】 ×

【考核点】 评标

【解析】 组建清标工作组是评标工作程序的第一步要求,清标工作主要是在评标委员会开始工作前进行评标的准备工作。清标工作应全面、客观、准确、不得徇私舞弊、歪曲事实、不得对投标文件作出任何评价。

5. 开标时,发现投标文件中未填写投标总价,应立即要求投标人补正。 (   )

【答案】 ×

【考核点】 开标

【解析】 根据《公路工程标准施工招标文件范本》(2009 本版)中有关开标程序的规定,开标过程中,若招标人发现投标文件未在投标函上填写投标总价;或发现投标报价或调价函中的报价超出招标人公布的投标控制价上限，经监标人确认后当场宣布为废标。

【习 题 精 练】

一、单项选择题

1. 公开工程施工项目总投资在(　　)万元人民币以上的，必须进行招标。

A. 1 000　　B. 2 000　　C. 3 000　　D. 4 000

2. 目前我国公路工程主要实行的是(　　)。

A. 邀请招标　　B. 施工招标　　C. 全过程招标　　D. 联合招标

3. 以下不适宜进行招标的项目是(　　)。

A. 利用扶贫资金实行以工代赈

B. 勘察、设计等单项合同估算价在50万元人民币以上

C. 施工单项合同估算价在200万元人民币以上的

D. 重要设备、材料等货物的采购，单项合同估算价在100万元人民币以上的

4. 投标如有分包计划，专业工程分包的工作量累计不得超过总工程量的(　　)。

A. 10%　　B. 20%　　C. 30%　　D. 40%

5. 根据《公路工程施工招标投标管理办法》，高速公路编制投标文件的时间不得少于(　　)天。

A. 14　　B. 20　　C. 25　　D. 28

6.《公路工程施工招标投标管理办法》中规定，交通主管部门对不符合有关法规的招标文件应在(　　)天内作出处理。

A. 3　　B. 7　　C. 10　　D. 14

7. (　　)既是编制标底和投标报价的主要依据，又是业主与中标的投标人签订合同的基础。

A. 招标文件　　B. 有关法规规定

C. 投标文件　　D. 资格预审文件

8. 根据施工招标程序，向潜在投标人发出投标邀请书和发售招标文件后，应(　　)。

A. 发售投标资格预审文件　　B. 勘察现场，召开标前会

C. 对潜在投标人进行资格审查　　D. 发布招标公告

9. 按照《公路工程标准施工招标文件》，招标人在发出中标通知书后，与中标人在(　　)日之内签订合同协议。

A. 10　　B. 15　　C. 28　　D. 30

10. 对投标人资格进行预审是为了(　　)。

A. 确保公平竞争　　B. 检查排除不合格的投标书

C. 检查排除不合格的投标人　　D. 节约招标费用

11. 公路工程施工招标评标一般应当使用(　　)。

A. 合理低价法　　B. 综合评估法

C. 经评审的最低投标价法　　D. 双信封评标法

12. 评标委员会中技术、经济专家人数不得少于成员总数的(　　)。

A. 1/2　　B. 1/3　　C. 2/3　　D. 没有规定

13. 下列关于履约担保说法有误的是(　　)。

A. 履约担保金额一般为10%签约合同价

B. 对于被招标项目所在地省级交通主管部门评为最高信用等级的中标人，招标人可在履约担保方面给予一定的奖励

C. 履约担保的现金比例一般不超过签约合同价的5%

D. 联合体中标的，其履约担保由联合体成员分别递交

14. 招标人对投标人投标报价的评审以（　　）为基准。

A. 合同总价　　B. 投标书总价

C. 评标价　　D. 细微偏差澄清和补正后并经投标人确认的投标价

15. 以下符合投标人资格评审因素与标准的是（　　）。

A. 投标人的资质等级符合招标文件规定

B. 投标人的类似项目业绩符合招标文件规定

C. 投标人的财务状况符合招标文件规定

D. 投标人为投资参股本项目的法人单位

二、多项选择题

1. 公路工程施工招标的项目应当具备的条件包括（　　）。

A. 有意向修建的项目　　B. 初步设计文件已被批准

C. 建设资金已经落实　　D. 正在进行设计的项目

E. 项目法人已经确定，并符合项目法人资格标准要求

2. 以下关于公开招标有关叙述有误的是（　　）。

A. 公开招标是一种有限竞争方式

B. 可以给投标人提供平等竞争的机会

C. 投标人选择范围较广

D. 可以选择最具竞争实力的承包商

E. 对于一些专业性较强的工程尤其适用

3. 根据招、投标法的规定，以下（　　）工程建设项目必须进行招标。

A. 大型基础设施、公用事业　　B. 涉及国家安全、国家秘密的

C. 抢险救灾　　D. 国家融资的项目

E. 外国政府贷款，援助资金项目

4. 初步评审时评标的主要内容是（　　）。

A. 招标项目建设规模、标准和工程特点

B. 关键工程技术方案情况

C. 招标文件规定的评标标准和评标方法

D. 工程的主要技术要求、质量标准及其他与评标有关的内容

E. 对合同条款有没有重要保留

5. 对投标申请人进行资格评分主要是对其（　　）进行评分。

A. 技术能力　　B. 施工经验

C. 人员数量　　D. 财务状况

E. 法人的管理水平

6. 若采用综合评估法评标，属于施工组织设计评分因素的是（　　）。

A. 工程质量管理体系及保证措施　　B. 安全生产管理体系及保证措施

C. 总体施工组织布置及规划　　D. 项目总工任职资格与业绩

E. 环境保护、水土保持保证体系及保证措施

7. 在投标文件中，投标人施工组织设计应满足招标文件的(　　)要求。

A. 合同条款　　B. 技术规范　　C. 计划工期　　D. 投标担保　　E. 报价

8. 不能进入清标工作组成员的是(　　)。

A. 本地交通主管部门人员

B. 本地其他行政监督部门人员

C. 与投标人法定代表人有近亲属关系人员

D. 由招标人选派的人员

E. 与投标人有利害关系的人员

9. 工程中必须分摊的初期费用包括以下(　　)。

A. 现场勘察费　　B. 现场清理费

C. 税金　　D. 生活设施费

E. 流动资金利息

10. 工程中必须分摊的管理费用包括以下(　　)。

A. 投标费用　　B. 施工机械费

C. 行政办公费　　D. 上层机构管理费

E. 保函手续费

11. 招标文件中下列(　　)情况属于细微偏差。

A. 在算术性复核中发现的算术性差错

B. 对投标价进行算术性错误修正及其他错误修正后，最终投标报价超过投标控制价上限

C. 关键工程技术方案不够完善

D. 项目管理机构不够完善

E. 施工组织设计不够完善

12. 对投标人技术能力和履约信誉详细评审过程中，发现投标人的投标文件有下列(　　)问题，则应按废标处理。

A. 承诺的质量检验标准低于招标文件或国家强制性标准要求

B. 关键工程技术方案不可行

C. 施工业绩及履约信誉证明材料虚假

D. 除强制标准规定之外，拟投入本合同段的施工、检测设备、人员不足

E. 对投标价进行算术性错误修正及其他错误修正后，最终投标报价未超过投标控制价上限

13. 投标文件中法定代表人必须在(　　)上签字。

A. 投标书　　B. 投标书附录

C. 工程量清单　　D. 企业内部财务报告

E. 投标书附表

14. 下列(　　)情形之一的，招标人应当重新招标。

A. 投标截止时间止，投标人少于 3 个的

B. 投标截止时间止，投标人少于 5 个的

C. 经评标委员会评审后否决所有投标的

D. 中标候选人均未与招标人签订合同的

E. 法律规定的其他情形

15. 评标委员会选择的评审方式有(　　)。

A. 经验判断法　　B. 综合评估法

C. 加权平均法　　D. 经评审的最低投标价法

E. 合理低价法

三、判断题

1. 在施工投标中,投标人也可以只对某合同段中的部分工程进行投标。(　　)

2. 在现场考察中,投标人如果发生人身伤亡,财物或其他损失,招标人应承担责任。(　　)

3. 发售招标文件的时间应与招标预备会时间一致。(　　)

4. 招标工作结束后,招标人应退还投标人所递交的投标文件。(　　)

5. 投标人可以通过调价函对工程量清单中招标人指定的报价进行调价。(　　)

6. 招标人与中标人签订合同后,最迟应于15天内向中标人和未中标的投标人退还投标担保。(　　)

7. 在开标时,若招标人设有标底的,应当采用保密原则予以保密。(　　)

8. 参与招标投标活动的各方应对招标文件和投标文件中的商业和技术等秘密保密。(　　)

9. 算术性修正时,当各细目的合价累计不等于总价时,以总价为准。(　　)

10. 招标人对投标人投标报价的评审应以投标价为基准。(　　)

【习题答案及简析】

一、单项选择题

1. C 【简析】根据《公路工程施工招标投标管理办法》中的规定,施工总投资额在3 000万元以上的项目,必须进行招标。因此,应选择C。

2. B 【简析】我国公路工程虽然也有一些工程进行设计、施工联合招标,但目前主要的还是实行施工招标方式。因此,应选择B。

3. A 【简析】根据《公路工程施工招标投标管理办法》中的有关规定,B、C、D三项均属于必须进行招标的项目。而涉及国家安全、国家秘密、抢险救灾或者利用扶贫资金实行以工代赈等项目不适宜进行招标。因此,应选择A。

4. C 【简析】根据《公路工程标准施工招标文件》(2009年版)投标人须知中有关分包的规定,专业工程分包的工程量累计不得超过总工程量的30%,因此,应选择C。

5. D 【简析】根据《公路工程施工招标投标管理办法》中的有关规定,高速公路、一级公路、技术复杂的特大桥梁、特长隧道编制投标文件的时间不得少于28天。因此,应选择D。

6. B 【简析】根据《公路工程施工招标投标管理办法》中的有关规定,交通主管部门在发现招标文件中存在不符合法律、法规及规章有关规定的,应在7日内,提出处理意见,及时行使监督检查职责。因此,应选择B。

7. A 【简析】招标文件对招、投标乃至承发包均具有约束力的文件,它不但是编制标底和投标报价的主要依据,同时又是业主与中标的投标人签订合同的基础。应此,应选择A。

8. B 【简析】向投标人发出投标邀请书和发售招标文件是对资格预审合格的潜在投标人

进行的，而备选项中A、C、D三项都是在对投标人资格预审合格前所进行的。因此，应选择B。

9.D 【简析】根据《公路工程标准施工招标文件》(2009年版)中的规定，招标人和中标人应当自中标通知书发出之日起30天内，根据招标文件和中标人的投标文件订立书面合同。因此，应选择D。

10.B 【简析】进行资格预审主要是检查投标申请人按投标资格预审申请书所要求提供的基本证明文件和经营业绩资料的完整性和符合性。因此，其主要目的是为了检查排除不合格的投标书。因此，应选择B。

11.A 【简析】根据《公路工程标准施工招标文件》(2009年版)中有关评标办法的规定，除技术特别复杂的特大桥和长大隧道工程外，公路工程施工招标评标一般应当使用合理低价法。因此，应选择A。

12.C 【简析】根据《公路工程标准施工招标文件》(2009年版)中对评标工作的有关规定，评标委员会由评标专家和招标人代表共同组成，人数为五人以上单数，其中技术、经济专家人数不得少于成员总数的三分之二，因此，应选择C。

13.D 【简析】根据《公路工程标准施工招标文件》(2009年版)投标人须知中对履约担保的规定，备选项中A、B、C都符合规定，只有D项，联合体中标的，其履约担保由牵头人递交，并应符合投标人须知前附表中的规定。因此，应选择D。

14.C 【简析】根据《公路工程国内招标文件范本》(2003年版)中投标人须知关于评标价的有关规定，招标人对投标人投标报价的评审以评标价为基准。因此，应选择C。

15.D 【简析】根据《公路工程标准施工招标文件》(2009年版)中关于投标人资格评审标准的规定，只有D项为投标人不得存在的情形之一，不符合规定要求。因此，应选择D。

二、多项选择题

1.B、C、E 【简析】根据交通部颁布的《公路工程施工招标投标管理办法》中的规定，公路工程施工招标的项目应当具备的条件包括：①初步设计文件已被批准；②建设资金已经落实；③项目法人已经确定，并符合项目法人资格标准要求。因此，应选择B、C、E。

2.A、E 【简析】在所给备选答案中，除A、E两项以外的内容都符合公开招标的特点，公开招标是一种无限招标方式；对于一些专业性较强的工程不适合用这种方式，所以A和E项不正确。因此，应选择A、E。

3.A、D、E 【简析】根据招、投标法的规定，在我国境内进行的工程项目必须进行招标的内容包括：大型基础设施、公用事业等关系社会公共利益项目；全部或部分使用国有资金或者国家融资的项目；使用国际组织或外国政府贷款、援助资金项目。因此，应选择A、D、E。

4.A、B、C、E 【简析】根据《公路工程标准施工招标文件》(2009年版)中对于评标活动的有关规定，评标活动应遵循公平、公正、科学、择优的原则进行，根据确定的评价标准和方法，确定中标人。因此，应选择A、B、C、E。

5.A、B、D 【简析】对投标申请人资格评分是按资格评审细则中制定的评分标准，对申请人的技术能力、施工经验和财务状况条件评分。因此，应选择A、B、D。

6.A、B、C、E 【简析】在备选答案中除了D项以外的其他四项都是施工组织设计评分因素细分项，D项应为项目管理机构评分因素。所以A、B、C、E。

7.A、B、C 【简析】根据《公路工程标准施工投标文件》(2009年版)中对投标文件的规定，投标人在投标文件中对施工组织设计应满足招标文件合同条款、技术规范、计划工期的要求，并作为对投标文件进行详细评审的重要依据。因此，应选择A、B、C。

8. A、B、C、E 【简析】清标工作组是由招标人选派的熟悉招标工作、政治素质高的人员组成。所以，选项中D项应属于清标工作组成员，而其余四项均为在评标工作中规定的应实行回避的人员，不能进入清标工作组。因此，应选择A、B、C、E。

9. A、B 【简析】工程中的分摊费用一般包括初期费用、现场管理费和其他待摊费用三部分。在备选答案中，C、D两项属于现场管理费的分摊内容，E项属于其他待摊费用内容，只有A、B是初期费用分摊内容。因此，应选择A、B。

10. A、C、E 【简析】备选答案中，B项是初期费用分摊内容，D项属于其他待摊费用内容，A、C、E三项属于现场管理费的分摊内容。因此，应选择A、C、E。

11. A、C、D、E 【简析】根据《公路工程标准施工招标文件》(2009年版)中对细微偏差的有关规定，在备选答案中除B项以外的其余四项情况均属于细微偏差，而B项为重大偏差。因此，应选择A、C、D、E。

12. A、B、C 【简析】根据《公路工程标准施工招标文件》(2009年版)中的详细评审的有关规定，在备选答案中前三项均属于重大偏差，应按废标处理，而后两项属于细微偏差。因此，应选择A、B、C。

13. A、B、C、E 【简析】凡投标书、投标书附录、投标担保、授权书、工程量清单、投标书附表、施工组织设计的内容，法定代表人或其授权代理人必须逐页签字。因此，应选择A、B、C、E。

14. A、C、D、E 【简析】根据《公路工程标准施工招标文件》(2009年版)的规定，在备选答案中除B项以外的其他四项的情况，招标人要重新进行招标。因此，应选择A、C、D、E。

15. B、D、E 【简析】根据《公路工程标准施工招标文件》(2009年版)中对评标方法的规定，在备选答案中，B、D、E三项均属于评标委员会可以选择的评标方式。因此，应选择B、D、E。

三、判断题

1. × 【简析】投标人必须对整个合同段投标，只对某合同段中的部分工程投标者，将不予考虑。

2. × 【简析】在现场考察过程中，投标人如果发生人身伤亡、财物或其他损失，不论何种原因所造成，招标人均不负责。

3. × 【简析】投标预备会与发售招标文件的时间应有一定的间隔，一般不得少于3天，以便投标人阅读招标文件和准备提出问题。

4. × 【简析】除投标人须知前附表另有规定外，投标人所递交的投标文件不予退还。

5. × 【简析】投标人若用调价函，则应遵循的规定之一就是工程量清单中招标人指定报价不允许调价。

6. × 【简析】招标人与中标人签订合同后5个工作日内，向未中标的投标人和中标人退还投标保证金。

7. × 【简析】招标人设有标底的，应当在开标时当场公布并记录备案。

8. ✓ 【简析】根据《公路工程标准施工招标文件》(2009年版)中关于保密的有关规定，参与招标投标活动的各方应对招标文件和投标文件中的商业和技术等秘密保密，违者应对由此造成的后果承担法律责任。

9. × 【简析】当各细目合价累计不等于总价时，应以各细目合价累计数为准，修正总价。

10. × 【简析】招标人对投标人投标报价的评审应以评标价为基准。

第四章　工程费用计量与支付

【本 章 提 要】

通过本章，应对《公路工程标准施工招标文件》(2009 年版）中技术规范对各章的计量与支付的规定有所把握，重点掌握工程量清单和工程计量与支付的有关内容。本章难点是合同支付中有关款项的规定和分析。

【考 纲 要 求】

熟悉：技术规范对各种计量项目所规定的范围、内容。

掌握：工程量清单的构成和内容，工程计量的依据、程序、方法，工程支付的依据、程序、工程支付的项目和方法。

【知 识 体 系】

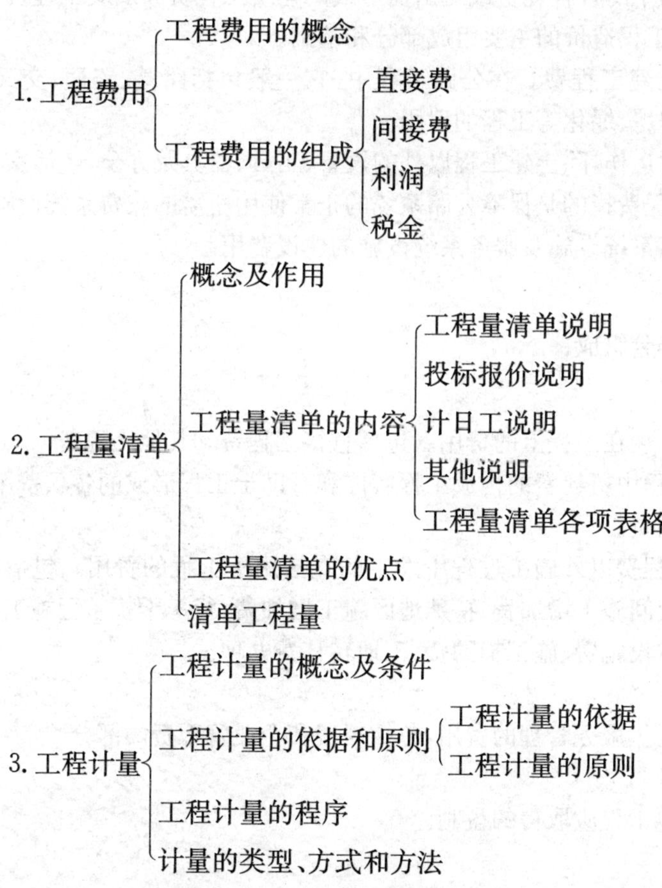

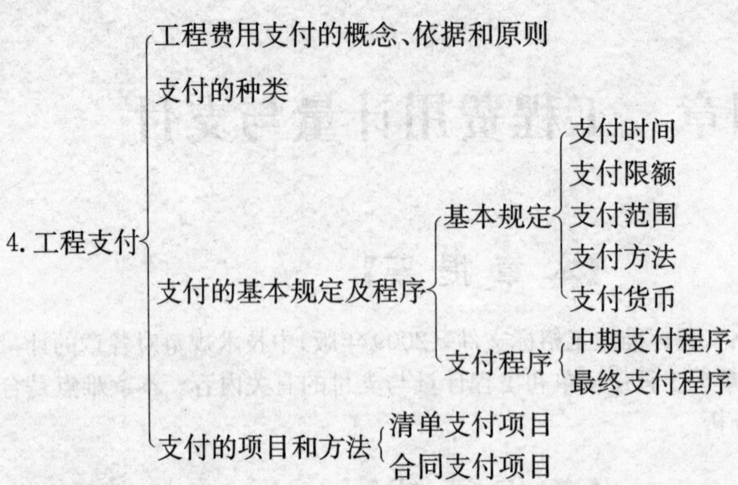

5.《公路工程标准施工招标文件》(2009年版)中技术规范对各章计量与支付条款

【知识点复习】

一、工程费用的含义及组成(了解)

(一)工程费用的含义

工程费用是指施工生产活动中的各种耗费或支出而形成的建筑工程费和安装工程费的总和,也称建筑安装工程费。它是工程造价的主要组成部分和基础。

建筑工程费即通常所说的土建工程费。在公路工程中,它一般包括路基、路面、交叉、桥梁、隧道、排水设施、防护设施、房屋、绿化等工程的费用。

安装工程费即为使项目正常运作,除土建工程以外的设备、工具、器具及办公、生活家具的安装费。在公路工程中,安装工程费指的是保障公路系统的正常使用所需的收费系统设施、通信系统设施、监控系统设施、信息系统设施及服务系统设施的建设费用。

(二)工程费用的组成

工程费用主要由以下几个部分组成:

1.直接费

直接费是指施工企业直接体现在工程上的费用。包括直接工程费和其他工程费。

(1)直接工程费。指施工过程中所耗费的构成工程实体和有助于工程形成的各项费用,包括人工费、材料费、施工机械使用费。

(2)其他工程费。指直接工程费以外施工过程中发生的直接用于工程的费用。包括冬季施工增加费、雨季施工增加费、夜间施工增加费、特殊地区施工增加费、行车干扰工程施工增加费、安全及文明施工措施费、临时设施费、施工辅助费、工地转移费九项。

2.间接费

间接费指现场以外为项目提供服务管理的费用,包括规费和企业管理费两部分。

3.利润

利润指施工企业完成所承包工程应取得的盈利。

4.税金

指按国家规定应计入建筑安装工程造价内的营业税、城市建设维护税及教育附加等。

二、工程量清单

(一)工程量清单的概念及作用(了解)

1. 工程量清单的概念

工程量清单就是招标单位按照一定的原则将招标的工程进行合理分解,以明确工程的内容和范围,并将这些内容数量化的一套工程项目表。

工程量清单是合同文件的内容之一,它反映每一个相对独立项目的主要内容和预算数量,并且通常以每一个体工程为对象,按分部分项工程列出工程数量。工程量清单一般由招标单位提供,但国际上的某些工程项目招标,并无工程量清单,而仅有招标图纸,这就要求投标人按照自己的习惯列出工程细目并计算出工程量。

2. 工程量清单的作用

(1)便于招标单位编制标底

工程量清单必须按一定的分项规则和工程量计算方法编制,其中分项规则一般在技术规范中有明确规定,工程量计算方法一般参照国内的有关规定及国际惯例。工程量清单的分项同概、预算的分项有较大差别,不能直接套用概、预算项目表,而应按照招标文件中技术规范的要求编制,招标单位按这些分项进行计算就可以编制出标底。

(2)为所有投标人提供一个报价计算的共同基础

工程量清单为投标人提供了有效而精确编写报价单的依据,以便能够使投标人合理地进行投标报价,并为评标时对报价进行比较分析提供方便。

(3)是对已完工程进行计量与支付的依据

工程量清单描述了工程项目的范围、内容及计量方式和方法,在工程实施期间对工程的计量与支付必须以工程量清单为依据,当发生工程变更及费用索赔时,也可以起到直接的参考作用。

工程量清单在编制过程中,一定要注意同技术规范和设计图纸统一,即工程量清单的工程量,其计算规则应同技术规范的计算规则完全一致。尤其当同一个工程由不同单位设计,不同单位编制技术规范和工程量清单时,一定要事先统一工程量计算规则,搞好协调工作,避免在评标和将来的工程监理中造成混乱。

(二)工程量清单的构成及内容(掌握)

工程量清单一般包括:工程量清单说明、投标报价说明、计日工说明、其他说明和工程量清单各项表格几部分。

1. 工程量清单说明

(1)本工程量清单是根据招标文件中包括的、有合同约束力的图纸以及有关工程量清单的国家标准、行业标准、合同条款中约定的工程量计算规则编制。约定计量规则中没有的子目,其工程量按照有合同约束力的图纸所标示尺寸的理论净量计算。计量采用中华人民共和国法定计量单位。

(2)本工程量清单应与招标文件中的投标人须知、通用合同条款、专用合同条款、技术规范及图纸等一起阅读和理解。

(3)本工程量清单中所列工程数量是估算的或设计的预计数量,仅作为投标报价的共同基础,不能作为最终结算与支付的依据。实际支付应按实际完成的工程量,由承包人按技术规范规定的计量方法,以监理人认可的尺寸、断面计量,按本工程量清单的单价和总额价计算支付金额;或者,根据具体情况,按合同条款的有关规定,由监理人确定的单价或总额价计算支付额。

(4)工程量清单各章是按第七章“技术规范”的相应章次编号的,因此,工程量清单中各章的工程子目的范围与计量等应与“技术规范”相应章节的范围、计量与支付条款结合起来理解或解释。

(5)对作业和材料的一般说明或规定,未重复写入工程量清单内,在给工程量清单各子目标价前,应参阅第七章“技术规范”的有关内容。

(6)工程量清单中所列工程量的变动,丝毫不会降低或影响合同条款的效力,也不免除承包人按规定的标准进行施工和修复缺陷的责任。

(7)图纸中所列的工程数量表及数量汇总表仅是提供资料,不是工程量清单的外延。当图纸与工程量清单所列数量不一致时,以工程量清单所列数量作为报价的依据。

2.投标报价说明

(1)工程量清单中的每一子目须填入单价或价格,且只允许有一个报价。

(2) 除非合同另有规定,工程量清单中有标价的单价和总额价均已包括了为实施和完成合同工程所需的劳务、材料、机械、质检(自检)、安装、缺陷修复、管理、保险、税费、利润等费用,以及合同明示或暗示的所有责任、义务和一般风险。

(3)工程量清单中投标人没有填入单价或价格的子目,其费用视为已分摊在工程量清单中其他相关子目的单价或价格之中。承包人必须按监理人指令完成工程量清单中未填入单价或价格的子目,但不能得到结算与支付。

(4) 符合合同条款规定的全部费用应认为已被计入有标价的工程量清单所列各子目之中,未列子目不予计量的工作,其费用应视为已分摊在本合同工程的有关子目的单价或总额价之中。

(5)承包人用于本合同工程的各类装备的提供、运输、维护、拆卸、拼装等支付的费用,已包括在工程量清单的单价与总额价之中。

(6)工程量清单中各项金额均以人民币(元)结算。

(7)暂列金额(不含计日工总额)的数量及拟用子目的说明。

(8)暂估价的数量及拟用子目的说明。

3.计日工说明

(1)总则

①本说明应参照通用合同条款中相关条款一并理解。

②未经监理人书面指令,任何工程不得按计日工施工;接到监理人按计日工施工的书面指令,承包人也不得拒绝。

③投标人应在计日工单价表中填列计日工子目的基本单价或租价,该基本单价或租价适用于监理人指令的任何数量的计日工的结算与支付。计日工的劳务、材料和施工机械由招标人(或发包人)列出正常的估计数量,投标人报出单价,计算出计日工总额后列入工程量清单汇总表中并进入评标价。

④计日工不调价。

(2)计日工劳务

①在计算应付给承包人的计日工工资时,工时应从工人到达施工现场,并开始从事指定的工作算起,到返回原出发地点为止,扣去用餐和休息的时间。只有直接从事指定的工作,且能胜任该工作的工人才能计工,随同工人一起做工的班长应计算在内,但不包括领工(工长)和其

他质检管理人员。

②承包人可以得到用于计日工劳务的全部工时的支付，此支付按承包人填报的“计日工劳务单价表”所列单价计算，该单价应包括基本单价及承包人的管理费、税费、利润等所有附加费，说明如下：

a. 劳务基本单价包括：承包人劳务的全部直接费用，如：工资、加班费、津贴、福利费及劳动保护费等。

b. 承包人的利润、管理、质检、保险、税费；易耗品的使用，水电及照明费，工作台、脚手架、临时设施费，手动机具与工具的使用及维修，以及上述各项伴随而来的费用。

(3)计日工材料

承包人可以得到计日工使用的材料费用(上述计日工劳务已计入劳务费内的材料费用除外)的支付，此费用按承包人“计日工材料单价表”中所填报的单价计算，该单价应包括基本单价及承包人的管理费、税费、利润等所有附加费，说明如下：

a. 材料基本单价按供货价加运杂费(到达承包人现场仓库)、保险费、仓库管理费以及运输损耗等计算；

b. 承包人的利润、管理、质检、保险、税费及其他附加费；

c. 从现场运至使用地点的人工费和施工机械使用费不包括在上述基本单价内。

(4)计日工施工机械

①承包人可以得到用于计日工作业的施工机械费用的支付，该费用按承包人填报的“计日工施工机械单价表”中的租价计算。该租价应包括施工机械的折旧、利息、维修、保养、零配件、油燃料、保险和其他消耗品的费用以及全部有关使用这些机械的管理费、税费、利润和司机与助手的劳务费等费用。

②在计日工作业中，承包人计算所用的施工机械费用时，应按实际工作小时支付。除非经监理人的同意，计算的工作小时才能将施工机械从现场某处运到监理人指令的计日工作业的另一现场往返运送时间包括在内。

4. 其他说明

5. 工程量清单各项表格

主要包括工程量清单表、计日工表、暂估价表、投标报价汇总表、工程量清单单价分析表。

(三)工程量清单的优点(了解)

1. 管理简单

由于清单中的单价包括了工程项目的所有费用，业主根据承包商进度计划中每个时期完成的工程量按照清单中的单价进行资金的筹措。监理工程师在监理过程中，除了对个别项目单价进行变更外，避免了由于单价变化引起的任何麻烦。因此无论是业主或是监理工程师，对施工过程中的管理都十分方便。

2. 适应性强

工程量清单中的工程数量是按图纸和说明以及工程量计算规则计算出来的，是对工程量的一种估算，用来对工程进行招标。在投标期间对于一些项目没有足够资料估价时(包括数量)，还可以采用暂定金额形成进行处理。在施工阶段工程量清单中的数量不作为工程量最终价款的结算凭据，减轻了工程数量准确性的压力。因此，工程量清单的适应性较强。

3. 竞争性强

采用招、投标制度的目的就是要反对垄断，鼓励竞争。而单价合同竞争性最强，承包商为了中标就必须提出一个合理的报价，这就要求承包商具有较强的管理水平和技术水平。工程量清单中工程数量的计算基础是统一的，单价显示了施工队伍水平及素质。

4.保险性好

所谓保险性好，是指采用单价合同的工程量清单对业主和承包商双方都保险。在FIDIC合同条款中对合同双方的风险作了明确而详细的规定。一般不经常发生的风险或对单价影响较大但又无法预料的风险，包括战争、动乱等特殊风险，以及市场价格的浮动、不利的外界障碍、后续的法律等风险，均由业主承担。这就避免了由于上述风险的发生导致承包商的破产。对业主而言，由于规定了这些风险由其承担，在招标时可以得到一个合理的报价。

（四）清单工程量（了解）

清单工程量是指工程量清单中所列的工程数量，它是在实际施工生产前根据设计图纸和说明及工程量计算规则所得到的一种准确性较高的预计数量，而不是承包人应予以完成的实际和准确的工程量。

在实际施工过程中，情况千差万别，所以完成的实际工程数量，应由承包人按监理工程师认可的尺寸断面或其他计量方法进行计量，并最终经监理工程师确认。尽管如此，在制作工程量清单时，应认真细致地计算工程量，力求准确，从而使清单所列工程量与实际工程量的差距尽可能小。

三、工程计量

（一）工程计量的概念及条件（了解）

1.工程计量的概念

所谓计量，就是按照合同条款对已完成的工程量进行测量与计算，并予以确认的过程，它是工程付款前的一个重要阶段。

2.工程计量的条件

工程计量一方面是准确地测定和计算已完工程的数量，另一方面也是对已完工程进行综合评价的过程。因此，对进行计量的工程必须满足以下条件。

(1)计量的项目应符合合同要求

合同规定计量的项目包括：

1)清单中的工程项目

清单中的工程项目全部需要进行计量。合同文件规定，没有填写单价与金额的项目，其费用包括在清单的其他单价或款项中，因此对于清单中没有填写单价与金额的项目，仍需进行计量，以便确认承包人是否按合同条件完成了该项工程。

2)合同文件中规定的项目

除了清单中的工程项目以外，在合同文件中通常还规定了一些包干项，对这些项目也必须根据合同条件进行计量。

3)工程变更项目

工程变更中一般附有变更清单。工程变更清单同工程量清单具有相同的性质，因此对于工程变更清单项目也必须按合同有关要求进行计量。

(2)质量必须达到合同规范标准的要求

一项工程全过程的监理分为质量监理和工程费用监理（即计量和支付监理）两个阶段。承包人所完成的工程细目的质量必须经监理工程师检查并达到合同规范的标准后，才能由监理工程师签发中间交工证书，在此基础上再进行计量。工程质量没有达到合同规范标准的任何工程或工序，一律不得进行计量。

(3)验收手续必须齐全

对一项工程或一道工序的验收应有以下资料和手续。

1)监理工程师批准的开工申请单；

2)承包人自检的各种资料和试验数据，同时各种试验的频率要符合合同规定；

3)监理工程师检验的各种试验数据；

4)中间交工证书。

(二)工程计量的依据和原则

1. 工程计量的依据(**掌握**)

工程计量的依据主要有质量合格证书、工程量清单前言、技术规范中的"计量支付"条款以及设计图纸等几个方面。

(1)质量合格证书

计量的基本条件和前提是质量合格，质量不合格部分不予计量。因此，计量工程师在进行计量时，一定要同质量监理工程师密切配合，只有质量监理工程师签发了质量合格证书的工程内容，才能进行计量。

(2)工程量清单和技术规范

由于工程量清单和技术规范中的"计量支付条款"规定了清单中每一项工程的计量方法，同时还明确了按规定的计量方法确定的单价所包括的工作内容和范围，所以它们是计量十分重要的依据。

(3)设计图纸

在工程量清单中规定，对于某些工程项目，计量的几何尺寸应当以设计图纸为准，而不能按工程实际施工尺寸。这是在计量过程中必须遵守的，而且往往要求将清单前言同设计图纸一起阅读。

2. 工程计量的原则(**了解**)

工程计量时主要应遵循以下原则。

(1)不符合合同文件要求的工程，不得计量；

(2)按合同文件中所规定的方法、范围、内容、单位计量；

(3)按监理工程师同意的计量方法计量；

(4)只对经验收合格的项目进行计量；

(5)工程计量应以净值为准，除非合同部分工程另有规定。

(三)计量的程序和主要文件

1. 计量的程序(**掌握**)

(1)提出计量申请或发出计量通知

由承包人提供计量原始报表和计量申请或监理工程师向承包人发出计量通知，监理工程师必须检查承包人为计量准备的有关资料，发现问题或资料不齐全，应退还承包人，暂不进行计量，或计量后暂不予支付。

(2)现场测定计量

监理人员与承包人共同进入现场测定计量。为了保证计量的准确性，监理人员必须对所计量的工程进行复核修正，共同签字确认。若承包人对修正不同意，可按合同规定的时间向监理工程师提出书面申述，经双方协商后再签字确认。

(3)填写工程量报表

承包人填写“工程量报表”后报驻地办公室。驻地监理工程师办公室有质疑，可到实地复查。

(4)审核批复

根据“中间交工证书”、监理工程师与承包人共同签认的计量表、监理工程师签认的计日工、价格变更、索赔等，填写“进度付款证书”。

2. 主要文件(了解)

工程计量过程中的主要文件有：

(1)工程量报表；

(2)工程分项开工申请批复单；

(3)检验申请批复表及有关自检资料；

(4)工程质量检验表及有关质量评定意见；

(5)工程变更令；

(6)中间交工证书。

(四)计量的类型、方式和方法(掌握)

1. 计量类型

工程计量的组织类型主要有三种：

(1)监理工程师独立计量

计量工作由监理工程师独立承担，然后将计量的记录送承包人。承包人如对监理工程师的计量有异议，可以在约定时间内向监理工程师提出申辩，监理工程师收到此申辩后，应会同承包人复查对记录和图纸的计量审核，或予确认，或予修改。如果承包人不参加此复查，则应认为监理工程师复查核实结果是正确的。

(2)承包人进行计量

指由承包人对已完的工程进行计量，然后将计量报表及有关计量资料报送监理工程师核实确认。

(3)监理工程师与承包人共同计量

计量前由监理工程师通知承包人计量的时间与工程部位，然后由承包人派人同监理工程师共同计量，计量后双方签字认可。

以上三种计量方式各有不同特点，在我国公路工程合同中主要采用由承包人计量，监理工程师复核的方式。

2. 计量的方式和方法

计量的方式主要有：现场实地测量、室内根据图纸计量、根据有关记录计量三种。

根据技术规范、工程量清单和合同条款的有关规定，公路工程施工监理的计量方法有以下几种方法。

(1)断面法

断面法主要用于计算取土坑和路堤土方的计量。在土方施工前每 50m 测出一个地形断面，然后将路堤设计断面画在地形断面上，每次计量时测出完成的路堤顶高程，据此，在断面图上计算完成的工程数量。

(2)图纸法

在《公路工程标准施工招标文件》技术规范中的某些章节中的计量支付条款规定一些工程的数量应根据图纸进行计量。如混凝土的体积、钢筋的长度、钻孔灌注桩的桩长等。对于采用图纸法计量的项目，必须进行现场量测，以检查结构几何尺寸的偏差是否在技术规范允许的误差范围内。达到规范标准的项目或部位才予以计量。

(3)钻孔取样法

钻孔取样法主要是用于道路面层结构的计量。根据《公路工程标准施工招标文件》技术规范有关条款规定，路面结构层的计量按 m^2 计，但必须保证结构层的设计厚度，因此采用钻孔取样法来确定结构层的厚度。

(4)分项计量法

分项计量法就是根据工序或部位将一个项目分成若干子项，对完成的各子项进行计量支付。子项计量支付的金额，根据估算的子项占总项的比例而定，但各子项合计的支付金额应等于项目规定的金额。

(5)均摊法

均摊法就是对清单中合同价按合同工期每月平均计量。这种方法适用于临时道路、桥梁的修建和养护、办公室的维修以及测量设备的保养等清单项目。这些项目的特点是在合同工期内每月都有发生，因此，可采用均摊法予以计量。

(6)凭证法

凭证法就是根据合同中要求承包人所提供的票据进行计量支付。

(7)估价法

估价法就是按合同文件的规定，根据监理工程师估算的已完成的工程价值支付。对于某些清单项目往往需要购买几种仪器设备，如为监理工程师提供办公和生活设施、用车及测量、天气记录和通信设备等项目。当承包人对于某一清单项目中规定购买的仪器设备不能一次购进时，就需要采用估价法进行计量支付。计算方法如下：

1)按照市场的物价情况，对清单中规定购置的仪器设备分别进行估价。

2)计算支付金额：

$$F = A \times \frac{B}{D}$$

式中：F——计算支付的金额；

A——清单中所列该项的合同金额；

B——该项实际完成的金额；

D——该项全部仪器设备的总估算价格。

(8)综合法

在《公路工程标准施工招标文件》技术规范的细目当中，有的细目包括的工作内容既有每月发生的费用，又有购进仪器、设备的费用。有的细目虽然只有每月发生的费用，但是每月发生的费用很不平衡，因此必须采用综合法予以计量，即采用均摊法和估价法进行综合计量。计量时首先确定购置费用与每月发生维修费用的比例，将清单项目中的金额分成购置费和维修费两部分，然后对购置费按估价法进行计量支付，每月发生的费用按均摊法计量支付。对于每月发生费用不平衡的细目，确定特殊月份发生费用的比例。除特殊月份按比例计量外，其他月份按均摊法计量。

四、工程费用支付

(一)工程费用支付的概念、依据和原则

1. 工程费用支付的概念(**了解**)

费用支付是指由监理工程师对于承包人应获得的款项进行确认，并提交业主进行付款的

过程。

2. 工程费用支付的依据(**掌握**)

(1)以工程计量为依据

工程量清单中工程量的测算目的是为投标人提供一个计算标价的共同基础,就是按清单的工程计算报价,按实际完成工程量付款。工程量是影响清单支付项目工程款的唯一参数,承包人所得付款是以工程量为基础,因而准确的计量就成为支付的前提。

(2)以技术规范为依据

技术规范中对每个章、节都有支付的规定,详细说明了各个工程细目的工作内容以及要求,对哪些内容不单独计量和支付,其价值摊入到哪一细目中,都作了具体规定。同时,在技术规范中还对每一工程项目的支付项目进行了划分。因此,技术规范既是承包人报价的指导文件和依据,也是监理工程师支付费用的指导文件和依据。

(3)以已标价工程量清单为依据

已标价工程量清单是费用支付时的单价依据。对于已标价工程量清单中没有单价的工程细目,其单价为零,但承包人必须完成技术规范和图纸所规定的全部工作内容,并达到规定的要求。已标价工程量清单中单价一般是成品的单价,它包含了完成该产品所必需的生产条件和设施,如有关临时工程及必需的施工准备活动和其他必需的一些生产环节等。这在技术规范中已作了详细规定。因此,支付工程费用时,必须将已标价工程量清单与技术规范联系在一起,以便准确支付。

(4)支付工作必须以日常记录和合同条款为依据

一个工程项目的支付,除了清单内的常规支付外,还有许多其他因素和其他方面的支付,这些支付往往是招标时无法准确估计或根本无法预计的。因此,工程量清单中无法列明或根本无法列入。而对这些方面的支付又是工程支付中极其重要的内容,需要花费监理工程师大量的精力,它们必须以日常详细的记录资料和合同条件为依据。

3. 工程费用支付的原则(**了解**)

(1)公平合理原则

费用支付的目标就是组织和协调好业主与承包人之间的收支行为,使双方发生的每一笔工程费用都符合合同规定,并做到公平合理。因此,在费用支付时监理工程师必须站在公正的立场,一方面客观、准确地评价承包人的施工活动,仔细计算各项工程费用,并及时签发付款证书,使承包人及时得到补偿;另一方面要使已支出费用的业主能按时得到质量合格的工程实体。

(2)支付必须以工程计量为基础原则

计量是支付的基础,没有准确的计量就不可能有准确的支付,并且工程计量必须以质量合格为前提。

(3)支付必须以技术规范和报价单为依据原则

技术规范和报价单是工程费用支付的依据,这已在前面费用计量的依据中作了介绍。

(4)支付必须及时原则

支付是资金运动中的关键环节。资金具有时间价值,所以,资金运动的内在规律和特征要求监理工程师按时出具经业主签认的支付证书。同时,工程施工活动的特点决定了要进行月进度款的支付。支付月进度款是因为施工生产需要占用大量的资金,而承包人无法也不愿垫付如此巨大的资金。另外,及时支付工程费用既是合同本身的要求,也是财务部门和银行结算的要求。工程费用结算必须由监理工程师出具经业主签认的支付证书,否则无法结算。

(5)支付必须以日常记录和合同条款为依据原则

日常记录和合同条款也是工程费用支付的重要依据，这些也已在前面作过陈述。

(6)支付必须遵循严格的程序原则

为了保证工程费用支付的合理性和准确性，每个工程项目的合同文件都将对支付程序作出严格的规定。这些程序规定了各项费用的支付条件、支付方法和申报、计算、复核、审批的具体要求，从组织上和技术上确保支付的质量。所以工程费用支付必须遵循严格的程序。

(二)支付的种类(了解)

在工程费用监理中，监理工程师处理的费用支付种类很多，而且不同种类的支付有不同的规定程序和办法。

1.按时间分类

工程费用按时间可分为前期支付、中期支付和最终支付。

(1)前期支付。前期支付有开工预付款和保险费。其中，开工预付款是由业主提供给承包人的无息款项，按一定条件支付并扣回。

(2)中期支付。中期支付有工程款、暂列金额、计日工、材料设备预付款、工程变更、质量保证金、索赔、价格调整、迟付款利息、对专业分包人支付、合同中止后支付以及工程交工支付等项目。中期支付按月进行，由监理工程师开出中期支付证书来实施。

(3)最终支付

最终支付是业主和承包人之间的最后一次结算。监理工程师在确认承包人的遗留工程及缺陷工程已完成并达到规范标准后，向承包人出具经业主签发的最终结清付款证书。

2.按支付内容分类

工程费用按支付的内容可分为工程量清单内和工程量清单外的支付，即所谓的清单支付和合同支付。

(1)工程量清单内的支付。就是监理工程师首先按照合同条件、技术规范和工程量清单的有关规定进行计量，确认已完成的实际工程量，然后根据已确认的工程数量和报价单中的单价，计算和支付工程量清单中各项工程费用，因此简称为清单支付。清单支付在支付款总额中所占比重很大，是主要支付，但在合同文件中规定得比较明确，因而操作起来比较容易。

(2)工程量清单之外的支付。就是监理工程师按照合同条件的规定，根据日常记录、现场实证资料和工程实际进展情况，计算和支付工程量清单以外的各项费用，因而简称为合同支付。合同支付虽然占的比重比较小，但支付难度较大，这是因为合同文件中无法对这些支付项目作出准确估计和详细规定。它们的发生取决于多方面的情况，所以合同支付是否合理和准确，完全取决于监理工程师对合同条件的正确理解以及是否及时掌握了现场实际情况。

3.按工程内容分类

按工程内容可分为路基土方工程、路面工程、桥梁工程、防护工程等进行支付。

4.按合同执行情况分类

按合同执行情况分为正常支付和合同中止支付两类。

(1)正常支付。是指业主与承包人双方共同努力使整个合同得以顺利履行而产生的支付结果。

(2)合同终止支付。是指由于工程遇到战争、骚乱等合同规定的特殊风险，承包人违约及业主违约等三方面原因导致合同无法继续履行而出现的支付结果。

(三)支付的基本规定及程序

1. 支付的几项基本规定(了解)

(1)支付时间

总的原则是按合同规定的时间支付。根据《公路工程标准施工招标文件》(2009 年版)有关规定,监理人在收到承包人进度付款申请单以及相应的支持性证明文件后的 14 天内完成核查,提出发包人到期应支付给承包人的金额以及相应的支持性材料,经发包人审查同意后,由监理人向承包人出具经发包人签认的进度付款证书。监理人有权扣发承包人未能按照合同要求履行任何工作或义务的相应金额。

发包人应在监理人收到进度付款申请单后的 28 天内,将进度应付款支付给承包人。发包人不按期支付的,按项目专用合同条款数据表中约定的利率向承包人支付逾期付款违约金。违约金计算基数为发包人的全部未付款额,时间从应付而未付该款额之日算起(不计复利)。

监理人出具进度付款证书,不应视为监理人已同意、批准或接受了承包人完成的该部分工作。

(2)支付的最低限额

如果该付款周期应结算的价款经扣留和扣回后的款额少于项目专用合同条款数据表中列明的进度付款证书的最低金额,则该付款周期监理工程师可不核证支付,上述款额将按付款周期结转,直至累计应支付的款额达到项目专用合同条款数据表中列明的进度付款证书的最低金额为止。

(3)支付范围

监理工程师对所有到期并符合合同要求的工作内容都应计价支付。

(4)支付方法

根据清单支付和合同支付的特点及支付要求分项、分类计算,汇总后再扣减承包人对业主的支付。按规定比例扣减承包人对业主的支付主要是扣回开工预付款、材料设备预付款及扣留质量保证金三种。

(5)支付货币

如果属于国际招标项目,工程费用中外币种类以及人民币的比例应按补充资料表所列的种类和比例确定。

2. 支付的程序(掌握)

(1)中期支付程序

1)中期支付申请

承包人应通过监理工程师向业主提出付款申请。申请的形成就是填报月报表或月结账单。月报表应列明承包人在这个月应收取的金额。通常包括:已完成的永久工程的价值;承包人的设备、临时工程、暂列金额等的款额;材料和待安装工程装置的发票价值的分期付款额;价格调整的款项;按合同规定有权获得的其他任何金额(如索赔和逾期付款违约金等)。

2)中期支付申请的审定

监理工程师应以合同为依据,在合同规定的时间内对承包人的付款申请进行审定,主要包括以下几个方面。

①申请的格式和内容应满足合同要求;

②各项资料、证明文件手续齐全;

③所有款项计算与汇总无误。

审核中若发现所列出的的数量不正确或者任何一个工程项目的质量不符合要求，则调整承包人的进度款付款申请单。

3)《中期支付证书》的签发

承包人应在每个付款周期末，按监理人批准的格式和专用合同条款约定的份数，向监理人提交进度付款申请单，并附相应的支持性证明文件。除专用合同条款另有约定外，进度付款申请单应包括的内容有：截至本次付款周期末已实施工程的价款；变更应增加和扣减的变更金额；因索赔应增加和扣减的索赔金额；根据合同条款约定应支付的预付款和扣减的返还预付款；根据合同条款约定应扣减的质量保证金；根据合同应增加和扣减的其他金额。

监理工程师收到付款申请单后交业主审核，业主审核同意后签发进度付款证书。

4)业主付款

发包人应在监理人收到进度付款申请单后的 28 天内，将进度应付款支付给承包人。发包人不按期支付的，按项目专用合同条款数据表中约定的利率向承包人支付逾期付款违约金。违约金计算基数为发包人的全部未付款额，时间从应付而未付该款额之日算起(不计复利)。

(2)交工结算

1)工付款申请单

①交工验收证书签发后 42 天内，承包人向建立人提交交工付款申请单，交工付款申请单(包括相关证明材料)的份数在项目专用合同条款数据表中约定。

②监理人对交工付款申请单有异议的，有权要求承包人进行修正和提供补充资料。经监理人和承包人协商后，由承包人向监理人提交修正后的交工付款申请单。

2)交工付款证书及支付时间

①监理人在收到承包人提交的交工付款申请单后的 14 天内完成核查，提出发包人到期应支付给承包人的价款送发包人审核并抄送承包人。发包人应在收到后 14 天内审核完毕，由监理人向承包人出具经发包人签认的交工付款证书。监理人未在约定时间内核查，又未提出具体意见的，视为承包人提交的交工付款申请单已经监理人核查同意；发包人未在约定时间内审核又未提出具体意见的，监理人提出发包人到期应支付给承包人的价款视为已经发包人同意。

②发包人应在监理人出具交工付款证书后的 14 天内，将应支付款支付给承包人。发包人不按期支付的，按合同条款的约定，将逾期付款违约金支付给承包人。

③承包人对发包人签认的交工付款证书有异议的，发包人可出具交工付款申请单中承包人已同意部分的临时付款证书。存在争议的部分，按合同条款中争议的解决有关约定办理。

④竣工付款涉及政府投资资金的，按照国库集中支付等国家相关规定和专用合同条款的约定办理。

(3)最终结清

1)最终结清申请单

①缺陷责任期终止证书签发后 28 天内，承包人向监理人提交最终结算申请单，最终结算申请单(包括相关证明材料)的份数在项目专用合同条款数据表中约定。

最终结算申请单中的总金额应认为是代表了根据合同规定应付给承包人的全部款项的最后结算。

②发包人对最终结清申请单内容有异议的，有权要求承包人进行修正和提供补充资料，由承包人向监理人提交修正后的最终结清申请单。

2)最终结清证书和支付时间

①监理人收到承包人提交的最终结清申请单后的14天内，提出发包人应支付给承包人的价款送发包人审核并抄送承包人。发包人应在收到后14天内审核完毕，由监理人向承包人出具经发包人签认的最终结清证书。监理人未在约定时间内核查，又未提出具体意见的，视为承包人提交的最终结清申请已经监理人核查同意；发包人未在约定时间内审核又未提出具体意见的，监理人提出应支付给承包人的价款视为已经发包人同意。

②发包人应在监理人出具最终结清证书后的14天内，将应支付款支付给承包人。发包人不按期支付的，按合同条款有关的约定，将逾期付款违约金支付给承包人。

③承包人对发包人签认的最终结算证书有异议的，按合同条款中争议的解决有关约定办理。

④竣工付款涉及政府投资资金的，按照国库集中支付等国家相关规定和专用合同条款的约定办理。

(四)支付的项目及方法(掌握)

在支付的种类中已经提到，根据合同文件规定，工程支付项目按支付内容分为工程量清单以内的支付和工程量清单以外的支付，即清单支付和合同支付。清单支付在付款中所占比重大，但在合同中规定比较明确，是工程费用支付的主要内容。合同支付总的比重较小，但在合同中无法对支付作出准确估计和详细规定，是支付中的难点。如果合同支付问题处理不当，会对整个工程进展产生影响。因此，合同支付是监理工作的关键问题。

工程费用支付项目主要包括以下内容：

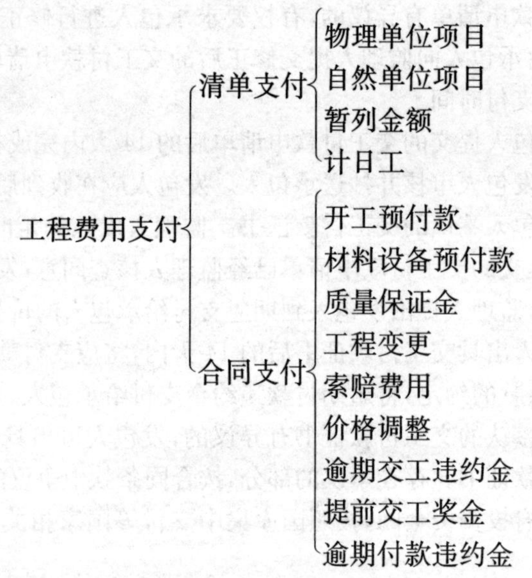

1. 清单支付项目

清单支付的分项原则是：凡在工程费用预算时能比较准确计算的工程细目和工作内容都应以物理单位和自然单位计量支付，而不太明确但却可能发生的工程内容则使用计日工和暂定金额来计量支付。

(1)物理单位计量支付的项目

工程量清单中的绝大部分工程内容是以物理单位计量支付，费用约占工程总费用的85%。

1)支付条件。是完成了技术规范和设计图纸所规定的工作内容，且质量合格，计量结量准确无误，并且监理工程师审核满意后方可支付。

2)费用计算方法。以每月完成工程项目的计量数量与报价单中相应的单价相乘的乘积就是支付的金额。如果项目是分多次完成，则应在计量单上列出设计数量，上期累计完成数量和本期完成数量并附上计算公式和简图。

(2)自然单位计量支付的项目

以自然单位计量支付的项目分为按项支付和单纯按自然单位计价支付两种情形，如某一涵洞、通道、房屋等都属于按项支付项目。

对于按项支付的结构物项目:第一，应按结构形式和施工顺序将结构物分解成不同的工程部位;第二，估算各部位的价值并计算在该项结构物总额中所占百分比;第三，等施工中某一部位完成并通过质量监理后，再支付该部位的费用。

单纯按自然单位计价支付项目，在计算时将实际数量和报价单中的单价相乘所得乘积即为支付金额。

(3)暂列金额

暂列金额是指已标价工程量清单中所列的暂列金额，用于在签订协议书时尚未确定或不可预见变更的施工及其所需材料、工程设备、服务等的金额，包括以计日工方式支付的金额。

1)暂定金额应由监理人报发包人批准后指令全部或部分地使用，或者根本不予动用。

2)对于经发包人批准的每一笔暂列金额，监理人有权向承包人发出实施工程或提供材料、工程设备或服务的指令。这些指令应由承包人完成，监理人应根据合同条款约定的变更估价原则和合同条款中计日工的有关规定，对合同价格进行相应调整。

3)当监理人提出要求时，承包人应提供有关暂列金额支出的所有报价单、发票、凭证和账单或收据，除非该工作是根据已标价工程量清单列明的单价或总额价进行的估价。

(4)计日工

计日工指对零星工作采取的一种计价方式，按合同中的计日工子目及其单价计价付款。

1)发包人认为有必要时，由监理人通知承包人以计日工方式实施变更的零星工作。其价款按列入已标价工程量清单中的计日工计价子目及其单价进行计算。

2)采用计日工计价的任何一项变更工作，应从暂列金额中支付，承包人应在该项变更的实施过程中，每天提交以下报表和有关凭证报送监理人审批：

①工作名称、内容和数量；

②投入该工作所有人员的姓名、工种、级别和耗用工时；

③投入该工作的材料类别和数量；

④投入该工作的施工设备型号、台数和耗用台时；

⑤监理人要求提交的其他资料和凭证。

3)计日工由承包人汇总后，按合同条款的有关约定列入进度付款申请单，由监理人复核并经发包人同意后列入进度付款。

2.合同支付项目

合同支付项目灵活性大，较难把握和控制，是监理工程师在支付工作中的重点和难点。

(1)开工预付款

1)支付规定。开工预付款的金额在项目专用合同条款数据表中约定。在承包人签订了合同协议书并提交了开工预付款保函后，监理人应在当期进度付款证书中向承包人支付开工预付款的70%的价款;在承包人承诺的主要设备进场后，再支付预付款30%。

承包人不得将该预付款用于与本工程无关的支出，监理人有权监督承包人对该项费用的使用，如经查实承包人滥用开工预付款，发包人有权立即通过向银行发出通知收回开工预付款保函的方式，将该款收回。

2)开工预付款的担保

除项目专用合同条款另有约定外，承包人应在收到开工预付款前向发包人提交开工预付款保函，开工预付款保函的担保金额应与开工预付款金额相同。出具保函的银行须与合同条款中履约担保的要求相同，所需费用由承包人承担。银行保函的正本由发包人保存，该保函在发包人将开工预付款全部扣回之前一直有效，担保金额可根据开工预付款扣回的金额相应递减。

3)开工预付款的扣回

开工预付款在进度付款证书的累计金额未达到签约合同价的30%之前不予扣回，在达到签约合同价30%之后，开始按工程进度以固定比例(即每完成签约合同价的1%，扣回开工预付款的2%)分期从各月的进度付款证书中扣回，全部金额在进度付款证书的累计金额达到签约合同价的80%时扣完。

(2)材料、设备预付款

材料、设备预付款按项目专用合同条款数据表中所列主要材料、设备单据费用(进口的材料、设备为到岸价，国内采购的为出厂价或销售价，地方材料为堆场价)的百分比支付。

1)支付条件

①材料、设备符合规范要求并经监理人认可；

②承包人已出具材料、设备费用凭证或支付单据；

③材料、设备已在现场交货，且存储良好，监理人认为材料、设备的存储方法符合要求。

则监理人应将此项金额作为材料、设备预付款计入下一次的进度付款证书中。在预计交工前3个月，将不再支付材料、设备预付款。

2)材料、设备预付款的扣回

当材料、设备已用于或安装在永久工程之中时，材料、设备预付款应从进度付款证书中扣回，扣回期不超过3个月。已经支付材料、设备预付款的材料、设备的所有权应属于发包人。

(3)质量保证金

质量保证金是指按合同条款约定用于保证在缺陷责任期内履行缺陷修复义务的金额。

1)质量保证金的扣除。监理人应从第一个付款周期开始，在发包人的进度付款中，按项目专用合同条款数据表规定的百分比扣留质量保证金，直至扣留的质量保证金总额达到项目专用合同条款数据表规定的限额为止。质量保证金的计算额度不包括预付款的支付以及扣回的金额。

2)质量保证金的返还

在合同条款约定的缺陷责任期满时，承包人向发包人申请到期应返还承包人剩余的质量保证金金额，发包人应在14天内会同承包人按照合同约定的内容核实承包人是否完成缺陷责任。如无异议，发包人应当在核实后将剩余保证金返还承包人。

在合同条款约定的缺陷责任期满时，承包人没有完成缺陷责任的，发包人有权扣留与未履行责任剩余工作所需金额相应的质量保证金余额，并有权根据合同条款(缺陷责任期的延长)有关约定要求延长缺陷责任期，直至完成剩余工作为止。

(4)工程变更费用

由于多种不可预见的因素，任何工程项目在施工过程中都会遇到变更问题，而且不同情况下的变更有不同的支付特点，监理工程师应根据合同文件和工程实际情况，妥善处理。工程变更费用的支付依据是工程变更令和工程变更清单。支付方式采用列入中期支付证书的形式进行支付。监理工程师应对变更项目的审批制订严格的管理程序，并应特别注意，变更的权力在总监理工程师，一般不得进行委托。有些合同还在专用条件中对监理工程师进行工程变更的权力作了某种限制，要求变更超过一定限度后，必须由业主授权。

(5)索赔费用

索赔是最复杂而且最具技巧性与灵活性的一个支付项目。导致索赔的原因很多，因此其费用的计算和确定原则各不相同。为了客观、公正地处理好索赔费用支付，就要求监理工程师不仅要对合同条件和技术规范十分熟悉，而且要有深刻的理解，并能结合实际情况正确运用。

1)索赔费用的处理程序

①承包人应送给监理工程师一份说明索赔款额的具体细节账目，并说明索赔所依据的理由，如果承包人未能在规定的时间内将上述证实资料送交监理工程师，则不予受理。

②监理工程师应对承包人所提供的索赔证据和细节账目等有关资料进行审查核实，在与业主和承包人协商后，确定承包人有权得到的全部或部分的索赔款额。

③以《进度付款证书》或《最终结清证书》的形式进行支付。

2)索赔费用的计算

①索赔细目与相应工程量的审定

监理工程师应对承包人所申报的各个细目进行逐项分析和审查，对与有效索赔有关的细目，分析其内容和数量是否准确。

A. 仔细分析和阅读监理工程师的原始记录。凡是没有事实依据，与有效的费用索赔无关以及承包人自身管理不善所造成损失的工程量均不予考虑。

B. 仔细分析承包人的记录。通用条件中要求承包人在提出索赔意向书后，对事件发生进一步做好当时记录，监理工程师应对此进行全面分析。

C. 现场核查。根据以上两方面记录，监理工程师应指派合格人员到施工现场对重点内容进行核查，以便进一步判断。

D. 综合分析。根据以上结果，按合同文件有关规定进行综合分析。应注意的是，对那些已根据监理工程师指令采取措施的工程细目，其索赔费用应作必要的折减，特别是如果监理工程师曾经采取过正确合理的措施，而承包人没有执行，则该措施所涉及的索赔数量也不予考虑。

②单价和费率分析与确定

在计算索赔费用时，不能照搬报价单中的单价和费率，而必须对它们进行认真分析。另外，在施工过程中由于现场的实际情况可能不同于报价时的情况，所以必须在全面了解承包人投标报价时各种费用的计算依据和所考虑的因素的基础上，分析承包人在计算索赔费用时所用费率的种类和大小与其在报价时所用费率的种类和大小的差别。在确定单价与费率和计算索赔费用时，一般采用以下方法：

A. 利用工程量清单中的单价。对应索赔费用(包括利润)中费用索赔项目与工程量清单中某项目的性质一致或基本一致的情况来说，可采用工程量清单中的单价或以工程量清单中有关单价推算出的价格来计算索赔费用。

B. 采用协商费率。即业主、监理工程师、承包人三方共同协商，采用一个三方均认可的费率来计算索赔费用。

C. 采用正式规定和公布的标准确定费率。如果上述两种方法都不能确定费率，就需要监理工程师来确定一个公平、合理的费率。实践证明，采用由省、部级以上政府正式颁布的，有一定法律效力的有关定额和标准来确定费率，是各方都基本能够接受的。

D.按有关票据计算。对于一些在费用索赔事件发生期间，承包人实际直接发生的，且不需要采用费率来计算的费用，可按承包人出示的正式票据中的金额进行计算。

③计算审查

在审定了索赔细目和相应的工程量以及确定了索赔费用计算的单价和费用后，就要对费用的计算进行审查。计算审查主要包括两个方面：一是分析和审查承包人的计算原则、计算方法；二是检查有无算术错误。计算审查的具体内容包括人工费、材料费、机械费、管理费等费用的计算。

(6)价格调整

1)物价波动引起的价格调整

①除项目专用合同条款另有约定外，因物价波动引起的价格调整应按照项目专用合同条款数据表的规定，按照以下A、B两项原则处理；或者

②在合同执行期间(包括工期拖延期间)，由于人工、材料和设备价格的上涨而引起工程施工成本增加的风险由承包人自行承担，合同价格不会因此而调整。

A. 采用价格指数调整价格差额

a.价格调整公式

因人工、材料和设备等价格波动影响合同价格时，根据投标函附录中的价格指数和权重表约定的数据，按以下公式计算差额并调整合同价格。

$$\Delta P = P_0\left[A + \left(B_1 \times \frac{F_{t1}}{F_{01}} + B_2 \times \frac{F_{t2}}{F_{02}} + B_3 \times \frac{F_{t3}}{F_{03}} + \cdots + B_n \times \frac{F_{tn}}{F_{0n}}\right) - 1\right]$$

式中：$A=1-(B_1+B_2+B_3+\cdots+B_n)$；

ΔP——需调整的价格差额；

p_0——合同条款第17.3.3项(即：进度付款证书和支付时间)、第17.5.2项(即：竣工付款证书及支付时间)和第17.6.2(即：最终结清证书和支付时间)项约定的付款证书中承包人应得到的已完成工程量的金额。此项金额应不包括价格调整、不计质量保证金的扣留和支付、预付款的支付和扣回。第15条约定的变更及其他金额已按现行价格计价的，也不计在内；

A——定值权重(即不调部分的权重)；

$B_1;B_2;B_3\cdots B_n$——各可调因子的变值权重(即可调部分的权重)为各可调因子在投标函投标总报价中所占的比例；

$F_{t1};F_{t2};F_{t3}\cdots F_{tn}$——各可调因子的现行价格指数，指第17.3.3项(即：进度付款证书和支付时间)、第17.5.2项(即：竣工付款证书及支付时间)和第17.6.2项(即：最终结清证书和支付时间)约定的付款证书相关周期最后一天的前42天的各可调因子的价格指数；

$F_{01};F_{02};F_{03}\cdots F_{0n}$——各可调因子的基本价格指数，指基准日期的各可调因子的价格指数。

在采用价格调整公式进行调价时，还应遵守以下规定：

以上价格调整公式中的各可调因子、定值和变值权重，以及基本价格指数及其来源，由发包人在投标函附录价格指数和权重表中约定。价格指数应首先采用国家或省、自治区、直辖市价格部门或统计部门提供的价格指数，缺乏上述价格指数时，可采用上述部门提供的价格

代替。

价格调整公式中的变值权重，由发包人根据项目实际情况测算确定范围，并在投标函附录价格指数和权重表中约定范围；承包人在投标时在此范围内填写各可调因子的权重，合同实施期间将按此权重进行调价。

b. 暂时确定调整差额

在计算调整差额时得不到现行价格指数的，可暂用上一次价格指数计算，并在以后的付款中再按实际价格指数进行调整。

c. 权重的调整

按合同条款第 15.1 款(即:变更的范围和内容)约定的变更导致原定合同中的权重不合理时，由监理人与承包人和发包人协商后进行调整。

d. 承包人工期延误后的价格调整

由于承包人原因未在约定的工期内竣工的，则对原约定竣工日期后继续施工的工程，在使用上述价格调整公式时，应采用原约定竣工日期与实际竣工日期的两个价格指数中较低的一个作为现行价格指数。

B. 采用造价信息调整价格差额

施工期内，因人工、材料、设备和机械台班价格波动影响合同价格时，人工、机械使用费按照国家或省、自治区、直辖市建设行政管理部门、行业建设管理部门或其授权的工程造价管理机构发布的人工成本信息、机械台班单价或机械使用费系数进行调整；需要进行价格调整的材料，其单价和采购数应由监理人复核，监理人确认需调整的材料单价及数量，作为调整工程合同价格差额的依据。

2)法律变化引起的价格调整

在基准日后，因法律变化导致承包人在合同履行中所需要的工程费用发生除上述“物价波动引起的价格调整”约定以外的增减时，监理人应根据法律、国家或省、自治区、直辖市有关部门的规定，按商定或确定条款规定来商定或确定需调整的合同价款。

(7)逾期交工违约金

逾期交工违约金是因为拖期而造成的违约，承包人给业主造成的误期损失而给予的一种赔偿，不是罚款。

1)有关的规定

如果承包人未能按照合同条款规定的工期完成合同工程，则必须向业主支付按投标书附录中写明的金额，作为逾期交工违约金。时间自预定的交工日期起到合同工程交工证书中写明的交工日期或已批准的延长工期止，按天计算。逾期交工违约金应不超过投标书附录中写明的限额。业主可以从应付或到期应付给承包人的任何款项中扣除此偿金，但不排除其他扣款方法。扣除逾期交工违约金，并不解除合同规定的承包人对完成本工程的义务和责任。

如果在合同工程完工之前，已对合同工程内按时完工的单项工程签发了交工证书，则合同工程的逾期交工违约金，应按已签发交工证书的单项工程的价值占合同工程价值的比例予以减少，但本款的规定不应影响逾期交工违约金的规定限额。

2)逾期交工违约金的限额

逾期交工违约金限额一般应为 10%签约合同价。

3)费用支付

逾期交工违约金可从承包人的履约保证金或中期支付证书中扣除。公路工程项目一般采用从中期支付证书中扣除的方式，此项扣除不应解除承包人对完成该项工程的义务或合同规定的其他义务和责任。

(8)提前交工奖金

提前交工奖金是在合同条件中设立的与逾期交工违约金相对应的一个支付项目。目的是为了调动承包人积极性，使其合理加快工程进度，提前完成施工，使业主提前受益。

若承包人按照通用条件规定的工期提前完成了合同工程或某区段或某单项工程，则业主应按投标书附件中写明的交工日期算起，到合同规定的该有关交工日期止。(即:合同工期－实际工期＋批准延长期)，按天计算。提前交工奖金应不超过投标书附件中写明的限额。监理工程师应对承包人提交的交工结账单核证，并支付给承包人。

(9)逾期付款违约金

如果业主在上述期限内未能付款，则业主应按投标书附录中规定的利率向承包人支付逾期付款违约金，时间从应付而未付该款额之日算起(不计复利)。

五、《公路工程标准施工招标文件》技术规范中各章计量与支付条款的规定(熟悉)

《公路工程标准施工招标文件》(2009 年版)(下册)技术规范中对计量与支付作了详细的规定，以下是主要章节(100 章—500 章)对计量与支付相关规定的摘录，供大家学习参考。

第100章　总　则

第101节　通　则

101.01　范围

1.本规范适用于新建、扩建或改建高等级公路项目及其他公路项目的施工及管理。

2.本规范对工程在施工中使用的原材料、半成品或成品，隐蔽工程以及施工原始资料和记录，均进行一系列的控制与检查，使工程质量符合规定的质量标准。在每一章节的施工要求中均对质量标准、质量等级、检验内容和方法等提出了要求。如有未写明之处，应按照国家和交通部现行有关规范规定且经监理工程师批准后执行。

3.本规范仅为方便起见划分为若干章节，阅读时应将本规范视作一个整体。

4.凡本规范或与本规范有关的其他规范及图纸中未规定的细节，或在涉及到任何条款的细节没有明确的规定时，都应认为指的是需经监理人同意的我国公路工程的常规做法。

101.06　工程量的计量

1.一般要求

(1)本规范所有工程项目，除个别注明者外，均采用中国法定的计量单位，即国际单位及国际单位制导出的辅助单位进行计量。

(2)本规范的计量与支付，应与合同条款、工程量清单以及图纸同时阅读，工程量清单中的支付项目号和本规范的章节编号是一致的。

(3)任何工程项目的计量，均应按本规范规定或监理人的书面指示进行。

(4)按合同提供的材料数量和完成的工程量所采用的测量与计算方法，应符合本规范的规定。所有这些方法，应经监理人批准或指示。承包人应提供一切计量设备和条件，并保证其设备精度符合要求。

(5)除非监理工程师另有准许，一切计量工作都应在监理人在场的情况下，由承包人测量、记录。有承包人签名的计量记录原本，应提交给监理人审查和保存。

(6)工程量应由承包人计算，由监理人审核。工程量计算的副本应提交给监理人，并由监理人保存。

(7)全部必需的模板、脚手架、装备、机具、螺栓、垫圈和钢制件等其他材料，应包括在工程量清单中所列的有关支付项目中，均不单独计量。

(8)除监理人另有批准外，凡超过图纸所示的面积或体积，都不予计量与支付。

(9)承包人应严格标准计量基础工作和材料采购检验工作。沥青混凝土、沥青碎石、水泥混凝土、高强度水泥砂浆的施工现场必须使用电子计量设备称重。因不符合计量规定引发的质量问题，所发生的费用由承包人承担。

(10)如本规范规定的任何分项工程或其子目未在工程量清单中出现，则应被认为是其他相关工程的附属工作，不再另行计量。

2. 重量

(1)凡以重量计量或以重量作为配合比设计的材料，都应在精确与批准的磅秤上，由称职合格的人员在监理人指定或批准的地点进行称重。

(2)称重计量时应满足以下条件：监理人在场；称重记录；载有包装材料、支撑装置、垫块、捆束物等重量的说明书在称重前提交给监理人作为依据。

(3)钢筋、钢板或型钢计量时，应按图纸或其他资料标示的尺寸和净长计算。搭接、接头套筒、焊接材料、下脚料和固定定位架立钢筋等，则不予计量。钢筋、钢板或型钢应以千克计量，四舍五入，不计小数。钢筋、钢板或型钢由于理论单位重量与实际单位重量的差异而引起材料重量与数量不相匹配的情况，计量时不予考虑。

(4)金属材料的重量不得包括施工需要加放或使用的灰浆、楔快、填缝料、垫衬物、油料、接缝料、焊条、涂敷料等的重量。

(5)承运按重量计量的材料的货车，应每天在监理工程师指定的时间和地点称出空车重量，每辆货车还应标示清晰易辨的标记。

(6)对有规定标准的项目，例如钢筋、金属线、钢板、型钢、管材等，均有规定的规格、重量、截面尺寸等指标，这类指标应视为通常的重量或尺寸。除非引用规范中的允许偏差值加以控制，否则可用制造商所示的允许偏差。

3. 面积

除非另有规定，计算面积时，其长、宽应按图纸所示尺寸线或按监理人指示计量。对于面积在 $1m^2$ 以下的固定物(如检查井等)不予扣除。

4. 结构物

(1)结构物应按图纸所示净尺寸线，或根据监理人指示修改的尺寸线计量。

(2)水泥混凝土的计量应按监理人认可的并已完工工程的净尺寸计算，钢筋的体积不扣除，倒角不超过 $0.15m\times0.15m$ 时不扣除，体积不超过 $0.03m^3$ 的开孔及开口不扣除，面积不超过 $0.15m\times0.15m$ 的填角部分也不增加。

(3)所有以延米计量的结构物(如管涵等)，除非图纸另有标示，应按平行于该结构物位置的基面或基础的中心方向计量。

5. 土方

(1)土方体积可采用平均断面积法计算，但与似棱体公式(Prismoidal formula)计算结果比较，如果误差超过±5%时，监理人可指示采用似棱体公式。

(2)各种不同类别的挖方与填方计量，应以图纸所示界线为限，而且应在批准的横断面图上标明。

(3)用于填方的土方量，应按压实后的纵断面高程和路床面为准来计量。承包人报价时，应考虑在挖方或运输过程中引起的体积差。

(4)在现场钉桩后56天内,承包人应将设计和进场复测的土方横断图连同土方的面积与体积计算表一并提交监理人批准。所有横断面图,都应标有图题框,其大小由监理工程师指定。一旦横断面图得到最后批准,承包人应交给监理人原版图及三份复制图。

6.运输车辆体积

(1)用体积计量的材料,应以经监理人批准的车辆装运,并在运到地点进行计量。

(2)用于体积运输的车辆,其车厢的形状和尺寸应使其容量能够容易而准确地测定并应保证精确度。每辆车都应有明显标记。每车所运材料的体积应于事前由监理人与承包人相互达成书面协议。

(3)所有车辆都应装载成水平容积高度,车辆到达送货点时,监理工程师可以要求将其装载物重新整平,对超过定量运送的材料将不支付。运量达不到定量的车辆,应被拒绝或按监理人确定减少的体积接收。根据监理人的指示,承包人应在货物交付点,随机将一车材料刮平,在刮平后如发现货车运送的材料少于定量时,从前一车起所有运到的材料的计量都按同样比率减为目前的车载量。

7.重量与体积换算

(1)如承包人提出要求并得到监理人的书面批准,已规定要用立方米计量的材料可以称重,并将此重量换算为立方米计量。

(2)从重量计量换算为体积计量的换算系数应由监理人确定,并应在此种计量方法使用之前征得承包人的同意。

8.沥青和水泥

(1)沥青和水泥应以千克(kg)计量。

(2)如用货车或其他运输工具装运沥青材料,可以按经过检定的重量或体积计算沥青材料的数量,但要对漏失量或泡沫进行校正。

(3)水泥可以以袋作为计量的依据,一袋的标准应为50kg。散装水泥应称重计量。

9.成套的结构单元

如规定的计量单位是一成套的结构物或结构单元(实际上就是按“总额”或称“一次支付”计的工程子目),该单元应包括了所有必需的设备、配件和附属物及相关作业。

10.标准制品项目

(1)如规定采用标准制品(如护栏、钢丝、钢板、轧制型材、管子等),而这类项目又是以标准规格(单位重、截面尺寸等)标识的,则这种标识可以作为计量的标准。

(2)除非采用标准制品的允许误差比规范要求的允许误差要求更严格,否则,生产厂确定的制造允许误差将不予认可。

101.11 计量与支付

属履行101节中各项要求的,除101.09小节按下述规定办理外,其他不另单独计量与支付。

1.计量

(1)承包人按合同条款办理的工程一切险和第三方责任保险,按总额计量。

(2)承包人应缴纳的所有税金(包括营业税、城市建设维护税和教育附加)和工伤事故保险费、人身意外伤害保险费以及施工设备保险费,由承包人摊入各相关工程子目的单价和费率之中,不单独计量。

2.支付

合同条款中规定的“工程一切险”和第三者责任险的保险费，将根据保险公司的保单经监理人签证后支付。如果由发包人统一与保险公司办理上述两项保险，则由发包人扣回。

第103节　临时工程与设施

103.05　计量与支付

1.计量

(1)临时道路、电信设施及供水与排污设施的修建、维修及拆除等临时工程，根据施工过程中已完成的经监理人现场验收合格分别以总额计量。

(2)临时工程用地经监理人批准，以总额计量。

(3)临时供电设施的修建及拆除经监理人现场验收合格后以总额计量；临时供电设施的维修以月为单位计量。

(4)为完成上述各项设施所需的一切材料、机械设备、人员及与此有关的一切作业费用均含入相关子目单价或总额价之中不另行计量。

2.支付

临时工程完工后，由监理工程师验收合格后分期支付，所报总额的80%，应在第1次至第4次进度付款证书中，以4次等额予以支付；所报总价中余下的20%，待交工验收证书颁发后支付。

第104节　承包人驻地建设

104.07　计量与支付

1.计量

驻地建设完成后，经监理人现场核实，以总额计量。

2.支付

承包人驻地建设项所报总价的90%，应在第1～3次进度付款证书中，以3次等额支付；余下的10%，应在承包人驻地建设已经移走和清除，并经监理人验收合格时予以支付。

第200章　路　　基

第201节　通　　则

201.01　范围

本章为路基工程，其工作内容包括路基土石方工程、排水工程及路基防护工程的施工及其有关的作业。

1.路基土石方工程包括：填方路基、挖方路基和特殊路基处理及其有关的作业。

2.排水工程包括：坡面排水的施工及其有关的作业。

3.路基防护工程包括：石砌护坡、护面墙、挡土墙、抗滑桩、河道防护及锥坡和其他防护工程的砌筑，以及其基础开挖与回填的施工作业。

201.04　计量与支付

本节工作内容均不作计量与支付，其所涉及的费用应包括在与其相关工程子目的单价或费率之中。

第202节　场 地 清 理

202.01　范围

本节为公路用地范围及借土场范围内施工场地的清理、拆除和挖掘，以及必要的平整场地等有关作业。

202.04 计量与支付

1.计量

(1)施工场地清理的计量应按监理人书面指定的范围(路基范围以外临时工程用地清场等除外)进行验收。现场实地测量的平面投影面积以平方米计量。现场清理包括路基范围内的所有垃圾、灌木、竹林及胸径小于100mm的树木、石头、废料、表土(腐殖土)、草皮的铲除与开挖,借土场的场地清理与拆除(包括临时工程)均应列入土方单价之内,不另行计量。

(2)砍伐树木仅计胸径(即离地面1.3m高处的直径)大于100mm的树木,以棵计量。包括砍伐后的截锯、移运(移运至监理人指定的地点)、堆放等一切有关的作业;挖除树根以棵计量,包括挖除、移运、堆放等一切有关的作业。

(3)挖除旧路面(包括路面基层)应按不同结构类型的路面以平方米计量;拆除原有公路结构物应分别按结构物的类型,以监理人现场指示的范围和量测方法量测,以立方米计量。

(4)所有场地清理、拆除与挖掘工作的一切挖方、挖穴的回填、整平、压实,以及适用材料的移运、堆放和废料的移运处理等作业费用均含入相关子目单价中,不另行计量。

2.支付

按上述规定计量,以监理人验收并列入工程量清单的以下支付子目的工程量,其每一计量单位,将以合同单价支付。此项支付包括材料、劳力、设备、运输等及其为完成此项工程所必需的全部费用。

第203节 挖方路基

203.01 范围

本节工作内容为挖方路基施工和边沟、截水沟、排水沟以及改河、改渠、改路等开挖有关作业。

203.05 计量与支付

1.计量

(1)路基土石方开挖数量包括边沟、排水沟、截水沟,应以经监理人校核批准的横断面地面线和土石分界的补充测量为基础,按路线中线长度乘以经监理人核准的横断面面积进行计算,以立方米计量。

(2)挖除路基范围内非适用材料及淤泥(不包括借土场)的数量,应以承包人测量,并经监理人审核批准的断面或实际范围为依据的计算数量,分别以立方米计量。

(3)除非监理人另有指示,凡超过图纸或监理人规定尺寸的开挖,均不予计量。

(4)石方爆破安全措施、弃方的运输和堆放、质量检验、临时道路和临时排水等均含入相关子目单价或费率之中,不另计量。

(5)在挖方路基的路床顶面以下,土方断面应挖松深300mm再压实;石方断面应辅以人工凿平或填平压实,作为承包人应做的附属工作,均不另行计量。

改河、改渠、改路的开挖工程按合同图纸施工,计量方法可按上述(1)款进行。改路挖方线外工程的工作量计入203-2子目内。

2.支付

(1)按上述规定计量,经监理人验收并列入工程量清单的以下支付子目的工程量,每一计量单位,将以合同单价支付。此项支付包括材料、劳力、设备、运输等及其为完成此项工程所必需的全部费用。

(2)土方和石方的单价费用,包括开挖、运输、堆放、分理填料、装卸、弃方和剩余材料的处理,以及其他有关的全部施工费用。

第204节　填方路基

204.01　范围

本节工作内容为填筑路基和结构物处的台背回填以及改路填筑等有关的施工作业。

204.06　计量与支付

1.计量

(1)填筑路堤的土石方数量,应以承包人的施工测量和补充测量经监理人校核批准的横断面地面线为基础,以监理人批准的横断面施工图为依据,由承包人按不同来源(包括利用土方、利用石方和借方等)分别计算,经监理人校核认可的工程数量作为计量的工程数量。

(2)零填挖路段的翻松、压实含入报价之中,不另计量。

(3)零填挖路段的换填土、按压实的体积,以立方米计量。计价中包括表面不良土的翻挖运弃(不计运距),换填好土的挖运、摊平、压实等一切与此有关作业的费用。

(4)利用土、石填方及土石混合填料的填方,按压实的体积,以立方米计量。计价中包括挖台阶、摊平、压实、整型等一切与此有关的作业的费用。利用土、石方的开挖作业在第203节路基挖方中计量。承包人不得因为土石混填的工艺、压实标准及检测方法的变化而要求增加额外的费用。

(5)借土填方,按压实的体积,以立方米计量。计价中包括借土场(取土坑)中非适用材料的挖除、弃运及借土场的资源使用费、场地清理、地貌恢复施工便道、便桥的修建与养护、临时排水与防护等和填方材料的开挖、运输、挖台阶、摊平、压实、整型等一切与此有关作业的费用。

(6)粉煤灰路堤按压实体积,以立方米计量,计价中包括材料储运(含储灰场建设)、摊铺、晾晒、土质护坡、压实、整型以及试验路段施工等一切与此有关的作业费用。

(7)结构物台背回填按压实体积,以立方米计量,计价中包括挖运、摊平、压实、整型等一切与此有关的作业费用。

(8)锥坡及台前坡填土,按图纸要求施工,经监理人验收的压实体积,以立方米计算。

(9)临时排水以及超出图纸要求以外的超填,均不计量。

(10)改造其他公路的路基土方填筑的计量方法同本条(1)款。

2.支付

按上述规定计量,经监理人验收并列入工程量清单以下支付子目的工程量,其每一计量单位,将以合同单价支付。此项支付包括材料、劳力、设备、运输等及其为完成此项工程所必需的全部费用。

第207节　坡面排水

207.01　范围

本节工作为坡面排水和路界内地表水排除,包括边沟、排水沟、跌水与急流槽、盲沟和截水沟等结构物的施工及有关的作业。

207.06　计量与支付

1.计量

(1)边沟、排水沟、截水沟的加固铺砌,按图纸施工经监理人验收合格的实际长度,分不同结构类型以米计量,由于边沟、排水沟、截水沟加固铺砌而需扩挖部分的开挖,均作为承包人应做的附属工作,不另计量与支付。

(2)改沟、改渠护坡铺砌按图纸施工,经监理人验收合格的不同圬工体积,以立方米计量。

(3)急流槽按图纸施工,经验收合格的断面尺寸计算体积(包括消力池、消力槛、抗滑台等附属设施),以立方米计量。

(4)路基盲沟按图纸施工,经验收合格的断面尺寸及所用材料,按长度以米计量。

(5)所用砂砾垫层或基础材料、填缝材料、钢筋以及地基平整夯实及回填等土方工程均含入相关子目单价之中,不另行计量与支付。

(6)土工合成材料的计量、支付按第205节规定执行。

(7)渗井、检查井、雨水井的计量、支付按第314节规定执行。

2.支付

按上述规定计量,经监理人验收的列入工程量清单以下的工程子目的工程量,其每一计量单位将以合同单价支付,此项支付包括材料、劳力、设备、运输等及其他为完成地面排水工程所必需的所有费用,是对完成工程的全部偿付。

第208节 护坡、护面墙

208.01 范围

本节工作内容包括:植物护坡、浆砌片(块)石或预制混凝土块护坡、护面墙封面等有关的施工作业。

208.05 计量与支付

1.计量

(1)干砌片石、浆砌片石护坡、护面墙等工程的计量,应以图纸所示和监理人的指示为依据,按实际完成并经验收的数量按不同工程子目的不同砂浆砌体分别以立方米计量。

(2)预制空心砖和拱形及方格骨架护坡,按其铺筑的实际体积数量以立方米计量。所有垫层、嵌缝材料、砂浆勾缝、泄水孔、滤水层、回填种植土以及基础的开挖和回填等有关作业,均作为承包人应作的附属工作,不另行计量与支付。

(3)种草、铺草皮、三维植被网、客土喷播等应以图纸要求和所示面积为依据实施,经监理人验收的实际面积以平方米计量。整修坡面、铺设表土、三维土工网、锚钉、客土、草种(灌木籽)、草皮、苗木、混合料、水、肥料、土壤稳定剂等(含运输)及其作业均作为承包人应作的附属工作,不另行计量。

(4)封面、捶面施工以图纸为依据,经监理人验收合格,以平方米为单位计量,该项支付包括了上述工作相关的工料机全部费用。

2.支付

按上述规定计量,经监理人验收并列入了工程量清单的以下支付子目的工程量,其每一计量单位,将以合同单价支付。此项支付包括材料、劳力、设备、运输等及其为完成防护工程所必需的费用,是对完成工程的全部偿付。

第209节 挡 土 墙

209.01 范围

本节工作内容包括:砌体挡土墙、干砌挡土墙及混凝土挡土墙的施工及其相关作业。

209.05 计量与支付

1.计量

(1)砌体挡土墙、干砌挡土墙和混凝土挡土墙工程应以图纸所示或监理人的指示为依据,按实际完成并经验收的数量,按砂浆强度等级及混凝土强度等级分别以立方米计量。砂砾或碎石垫层按完成数量以立方米计量。

(2)混凝土挡土墙的钢筋,按图纸所示经监理人验收后,以千克(kg)计量。

(3)嵌缝材料、砂浆勾缝、泄水孔及其滤水层，混凝土工程的脚手架、模板、浇筑和养生、表面修整，基础开挖、运输与回填等有关作业，均作为承包人应做的附属工作，不另行计量与支付。

2.支付

按上述规定计量，经监理人验收并列入了工程量清单的以下支付子目的工程量，其每一计量单位，将以合同单价支付。此项支付包括材料、劳力、设备、运输等及其为完成防护工程所必需的费用，是对完成工程的全部偿付。

第214节 抗 滑 桩

214.01 范围

本节工作内容包括设置抗滑桩及其有关的施工作业。

214.05 计量与支付

1.计量

(1)抗滑桩按图纸规定尺寸及深度为依据，现场实际完成并验收合格的实际桩长以米计量，设置支撑和护壁、挖孔、清孔、通风、钎探、排水及浇筑混凝土以及无破损检验，均作为抗滑桩的附属工程，不另行计量。

(2)抗滑桩用钢筋按图纸规定及经监理人验收的实际数量，以千克(kg)计量。

(3)桩板式抗滑挡墙应以图纸要求进行施工，经监理人验收合格，挡土板以立方米为单位计量。桩板式抗滑挡墙施工中的挖孔桩按第214.05-1(1)款规定计量。钻孔灌注桩、锚杆、锚索等项工作按实际发生参照第405节、第212节、第213节相关规定进行计量。

(4)土方工程、临时排水等相关工作均作为辅助工作不予计量，费用含入相关工程报价中。

2.支付

按上述规定计量，经监理人验收并列入了工程量清单的以下支付子目的工程量，其每一计量单位，将以合同单价支付。此项支付包括材料、劳力、设备、运输等及其为完成抗滑桩工程所必需的费用，是对完成工程的全部偿付。

第300章 路 面

第301节 通 则

301.01 范围

本章工作内容包括在已完成并经监理人验收合格的路基上铺筑各种垫层、底基层、基层和面层；路面及中央分隔带排水施工；培土路肩、中央分隔带回填及路缘石设置，以及修筑路面附属设施等有关的作业。

301.09 计量与支付

本节工作内容均不作计量与支付，其所涉及的费用应包括在与其相关的工程支付子目的单价或费率之中。

第302节 垫 层

302.01 范围

本节工作内容是在完成和验收合格，经监理人批准的路基上铺筑碎石、砂砾、煤渣、矿渣和水泥稳定土、石灰稳定土垫层。它包括所需的设备、劳力和材料，以及施工、试验等全部作业。

302.05 计量与支付

1.计量

(1)碎石、砂砾垫层应按图纸和监理人指示铺筑、经监理人验收合格的面积，按不同厚度以平方米计量。

(2)水泥稳定土、石灰稳定土垫层应按图纸和监理人指示铺筑、经监理人验收合格的面积，按不同厚度以平方米计量。

(3)对个别特殊形状的面积，应采用适当计量方法计量，并经监理人批准以平方米计量。除监理人另有指示外，超过图纸所规定的面积，均不予计量。

2. 支付

(1)费用的支付，主要包括：

a. 承包人提供工程所需的材料、机具、设备和劳力等；

b. 原材料的检验、级配颗粒组成与塑性指数的试验或混合料设计与试验，以及经监理人批准的按照规范所要求的试验路段的全部作业；

c. 铺筑前对下承层的检查和清扫、材料的运输、拌和、摊铺、整型、压实、养护等；

d. 质量检验所要求的检测、取样和试验等工作。

(2)按上述规定计量，经监理人验收并列入工程量清单的以下支付子目的工程量，其每一计量单位，将以合同单价支付。此项支付包括一切为完成本项工程所必需的全部费用。

第 303 节　石灰稳定土底基层

303.01　范围

本节工作内容是在已完成并经监理人验收合格的路基或垫层上，铺筑石灰稳定土底基层。它包括所需的设备、劳力和材料，以及施工、试验等全部作业。

303.06　计量与支付

1. 计量

(1)石灰稳定土底基层应按图纸所示和监理人指示铺筑的平均面积，经监理人验收合格，按不同厚度以平方米计量。

(2)对个别特殊形状的面积，应采用监理人认可的计算方法计算。除监理工程师另有指示外，超过图纸所规定的计算面积或体积均不予计量。

(3)桥梁和明涵处的搭板、埋板下变截面石灰稳定土底基层按图纸所示和监理人的指示铺筑，经监理人验收合格后，以立方米计量。

2. 支付

(1)费用的支付，主要包括以下内容：

a. 承包人提供工程所需的材料、机具、设备和劳力等。

b. 原材料的检验、混合料设计与试验，以及经监理人批准的按照规范所要求的试验路段的全部作业。

c. 铺筑前对下承层的检查和清扫、材料的拌和、运输、摊铺、压实、整型、养护等。

d. 质量检验所要求的检测、取样和试验等工作。

(2)按上述规定计量，经监理人验收，并列入工程量清单的以下支付细目的工程量，其每一计量单位，将以合同单价支付。此项支付包括一切为完成本项工程所必需的全部费用。

第 304 节　水泥稳定土底基层、基层

304.01　范围

本节工作内容是在完成并经监理人验收合格的路基或垫层上，铺筑水泥稳定土底基层或在底基层上铺筑水泥稳定土基层，包括所需的设备、劳力和材料，以及施工、试验等全部作业。

304.06　计量与支付

1. 计量

(1)水泥稳定土底基层、基层按图纸所示和监理人指示铺筑，经监理人验收合格的面积，按不同厚度以平方米计量。

(2)对个别特殊形状的面积，应采用监理人认可的计算方法计量。除监理人另有指示外，超过图纸所规定的计算面积或体积均不予计量。

(3)桥梁及明涵的搭板、埋板下变截面石灰稳定土底基层按图纸所示和监理人的指示铺筑，经监理人验收合格后，以立方米计量。

2. 支付

(1)费用的支付，主要包括以下内容：

a. 承包人提供工程所需的材料、机具、设备和劳力等。

b. 原材料的检验、混合料设计与试验，以及经监理人批准的按照规范所要求的试验路段的全部作业。

c. 铺筑前对下承层的检查和清扫、混合料的拌和、运输、摊铺、压实、整型、养护等。

d. 质量检验所要求的检测、取样和试验等工作。

(2)按上述规定计量，经监理人验收，并列入工程量清单的以下支付子目的工程量，其每一计量单位，将以合同单价支付。此项支付包括一切为完成本项工程所必需的全部费用。

第 305 节　石灰粉煤灰稳定土底基层、基层

305.01　范围

本节工作内容是在已完成并经监理人验收合格的路基或垫层上，铺筑石灰粉煤灰稳定土底基层，或在底基层上铺筑石灰粉煤灰稳定土基层。它包括所需的设备、劳力和材料，以及施工、试验等全部作业。

305.06　计量及支付

1. 计量

(1)石灰粉煤灰稳定土基层和底基层按图纸或监理人指示铺筑，并经验收的平均面积按不同厚度以平方米计量。任何地段的长度应沿路幅中线水平量测。对个别不规则形状，应采用经监理人批准的计算方法计量。

(2)桥梁及明涵的搭板、埋板下变截面石灰粉煤灰稳定土底基层按图纸所示和监理人的指示铺筑，经监理人验收合格后，以立方米计量。

2. 支付

(1)费用的支付，主要包括以下内容：

a. 承包人提供工程所需的材料、机具、设备和劳力等。

b. 原材料的检验、混合料设计与试验，以及经监理人批准的按照规范所要求的试验路段的全部作业。

c. 铺筑前对下承层的检查和清扫、混合料的拌和、运输、摊铺、压实、整型、养护等。

d. 质量检验所要求的检测、取样和试验等工作。

(2)按上述规定计量，经监理人验收并列入工程量清单的以下支付子目的工程量，其每一计量单位，将以合同单价支付。此项支付包括一切为完成本项工程所必需的全部费用。

第 306 节　级配碎(砾)石底基层、基层

306.01　范围

本节工作内容是在已完成并经监理人验收合格的路基或垫层上铺筑级配碎(砾)石底基层或在底基层上铺筑级配碎石基层。它包括所需的设备、劳力和材料，以及施工、试验等全部

作业。

306.05 计量与支付

1.计量

(1)级配碎(砾)石底基层和基层应按图纸和监理人指示铺筑的平均面积、经监理人验收合格后,按不同厚度以平方米计量。除监理人另有指示外,超过图纸所规定的面积,均不予计量。

(2)桥梁及明涵的搭板、埋板下变截面级配碎(砾)石底基层按图纸所示和监理人指示铺筑,经监理人验收合格后,以立方米计量。

2.支付

(1)费用的支付,主要包括:

a.承包人提供工程所需的材料、机具、设备和劳力等。

b.原材料的检验、级配颗粒组成与塑性指数的试验等。

c.铺筑前对下承层的检查和清扫、材料的运输、拌和、摊铺、整型、压实等。

d.质量检验所要求的检测、取样和试验等工作。

(2)按上述规定计量,经监理人验收并列入工程量清单的以下支付子目的工程量,其每一计量单位,将以合同单价支付。此项支付包括一切为完成本项工程所必需的全部费用。

第309节 热拌沥青混合料面层

309.01 范围

本节工作内容为在经监理工程师验收合格的基层上,按照图纸和监理人指示铺筑一层或多层的热拌沥青混合料面层。它包括提供全部设备、劳力和材料,以及施工、养护、试验等全部作业。

309.06 计量与支付

1.计量

热铺沥青混凝土,应按图纸所示或监理人指示的平均铺筑面积,经监理人验收合格,按粗、中、细粒式沥青混凝土和不同厚度分别以平方米计量。除监理人另有指示外,超过图纸所规定的面积均不予计量。

2.支付

(1)费用的支付,主要包括以下内容:

a.承包人提供工程所需的材料、机具、设备和劳力等。

b.原材料的检验、混合料设计与试验,以及经监理人批准的按照规范所要求的试验路段的全部作业。

c.铺筑前对下承层的检查和清扫、材料的拌和、运输、摊铺、压实、整型、养护等。

d.质量检验所要求的检测、取样和试验等工作。

(2)按上述规定计量经监理人验收并列入工程量清单的以下支付子目的工程量,将以合同单价支付。此项支付包括一切完成本项工程所必需的全部费用。

第310节 沥青表面处治与封层

310.01 范围

本节内容为在按图纸所示施工,并经监理人验收合格的基层上铺筑单层或多层沥青表面处治面层;在沥青面层或沥青面层延迟期较长的基层上铺筑封层。它包括所需的设备、劳力和材料,以及施工、试验等全部作业。

310.05　计量与支付

1.计量

(1)沥青表面处治按图纸所示或监理人指示铺筑,经监理人验收合格,按不同厚度分别以平方米计量。

(2)封层按图纸规定的或监理人指示的喷洒面积,经监理人验收合格,以平方米计量。

(3)表面处治除监理人另有指示外,超过图纸规定的面积不予计量。

2.支付

(1)支付费用主要包括下列内容:

a.承包人提供工程所需的材料,使用的工具、设备和劳力等。

b.材料的检验、试验,以及按规范规定的全部作业。

c.喷洒前对层面的检查和清扫、材料的加热、运输、喷洒、养护等工作。

(2)按上述规定计量,经监理人验收并列入工程量清单的以下支付子目的工程量,将以合同单价支付。此项支付包括一切为完成本项工程所必需的全部费用。

第311节　水泥混凝土面板

311.01　范围

本节内容是在完成并经监理人验收合格的基层上,铺筑水泥混凝土面板的工作。它包括提供所需的设备、人工和材料,以及施工、养护、试验、检测等全部作业。

311.16　计量与支付

1.计量

(1)水泥混凝土面板按图纸和监理人指示铺筑的面积、经监理人验收合格,按不同厚度以平方米计量。除监理人另有指示外,任何超过图纸所规定的尺寸的计算面积,均不予计量。

(2)水泥混凝土路面的补强钢筋及拉杆、传力杆等钢筋按图纸要求设置,经监理人现场验收后以千克计量。因搭接而增加的钢筋不予计入。

(3)接缝材料等未列入支付子目中的其他材料均含入水泥混凝土路面单价之中,不单独计量与支付。

2.支付

(1)费用的支付,主要包括以下内容:

a.承包人提供工程所需的材料、机具、设备和劳力等。

b.原材料的检验,混合料设计与试验,以及经监理人批准的按照规范所要求的试验路段的全部作业。

c.铺筑混凝土面板前对基层的检查和清扫、混凝土混合料的拌和、运输、摊铺、终饰、接缝、养护等。

d.质量检验所要求的检测、取样和试验等。

(2)按上述规定计量,经监理人验收并列入工程量清单的以下支付子目的工程量,其每一计量单位,将以合同单价支付。此项支付包括一切为完成本项工程所必需的全部费用。

第400章　桥梁、涵洞

第401节　通　　则

401.01　范围

1.本章工程包括桥梁、涵洞及其附属结构物的施工。通道、排水、防护及隧道工程,亦可参照本章有关内容施工。

2. 特殊结构物的施工,必须同时按相应的有关规范及图纸要求编写项目专用本。

401.07 计量与支付

1. 计量

(1)荷载试验费用由发包人估定,以暂定估价的形式按总额计入工程总价内。

(2)地质钻探及取样试验按实际完成并经监理人验收后,分不同钻径以米计量。

(3)本节的其他工程细目,均不计量。

2. 支付

按上述规定计量,经监理人验收列入了工程量清单的地质钻探及取样试验支付子目,其每一计量单位将以合同单价支付。此项支付包括为完成钻探取样所需的全部材料、劳力、设备、试验及成果分析的全部费用,是对完成钻探及取样试验的全部偿付。

第402节 模板、拱架和支架

402.01 范围

本节工程包括就地浇筑和预制混凝土、钢筋混凝土、预应力混凝土,石料用混凝土预制块砌体所用模板、拱架和支架的设计、制作、安装、拆卸施工等有关作业。

402.07 计量与支付

本节工作为有关工程的附属工作,不作计量与支付。

第403节 钢 筋

403.01 范围

本节工作内容包括桥梁及结构物工程中钢筋的供应、试验、储存、加工及安装。

403.08 计量与支付

1. 计量

(1)根据图纸所示及钢筋表(不包括固定、定价架立钢筋)所列,按实际安设并经监理人验收的钢筋以千克(kg)计量。

其内容包括钢筋混凝土中的钢筋预应力混凝土中的非预应力钢筋及混凝土桥面铺装中的钢筋。

(2)除图纸所示或监理人另有认可外,因搭接而增加的钢筋不予计入。

(3)钢筋及钢筋骨架用的铁丝、钢板、套筒(连接套)、焊接、钢筋垫块或其他固定、定位架立钢筋的材料,以及钢筋的防锈、截取、套丝、弯曲、场内运输、安装等,作为钢筋工程的附属工作,不另行计量。

2. 支付

按上述规定计量,经监理人验收的列入了工程量清单的以下支付子目的工程量,其每一计量单位,将以合同单价支付。此项支付包括材料、劳力、设备、检验、运输及其他为完成钢筋工程所必需的费用,是对完成工程的全部偿付。

第404节 基础挖方及回填

404.01 范围

本节内容为结构物基坑的开挖与回填,以及与之有关的场地清理、支护(撑)、排水、围堰等作业。

404.04 计量与支付

1. 计量

(1)基础挖方应按下述规定,取用底、顶面间平均高度的棱柱体体积,分别按干处、水下及土、石，以立方米计量。干处挖方与水下挖方是以经监理人认可的施工期间实测的地下水位为界线。在地下水位以上开挖的为干处挖方；在地下水位以下开挖的为水下挖方。

基础底面、顶面及侧面的确定应符合下列规定：

a.基础挖方底面：按图纸所示或监理人批准的基础(包括地基处理部分)的基底高程线计算。

b.基础挖方顶面：按监理人批准的横断面上所标示的原地面线计算。

c.基础挖方侧面：按顶面到底面，以超出基底周边 0.5m 的竖直面为界。

(2)当承包人遇到特殊或非常规情况时，应及时通知监理人，由监理人定出特殊的基础挖方界线。凡未取得监理人批准，承包人以特殊情况为理由而完成的任何挖方将不予计量，其基坑超深开挖，应由承包人用砂砾或监理人批准的回填材料予以回填并压实。

(3)为完成基础挖方所做的地面排水及围堰、基坑支撑及抽水、基坑回填与压实、错台开挖及斜坡开挖等，作为挖基工程的附属工作，不另行计量。

(4)台后路基填筑及锥坡填土在第 204 节内计量与支付。

(5)基坑土的运输作为挖基工程的附属工作，不另行计量与支付。

2.支付

按上述规定计量，经监理工程师验收的列入了工程量清单的以下支付子目的工程量，其每一计量单位，将以合同单价支付。此项支付包括材料、劳力、设备、运输等及其他为完成挖基及回填工程所必需的费用，是对完成工程的全部偿付。

第 405 节　钻孔灌注桩

405.01　范围

本节工作包括钻孔、安设和拆除护筒、安设钢筋笼、灌注混凝土以及按图纸规定及监理人批示的有关钻孔灌注桩的其他作业。

405.13　计量与支付

1.计量

(1)钻孔灌注桩以实际完成并以监理人验收后的数量，按不同桩径的桩长以米计量。计量应自图纸所示或监理人批准的桩底高程至承台底或系梁底；对于与桩连为一体的柱式墩台，如无承台或系梁时，则以桩位处地面线为分界线，地面线以下部分为灌注桩桩长，若图纸有标识的，按图纸标识为准。未经监理人批准，由于超钻而深于所需的桩长部分，将不予计量。

(2)开挖、钻孔、清孔、钻孔泥浆、护筒、混凝土、破桩头，以及必要时在水中填土筑岛、搭设工作台架及浮箱平台、栈桥等其他为完成工程的细目，作为钻孔灌注桩的附属工作，不另行计量。混凝土桩无破损检测及所预埋的钢管等材料，均作为混凝土桩的附属工作，不另行计量。

(3)钢筋在第 403 节内计量，列入 403-1 子目内。

(4)监理人要求钻取的芯样，经检验，如混凝土质量合格，钻取的芯样应予计量，否则不予计量。混凝土取芯按取回的混凝土芯样的长度以米计量。

2.支付

按上述规定计量，经监理人验收的列入了工程量清单的以下支付子目的工程量，其每一计量单位，将以合同单价支付。此项支付包括材料、劳力、设备、运输等及其他为完成钻孔灌注桩工程所必需的费用，是对完成工程的全部偿付。

第 409 节　沉　　井

409.01　范围

本项工程包括施工场地准备，筑岛，沉井的制作，沉井下沉，基底处理，沉井封底，井孔填充，沉井顶板浇筑等，以及按照图纸或监理人指示的沉井有关作业。

409.08 计量与支付

1. 计量

(1)沉井制作完成，符合图纸规定要求，经监理人验收后，混凝土及钢筋按以下规定计量。

a. 沉井的混凝土，按就位后沉井顶面以下各不同部位(井壁、顶板、封底、填芯)和不同混凝土级别的体积以立方米为单位计量。

b. 沉井所用钢筋，列入第403节基础钢筋支付子目内计量。

(2)沉井制作及下沉奠基，其中包括场地准备，围堰筑岛，模板、支撑的制作安装与拆除，沉井浇筑、接高，沉井下沉，空气幕助沉，井内挖土，基底处理等工作，均应视为完成沉井工程所必需的工作，不另行计算。

(3)沉井刃脚所用钢材，视作沉井的附属工程材料，不另行计量。

2. 支付

按上述规定计量，经监理人验收列入了工程量清单的以下支付子目的工程量，其每一计量单位，将以合同单价支付。此项支会包括材料、劳力、设备、运输等及其他为完成沉井基础工程所必需的费用，是对完成工程的全部偿付。

第410节　结构混凝土工程

410.01 范围

1. 本节内容包括工程中结构混凝土的材料供应和拌和、立模、浇筑、拆模、修整、养生和质量要求。

2. 混凝土强度等级

混凝土等级系指150mm标准立方体试件(粗集料最大粒径为40mm)，在温度20℃±3℃，相对湿度大于90%的潮湿环境下，养生28d经抗压试验所得极限抗压强度，单位MPa，具有不低于95%的保证率。混凝土强度等级以C为前缀表示。如C30(30级)、40C(40级)。图纸有称“标号”时，应以相同“强度等级代替”，并应符合该强度等级混凝土的技术要求。

410.20 计量与支付

1. 计量

(1)以图纸所示或监理人指示为依据，按现场已完工并经验收的混凝土，分别以不同结构类型及混凝土等级，以立方米计量。

(2)直径小于200mm的管子、钢筋、锚固杆、管道、泄水孔或桩所占混凝土体积不予扣除。作为砌体砂浆的小石子混凝土，不另行计量。

(3)桥面铺装混凝土在第415节内计量与支付；结构钢筋在第403节内计量。

(4)为完成结构物所用的施工缝连接钢筋、预制构件的预埋钢板、防护角钢或钢板、脚手架或支架及模板、排水设施、防水处理、基础底碎石垫层、混凝土养生、混凝土表面修整及为完成结构物的其他杂项子目，以及混凝土预制构件的安装架设设备拼装、移运、拆除和为安装所需的临时性或永久性的固定扣件、钢板、焊接、螺栓等，均作为各项相应混凝土工程的附属工作，不另行计量。

2. 支付

按上述规定计量，经监理人验收的列入了工程量清单的以下支付子目的工程量，其每一计量单位，将以合同单价支付。此项支付包括材料、劳力、设备、试验、运输、安装及其他为完成混凝土工程所必需的费用，是对完成工程的全部偿付。

第413节 砌石工程

413.01 范围

本节工程包括石砌及混凝土预制块砌桥梁墩台、翼墙、拱圈等的砌筑，也可作为涵洞、锥坡、挡土墙、护坡、导流构造物砌体工程的参考。

413.05 计量与支付

1.计量

(1)以图纸所示或监理人指示为依据，按工地完成的并经验收的各种石砌体或预制混凝土块砌体，以立方米计量。

(2)计算体积时，所用尺寸应由图纸所标明或监理人书面规定的计价线或计价体积确定。相邻不同石砌体计量中，应各包括不同石砌体间灰缝体积的一半。镶面石突出部分超过外廓线者不予计量。泄水孔、排水管或其他面积小于0.02m^2的孔眼不予扣除。削角或其他装饰的切削，其数量为所在石料5%或少于5%者，不予扣除。

(3)砂浆或作为砂浆的小石子混凝土，作为砌体工程的附属工作，不另计量。

(4)砌体的垫铺材料的提供和设置，拱架、支架及砌体的勾缝，作为砌体工程的附属工作，不另计量。

2.支付

按上述规定计量，经监理人验收的列入了工程量清单的以下支付子目的工程量，其每一计量单位，将以合同单价支付。此项支付包括材料、劳力、运输、安砌等及其他为完成砌体工程所必需的费用，是对完成工程的全部偿付。

第415节 桥面铺装

415.01 范围

本节工作工程内容为混凝土及沥青混凝土桥面铺装。

415.05 计量与支付

1.计量

(1)桥面铺装应按图纸所示的尺寸，或按实际完成并经监理人验收的数量，分别按不同材料、级别、厚度，按平方米计量。由于施工原因而超铺的桥面铺装，不予计量。

(2)桥面防水层按图纸要求施工，并经监理人验收的实际数量，以平方米计量。

(3)桥面泄水管及混凝土桥面铺装接缝等作为桥面铺装的附属工作，不另行计量。

(4)桥面铺装钢筋在第403节有关工程子目中计量，本节不另行计量。

2.支付

按上述规定计量，经监理工程师验收的列入了工程量清单的以下支付子目的工程量，其每一计量单位，将以合同单价支付。此项支付包括材料、劳力、设备及其他为完成桥面铺装工程所必需的费用，是本节规定的全部工程的偿付。

第416节 桥梁支座

416.01 范围

本节工作包括桥梁隔震板式橡胶支座和普通橡胶支座及球形支座的供应和安装。

416.06 计量与支付

1.计量

支座按图纸所示不同的类型，包括支座的提供的和安装，以个计量。支座的质量检查、清洗、运输、起吊及安装支座所需的扣件、钢板、焊接、螺栓、粘结以及质量检测等作为支座安装的附属工作,不另行计量。

2.支付

按上述规定计量,经监理人验收的列入了工程量清单的以下支付细目的工程量,其每一计量单位,将以合同单价支付。此项支付包括材料、劳力、设备及其他为完成支座工程必需的费用,是对完成工程的全部偿付。

第417节 桥梁接缝和伸缩装置

417.01 范围

本节工作为桥梁的所有竖向、横向或斜向接缝和伸缩装置,包括橡胶止水片,沥青类等接缝填料,及桥面上伸缩装置的供应和安装。

417.05 计量与支付

1.计量

桥面伸缩装置按图纸要求安装并经监理人验收的数量,分不同结构形式以米计量。其内容包括伸缩装置的提供和安装等作业。

除伸缩装置外的其他接缝,如橡胶止水片、沥青类等接缝填料,作为有关工程的附属工作,不另行计量。

安装时切割和清除伸缩装置范围内沥青混凝土铺装和安装伸缩装置所需的部分水泥混凝土及临时或永久性的扣件、钢板、钢筋、焊接、螺栓、粘结等,作为伸缩装置安装的附属工作,不另行计量。

2.支付

按上述规定计量,经监理人验收的列入了工程量清单的以下支付子目的工程量,其每一计量单位,将以合同单位支付。此项支付包括材料、劳力、运输、工具、安装等及其他为完成伸缩装置工程所必需的费用,是对完成工程的全部偿付。

第418节 防 水 处 理

418.01 范围

本节内容为桥梁工程中的混凝土或砌体表面防水工作。与路堤材料或路面接触的所有公路通道等结构物的外表面,亦应按图纸及本节要求做防水处理。

418.04 计量与支付

沥青或油毛毡防水层,作为与其有关项目内的附属工作,不另行计量与支付。

第500章 隧 道

第501节 通 则

501.01 范围

本章工作内容包括隧道的施工准备、洞口与明洞工程、洞身开挖、洞身衬砌、防水与排水、风水电作业及通风防尘、监控量测、特殊地质地段施工与地质预报等以及其他有关工程的施工作业。

501.06 计量与支付

1.本节所有准备工作和施工中应采取的措施,均为以后各节工程的附属工作,不作单独计量与支付。

2.图纸中列出的工程及材料数量,在各节工程支付子目表中凡未被列出的,其费用应认为均含在与其相关的工程项目单价中,不再另予计量与支付。

第502节　洞口与明洞工程

502.01　范围

本节工作内容包括洞口土石方开挖、排水系统、洞门、明洞、坡面防护、挡墙以及洞口的辅助工程等的施工及其他有关作业。

502.05　计量与支付

1.计量

(1)各项工程,应按图纸所示和监理人指示为依据,按照实际完成并经验收的工程数量,进行计量。

(2)洞口路堑等开挖与明洞洞顶回填的土石方,不分土、石的种类,只区分为土方和石方,以立方米计量。

(3)弃方运距在图纸规定的弃土场内为免费运距,弃土超出规定弃土场的距离时(比如图纸规定的弃土场地不足要另外增加弃土场,或经监理人同意变更的弃土场),其超出部分另计超运距运费,按立方米公里计量。若未经监理人同意,承包人自选弃土场时,则弃土运距不论远近,均为免费运距。

(4)隧道洞门的端墙、翼墙、明洞衬砌及遮光栅(板)的混凝土(钢筋混凝土)或石砌圬工,以立方米计量。钢筋以千克(kg)计量。

(5)截水沟(包括洞顶及端墙后截水沟)圬工以立方米计量。

(6)防水材料(无纺布)铺设完毕经验收以平方米计量,与相邻防水材料搭接部分不另计量。

(7)洞口坡面防护工程,按不同圬工类型分别汇总以立方米计量,锚杆及钢筋网分别以千克计量;种植草皮以平方米计量。

(8)截水沟的土方开挖和砂砾垫层、隧道名牌以及模板、支架的制作安装和拆卸等均包括在相应工程中,不单独计量。

(9)泄水孔、砂浆勾缝、抹平等的处理,以及图纸示出而支付子目表中未列出的零星工程和材料,均包括在相应工程子目单价内,不另行计量。

2.支付

(1)按上述规定计量,经监理人验收的列入工程量清单的以下支付子目的工程量,其每一计量单位将以合同单价支付。此项支付包括材料、劳力、设备、运输等及其为完成洞口及明洞工程所必需的费用,是对完成工程的全部偿付。

(2)洞口土石方开挖与明洞洞顶回填各子目的合同单价,应以本规范第200章同子目的单价为结算依据。

第503节　洞 身 开 挖

503.01　范围

本节工作内容包括洞身及行车、行人横洞以及辅助坑道的开挖、钻孔爆破、施工支护、装渣运输等有关作业。

503.11　计量与支付

1.计量

(1)洞内土石方开挖应符合图纸所示(包括紧急停车带、车行横洞、人行横洞以及监控、消防和供配电设施的洞室)或监理人指示,按隧道内轮廓线加允许超挖值(设计给出的允许超挖值或《公路隧道施工技术规范》(JIG F60—2009)按不同围岩级别给出的允许超挖值)后计算土石方。另外,当采用复合衬砌时,除给出的允许超挖值外,还应考虑加上预留变形量。按上述要求计得的土石方工程量,不分围岩类别,以立方米计量。开挖土石方的弃渣,其弃渣距离在图纸规定的弃渣场内为免费运距;弃渣超出规定弃渣场的距离时(如图纸规定的弃渣场地不足要另外增加弃土场,或经监理人同意变更的弃渣场),其超出部分另计超运距运费,按立方米公里计量。若未经监理人同意,承包人自选弃渣场时,则弃渣运距不论远近,均为免费运距。

(2)不论承包人出于何种原因而造成的超过允许范围的超挖和由于超挖所引起增加的工程量,均不予计量。

(3)支护的喷射混凝土按验收的受喷面积乘以厚度,以立方米计量,钢筋以千克(kg)计量。喷射混凝土其回弹率、钢纤维以及喷射前基面的清理工作均包含在工程细目单价之内,不另行计量。

(4)洞身超前支护所需的材料,按图纸所示或监理人指示并经验收的各种规格的超前锚杆或小钢管、管棚、注浆小导管、锚杆以米计量;各种型钢以千克(kg)计量;连接钢板、螺栓、螺帽、拉杆、垫圈等作为钢支护的附属构件,不另行计量;木材以立方米计量。

(5)隧道开挖钻孔爆破、弃渣的装渣作业均为土石方开挖工程的附属工作,不另行计量。

(6)隧道开挖过程,洞内采取的施工防排水措施,其工作量应含在开挖土石方工程的报价之中。

2.支付

按上述规定计量,经监理人验收并列入了工程量清单的以下支付子目的工程量,其每一计量单位将以合同单价支付。此项支付包括材料、劳力、设备、运输及其他为完成洞身开挖工程所必需的费用,是对完成工程的全部偿付。

第 505 节　防水与排水

505.01　范围

本节工作内容包括隧道施工中的洞内外临时防水与排水和洞内永久防水、排水工程以及防水层施工等的有关作业。

505.06　计量与支付

1.计量

(1)洞内排水用的排水管按不同类型、规格以米计量。

(2)压浆堵水按所用原材料(如水泥浆液、水泥—水玻璃浆液)以吨(t)计量。压浆钻孔以米计。

(3)防水层按所用材料(防水板、无纺布等)以平方米计量;止水带、止水条以米计量。

(4)为完成上述项目工程加工安装所有工料、机具等均不另行计量。

(5)隧道洞身开挖时,洞内外的临时防排水工程应作为洞身开挖的附属工作,不另行支付。为此,第 503 节支付子目的土方及石方工程报价时,应考虑本节支付子目外的其他施工时采取的防排水措施的工作量。

2.支付

按上述规定计量,经监理人验收并列入了工程量清单的以下支付子目的工程量,其每一计量单位将以合同单价支付。此项支付包括材料、劳力、设备、运输等及其他为完成防排水工程所必需的费用,是对完成工程的全部偿付。

【典型例题解析】

一、单项选择题

1.以下关于坡面排水工作计量处理方法错误的是(　　)。

A. 边沟的加固铺砌，按图纸施工，经监理人验收合格的实际长度以米计量

B. 急流槽按图纸施工，经验收合格的断面尺寸计算体积，以立方米计量

C. 路基盲沟按图纸施工，经验收合格的断面尺寸计算体积，以立方米计量

D. 所有砂砾垫层或基础材料、填缝材料、钢筋等均不另行计量

【答案】 C

【考核点】 技术规范第 200 章中坡面排水的计量

【解析】 根据技术规范中的规定：①边沟、排水沟、截水沟的加固铺砌，按图纸施工经监理人验收合格的实际长度，分不同结构类型以米计量，由于边沟、排水沟、截水沟加固铺砌而需扩挖部分的开挖，均作为承包人应做的附属工作，不另计量与支付。②急流槽按图纸施工，经验收合格的断面尺寸计算体积，以立方米计量。③路基盲沟按图纸施工，经验收合格的断面尺寸及所用材料，按长度以米计量。④所用砂砾垫层或基础材料、填缝材料、钢筋以及地基平整夯实及回填等土方工程均含入相关子目单价之中，不另行计量与支付。在备选答案中，只有 C 项不符合要求，因此，应选择 C。

2. 以下是(　　)工程量清单主要内容之一。

A. 投标报价说明　　B. 合同条件　　C. 技术要求　　D. 图纸资料

【答案】 A

【考核点】 工程量清单的构成

【解析】 工程量清单是招标单位按照一定的原则将招标的工程进行合理分解，以明确工程的内容和范围，并将这些内容数量化的一套工程项目表。工程量清单一般包括工程量清单说明、投标报价说明、计日工说明、其他说明以及工程量清单表几部分。在备选答案中只有 A 项符合。因此，应选择 A。

3. 以下不是工程计量依据的是(　　)。

A. 工程量清单前言　B. 招标文件　　C. 技术规范　　D. 设计图纸

【答案】 B

【考核点】 工程计量的依据

【解析】 工程计量是按照合同条款对已完成的工程量进行测量与计算并予以确认的过程，它是工程付款前的一个重要阶段。工程计量的依据主要有质量合格证书、工程量清单说明、技术规范中的"计量支付"条款和设计图纸等几个方面内容。在备选答案中 A、C、D 三项均为工程计量的依据，只有 B 项不是，招标文件是在施工合同签订前招标单位编制的用于工程项目招标的文件。因此，应选择 B。

4. 中期支付的时间为(　　)。

A. 10 天　　B. 21 天　　C. 28 天　　D. 30 天

【答案】 C

【考核点】 支付的期限

【解析】 根据《公路工程标准施工招标文件》(2009 年版)有关规定，业主收到监理人开具的支付证书后，经审核确认无误后 28 天内将应付款支付给承包人。在备选答案中只有 C 项符合，因此，应选择 C。

5. 以下关于清单支付项目中的物理单位计量支付的项目，支付条件内容不正确的是(　　)。

A. 完成了技术规范和设计图纸所规定的内容

B. 质量合格

C. 计量结果准确无误

D. 业主审核满意

【答案】 D

【考核点】 工程支付的条件

【解析】 按工程支付的内容包括清单支付和合同支付。其中清单支付项目中以物理单位计量支付的项目占了工程量清单中的绝大部分工程内容，其支付条件是完成了技术规范和设计图纸所规定的工作内容，且质量合格，计量结果准确无误，并且监理工程师审核满意后方能支付，而不是业主审核满意。在备选答案中只有D项不符合条件。因此，应选择D。

二、多项选择题

1. 钻孔灌注桩开挖、钻孔、清孔、钻孔泥浆、护筒、混凝土、破桩头以及(　　)作为孔桩的附属工作，不另行计量。

A. 搭设浮箱平台　　B. 桩的承载试验　　C. 栈桥　　D. 水中填土筑岛

E. 无破损检验

【答案】 A、C、D、E

【考核点】 技术规范第400章钻孔灌注桩的计量

【解析】 根据技术规范中的规定，钻孔灌注桩开挖、钻孔、清孔、钻孔泥浆、护筒、混凝土、破桩头，以及必要时在水中填土筑岛，搭设工作平台架及浮箱平台、栈桥等其他为完成工程的细目，作为钻孔灌柱桩的附属工作，不另行计量。混凝土桩无破损检测及所预埋的钢管等材料，均作为混凝土桩的附属工作，不另行计量。在备选答案中A、C、D、E四项均符合技术规范的规定要求，而B项不符合。因此，应选择A、C、D、E。

2. 下列是工程计量的方法的有(　　)。

A. 估价法　　B. 钻孔取样法　　C. 加权系数法　　D. 图纸法

E. 断面法

【答案】 A、B、D、E

【考核点】 工程计量的方法

【解析】 工程计量的方法主要包括有：断面法、图纸法、钻孔取样法、分项计量法、均摊法、凭证法、估价法、综合法8种方法，计量时应根据施工项目的内容和特点采取相适合的计量方法。在备选答案中，A、B、D、E四项均属于工程计量的方法，只有C项不属于计量方法。因此，应选择A、B、D、E。

3. 工程支付的依据有(　　)。

A. 经监理人复核的工程计量结果　　B. 技术规范

C. 已标价工程量清单　　D. 施工方所报已完工程量

E. 合同条款

【答案】 A、B、C、E

【考核点】 工程支付依据

【解析】 工程费用支付的依据主要有：①以工程计量为依据；②以技术规范为依据；③以已标价工程量清单为依据；④以日常记录和合同条款为依据。在备选答案中A、B、C、E都属于工程支付的依据，而施工所报已完工工程量不能作为工程费用支付的依据。因此，应选择A、B、C、E。

4. 按支付内容划分，工程费用的支付包括(　　)。

A. 路面工程　　B. 清单支付　　C. 前期支付　　D. 合同支付

E. 正常支付

【答案】 B、D

【考核点】 工程支付项目

【解析】 按支付内容工程费用支付分为工程量清单内支付(简称清单支付)和工程量清单之外的支付(简称合同支付),路面工程是按工程内容进行划分的,前期支付是按时间划分的,正常支付是按合同执行情况划分的。在备选答案中只有 B、D 两项属于按支付内容进行划分的费用支付。因此,应选择 B、D。

5. 以下关于暂列金额说法正确的是(　　)。

A. 承包人对暂定金额项目进行的施工应在暂定金额中支付

B. 对于经发包人批准的每一笔暂列金额,监理人有权向承包人发出实施工程或提供材料、工程设备或服务的指令

C. 暂定金额应由监理人报发包人批准后指令全部或部分地使用,或者根本不予动用

D. 动用暂定金额时,由监理工程师签认即可

E. 当监理人提出要求时,承包人应提供有关暂列金额支出的所有报价单、发票、凭证和账单或收据

【答案】 B、C、E

【考核点】工程支付项目的方法

【解析】根据暂定金额的有关规定:①暂定金额应由监理人报发包人批准后指令全部或部分地使用,或者根本不予动用。②对于经发包人批准的每一笔暂列金额,监理人有权向承包人发出实施工程或提供材料、工程设备或服务的指令。这些指令应由承包人完成,监理人应根据合同条款约定的变更估价原则和合同条款中计日工的有关规定,对合同价格进行相应调整。③当监理人提出要求时,承包人应提供有关暂列金额支出的所有报价单、发票、凭证和账单或收据,除非该工作是根据已标价工程量清单列明的单价或总额价进行的估价。在备选答案中 B、C、E 三项均符合规定要求,因此,应选择 B、C、E。

三、判断题

1. 工程量清单一般是由施工单位提供。　　(　　)

【答案】 ×

【考核点】 工程量清单

【解析】 工程量清单是合同文件的内容之一,它反映每一个相对独立项目的主要内容和预算数量,一般是由招标单位提供。

2. 承包人应交纳的所有税金应按总额进行计量。　　(　　)

【答案】 ×

【考核点】 技术规范第 100 章计量的规定

【解析】 根据技术规范中相关规定:承包人应交纳的所有税金(包括营业税、城市建设维护税和教育附加)和工伤事故保险费、人身意外伤害保险费以及施工设备保险费,由承包人摊入各相关工程子目的单价和费率之中,不单独计量。

3. 已标价工程量清单中的单价子目工程量就是结算工程量。　　(　　)

【答案】 ×

【考核点】 工程计量

【解析】 已标价工程量清单中的单价子目工程量为估算工程量。结算工程量是承包人实际完成的，并按合同约定的计量方法进行计量的工程量。

4. 开工预付款是业主按合同规定提供给承包人的一项款项，承包人收到款项后可以自由支配。

【答案】 ×

【考核点】 开工预付款

【解析】 开工预付款是合同支付项目中的一项内容，承包人不得将该预付款用于与本工程无关的支出，监理人有权监督承包人对该项费用的使用，如经查实承包人滥用开工预付款，发包人有权立即通过向银行发出通知收回开工预付款保函的方式，将该款收回。

5. 如果能提高了工程经济效益，承包人施工中可以改变施工工艺和方法。 （ ）

【答案】 ×

【考核点】 工程变更

【解析】 没有监理人的变更指示，承包人不得擅自变更。在履行合同过程中，承包人对发包人提供的图纸、技术要求以及其他方面可以提出的合理化建议，但需监理人应与发包人协商是否采纳建议。

【习 题 精 练】

一、单项选择题

1. 承包人按合同条款办理的建筑工程一切风险和（ ），按总额计量。

A. 营业税　　B. 第三者责任险

C. 施工设备保险费　　D. 城市建设维护税

2. 对于填方路基土石方数量计量中，下列处理方法不正确的是（ ）。

A. 零填挖路段的翻松、压实不另计量

B. 零填挖路段的换填土，按压实的体积，以立方米计量

C. 利用土、石填方及土石混合填料的填方，按压实的体积，以立方米计量

D. 借土填方，按天然方的体积，以立方米计量

3. 抗滑桩用钢筋按图纸规定及经监理工程师验收的（ ）计量。

A. 图纸测算数量　　B. 施工方提交数量

C. 实际数量　　D. 不予计量

4. 桥涵工程中模板，拱架和支架工作应（ ）。

A. 按实际工作量计量和支付

B. 以监理工程师认可的工作量计量和支付

C. 按施工方所报工作量计量和支付

D. 不作计量与支付

5. 对桥涵结构混凝土工程计量时，直径小于 200mm 的管子、钢筋、锚固杆、管道、泄水孔或桩所占混凝土体积（ ）。

A. 按实际所占体积扣除　　B. 按统一估算体积扣除

C. 只对管道和桩所占体积进行扣除　　D. 不予扣除

6. 隧道工程中风水电作业及通风防尘工作应（ ）。

A. 按实际数量计量　　B. 以监理工程师认可数量计量

C. 以施工方所报数量计量　　　　D. 不另行计量

7. 在绿化及环境保护工程中，表土铺设应按完成的铺设面积并经验收以(　　)计量。

A. 米　　B. 平方米　　C. 立方米　　D. 不另行计量

8. 工程量清单的分项应按照招标文件中的(　　)要求编制。

A. 公路工程施工合同条款　　B. 施工图设计文件

C. 投标人须知　　D. 技术规范

9. 计日工劳务基本单价是指承包人劳务的(　　)。

A. 全部直接费用　　B. 管理费

C. 税费　　D. 利润

10. 在投标时工程量清单中没有填入单价或价格的子目，其费用应(　　)。

A. 加到投标的单价或总额价中

B. 视为已分配在工程量清单中其他相关子目的单价或价格中

C. 由监理工程师确定单价或总额价

D. 以计日工方式计价

11. 监理人应在收到承包人提交的工程量报表后的(　　)天以内进行复核。

A. 7　　B. 14　　C. 15　　D. 21

12. 为保证路面结构层的设计厚度，可采用(　　)法计量。

A. 断面法　　B. 图纸法　　C. 分项计量法　　D. 钻孔取样法

13. 对于一些临时道路、桥梁的修建和养护，办公室的维修以及测量设备的保养等清单项目，可以采用(　　)予以计量。

A. 分项计量法　　B. 均摊法　　C. 凭证法　　D. 估价法

14. 清单中某项提供监理工程师使用的测量设备为：测距仪 2 台，单价为 50 000 元/台，水准仪 2 台，单价为 30 000 元/台；承包商已各购进 1 台，购货凭据显示共花费 90 000 元，对其计量应支付(　　)元。

A. 45 000　　B. 80 000　　C. 90 000　　D. 160 000

15. 工程费用按支付的内容包括清单支付和(　　)。

A. 最终支付　B. 中期支付　　C. 合同支付　　D. 正常支付

16. 我国《公路工程标准施工招标文件》规定最终结清时间为(　　)天。

A. 7　　B. 14　　C. 28　　D. 42

17. 暂列金额的使用权由(　　)批准。

A. 业主　　B. 监理工程师　　C. 承包人　　D. 建设主管部门

18. 材料预付款是业主付给承包人用于(　　)的各种材料、设备的预付款。

A. 临时工程　B. 永久性工程　　C. 一般工程　　D. 整个工程

19. 在合同执行期间，由于人工、材料和设备价格的上涨引起施工成本增加，应(　　)。

A. 按原合同价执行　　B. 按招标价格执行

C. 将此费用从招标价格中减去或加入　　D. 将此费用从合同价中减去或加入

20. 逾期交工违约金的限额一般为(　　)的签约合同价。

A. 2%　　B. 3%　　C. 5%　　D. 10%

二、多项选择题

1. 下列关于场地清理计量表述正确的是(　　)。

A. 施工场地清理应按监理人书面指定的范围进行验收。现场实地测量的平面投影面积以平方米计量

B. 破伐树木仅计胸径大于 100mm 的树木,以棵计量

C. 挖除树根,包括挖除、移运、堆放等一切有关的作业均视为砍伐树木附属工作,不予另行计量

D. 挖除旧路面应按各种不同结构类型的路面分别以平方米计量

E. 所有场地清理、拆除与挖掘工作的一切挖方、回填、压实,以及适用材料的移运、堆放和废料的移运处理等作业均不另行计量

2. 桥面铺装应按以下(　　)规定进行计量。

A. 桥面铺装应按图纸所示尺寸或按实际完成并经监理工程师验收的数量,分别接不同材料、级别、厚度,按平方米计量

B. 由于施工原因而超铺的桥面铺装,按实际数量计量

C. 桥面防水层按图纸要求施工,并经监理工程师验收的实际数量,以平方米计量

D. 桥面泄水管及混凝土桥面铺装接缝等工作按实际数量计量

E. 桥面铺装钢筋按桥涵工程基础钢筋细目中的规定计量

3. 工程费用的组成包括(　　)。

A. 直接费　B. 间接费　C. 施工技术装备费　D. 利润　E. 税金

4. 工程量清单前言强调,工程量清单应与(　　)等文件结合起来理解或解释。

A. 招标须知　B. 投标人须知　C. 合同条款　D. 技术规范　E. 图纸

5. 工程量清单中投标报价说明强调,除非合同另有规定,工程量清单中有标价的单价或总额价均已包括了为实施和完成合同所需的(　　)。

A. 劳务、材料、机械费用　B. 质检、安装、缺陷修复费用

C. 管理、保险、税费、利润等费用　D. 合同明示或暗示的所有责任、义务

E. 一般风险

6. 计日工明细表由(　　)组成。

A. 财务明细表　B. 计日工劳务单价表

C. 计日工材料单价表　D. 计日工机械单价表

E. 计日工汇总表

7. 在计算计日工工资时,不包括以下(　　)人员。

A. 工长　B. 直接从事工作的工人

C. 班长　D. 其他质检管理人员

E. 领工

8. 计日工材料基本单价按供货价加(　　)计算。

A. 运杂费　B. 保险费　C. 仓库管理费　D. 运输损耗　E. 税费

9. 工程计量的条件包括(　　)。

A. 计量的项目应符合合同要求

B. 承包人想要支取工程款

C. 质量必须达到合同规范标准的要求

D. 工程的多数细目已完工

E. 验收手续必须齐全

10. 合同规定计量的项目包括(　　)。

A. 清单中的工程项目　　B. 承包人自己进行试验的施工项目

C. 合同文件中规定的项目　　D. 工程变更项目

E. 承包人驻地建设

11. 以下(　　)都是工程计量的依据。

A. 清单单价　　B. 技术规范

C. 工程量清单　　D. 设计图纸

E. 质量合格证书

12. 工程计量时应以(　　)为原则进行。

A. 不符合合同文件要求的工程,不得计量

B. 按合同文件中所规定的方法、范围、内容、单位计量

C. 按监理工程师同意的计量方法计量

D. 对所有项目都必须进行计量

E. 除非合同部分工程另有规定,工程计量应以净值为准

13. 以下(　　)是工程计量中的主要文件之一。

A. 工程量报表

B. 工程分项开工申请批复单

C. 检验申请批复表及有关自检资料

D. 工程质量检验表及有关的质量评定意见

E. 工程变更令和中间交工证书

14. 中期支付申请的审定主要是审定(　　)。

A. 承包人资质　　B. 申请的格式和内容

C. 各项资料和证明文件　　D. 承包人的财务制度

E. 所有款项的计算与汇总

15. 以下有关最终结清说法正确的是(　　)。

A. 缺陷责任期终止证书签发后 28 天内,承包人向监理人提交最终结算申请单

B. 最终结算申请单中的总金额应认为是代表了根据合同规定应付给承包人的全部款项的最后结算

C. 发包人对最终结清申请单内容有异议的,有权要求承包人进行修正和提供补充资料,由承包人向监理人提交修正后的最终结清申请单

D. 监理人收到承包人提交的最终结清申请单后的 14 天内,提出发包人应支付给承包人的价款送发包人审核并抄送承包人

E. 发包人应在监理人出具最终结清证书后的 14 天内,将应支付款支付给承包人

16. 清单支付项目包括以下(　　)内容。

A. 自然单位项目　　B. 暂列金额

C. 计日工　　D. 开工预付款

E. 材料、设备预付款

17. 采用计日工计价的任何一项变更工作,承包人应在该项变更的实施过程中,每天提交以下(　　)报表和有关凭证报送监理人审批。

A. 工作名称、内容和数量

B. 投入该工作所有人员的姓名、工种、级别和耗用工时

C. 投入该工作的材料类别和数量

D. 投入该工作的施工设备型号、台数和耗用台时

E. 监理人要求提交的其他资料和凭证

18. 符合材料、设备预付款支付条件的是(　　)。

A. 材料、设备符合规范要求并经监理人认可

B. 材料设备将用于整个工程建设

C. 承包人已出具材料、设备费用凭证或支付单据

D. 材料设备的质量在检验之中

E. 材料、设备已在现场交货,且存储良好,监理人认为材料、设备的存储方法符合要求

19. 支付工程变更费用时,工程量的核算主要由以下(　　)几方面取得。

A. 合同文件及技术规范　　B. 设计图纸

C. 投标文件　　D. 监理工程师的记录

E. 承包人提供的工程数量

20. 计算索赔费用时,确定单价与费率时可采用以下(　　)方法进行。

A. 由监理工程师确定

B. 利用工程量清单单价

C. 采用协商费率

D. 采用正式规定和公布的标准确定

E. 按有关票据计算

三、判断题

1. 一切计量工作都应在监理工程师在场情况下,由承包人测量、记录,有承包人签名的计量记录原本,承包人应妥善保管。(　　)

2. 路基整修所涉及的费用应按实际数额计算。(　　)

3. 热铺沥青混凝土统一只按铺筑面积以平方米计量。(　　)

4. 桥涵工程的沥青或油毛毡防水层,不另行计量。(　　)

5. 工程量清单前言在招标阶段对工程报价没有影响。(　　)

6. 工程量清单中的工程量发生变动,就会直接影响到合同条件的效力。(　　)

7. 所有工程量清单都有计日工明细表的内容。(　　)

8. 对于清单中没有填写单价与金额的项目,则不需要进行计量。(　　)

9. 工程质量没有达到规范标准的工程,经监理工程师批准后,可以进行计量。(　　)

10. 我国公路工程合同中主要采用由监理工程师进行计量的方式。(　　)

11. 工程计量的综合法就是采用分项计量法和估价法进行综合计量。(　　)

12. 工程费用支付必须以工程计量为依据。(　　)

13. 中期支付是按季度来进行的。(　　)

14. 合同支付在支付总额中所占比重较大,是主要支付。(　　)

15. 公路招标项目中一般规定每月支付金额不低于5%。(　　)

16. 支付必须计算准确,因为如果出现错误将无法弥补。(　　)

17. 在计日工作业中,承包人计算所用的施工机械费用时,应按实际工作小时支付。(　　)

18. 开工预付款是一项由业主提供给承包人用作开办费用的贷款，按期扣除利息。（ ）

19. 承包人根据业主要求办理开工预付款的担保所产生的费用由业主承担。（ ）

20. 监理工程师在签发了材料、设备预付款的支付证书后，这些材料设备的质量同时也得到认可。（ ）

21. 当材料设备用于永久性工程后，材料、设备预付款应从中期支付证书中一次扣回。（ ）

22. 质量保证金按照监理工程师规定的比例扣留。（ ）

23. 因为承包人责任造成工程变更，要进行价格调整。（ ）

24. 由于承包人原因未在约定的工期内交工的，则对原约定交工日期后继续施工的工程，在价格调整时，应采用实际交工日期的价格指数。（ ）

25. 在计算调整差额时得不到现行价格指数的，由监理工程师确定一个进行调整。（ ）

四、综合分析题

1. 某单位承包的一项工程有效合同为 3 000 万元，其利润目标为有效合同价的 5%，开工预付款为合同价的 10%，开工预付款的扣回按《公路工程标准施工招标文件》规定执行。质量保证金的百分比为月支付的 10%，质量保证金限额为合同价的 5%。工程完成合同价的 60%时，由于业主违约，合同被迫终止。此时承包人另外完成变更工程 100 万元，完成暂定项目 30 万元，为工程合理订购材料库存 70 万元。由于合同终止，承包人设备撤回基地和遣返所有雇佣人员的费用共 50 万元（工程清单中未单独列项）。业主就已完成的各类工程均已按合同规定给予支付。该项目实际工程量与清单工程量一致，且无调价。

在合同终止时，试分析：

(1)业主扣回多少开工预付款？

(2)业主实际已支付各类工程款共计多少？

(3)业主还需支付各类补偿款多少？

(4)业主总共应支付给承包人多少工程款？

【习题答案及简析】

一、单项选择题

1. B 【简析】根据技术规范第 100 章中有关计量规定，承包人按合同条款办理的工程一切风险和第三方责任保险，按总额计量。因此，应选择 B。

2. D 【简析】根据技术规范中的规定，在备选答案中前三项均符合计量要求，只有最后一项应是借土填方，按压实的体积，以立方米计量。因此，应选择 D。

3. C 【简析】根据技术规范中的规定，抗滑桩用钢筋按图纸规定及经监理工程师验收的实际数量以 kg 计量。因此，应选择 C。

4. D 【简析】根据技术规范第 402 节规定，模板、拱架和支架工作为有关工程的附属工作，不作计量与支付。因此，应选择 D。

5. D 【简析】根据技术规范第 410 节计量规定，直径小于 200mm 的管子、钢筋、锚固料、管道、泄水孔或桩所占混凝土体积不予扣除，作为砌体砂浆的小石子混凝土，不另行计量。因此，应选择 D。

6.D 【简析】根据技术规范第507条规定:风水电作业及通风防尘作为隧道施工的不可缺少的附属工作,其工作均含在隧道工程其他有关工程细目中,不再另行计量。因此,应选择D。

7.C 【简析】根据技术规范第702节中的规定:表土铺设应按完成的铺设面积并经验收的立方米单位计量。因此,应选择C。

8.D 【简析】工程量清单的分项应按照招标文件中技术规范的要求编制,招标单位按这些分项进行计算就可以编制出标底。因此,应选择D。

9.A 【简析】根据对计日工说明中的有关规定,承包人可以得到用于计日工劳务的全部工时的支付,此支付按“计日工劳务单价表”所列单价计算。该单价包括基本单价及承包人的管理费、税费、利润等所有附加费,而劳务基本单价包括承包人劳务的全部直接费用。因此,应选择A。

10. B 【简析】工程量清单的投标报价说明规定,工程量清单中投标人没有填入单价或价格的子目,其费用应视为已分配在工程量清单中其他相关子目的单价或价格之中。因此,应选择B。

11.A 【简析】根据《公路工程标准施工招标文件》的规定,监理人应在收到承包人提交的工程量报表后的7天内进行复核,监理人未在约定时间内复核的,承包人提交的工程量报表中的工程量视为承包人实际完成的工程量,据此计算工程价款。因此,就选择A。

12.D 【简析】根据技术规范中的规定,路面结构层的计量以平方米计,但必须保证结构层的设计厚度,因此采用钻孔取样法来确定结构层的厚度。因此,应选择D。

13.B 【简析】均推法就是对清单合同价按合同工期平均计量,而题中的这些清单项目的特点就是在合同工期内每月都有发生,可采用均摊法予以计量。因此,应选择B。

14.A 【简析】对清单这一项应采用估价法进行计量,根据公式$F=A\times\frac{B}{D}$

$$A=50\,000+30\,000=80\,000\text{元}\quad B=90\,000\text{元}$$
$$D=50\,000\times2+30\,000\times2=160\,000\text{元}$$
$$F=80\,000\times\frac{90\,000}{160\,000}=45\,000\text{元}$$

因此,应选择A。

15.C 【简析】工程费用按支付的内容分为工程量清单内的支付和工程量清单外的支付,即清单支付和合同支付。因此,应选择C。

16. B 【简析】根据《公路工程标准施工招标文件》(2009年版)中规定,发包人应在监理人出具最终结清证书后的14天内,将应支付款支付给承包人。发包人不按期支付的,按合同条款有关的约定,将逾期付款违约金支付给承包人。因此,应选择B。

17.B 【简析】根据《公路工程标准施工招标文件》(2009年版)中规定,暂列金额由监理工程师报发包人批准后指令全部或部分使用,或者根本不予动用。因此,应选择B。

18.B 【简析】根据合同条件的规定,业主应给承包人支付材料、设备预付款,使承包人可购进要用于和安装在永久性工程中的各种材料、设备,而且不计利息。因此,应选择B。

19.A 【简析】根据《公路工程标准施工招标文件》(2009年版)中规定,在合同执行期间(包括工期拖延期间),由于人工、材料和设备价格的上涨而引起工程施工成本增加的风险由承包人自行承担,合同价格不会因此而调整。因此,应选择A。

20.D 【简析】根据《公路工程标准施工招标文件》(2009年版)中规定,逾期交工违约金限额一般应为10%签约合同价。因此,应选择D。

二、多项选择题

1. A、B、D、E 【简析】根据技术规范第202节的规定,在备选答案中A、B、D、E四项均符合计量规定和要求,只有C项不符合规定。挖除树根应以棵计量,包括挖除、移运、堆放等一切有关的作业。因此,应选择A、B、D、E。

2. A、C、E 【简析】根据技术规范中第415节中的相关规定,在备选项中A、C、E三项都符合计量要求。B项由于施工原因而超铺的桥面铺装,不予计量;D项桥面泄水管及混凝土桥面铺装接缝作为桥面铺装附属工作,不另行计量。因此,应选择A、C、E。

3. A、B、D、E 【简析】工程费用也称建筑安装工程费,它是由直接费、间接费、利润和税金四部分组成。因此,应选择A、B、D、E。

4. B、C、D、E 【简析】工程量清单说明中强调工程量清单应与投标人须知、通用合同条款、专用合同条款、技术规范及图纸等一起阅读和理解。因此,应选择B、C、D、E。

5. A、B、C、D、E 【简析】在备选答案中,A、B、C、D、E五项均为工程量清单前言所强调的内容。因此,应全选。

6. B、C、D、E 【简析】计日工明细表由五个方面内容外,并且由相应的计日工劳务单价表、计日工材料单价表、计日工施工机械单价表和计日工汇总表四个表格组成。因此应选择B、C、D、E。

7. A、D、E 【简析】根据计日工明细表中的规定,只有直接从事指定的工作,且能胜任该工作的工人才能计工。随同工人一起做工的班长应计算在内,但不包括领工(工长)和其他质检管理人员。因此,应选择A、D、E。

8. A、B、C、D 【简析】根据计日工明细表中有关规定,材料的基本单价按供货价加运杂费、保险费、仓库管理费及运输损耗等计算。因此,应选择A、B、C、D。

9. A、C、E 【简析】对工程计量时必须满足的条件有:计量项目应符合合同要求;质量必须达到合同规范标准的要求;验收手续齐全。在备选答案中,A、C、E都符合要求,B、D两项不符合条件。因此,应选择A、C、E。

10. A、C、D、E 【简析】在备选答案中,除B项以外的其他四项都符合规定应予以计量,没有经过监理工程师的批准、承包人自己为施工进行试验的项目,不予计量。因此,应选择A、C、D、E。

11. B、C、D、E 【简析】根据工程计量依据的主要内容,在备选答案中B、C、D、E四项都符合要求,只有A项不符合。因此,应选择B、C、D、E。

12. A、B、C、E 【简析】在备选答案中,A、B、C、E四项都是计量时应遵循的基本原则。D项不符合要求,工程计量时只对符合合同文件要求且经验收合格的项目进行计量。因此,应选择A、B、C、E。

13. A、B、C、D、E 【简析】在所给的备选答案中全部都属于工程计量时主要的文件。因此,应全选。

14. B、C、E 【简析】中期支付申请的审定主要是审定:申请的格式和内容应满足合同要求;各项资料、证明文件手续齐全;所有款项计算与汇总无误。因此,应选择B、C、E。

15. A、B、C、D、E 【简析】根据《公路工程标准施工招标文件》(2009年版)中有关最终结清的规定,在所给的备选答案中全部符合要求。因此,应全选。

16. A、B、C 【简析】清单支付项目包括物理单位项目、自然单位项目、暂定金额和计日工几项。因此,应选择A、B、C。

17. A、B、C、D、E 【简析】根据《公路工程标准施工招标文件》(2009 年版)中有关计日工的规定,在所给的备选答案中全部符合要求。因此,应全选。

18. A、C、E 【简析】根据《公路工程标准施工招标文件》(2009 年版)有关规定,在备选项中 A、C、E 三项均符合要求,因此,应选择 A、C、E。

19. A、B、D、E 【简析】在备选答案中,除 C 项以外的其他四项都是工程变更核算工程量的主要来源。因此,应选择 A、B、D、E。

20. B、C、D、E 【简析】在备选答案中,除 A 项以外的其他四项都是计算索赔费用,确认单价与费率可以利用的方法。因此,应选择 B、C、D、E。

三、判断题

1. × 【简析】有承包人签名的计量记录原本,应提交监理工程师审查和保存。

2. × 【简析】路基整修所涉及的费用包括在其他相关的工程子目的单价或费率之中,所以应不作计量与支付。

3. × 【简析】热铺沥青混凝土经监理工程师验收合格后,按粗、中、细粒式沥青混凝土和不同厚度分别以平方米计量。

4. √ 【简析】桥涵工程中的防水处理作为其他有关项目内的附属工作,不另计量与支付。

5. × 【简析】工程量清单前言主要对工程项目的工作范围和内容、计量方式和方法、费用计算依据进行描述,因此在招、投标阶段对工程报价有影响。

6. × 【简析】工程量清单所列工程量的变动,丝毫不会降低或影响合同条件的效力。

7. × 【简析】并非所有工程量清单都有计日工明细表,只有当工程量清单所列各项均没有包括,而这种例外的附加工作出现的可能性又很高,并且这种例外的附加工作很难估计工程量时,才列有计日工明细表。

8. × 【简析】没有填写单价与金额的项目费用包括在清单的其他单价或款项中,因此,对这些项目仍需进行计量。

9. × 【简析】工程质量没有达到合同规范标准的任何工程或工序,一律不得进行计量。

10. × 【简析】我国公路工程合同中主要采用由承包人计量,监理人复核。

11. × 【简析】综合法是采用均摊法和估价法进行综合计量的一种方法。

12. √ 【简析】承包人所得付款是以工程量为基础,因此准确的计量成为支付的前提。

13. × 【简析】中期支付按月进行,由监理工人出具经业主签认的中期支付证书来实施。

14. × 【简析】合同支付所占比重较小,但支付难度很大。

15. × 【简析】支付最低限额在合同中约定。

16. × 【简析】监理人可以通过任何一期《中期支付证书》对已支付工程出现问题进行纠正。

17. √ 【简析】在计日工作业中,承包人计算所用的施工机械费用时,应按实际工作小时支付。除非经监理人的同意,计算的工作小时才能将施工机械从现场某处运到监理人指令的计日工作业的另一现场往返运送时间包括在内。

18. × 【简析】开工预付款是一项由业主提供给承包人用作开办费用的无息贷款。

19. × 【简析】承包人要向业主提交符合要求的开工预付款保函,办量这些保函时所需费用由承包人承担。

20. × 【简析】监理工程师签发了材料、设备预付款的支付证书不应视为是对这些材料设备质量的批准。

21. × 【简析】当材料设备用于永久性工程后，材料、设备预付款应从进度付款证书中扣回，扣回期不超过3个月。

22. × 【简析】监理人应从第一个付款周期开始，在发包人的进度付款中，按项目专用合同条款数据表规定的百分比扣留质量保证金，直至扣留的质量保证金总额达到项目专用合同条款数据表规定的限额为止。

23. × 【简析】因为承包人过错、违反合同或承包人责任造成的工程变更所发生的任何额外费用应由承包人承担。

24. × 【简析】由于承包人原因未在约定的工期内竣工的，则对原约定竣工日期后继续施工的工程，在价格调整时，应采用原约定竣工日期与实际竣工日期的两个价格指数中较低的一个作为现行价格指数。

25. × 【简析】在计算调整差额时得不到现行价格指数的，可暂用上一次价格指数计算，并在以后的付款中再按实际价格指数进行调整。

四、综合分析题

1. **解：**

开工预付款按《公路工程标准施工招标文件》规定扣回，也就是在开工预付款在进度付款证书累计金额达到合同价格的30%时开始扣除，达到合同价的80%时扣完。因此，具体分析计算如下：

(1)业主扣回开工预付款

$$=\frac{[(\text{累计完成工程款})-\text{合同价}\times 30\%]\times \text{开工预付款}}{\text{合同价}\times 50\%}$$

$=[(3\,000\times 60\%+100+30)-3\,000\times 30\%]\times 3\,000\times 10\%\div(3\,000\times 50\%)$

$=1\,874$(万元)

(2)业主扣回开工预付的各类工程费＝已完成的合同工程价款＋变更工程＋完成的暂定项目款＋开工预付款－扣回开工预付款－质量保证金

$=3\,000\times 60\%+100+30+3\,000\times 10\%-206-3\,000\times 5\%$

$=1\,874$(万元)

(3)业主还需支付的各类补偿＝利润补偿＝承包人已支付的库存材料款＋施工设备撤回基地和遣返所有雇佣人员费用的部分＋已扣的质量保证金

利润补偿$=(3\,000-3\,000\times 60\%)\times 5\%=60$(万元)

承包人已支付材料价款$=70$(万元)

施工设备撤回基地和遣返所有雇佣人员费用

$$=\frac{(3\,000-3\,000\times 60\%)}{3\,000}\times 50=20\text{(万元)}$$

已扣质量保留金$=3\,000\times 5\%=150$(万元)

所以：业主还需支付的各类补偿款$=60+70+20+150=300$(万元)

(4)业主总共支付的工程款＝业主已实际的各类工程款＝业主还需要支付的各类补偿－尚未扣回的开工预付款

$=1\,874+300-(3\,000\times 10\%-206)$

$=2\,080$(万元)

注：2003年和2004年均考了此类题型。

第五章　工程财务管理

【本 章 提 要】

本章重点掌握建设项目融资和企业成本管理的相关内容。通过本章的复习，应能理解《企业财务通则》和《企业财务准则》的主要内容，准确把握企业再生产过程中的资金运行过程，正确理解资金成本和施工企业对不同资产的管理及有关的税收和保险规定，掌握施工企业成本管理的流程和方法，这也是本章的重点内容。本章的难点是资金成本的分析和计算以及成本核算问题。

【考 纲 要 求】

了解：《企业财务通则》和《企业会计准则》的基本内容，施工企业财务报表的内容。如资产负债表、损益表、现金流量表。

熟悉：建设项目融资的基本内容，如融资方式、融资程序、融资成本的分析、资金成本的计算、融资方案的比选、与工程有关的税收与保险规定、施工企业资产的分类和管理、资产评估的常用方法。

掌握：施工企业成本管理的程序和方法。

【知 识 体 系】

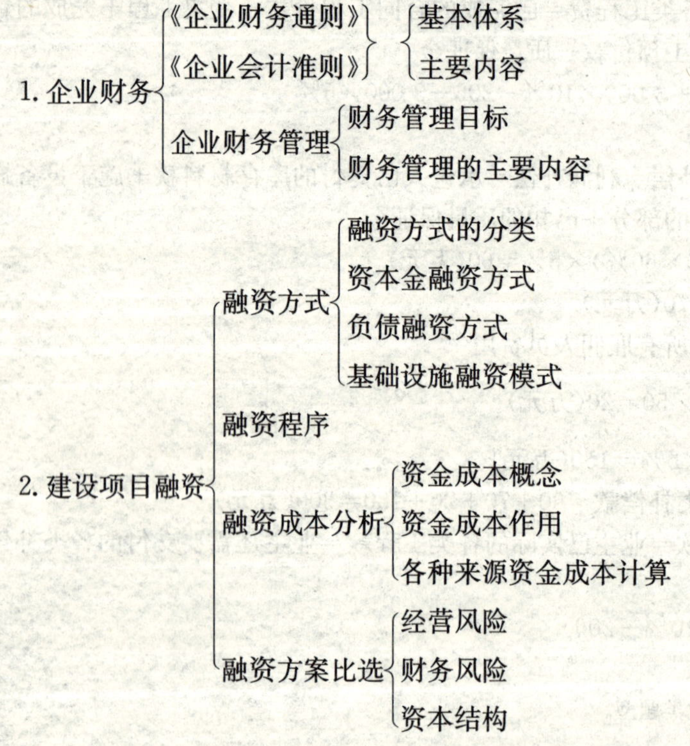

3. 企业资产
- 施工企业资产的分类和管理
  - 流动资产
  - 长期投资
  - 固定资产
  - 无形资产
  - 递延资产
- 资产评估
  - 资产评估的概念
  - 资产评估的方法

4. 施工企业成本管理
- 成本管理的内涵及分类
- 成本管理的程序和方法

5. 与工程有关的税收及保险
- 与工程有关的税收规定
- 与工程有关的保险规定

【知识点复习】

一、《企业财务通则》和《企业财务准则》

根据《中华人民共和国财政部令》第41号，财政部对《企业财务通则》和《企业会计准则》进行了修订，自2007年1月1日起开始实行。修订后的《企业财务通则》和《企业会计准则》都发生了较大的变化。

(一)《企业财务通则》(了解)

1. 企业财务制度基本体系

企业财务制度的基本体系由高到低分为企业财务通则、行业的财务制度和企业内部财务管理规定三个层次。

2.《企业财务通则》的基本内容

新的《企业财务通则》包括：总则、企业财务管理体制、资金营运、成本控制、收益分配、重组清算、信息管理、财务监督、附则等十章，共计七十八条内容。

根据《企业财务通则》规定，国有及国有控股企业应当确定内部财务管理体制，建立健全财务管理制度，控制财务风险。

3. 企业财务管理

企业财务管理应当按照制订的财务战略，合理筹建资金，有效营运资产，控制成本费用，规范收益分配及重组清算财务行为，加强财务监督和财务信息管理。

4. 企业财务管理体制

企业实行资本权属清晰、财务关系明确，符合法人治理结构要求的财务管理体制。企业应当按照国家有关规定建立有效的财务管理级次。企业应当建立以下制度：

(1)建立财务决策制度，明确决策规则、程序、权限和责任等。

(2)建立财务决策回避制度。对投资者、经营者个人与企业利益有冲突的财务决策事项，相关投资者、经营者应当回避。

(3)建立财务风险管理制度。明确经营者、投资者及其他相关人员的管理权限和责任，按照风险与收益均衡、不相容职务分离等原则，控制财务风险。

(4)建立财务预算管理制度。以现金流为核心，按照实现企业价值最大化等财务目标的要求，对资金筹集、资产营运、成本控制、收益分配、重组清算等财务活动，实施全面预算管理。

5.财务监督

企业依法接受主管财政机关的财务监督和国家审计机关的审计。

企业应建立、健全内部财务监督制度，经营者应当实施内部财务控制，配合投资者或企业监事会以及中介机构的检查、审计工作。

(二)《企业财务准则》(了解)

1.基本体系

企业财务准则包括基本准则和具体准则两个层次。

2.基本内容

新的《企业财务准则》包括：总则、会计信息质量要求、资产、负债、所有者权益、收入、费用、利润、会计计量、财务合计报告、附则等十一章，共计五十条内容。

3.会计核算的基本前提

(1)会计主体。也称会计实体、会计个体，是指会计信息所反映的特定单位和组织。

(2)持续经营。企业会计确认、计量和报告应当以持续经营为前提。

(3)会计期间。企业应当划分会计期间，分期结算账目和编制财务会计报告。会计期间分为年度和中期，中期是指短于一个完整的会计年度的期间。

(4)货币计量。企业会计应当以货币计量。根据我国《企业会计制度》规定，会计核算应以人民币为记账本位币，业务收支以人民币以外的货币为主的企业，可以选定其中一种货币作为记账本位币，但是编制的财务会计报告应当折算为人民币。在境外设立的中国企业向国内报送的财务会计报告，应当折算为人民币。

4.会计六要素

(1)资产。是指企业过去的交易或者事项形成的、由企业拥有或者控制的、预期会给企业带来经济利益的资源。

(2)负债。是指企业过去的交易或者事项形成的、预期会导致经济利益流出企业的现时义务。

(3)所有者权益。是指企业资产扣除负债后由所有者享有的剩余权益。

资产、负债和所有者权益这三个要素一般通过资产负债表来反映企业财务状况。

(4)收入。是指企业在日常活动中形成的、会导致所有者权益增加的、与所有者投入资本无关的经济利益的总流入。

(5)费用。指企业在日常活动中发生的、会导致所有者权益减少的、与向所有者分配利润无关的经济利益的总流出。

(6)利润。是指企业在一定会计期间的经营成果，包括收入减去费用后的净额、直接计入当期利润的利得和损失。

收入、费用、利润通过损益表和利润表来反映企业的经营成果。

5.会计信息质量要求

会计信息质量要求就是对日常的会计核算工作、提供的会计报告和有关信息资料的标准、质量等方面提出的基本要求。根据《企业会计准则》，会计信息质量要求主要包括以下内容。

(1)客观性要求

客观性要求是指企业应当以实际发生的交易或者事项为依据进行会计确认、计量和报告，如实反映符合确认和计量要求的各项会计要素及其他相关信息，保证会计信息真实可靠、内容完整。

(2)相关性要求

相关性要求是指企业提供的会计信息应当与财务会计报告使用者的经济决策需要相关,有助于财务会计报告使用者对企业过去、现在或者未来的情况作出评价或者预测。

(3)明晰性要求

明晰性要求是指企业提供的会计信息应当清晰明了,便于财务会计报告使用者理解和使用。

(4)可比性要求

可比性要求是指企业提供的会计信息应当具有可比性。

同一企业不同时期发生的相同或者相似的交易或者事项,应当采用一致的会计政策,不得随意变更。确需变更的,应当在附注中说明。

不同企业发生的相同或者相似的交易或者事项,应当采用规定的会计政策,确保会计信息口径一致、相互可比。

(5)经济实质性要求

经济实质性要求是指企业应当按照交易或者事项的经济实质进行会计确认、计量和报告,不应仅以交易或者事项的法律形式为依据。

(6)重要性要求

重要性要求是指企业提供的会计信息应当反映与企业财务状况、经营成果和现金流量等有关的所有重要交易或者事项。

(7)谨慎性要求

谨慎性要求是指企业对交易或者事项进行会计确认、计量和报告应当保持应有的谨慎,不应高估资产或者收益、低估负债或者费用。

(8)及时性要求

及时性要求是指企业对于已经发生的交易或者事项,应当及时进行会计确认、计量和报告,不得提前或者延后。

6.财务会计报告

财务会计报告是指企业对外提供的反映企业某一特定日期的财务状况和某一会计期间的经营成果、现金流量等会计信息文件。包括会计报表及其附注和其他应当在财务会计报告中披露的相关信息和资料。会计报告至少应包括资产负债表、利润表、现金流量等报表。

(1)资产负债表

资产负债表是反映企业在某一特定日期状况的报表。资产负债表按月报送,一般反映的是企业月末、季末、半年末、年末的财务状况,它属于静态会计报表。

资产负债表以“资产=负债+所有者权益”这一会计等式为依据,按照一定的原则,把企业在一定日期的资产、负债和所有者权益项目予以适当排列编制而成。

资产负债表的作用主要是:

1)资产负债表能够说明企业在某一特定日期所拥有的各种资源总量及其分布情况。

2)资产负债表能够显示企业在某一特定日期所负担债务的数额、需要偿还债务期限的长短以及企业偿还债务的能力。

3)资产负债表能够表明企业在某一特定日期所拥有净资产的数额,以及企业所有者权益的构成情况。

4)资产负债表能够反映企业在某一特定日期的资产总额和权益总额,从企业资产总量方面反映企业的财务状况,进而分析、评价企业未来的发展趋势。

可通过计算以下比率指标,判断企业的偿债能力情况:

①资产负债率

资产负债率=(负债总额/资产总额)×100%

较好的资产负债指标是60%。

②流动比率

流动比率=(流动资产/流动负债)×100%

国际公认较好的标准比率是200%。

③速动比率

速动比率=(速动资产/流动负债)×100%

国际公认的标准比率是100%。

(2)损益表

损益表是反映企业在一定时期内经营成果及其分配情况的报表,是以"利润=收入-费用"这一会计等式为依据,反映出工程结算利润、营业利润、利润总额和净利润四个层次。它属于动态报表。其作用主要表现是:

1)能反映企业在一定期间的收入和费用情况以及获得利润或发生亏损的数额,表明企业收入与产出之间的关系。

2)通过损益表提供的不同时期的比较数字,可以分析判断企业损益发展变化的趋势,预测企业未来的盈利能力。

3)通过损益表可以考核企业的经营成果以及利润计划的执行情况,分析企业利润增减变化原因。

损益表中有关的主要项目的计算:

①工程结算利润=工程结算收入-工程结算成本-工程结算税金及附加

②营业利润=工程结算利润+其他业务利润-管理费用-财务费用

③利润总额=营业利润+投资收益+营业外收入-营业外支出+以前年度损益调整

④净利润=利润总额-所得税

(3)现金流量表

现金流量表是反映企业一定会计期间现金和现金等价物流入和流出的会计报表,它属于动态的会计报表,企业编制现金流量表的主要目的是为会计报表使用者提供企业一定会计期间内现金和现金等价物流入和流出的信息,反映企业经营活动、投资活动和筹资活动的动态情况,以便于报表使用者了解和评价企业获取现金和现金等价物的能力,并据以预测企业未来的现金流量。现金流量表的编制以收付实现制为原则。

企业的现金流量一般包括经营活动产生的现金流量、投资活动产生的现金流量和筹资活动产生的现金流量三类。

二、企业财务管理的目标及内容

(一)企业财务管理目标(了解)

财务管理目标是在特定的理财环境中,通过组织财务活动、处理财务关系所要达到的目的。财务管理目标是企业一切财务活动的出发点和归宿。

关于企业财务目标的综合表达,具有代表性的有以下三种。

1.利润最大化

利润最大化观点是以追逐企业利润最大化作为财务管理的目标,认为利润代表了企业新创造的财富。利润越多,说明企业财富增加得越多,越接近企业的目标。

2. 每股盈余最大化

每股盈余最大化就是把企业的利润和股东投入的资本联系起来考察，用每股盈余（或权益资本净利率）来概括企业的财务目标。

3. 股东财富最大化或企业价值最大化

股东财富最大化是以股东财富最大化或企业价值最大化作为财务管理的目标，认为股东创办企业的目的是为了扩大财富。股东是企业的所有者，企业价值最大化就是股东财富最大化，它直接反映了企业所有者的利益。股东财富最大化观点最适用于上市公司。

（二）企业财务管理的内容（了解）

财务管理是基于企业再生产过程中客观存在的财务活动和财务关系而产生的，是企业组织财务活动、处理各方面财务关系的一项经济管理工作。

1. 财务活动

财务活动是指企业再生产过程中的资金运动，包括资金筹集、资金运用和资金分配的活动。

（1）筹资活动

筹资活动是指企业如何取得所需要的资金，即向谁取得，在什么时候取得以及筹集多少资金的过程。包括企业发行股票、发行债券、取得借款、赊购、租赁等。筹资活动和投资、股利分配有密切的关系，筹资的数量多少要考虑投资需要，在利润分配时加大保留盈余可减少从外部筹资。筹资活动的关键是决定各种资金来源在总资金所占的比重，即确定资本结构，以使筹资风险和筹资成本相配合。

（2）投资活动

投资活动是指资金的投入和运用，是以收回现金并取得收益为目的而发生的现金流出。包括购买政府公债、购买企业股票和债券、购置设备、建造厂房、开办商店、增加一种新产品等。企业期望以较少的货币性流出取得较多的现金流入。

（3）分配活动

分配活动是指企业将在一定时期取得的生产经营成果进行分配的过程。即企业赚得的利润中，有多少作为股利发放给股东，有多少留在企业作为再投资。过高的股利支付率，影响企业再投资的能力，会使未来收益减少，造成股价下跌；过低的股利支付率，可能引起股东不满，股价也会下跌。股利决策的制定受多种因素的影响，包括税法对股利和出售股票收益的不同处理、未来公司的投资机会、各种资金来源及其成本、股东对当期收入和未来收入的相对偏好等。因此，企业如何根据自身的具体情况确定最佳的分配规模和分配方式，以确保企业取得最大的长期利益是财务管理的一项重要内容。

2. 财务关系

财务关系是指企业在组织财务活动过程中与有关各方所发生的经济利益关系，具体包括企业与政府之间的财务关系；企业与投资者之间的财务关系；企业与债权人之间的财务关系；企业与债务人之间的财务关系；企业与受资者之间的财务关系；企业内部各单位之间的财务关系；企业与职工之间的财务关系等几方面关系。

三、建设项目融资

融资就是指为项目投资而进行的资金筹措行为。

（一）融资方式（熟悉）

1. 建设项目融资方式的分类

建设项目融资方式有以下两种分类方法。

(1)间接融资与直接融资

1)间接融资

间接融资是指从银行及非银行金融机构借入的资金。在间接融资方式下，银行及非银行金融机构积聚资金所有者的盈余资金，然后贷给拟建项目的资金需求者。资金所有者和资金需求者不直接建立债权债务关系。金融机构参与拟建项目的融资活动的目的是为了自身获取盈利。

2)直接融资

直接融资是指不通过金融中介机构，而由投资者对拟建项目的直接投资，以及项目法人在金融市场上通过发行(增发)股票、债券等直接筹集的资金。直接融资所采用的方式主要是发行股票和债券。在直接融资的过程中，资金需求者通过发行股票和债券取得资金，资金所有者通过购买股票和债券进行投资，两者之间直接建立了金融联系，不需要金融中介机构的介入。

目前，由于我国的资本市场还不发达，拟建项目通过发行股票和债券进行直接融资所占的投资比例还比较小，拟建项目的投资对银行等金融机构间接融资的依赖程度还比较高。

(2)权益融资与债务融资

1)权益融资

权益融资是指拟建项目为了获取可供长期或永久使用的资金而采取的资金融通方式。这种方式所筹集的资金直接构成了项目的资本金，其性质是项目的自有资金。权益融资通常采用直接融资的方式，如投资者通过对外发行股票、直接吸引投资者参与项目的合资与合作及企业内部的资金积累等方式筹集资金。

2)债务融资

债务融资是指拟建项目投资者通过信用方式取得资金，并按预先规定的利率支付利息的一种资金融通方式。就其性质而言，债务融资不发生资金所有权变化，只发生资金使用权的临时让渡，融资者必须在规定的期限内偿还本金，同时要按期支付利息。从理论上说，债务融资形式一般不受时间、地点、范围的限制，甚至不受资本的限制，只要融资者有足够的资信水平，就可以获得超过资本金数倍的资金。

2.项目资本金的筹措方式

根据出资方的不同，项目资本金分为国家出资、法人出资和个人出资。根据国家法律、法规规定，建设项目可通过争取国家财政预算内投资、发行股票、自筹投资和利用外资直接投资等多种方式来筹集资本金。

(1)国家预算内投资

国家预算内投资，简称“国家投资”，是指以国家预算资金为来源，并列入国家计划的固定资产投资，包括国家预算、地方财政、主管部门和国家专业投资拨给或委托银行贷给建设单位的基本建设拨款及中央基本建设基金，拨给企业单位的更新改造拨款，以及中央财政安排的专项拨款中用于基本建设的资金。国家预算内投资的资金一般来源于国家税收，也有一部分来自国债收入。

国家预算内投资虽然目前占全社会固定资产总投资的比重较低，但它是能源、交通、原材料以及国防、科研、文教卫生、行政事业建设项目投资的主要来源，对于整个投资结构的调整起着主导性的作用。

(2)自筹投资

自筹投资是指建设单位报告期收到的用于进行固定资产投资的上级主管部门、地方和单位、城乡个人的自筹资金。目前，自筹投资占全社会固定资产投资总额的一半以上，已成为筹集建设项目资金的主要渠道。建设项目自筹资金来源必须正当，应上缴财政的各项资金和国家有指定用途的专款，以及银行贷款、信托投资、流动资金不可用于自筹投资；自筹投资必须纳入国家计划，并控制在国家确定的投资总规模内；自筹投资要符合一定时期国家确定的投资使用方向，投资结构去向合理，以提高自筹投资的经济效益。

(3)发行股票

股票是股份有限公司发放给股东作为已投资入股的证书和索取股息的凭证，是可作为买卖对象或质押品的有价证券。

按股东承担风险和享有权益的大小，股票可分为普通股和优先股两大类。

1)优先股：是在公司利润分配方面较普通股有优先权的股份。优先股的股东按一定比例取得固定股息；企业清算时，能优先得到剩下的可分配给股东的财产。

2)普通股：是在公司利润分配方面享有普通权利的股份。普通股股东除能分得股息外，还可在公司盈利较多时再分享红利。因此，普通股获利水平与公司盈亏息息相关。股票持有人不仅可据此分配股息和获得股票涨价时的利益，而且还具有选举该公司董事、监事的机会，有参与公司管理的权利，股东大会的选举权根据普通股持有额计算。

发行股票筹资的优点：

1)以股票筹资是一种有弹性的融资方式。由于股息或红利不像利息那样必须按期支付，当公司经营不佳或现金短缺时，董事会有权决定不发股息或红利，因而公司融资风险低。

2)股票无到期日。其投资属永久性投资，公司不需要为偿还资金担心。

3)发行股票筹集资金可降低公司负债比率，提高公司财务信用，增加公司今后的融资能力。

发行股票筹资的缺点：

1)资金成本高。购买股票承担的风险比购买债券高，投资者只有在股票的投资报酬高于债券的利息收入时，才愿意投资于股票。此外，债券利息可在税前扣除，而股息和红利需要在税后利润中支付，这样就使股票筹资的资金成本大大高于债券筹资的资金成本。

2)增发普通股需给新股东投票权和控制权，从而降低原有股东的控制权。

(4)吸收国外资本直接投资

吸收国外资本直接投资主要包括与外商合资经营、合作经营、合作开发及外商独资经营等形式。国外资本直接投资方式的特点是：不发生债权债务关系，但要让出一部分管理权，并且要支付一部分利润。

1)合资经营(股权式经营)。合资经营是外国公司、企业或个人经我国政府批准，同我国的公司、企业在我国境内举办合营企业。合资经营企业由合营各方出资认股组成，各方出资多寡，由双方协商确定，但外方出资不得低于一定比例。合资企业各方的出资方式可以是现金、实物，也可以是工业产权和专有技术，但不能超出其出资额的一定比例，合营各方按照其出资比例对企业实施控制权、分享收益和承担风险。

2)合作经营(契约式经营)。这种经营方式是一种无股权的契约式经济组织，一般情况下由中方提供土地、厂房、劳动力，由国外合作方提供资金、技术或设备而共同兴办的企业。合作经营企业的合作双方权利、责任、义务由双方协商并用协议或合同加以规定。

3)合作开发。主要指对海上石油和其他资源的合作勘探开发，合作方式与合作经营类似。合作勘探开发，双方应按合同规定分享产品或利润。

4)外资独营。外资独营是由外国投资者独资投资和经营的企业形式。

3.负债筹资方式

项目的负债是指项目承担的能够以货币计量且需要资产或者劳务偿还的债务。它是项目筹资的重要方式，一般包括银行贷款、发行债券、设备租赁和借入国外资金等筹资渠道。

(1)银行贷款

项目银行贷款是银行利用信贷资金所发放的投资性贷款。随着投资管理体制、财政体制和金融体制改革的推进，银行信贷资金有了较快的发展，成为建设项目投资资金的重要组成部分。

(2)发行债券

债券是借款单位为筹集资金而发行的一种信用凭证，它证明持券人有权按期取得固定利息并到期收回本金。我国发行的债券又可分为国家债券、地方政府债券、企业债券和金融债券等。

债券筹资的优点：

1)支出固定。不论企业将来盈利如何，它只需付给持券人固定的债券利息。

2)企业控制权不变。债券持有者无权参与企业管理，因此，公司原有投资者控制权不因发行债券而受到影响。

3)少纳所得税。合理的债券利息可计入成本，实际上等于政府为企业负担了部分债券利息。

4)可以提高自有资金利润率。如果企业投资报酬率大于利息率，由于财务杠杆的作用，发行债券可提高股东投资报酬率。

债券筹资的缺点：

1)固定利息支出会使企业承受一定的风险。特别是企业盈利波动较大时，按期偿还本息较为困难。

2)发行债券会提高企业负债比率，增加企业风险，降低企业的财务信誉。

3)债券合约的条款，常常对企业的经营管理有较多的限制，如限制企业在偿还期内再向别人借款、未按时支付到期债券利息不得发行新债券、限制分发股息等。因此，企业发行债券在一定程度上约束了企业外部筹资的扩展能力。

一般来说，当企业预测未来市场销售情况良好、盈利稳定、预计未来物价上涨较快，企业负债比率不高时，可以考虑以发行债券的方式进行筹资。

(3)设备租赁

设备租赁是指出租人和承租人之间订立契约，由出租人应承租人的要求购买其所需的设备，在一定时期内供其使用，并按期收取租金。租赁期间设备的产权属出租人，用户只有使用权，且不得中途解约。期满后，承租人可以从以下的处理方法中选择：将所租设备退还出租人、延长租期、作价购进所租设备、要求出租人更新设备、另定租约。

设备租赁的方式可分为：

1)融资租赁。融资租赁是设备租赁的重要形式，它将贷款、贸易与出租三者有机地结合在一起。其出租过程为：先由承租人选定制造厂家，并就设备的型号、技术、价格、交货期等与制造厂家商定；再与租赁公司就租金、租期、租金支付方式等达成协议，签订租赁合同；然后由租赁公司通过银行借款等方式筹措资金，按照承租人与制造厂家商定的条件将设备买下；最后根据合同出租给承租人。融资租赁是一种融资与融物相结合的筹资方式。它不需要像其他筹资方式那样，等筹集到足够的货币资本后再去购买长期资产。同时，融资租赁还有利于及时引进设备，加速技术改造。但融资租赁的成本相对较高，一般情况下，融资租赁的资金成本率比其他筹资方式(如债券、银行贷款)的资金成本率要高。

2)经营租赁。即出租人将自己经营的出租设备进行反复出租，直至设备报废或淘汰为止的租赁业务。

3)服务出租。主要用于车辆的租赁,即租赁公司向用户出租车辆时,还提供保养、维修、验车、事故处理等业务。

(4)借用国外资金

借用国外资金大致可分为以下几种途径:

1)外国政府贷款。指外国政府通过财政预算每年拨出一定款项,直接向我国政府提供的贷款。这种贷款的特点是利率较低(年利率一般为2%～3%),期限较长(一般为20～30年),但数额有限。因此,这种贷款比较适用于建设周期较长、金额较大的工程建设项目。

2)国际金融组织贷款。主要是国际货币基金组织、世界银行、国际农业发展基金会、亚洲开发银行等组织提供的贷款。

3)国外商业银行贷款。包括国外开发银行、投资银行、长期信用银行以及开发金融公司对我国提供的贷款。建设项目投资贷款主要是向国外银行筹措中长期资金。这种贷款的特点是:可以较快筹集大额资金,借得资金可由借款人自由支配,但利息和费用负担较重。

4)在国外金融市场上发行债券。债券的偿付期限较长,一般在7年以上;发行金额一次在1亿美元以上,筹得的款项可以自由使用。但债券发行手续比较繁琐,且发行费用较高,同时还要求发行人有较高的信誉,精通国际金融业务。因此,这种筹资方式适用于资金运用要求自由,投资回报率较高的项目。

5)吸收外国银行、企业和私人存款。吸收国外的存款主要是通过我国的金融机构,特别是设在经济特区、开发区和海外的金融机构,广泛吸收包括私人客户的外汇存款、同业银行存款、企业外汇存款在内的各类外汇存款。这类存款的特点是分散、流动性大,但成本低、风险小。若安排得当,不失为利用外资的一种好方法。

6)利用出口信贷。出口信贷是西方国家政府为了鼓励资本和商品输出而设置的一种专门信贷。这种贷款的特点是利息率较低,期限一般为10～15年,借方所借款项只能用于购买出口信贷国的设备。出口信贷可根据贷款对象的不同分为买方信贷和卖方信贷。买方信贷是指发放出口信贷的银行将贷款直接贷给国外进口者(即买方);卖方信贷是指发放出口信贷的银行将资金贷给本国的出口者(即卖方),以便卖方将产品赊卖给国外进口者(即买方),而不致发生资金周转困难。

4.几种典型的基础设施融资模式

近年来国家进行投融资体制改革,在基础设施投融资方面,开始引入新的投资机制,以特许经营的方式引入非国有的其他投资人投资。基础设施特许经营是指由国家或地方政府将基础设施的投资和经营权通过法定的程序有偿或者无偿地交给选定的投资人投资经营。典型的基础设施项目融资模式有BOT、ABS、TOT、PPP等。

(1)BOT融资模式

1)BOT融资模式的概念

BOT(Build-Operate-Transfer),即建设—经营—移交,是指从政府或所属机构获得特许经营的投资人,独立或联合其他投资人组建项目公司,然后由项目公司负责在特许经营期内投资建造、运营所特许的基础设施,从中获得收益,在经营期末,无偿地将基础设施移交给政府。

2)BOT融资模式的主要优点

BOT融资模式的主要优点有以下几个方面。

①有利于扩大建设资金来源。政府能在资金缺乏的情况下利用外部资金建设一些基础设

施项目。

②有利于提高项目管理的运作效率。由于BOT项目建设周期长、资金需求量大等因素带来的风险，同时由于私营企业的参与，贷款机构对项目的要求比政府更加严格；另一方面，私营企业为了减少风险，获得较多的收益，客观上也会加强管理。

③有利于转移和降低风险。国有部门把项目风险全部转移给项目发起人，BOT融资模式通过发起人的投资收益与他们履行合同的情况相联系，从而降低项目的超支预算风险。

④发展中国家可吸引外国投资，引进国外先进技术。

3)BOT融资结构的一般形式

BOT融资过程简述如下：

①项目主办方注册一家专设项目公司。专设项目公司负责与政府机构签订特许协议，股东向政府机构出具安慰文书。

②专设公司与承包商签订建设施工合同，接受保证金，同时接受分包商或供应商保证金的转让，与经营者签订经营协议。

③专设公司同商业银行签订贷款协议，与出口信用贷款人签订买方协议。商业银行提供出口信用贷款担保，并接受项目担保。

④专设公司向担保信托方转让收入，例如销售合同收入，道路、隧道、桥梁通过费等。

(2)ABS融资模式

1)ABS融资模式概念

ABS(Asset-Backed-Securitization)是以项目所属的资产为支撑的证券化融资方式。它是以项目所拥有的资产为基础，以项目资产可以带来的预期收益为保证，通过在资本市场发行高档债券来募集资金的一种项目证券融资方式。ABS的特点在于通过其特有的提高信用等级方式进入高档债券市场，利用该市场信用等级高、债券安全性好和流动性高、债券利率低的特点，大幅度降低发行债券筹集资金的成本。

ABS融资由于能够以较低的资金成本筹集到期限较长、规模较大的项目建设资金，因此，对于投资规模大、周期长、资金回报慢的城市基础设施项目来说，是一种理想的融资方式。

2)ABS融资模式的运作程序

ABS的运作程序如下：

①组建“特别目的媒介SPV(Special-Purpose-Vehicle)”。SPV是指能获得国际上权威性资信评估机构授予较高资信等级(AAA或AA级)的信托投资公司、信用担保公司、投资保险公司或其他独立法人机构。

②SPV与项目结合。一般来说，投资项目所依附的资产只要在未来一定时期内能带来现金流入，就可以进行ABS融资。SPV与项目的结合就是通过协议等方式将原始权益人(拥有未来收益所有权的企业)所拥有的项目资产的现金流权益转让给SPV，原始权益人就从证券化资产的所有人转变为保管人和运作人。

③SPV发行债券。因为SPV自身拥有AAA或AA的信用等级，由它发行的债券也自动具有相应的等级，这样SPV就能借这一优势在高档证券市场上发行债券，利用该市场债券利率低的特点，降低发行成本，并将通过发行高档债券所筹集的资金用在与SPV结合的项目建设上。

④SPV偿债。SPV利用项目资产的现金收入量清偿其在高档证券市场上发行债券的本息。

(3)TOT融资模式

1)TOT 融资模式的概念

TOT(Transfer-Operate-Transfer),即移交—经营—移交,是从特许权经营方式 BOT 演变而来的一种融资模式。它是指政府或者需要融入现金的企业,把已经投产运行的项目(公路、桥梁、电站等)移交(T)给出资方经营(O),凭借项目在未来若干年内的现金流量,一次性地从出资方那里融得一笔资金,用于建设新的项目;原项目经营期满,出资方再把它移交(T)回来。TOT 融资是项目融资的一种新兴方式。

2)TOT 融资模式的运作程序

TOT 的运作程序相对比较简单,一般包括以下步骤:

①东道国项目发起人设立 SPV,发起人把完工项目的所有权和新建项目的所有权均转让给 SPV,以确保有专门机构对两个项目的管理、转让、建造负有全责,并对出现的问题加以协调。SPV 通常是政府设立或政府参与设立的具有特许权的机构。

②SPV 与外商洽谈以达成转让投产运行项目在未来一定期限内全部或部分经营权的协议,并取得资金。

③东道国利用获得资金来建设新项目。

④新项目投入运行。

⑤转让经营项目期满后,收回转让的项目。

3)TOT 融资模式的特点

①有利于引进先进的管理方式。在 TOT 项目融资方式中,由于经营期较长,外商受到利益驱动,常常会将先进的技术、管理引入到投产项目中,并进行必要的维修,从而有助于投产项目的高效运行,使基础设施的建设、经营逐步走向市场化、国际化道路。

②项目引资成功的可能性增加。在 TOT 融资方式下,由于积累大量风险的建设阶段和试生产阶段已经完成,明显地降低了项目的风险,外商面临的风险大幅度减小,基于较低的风险,其预期收益率会合理下调,要价将会降低;另一方面,由于涉及环节较少,评估、谈判等方面的从属费用也势必有较大幅度的下降。而东道国面临的风险虽比 BOT 方式有所增加,但却与自筹资金和向外贷款方式中的风险基本相当。在这种背景下,引资成功的可能性将会大大增加。

③拟建项目的建设和运营时间提前。采用 TOT 融资方式,由于不涉及所有权问题,加之风险小,政府无需对外商做过多承诺,通过引资而在东道国引起的政治争论的可能性降低,减小了引资的阻力。而且 TOT 融资方式仅涉及风险较小的生产运行阶段,用于评估、谈判的时间较 BOT 来说大大缩短,从而使项目能及时达成协议,及早建设,及早投入运营,从而加快了东道国基础设施建设的步伐。

④融资对象更为广泛。采用 BOT 方式,融资对象多为外国大银行、大建筑公司或能源公司等,而采用 TOT 融资方式,其他金融机构、基金组织和私人资本等都有机会参与投资。这样扩大了投资者的范围,也加剧了投资者之间的竞标的竞争,而政府是其中当然的受益者。

⑤具有很强的可操作性。TOT 方式可以为已建项目引进新的管理,为拟建的其他项目引进资金,不必等待投融资体制改革取得进展,就可以着手操作;而且 TOT 方式只涉及经营权转让,不存在产权、股权问题,可以避免许多争论。

(4)PPP 融资模式

PPP(Public-Private-Partnership)是指政府与民间投资人合作投资基础设施。在这种方式下,政府通过法定程序选定基础设施的投资运营商,政府将基础设施的投资经营权以特许经营方式授予选定的投资运营商，政府同时对基础设施提供包括投资资金、运营补贴、减免税收在内的资金支持，或者给予其他支持。政府也可能从基础设施的经营中分享收益。特许经营期末，基础设施以有偿或者无偿的方式转交给政府，或者重新安排继续特许经营。

(二)项目融资程序(熟悉)

从项目的投资决策起，到选择项目融资方式为项目建设筹集资金，最后到完成该项目融资为止，大致上可以分为五个阶段，即投资决策分析、融资决策分析、融资结构分析、融资谈判和项目融资的执行。

1. 投资决策分析

通常在很多情况下，项目投资决策是与项目能否融资以及如何融资紧密联系在一起的。投资者在决定项目投资结构时需要考虑的因素很多，其中主要包括：项目的产权形式、产品分配方式、决策程序、债务责任、现金流量控制、税务结构和会计处理等方面的内容。投资结构的选择将影响到项目融资的结构和资金来源的选择。反过来，项目融资结构的设计在多数情况下将会对投资结构的安排作出调整。

2. 融资决策分析

在这个阶段，项目投资者将决定采用何种融资方式为项目开发筹集资金。是否采用项目融资，取决于投资者的债务责任分担上的要求、贷款资金数量上的要求、时间上的要求、融资费用上的要求，以及诸如债务会计处理等方面的综合评价。如果决定选择采用项目融资作为筹资手段，投资者就需要选择和任命融资顾问，开始研究和设计项目的融资结构。有时，项目的投资者自己也无法明确判断采取哪种融资方式为好，在这种情况下，投资者可以聘请融资顾问对项目的融资能力以及可能的融资方案作出分析和比较，在获得一定的信息反馈后，再作出项目的融资方案决策。

3. 融资结构分析

设计项目融资结构的一个重要步骤是完成对项目风险的分析和评估。对于银行和其他债权人而言，项目融资的安全性来自两个方面：一方面来自项目本身的经济强度；另一方面来自项目之外的各种直接或间接的担保。这些担保可以是由项目的投资者提供的，也可以是由与项目有直接或间接利益关系的其他方面提供的。因此，能否采用以及如何设计项目融资结构的关键就是要求项目融资顾问和项目投资者一起对于项目有关的风险因素进行全面的分析和判断，确定项目的债务承受能力和风险，设计出切实可行的融资方案。

4. 融资谈判

在初步确定了项目融资的方案之后，融资顾问将有选择地向商业银行或其他一些金融机构发出参加项目融资的建议书，组织贷款银团，着手起草项目融资的有关协议。这一阶段往往反复多次，此时，融资顾问、法律顾问和税务顾问的作用是十分重要的。强有力的融资顾问和法律顾问可以帮助加强项目的投资者的谈判地位，保护投资者的利益，并在谈判陷入僵局时，及时、灵活地找出适当的变通办法，绕过难点解决问题。

5. 项目融资的执行

在正式签署项目融资的法律文件后，融资的组织安排工作就结束了，项目融资将进入执行阶段。在传统的融资方式中，进入执行阶段后借贷双方的关系相对简单，借款人只需按照贷款协议的规定提款和偿还贷款的利息和本金。但在项目融资中，贷款银团通过其经理人将会经常性地监督项目的进展，参与部分项目的决策程序，管理和控制项目的贷款资金投入和部分现金流量。另外，银团经理人也会参与一部分项目生产经营决策，在项目的重点决策问题上(例如，新增资本支出、减产、停产和资产处理）有一定的发言权。同时，帮助项目投资者加强对项目风险的控制和管理，也是银团经理人在项目正常运行阶段的一项重要工作。

（三）融资成本分析（熟悉）

融资成本是指该项目为筹集和使用资金而支付的费用。融资成本的高低是判断项目融资方案是否合理的重要因素之一。

1. 资金成本的概念

资金成本是指企业为筹集和使用资金而付出的代价。广义地讲，企业筹集和使用任何资金，不论是短期的还是长期的，都要付出代价。狭义的资金成本仅指筹集和使用长期资金（包括自有资金和借入长期资金）的成本。由于长期资金也被称为资本，所以，长期资金的成本也可称为资本成本。在这里所说的资金成本主要是指资本成本。资金成本一般包括资金筹集成本和资金使用成本两部分。

（1）资金筹集成本。资金筹集成本是指在资金筹集过程中所支付的各项费用，如发行股票或债券支付的印刷费、发行手续费、律师费、资信评估费、公证费、担保费、广告费等。资金筹集成本一般属于一次性费用，筹资的次数越多，资金的筹集成本也就越大。

（2）资金使用成本。资金使用成本又称为资金占用费，是指占用资金而支付的费用，主要包括支付给股东的各种股息和红利，向债权人支付的贷款利息以及支付给其他债权人的各种利息费用等。资金使用成本一般与筹集的资金多少以及使用时间的长短有关，具有经常性、定期性的特征，是资金成本的主要内容。

资金筹集成本与资金使用成本是有区别的，前者是在筹措资金时一次支付的，在使用资金过程中不再发生，因此可作为筹资金额的一项扣除，而后者是在资金使用过程中多次、定期发生的。

资金成本可用绝对数表示，也可用相对数表示。为了便于分析比较，资金成本一般用相对数表示，称之为资金成本率。其一般计算公式为：

$$K=\frac{D}{P-F}$$

或

$$K=\frac{D}{P(1-f)}$$

式中：K——资金成本率（一般也可称为资金成本）；

P——筹资资金总额；

D——使用费；

F——筹资费；

f——筹资费费率（即筹资费占筹资资金总额的比率）。

2. 资金成本的作用

资金成本是企业财务管理中的一个重要概念，分析资金成本有助于企业选择筹资方案，确定筹资结构以及最大限度地提高筹资的效益。资金成本的主要作用包括以下几方面。

（1）资金成本是选择资金来源、筹资方式的重要依据。企业筹集资金的方式多种多样，如发行股票、债券、银行借款等。不同的筹资方式，其个别的资金成本也不尽相同。资金成本的高低可以作为比较各种筹资方式优缺点的一项依据，从而挑选最小的资金成本作为选择筹资方式的重要依据。但是，不能把资金成本作为选择筹资方式的唯一依据。

（2）资金成本是企业进行资金结构决策的基本依据。企业的资金结构一般是借入资金与自有资金结合而成。这种组合有多种方案，如何寻求两者间的最佳组合，一般可通过计算综合资金成本作为企业决策的依据。因此，综合资金成本的高低是评价各个筹资组合方案作为资金结构决策的基本依据。

(3)资金成本是比较追加筹资方案的重要依据。企业为了扩大生产经营规模，增加所需资金，往往以边际资金成本作为依据。

(4)资金成本是评价各种投资项目是否可行的一个重要尺度。在评价投资方案是否可行时，一般是以项目本身的投资收益率与其资金成本进行比较，如果投资项目的预期投资收益率高于其资金成本，则是可行的；反之，如果预期投资收益率低于其资金成本，则是不可行的。因此，国际上通常将资金成本视为投资项目的"最低收益率"和是否采用投资项目的"取舍率"，同时将其作为选择投资方案的主要标准。

(5)资金成本也是衡量企业整个经营业绩的一项重要标准。资金成本是企业从事生产经营活动必须挣得的最低收益率。企业无论以什么方式取得资金，都要实现这一最低收益率，才能补偿企业因筹资而支付的所有费用。如果将企业的实际资金成本与相应的利润率进行比较，可以评价企业的经营业绩。若利润率高于资金成本，可以认为经营良好；反之，企业经营欠佳，应该加强和改善生产经营管理，进一步提高经济效益。

3. 各种资金来源的资金成本

(1)权益融资成本

1)优先股成本。公司发行优先股股票筹资，需支付的筹资费有注册费、代销费等，其股息也要定期支付，但它是公司用税后利润来支付的，不会减少公司应上缴的所得税。

优先股资金成本率可按下式计算：

$$K_p=\frac{D_p}{P_0(1-f)}$$

或

$$K_p=\frac{P_0 i}{P_0(1-f)}=\frac{i}{1-f}$$

式中：K_p——优先股成本率；

P_0——优先股票面值；

D_p——优先股每年股息；

i——股息率。

2)普通股的成本。确定普通股资金成本的方法有股利增长模型法和资本资产定价模型法。

①股利增长模型法。普通股的股利往往不是固定的，因此，其资金成本率的计算通常用股利增长模型法计算。一般假定收益以固定的年增长率递增，则普通股成本的计算公式为：

$$K_s=\frac{D_c}{P_c(1-f)}+g=\frac{i_c}{1-f}+g$$

式中：K_s——普通股成本率；

P_c——普通股票面值；

D_c——普通股预计年股利额；

i_c——普通股预计年股息率；

g——普通股利年增长率。

②资本资产定价模型法。这是一种根据投资者对股票的期望收益来确定资金成本的方法。在这种前提下，普通股成本的计算公式为：

$$K_s = R_F + \beta(R_m - R_F)$$

式中：R_F——无风险报酬率；

β——股票的系数；

R_m——平均风险股票必要报酬率。

3)保留盈余成本。保留盈余又称为留存收益，其所有权属于股东，是企业资金的一种重要来源。企业保留盈余，等于股东对企业进行追加投资。股东对这部分投资与以前交给企业的股本一样，也要求有一定的报酬，所以，保留盈余也有资金成本。它的资金成本是股东失去向外投资的机会成本，故与普通股成本的计算基本相同，只是不考虑筹资费用。其计算公式为：

$$K_R = \frac{D_1}{P_0} + g = i + g$$

式中：K_R——保留盈余成本率。

(2)负债融资成本

1)债券成本。企业发行债券后，所支付的债券利息列入企业的费用开支，因而使企业少缴一部分所得税，两者抵消后，实际上企业支付的债券的利息仅为：债券利息×(1－所得税税率)。因此，债券成本率可以按下列公式计算：

$$K_B = \frac{I(1-T)}{B(1-f)}$$

或

$$K_B = i_b\left(\frac{1-T}{1-f}\right)$$

式中：K_B——债券成本率；

B——债券筹资额；

I——债券年利息；

i_b——债券年利息率；

T——所得税税率。

2)银行借款成本。向银行借款，企业所支付的利息和费用一般可作企业的费用开支，相应减少部分利润，会使企业少缴一部分所得税，因而使企业的实际支出相应减少。

对每年年末支付利息、贷款期末一次还本的借款，其借款成本率为：

$$K_g = \frac{I(1-T)}{G-F} = i_g\left(\frac{1-T}{1-f}\right)$$

式中：K_g——借款成本率；

G——贷款总额；

I——贷款年利息；

i_g——贷款年利率；

F——贷款费用。

3)租赁成本。企业租入某项资产，获得其使用权，要定期支付租金，并且租金列入企业成本，可以减少所得税。因此，其租金成本率为：

$$K_L = \frac{E}{P_L}(1-T)$$

式中：K_L——租金成本率；

P_L——租赁资产价值；

E——年租金额。

4. 加权平均资金成本

企业不可能只使用某种单一的筹资方式，往往需要通过多种方式筹集所需资金。为进行筹资决策，就要计算确定企业长期资金的总成本——加权平均资金成本。加权平均资金成本一般是以各种资本的比重为权重，对个别资金成本进行加权平均确定的，其计算公式为：

$$K=\sum_{i=1}^{n}\omega_i K_i$$

式中：K——租赁成本率；

ω_i——租赁资产价值；

K_i——年租金额。

(四)融资方案比选(熟悉)

融资方案比选就是要确定最佳的筹资方案。最佳的筹资方案是指既使企业达到最佳资本结构，资金成本较低，又可以使企业所面临的风险较小(处于企业可承受的范围内)的筹资方案。因此在进行筹资决策时，应同时考虑到风险与资本结构对项目的影响。

1. 经营风险和财务风险

(1)经营风险

经营风险是指企业因经营上的原因而导致利润变动的风险。影响企业经营风险的因素很多，主要有：

1)产品需求。市场对企业产品的需求越稳定，经营风险就越小；反之，经营风险就越大。

2)产品售价。产品售价变动不大，经营风险则小；否则，经营风险就大。

3)产品成本。产品成本是收入的抵减，成本不稳定，会导致利润不稳定，因此，产品成本变动大的，经营风险就大；反之，经营风险就小。

4)调整价格的能力。当产品成本变动时，若企业具有较强的调整价格的能力，经营风险就小；反之，经营风险则大。

5)固定成本的比重。在企业全部成本中，固定成本所占比重较大时，单位产品分摊的固定成本额就多。若产品发生变动，单位产品分摊的固定成本会随之变动，最后导致利润更大的幅度的变动，经营风险就大；反之，经营风险就小。

(2)财务风险

一般地，企业在经营中总会发生借入资金。企业负债经营，不论利润多少，债务利息是不变的。于是，当利润增大时，每单位货币利润所负担的利息就会相对地减少，从而使投资者收益有更大幅度地提高。这种债务对投资者收益的影响称作财务杠杆。借入资金后，企业的自有资金利润率可按以下公式计算：

$$i=[i_j+(i_j-i_0)](1-r)$$

式中：i——自有资金利润(税后利润与自有资金之比)；

i_j——息前税前利润率(支付利息和缴纳所得税之前的利润与资金总额之比)；

i_0——借入资金利息率；

r——负债比例(借入资金与自有资金之比)。

财务风险是指全部资本中债务资本比率的变化带来的风险。当债务资本比率较高时，投资者将负担较多的债务成本，并经受较多的负债作用所引起的收益变动的冲击，从而加大财务风险。反之，当债务资本比率较低时，财务风险就小。

2.资本结构

资本结构是指企业各种长期资金筹集来源的构成和比例关系。通常情况下，企业的资本结构由长期债务资本和权益资本构成。资本结构指的就是长期债务资本和权益资本各占多大的比例。

(1)融资的每股收益分析

资本结构是否合理，通常是通过分析每股收益的变化来衡量的。能提高每股收益的资本结构是合理的；反之则不够合理。每股收益的高低不仅受资本结构的影响，还受到销售水平的影响，处理三者的关系可运用融资的每股收益分析方法。

每股收益分析是利用每股收益的无差别点进行的。所谓每股收益的无差别点，指每股收益不受融资方式影响的销售水平。根据每股收益无差别点，可以分析判断出什么样的销售水平下适于采用何种资本结构。

(2)最佳资本结构

用每股收益的高低作为衡量标准对筹资方式进行选择，其缺陷在于没有考虑风险因素。从根本上讲，财务管理的目标在于追求公司价值的最大化或股价最大化。然而，只有在风险不变的情况下，每股收益的增长才会直接导致股价上升，实际上经常是随着每股收益的增长，风险也加大。如果每股收益的增长不足以补偿风险增加所需的报酬，尽管每股收益增加，股价仍然会下降。因此，公司的最佳资本结构应当是可使公司的总价值最高，而不一定是每股收益最大的资本结构。同时，在公司总价值最大的资本结构下，公司的资金成本也是最低的。

四、施工企业资产分类和管理(熟悉)

资产是指过去的交易或者事项形成的、由企业拥有或者控制的、预期会给企业带来经济利益的资源。资产按其流动性可以分为流动资产、长期投资、固定资产、无形资产和递延资产。

1.流动资产

流动资产是指可以在1年或者超过1年的一个营业周期内变现或耗用的资产。主要包括以下内容。

(1)货币资金，包括库存现金、银行存款和其他货币资金(包括外埠存款、银行汇票存款、银行本票存款、信用卡存款等)。对于货币资金的管理，主要是应注意其安全性，加强内部管理和监督，加强日常核算，保证账款相符。

(2)短期投资。是指能够随时变现并且持有时间不准备超过1年(含1年)的投资，一般包括股票、债券、基金等。对于短期投资，应慎重选择投资机会，避免投资风险。

(3)应收及预付款项。指企业在日常生产经营过程中发生的各项债权，主要包括应收账款(包括应收账款、应收票据、应收股利、应收利息、其他应收款)和预付账款等。应收及预付账款一方面能给企业带来积极影响，同时也会损害企业经济利益，应加强跟踪管理。

(4)待摊费用。指企业已经支出，但应当由本期和以后各期分别负担的，分摊期在1年以内(含1年)的各项费用，主要包括：低值易耗品摊销、预付保险费、一次性购买印花税票、一次性支付固定资产中小修理费用需要在年度内分月摊销的金额等。

(5)存货。指企业在日常生产经营过程中持有的以备出售，或者仍然处在生产过程，或者在生产或提供劳务过程中将消耗的材料或物料等。施工企业的存货主要包括：原材料、在途存货、委托加工物资、低值易耗品、周转材料、未完施工和已完施工、在产品和产成品等。对于存货应采取ABC管理法和经济采购批量法。

2. 长期投资

长期投资是指除短期投资以外的投资，包括持有时间准备超过 1 年(不含 1 年)的各种股权性质的投资、不能变现或不准备随时变现的债券、长期债权投资和其他长期投资。

3. 固定资产

固定资产指企业使用期限超过 1 年的房屋、建筑物、机器、机械、运输工具以及其他与生产、经营有关的设备、器具、工具等；不属于生产经营主要设备的物品，但单位价值在 2 000 元以上，并且使用年限超过 2 年的，也应当作为固定资产。不能同时满足这两个条件的劳动资料，应作为低值易耗品。对于固定资产应注意其计提折旧的方法和日常维修管理。

4. 无形资产

无形资产指企业为生产商品或者提供劳务、出租给他人，或为管理目的而持有的，没有实物形态的非货币性长期资产。无形资产分为可辨认无形资产(包括专利权、非专利技术、商标权、著作权、土地使用权等)和不可辨认无形资产(商誉)。

无形资产在管理过程中应注意其计价和摊销方法。无形资产按取得时的实际成本计价，从开始受益之日起在有效期内平均摊入管理费用。

5. 递延资产

递延资产指不能全部计入当年损益，应当在以后年度内分期摊销的各项费用，包括开办费、以经营租赁方式租入的固定资产的改良支出、摊销期在一年以上的固定资产修理支出以及其他待摊费用。递延资产的摊销采用直线法平均计算每期的摊销额，计入管理费用。

五、资产评估

(一)资产评估的概念(了解)

资产评估是资产管理的一门专业技术，是优化资产管理的基础工作。资产评估工作对推动企业资产的合理流动、优化配置和有效使用，实现资产的增值和资产所有者及经营者的合法权益，促进社会主义市场经济的发展具有重要作用。

资产评估是指由专门机构和人员按照国家有关法律，根据特定目的，遵循一定的标准和程序，运用科学的方法，重新确定资产价格的活动。资产评估是一种动态和模拟市场活动，是对资产时间价值的重新估价，因此，它不受资产按初始成本计价的制约，能较全面客观地反映资产的现实价值，为资产的优化管理奠定基础，使企业经营决策有可靠的依据，资产评估不同于清产核资。清产核资主要是清查资产和核实资金，摸清家底。

(二)资产评估的方法(熟悉)

资产评估常用的方法主要有以下几种。

1. 成本法

也称重置成本法，是指在资产继续使用的前提下，从估计的更新或重置的现时成本中减去应计损耗而求得的一个价值指标的方法。

2. 收益法

也称收益现值法，它是通过估算被评估资产的未来预期收益，并折算成现值，借此来确定资产价值的一种评估方法。

3. 市场比较法

是以现实市场上同类资产的现行市场价格为基础，借此确定资产价值的一种评估方法。

六、施工企业的成本管理

施工企业的成本管理是施工企业管理的核心内容。施工企业的成本管理就是要求施工管理必须依据施工项目管理的内在规律，以施工项目成本管理为中心，履行工程的承包合同，实现项目的各项承包指标，降低工程成本，真正使项目成为企业利润的源泉。

（一）施工企业成本管理的内涵及分类（了解）

1.施工企业成本管理的内涵

（1）理论成本。理论成本是指在正常生产、合理经营下所消耗的活劳动和物化劳动的货币表现。建筑产品的理论成本是建筑生产过程中消耗的生产资料价值（C）和建筑企业职工为自己劳动所创造的价值（V）之和。它是产品价值构成的主要部分，产品的成本加上利润就构成了产品的价格。在保证质量的前提下，成本费用越低，为社会创造的剩余产品就越多，企业的利润就越多。理论成本是社会平均成本，不是企业成本，但它对企业理解、划分实际成本有着重要意义，对企业制订成本管理计划也有重要意义。目前我国建筑产品实际成本中的物质消耗、活劳动消耗、生产性支出、再分配等资金互相串项，即产品价格的构成 C、V、M 三部分划分不清，你中有我，我中有你，给企业经济核算和成本控制带来了严重影响，这都是由于实际应用成本脱离理论成本的指导而造成的。

（2）现实中的施工企业成本。现实中的施工企业成本是指施工企业或项目部为取得并完成某项工程所支付的各种费用的总和；是转移到建筑工程项目中的被消耗掉的生产资料价值和该工程施工的劳动者必要的劳动价值及为完成合同目标所支付的各种费用。然而随着我国市场经济体系的建立、招、投标制度的实施使得成本范畴发生了改变。现在一个施工企业获得工程的主要途径是通过参加招、投标，为了获得工程，施工企业就必须获得招、投标信息并有专门人员编制招标文件，在这个过程中必然会发生费用的支出。建筑产品在生产过程有三大目标，即工期目标、质量目标及成本目标。与之相关的诸如为保证工期、质量所发生的一切必要的费用或因工期、质量未达到合同约定要求而蒙受的索赔等损失或超支；再如施工项目为解决施工扰民所支付的扰民费及市容环卫、交通等部门的罚款等等。以上这些费用在施工过程中直接或间接发生，所以也应计入施工企业成本。

2.施工企业成本的分类

施工企业的成本主要有前期成本、生产成本、质量成本、工期成本及不可预见成本5类。

（二）施工成本管理程序和方法（掌握）

成本管理是一个有机联系与相互制约的系统过程。按照动态成本管理的原则和成本管理的内容，企业项目成本管理程序具体包括成本预测、成本计划、成本控制、成本核算、成本分析、成本考核等活动。

1.成本预测

项目成本预测是指承包企业及其项目经理部有关人员凭借历史数据和工程经验，运用一定方法对工程项目未来的成本水平及其可能的发展趋势作出科学估价。成本预测的目的，一是为挖掘降低成本的潜力指明方向，作为计划期降低成本决策的参考；二是为企业内部各责任单位降低成本指明途径，作为编制增产节约计划和制订降低成本措施的依据。

项目成本预测是项目成本计划的依据。预测时，通常是对项目计划工期内影响成本的因素进行分析，比照近期已完工程项目或将完工项目的成本（单位成本），预测这些因素对工程成本的影响程度，估算出工程的单位成本或总成本。

成本预测的方法可分为定性预测和定量预测两大类。

(1)定性预测

定性预测是指成本管理人员根据专业知识和实践经验,通过调查研究,利用已有资料,对成本费用的发展趋势及可能达到的水平所进行的分析和推断。由于定性预测主要依靠管理人员的素质和判断能力,因而这种方法必须建立在对项目成本费用的历史资料、现状及影响因素深刻了解的基础之上。这种方法简便易行,在资料不多、难以进行定量预测时最为适用。最常用的定性预测方法是调查研究判断法,具体方式有座谈会法和函询调查法。

(2)定量预测

定量预测是利用历史成本费用统计资料以及成本费用与影响因素之间的数量关系,通过建立数学模型来推测、计算未来成本费用的可能结果。在成本费用预测中,常用的定量预测方法有加权平均法、回归分析法等。

2.成本计划

成本计划是在成本预测的基础上编制的,是承包企业及其项目经理部对计划期内项目的成本水平所作的筹划,是对项目制定的成本管理目标。承包企业项目成本计划是以货币形式编制的项目在计划期内的生产费用、成本水平及为降低成本采取的主要措施和规划的具体方案。成本计划是目标成本的一种表达形式,是建立项目成本管理责任制、开展成本控制和核算的基础,是进行成本费用控制的主要依据。

承包企业的项目计划成本应通过投标与签订合同形成,作为项目管理的目标成本。目标成本是承包企业实施项目成本控制和工程价款结算的基本依据。项目经理在接受企业法定代表人委托之后,应通过主持编制项目管理实施规划寻求降低成本的途径,组织编制施工预算,确定项目的计划目标成本。

(1)成本计划的编制依据

承包企业在编制项目成本计划时主要依据包括:

1)工程承包范围、发包方的项目建设纲要、功能描述书;

2)工程招标文件、承包合同、劳务分包合同及其他分包合同;

3)国家和有关部门有关编制成本计划的规定;

4)项目经理部与企业签订的承包合同及企业下达的成本降低额、降低率和其他有关技术经济指标;

5)成本预测和相关资料;

6)承包工程的施工图预算、施工预算、实施项目的技术方案和管理措施;

7)施工项目使用的机械设备生产能力及利用情况;

8)施工项目的材料消耗、物资供应、劳动工资及劳动效率等计划资料及相关消耗量定额;

9)同类项目成本计划的实际执行情况及有关技术经济指标的完成情况的分析资料;

10)行业中同类项目的成本、定额、技术经济指标资料及增产节约的经验和措施。

(2)成本计划的内容

根据承包工程范围的不同,承包企业项目成本计划所包括的内容也有所不同。项目成本计划一般由直接成本计划和间接成本计划组成。

1)直接成本计划。主要反映项目直接成本的预算成本、计划降低额及降低率。主要包括项目的成本目标及核算原则、降低成本计划表或总控制方案、对成本计划估算过程的说明及对降低成本途径的分析等。

2)间接成本计划。主要反映项目间接成本的计划数及降低额，在计划制订中，成本项目应与会计核算中的间接成本项目的内容一致。

此外，项目成本计划还应包括项目经理对可控责任目标成本进行分解后形成的各个实施性计划成本，即各责任中心的责任成本计划。责任成本计划又包括年度、季度和月度责任成本计划。

(3)成本计划的编制程序

编制成本计划时，首先由项目成本管理人员根据施工图纸计算实际工程量，然后由项目经理、项目工程师、项目会计师、成本管理人员根据施工方案和分包合同确定计划支出的人工费、材料费和机械费等费用。

1)搜集和整理资料。收集编制成本计划的资料，对其进行加工整理，深入分析项目的当前情况和发展趋势，了解影响项目成本的因素，研究降低成本克服不利因素的措施等。

2)确定目标成本。目标成本即为项目实施的计划成本。目标成本应根据不同阶段管理的需要，在各项成本要素预测的基础上进行编制，并用于指导项目实施过程的成本控制。

①项目投标阶段应在充分学习研究招标文件的基础上，以先进的技术方案和管理措施为依据，编制有竞争力的计划成本。

②项目管理准备阶段应在企业内部进行投标过程传达和合同条件分析的基础上，确定项目经理的可控责任目标成本。该成本作为考核项目经理成本管理绩效的依据，应符合其责任与授权的可控范围。

③项目经理到任后，应在组织编制项目管理实施规划的基础上，编制各项实施性的成本计划，包括设计成本计划、采购成本计划和施工现场生产成本计划，用以指导项目的资源配置和生产过程的成本控制。项目经理在编制实施性成本计划时，需要将其可控责任目标成本分解，层层落实到各个相关部门、施工队伍和班组。分解的方法大多采用工作分解法。

成本计划的编制要充分考虑不可预见因素、工期制约因素及风险因素、市场价格波动因素，结合在计划期内准备采取的增产节约措施，最终确定目标成本，并综合计算项目目标成本的降低额和降低率。

3)编制成本计划草案。各职能部门应认真讨论项目经理下达的成本计划指标，并及时反馈信息，在总结上期成本计划完成情况的基础上，考虑完成本计划的不利和有利因素，制订保证本期计划执行的具体措施，并尽可能地将指标分解落实下达到各班组及个人，形成成本计划草案。

4)综合平衡，编制正式的成本计划。从全局出发，对各部门实施性成本计划之间进行综合平衡，使其相互协调、衔接，最后确定正式的成本计划。

(4)成本计划的编制方法

1)目标利润法。是指根据项目的合同价格扣除目标利润后得到目标成本的方法。在采用正确的投标策略和方法以最理想的合同价中标后，项目经理部从标价中减去预期利润、税金、应上缴的管理费等，之后的余额即为项目实施中所能支出的最大限额。

2)技术进步法。是以项目计划采取的技术组织措施和节约措施所能取得的经济效果为项目成本降低额，求项目目标成本的方法。即：

项目目标成本＝项目成本估算值－技术节约措施计划节约额(降低成本额)

3)按实计算法。是以项目的实际资源消耗测算为基础，根据所需资源的实际价格，详细计算各项活动或各项成本组成的目标成本。

$$人工费=\sum各类人员计划用工量\times实际工资标准$$

$$材料费=\sum各类材料的计划用量\times实际材料基价$$

$$施工机械使用费=\sum各类机械的计划台班量\times实际台班单价$$

在此基础上，由项目经理部生产和财务管理人员结合施工技术和管理方案等测算措施费、项目经理部的管理费等，最后构成项目的目标成本。

4)定率估算法(历史资料法)。当项目非常庞大和复杂而需要分为几个部分时采用的方法。首先将项目分为若干子项目，参照同类项目的历史数据，采用算术平均计算子项目目标成本降低率和降低额，然后再汇总整个项目的目标成本降低率、降低额。在确定子项目成本降低率时，可采用加权平均法或三点估算法。

3.成本控制

成本控制是指在项目实施过程中，对影响项目成本的各项要素，即施工生产所耗费的人力、物力和各项费用开支，采取一定措施进行监督、调节和控制，及时预防、发现和纠正偏差，保证项目成本目标的实现。根据全过程成本管理的原则，成本控制应贯穿于项目建设的各个阶段，是项目成本管理的核心内容，也是项目成本管理中不确定因素最多、最复杂、最基础的管理内容。

(1)项目成本控制的内容和过程

项目成本控制的主要内容包括项目决策成本控制、投标费用控制、设计成本控制和施工成本控制等。

承包企业项目成本控制的重心应放在项目经理部，包括计划预控、过程控制和纠偏控制三个重要环节。

1)项目成本的计划预控。是指应运用计划管理手段事先做好各项建设活动的成本安排，使项目预期成本目标的实现建立在有充分技术和管理措施保障的基础上，为项目的技术与资源的合理配置和消耗控制提供依据。控制的重点是优化项目实施方案(包括工程总承包项目的设计方案)、合理配置资源和控制生产要素的采购价格。

2)项目成本运行过程控制。是指控制实际成本的发生，包括实际采购费用发生过程的控制、劳动力和生产资料使用过程的消耗控制、治理成本及管理费用的支出控制。承包企业应充分发挥项目成本责任体系的约束和激励机制，提高项目成本运行过程的控制能力。

3)项目成本的纠偏控制。是指在项目成本运行过程中，对各项成本进行动态跟踪核算，发现实际成本与目标成本产生偏差时，分析原因，采取有效措施予以纠偏。

(2)项目成本的控制依据

项目成本的控制依据主要包括:工程承包合同;项目成本计划;工程进度报告;工程变更资料等。

(3)项目成本控制的方法

1)项目成本分析表法。是指利用项目中的各种表格进行成本分析和控制的方法。应用成本分析表法可以清晰地进行成本比较研究。常见的成本分析表有月成本分析表、成本日报或周报表、月成本计算及最终预测报告表。

2)工期—成本同步分析法。成本控制与进度控制之间有着必然的同步关系。因为成本是伴随着工程进展而发生的，如果成本与进度不对应，说明项目进展中出现虚盈或虚亏的不正常现象。

施工成本的实际开支与计划不相符，往往是由两个因素引起的:一是在某道工序上的成本开支超出计划；二是某道工序的施工进度与计划不符。因此，要想找出成本变化的真正原因，实施良好有效的成本控制措施，必须与进度计划的适时更新相结合。

3)净值法。净值法是对工程项目成本、进度进行综合控制的一种分析方法。通过比较已完工程预算成本与已完工程实际成本之间的差值，可以分析由于实际价格的变化而引起的累计成本偏差；通过比较已完工程预算成本与拟完工程预算成本之间的差值，可以分析由于进度偏差而引起的累计成本偏差；并通过计算后续未完工程的计划成本余额，预测其尚需的成本数额，从而为后续工程施工的成本、进度控制及寻求降本挖潜的途径指明方向。

(4)价值工程方法。价值工程方法是对项目进行事前成本控制的重要方法，在项目的设计阶段，研究工程设计的技术合理性，探索有无改进的可能性，在提高功能条件下降低成本。同样它可以应用在项目的施工阶段，通过价值工程活动进行施工方案的技术经济分析，确定最佳施工方案，降低施工成本。

4.成本核算

成本核算是承包企业利用会计核算体系，对项目建设工程中所发生的各项费用进行归集，统计其实际发生额，并计算项目总成本和单位工程成本的管理工作。项目成本核算是承包企业成本管理最基础的工作，它所提供的各种信息，是成本预测、成本计划、成本控制和成本考核等的依据。

(1)项目成本核算的对象和范围。承包企业的项目经理部应建立和健全以单位工程为对象的项目成本核算账务体系，严格区分企业经营成本和项目生产成本的界限，在项目实施阶段不对企业经营成本进行分摊，以正确反映项目可控成本的收、支、结、转状况和项目成本管理的业绩。

承包企业的项目成本核算应以项目经理责任成本目标为基本核算范围；以项目经理授权范围相对应的可控责任成本为核算对象，进行全过程分月跟踪核算。根据在建工程的当月形象进度，对已完实际成本按照分部分项工程进行归集，并与相应范围的计划成本进行比较，分析在各分部分项工程成本偏差产生的原因，并在后续工程中采取有效控制措施并进一步寻找降本挖潜的途径。企业的项目经理部应在每月成本核算的基础上编制当月成本报告，作为项目施工月报的组成内容，提交企业主管领导、生产管理和财务部门审核备案。

(2)项目成本核算的方法

1)表格核算法

是建立在内部各项成本核算基础上，由各要素部门和核算单位定期采集信息，按有关规定填制一系列的表格，完成数据的比较、考核和简单的核算，形成项目施工成本核算体系，作为支撑项目成本核算的平台。表格核算法需要依靠众多部门和单位支持，专业性要求不高，其优点是比较简捷明了，直观易懂，易于操作，适时性较好。缺点是覆盖范围较窄，核算债权债务等比较困难，且较难实现科学严密的审核制度，有可能造成数据失实，精度较差。

2)会计核算法

是指建立在会计核算基础上，利用会计核算所独有的借贷记账法和收支全面核算的综合特点，按项目施工成本内容和收支范围，组织项目施工成本的核算。不仅核算项目施工的直接成本，而且还要核算项目在施工生产过程中出现的债权债务、项目为施工生产而自购的工具、器具摊销、向业主的报量和收款、分包完成和分包付款等。其优点是核算严密，逻辑性强，人为调节的可能因素较小，核算范围较大。缺点是对核算人员的专业水平要求较高。

由于表格核算法具有便于操作和表格格式自由等优点，可以根据企业管理方式和要求设置各种表格，因而对项目内各岗位成本的责任核算比较实用。承包企业除对整个企业的生产经营进行会计核算外，还应在项目上设成本会计，进行项目成本核算，减少数据的传递，提高数据的及时性，便于表格核算的数据接口，这将成为项目施工成本核算的发展趋势。

总地说来，用表格核算法进行项目施工各岗位成本的责任核算和控制，用会计核算法进行项目施工成本核算，两者互补，相得益彰，确保项目施工成本核算工作的开展。

(3)项目成本费用的归集与分配

工程项目成本包括直接成本和间接成本。按照《企业会计准则》的规定，会计核算应当以实际发生的经济业务为依据，如实反映财务状况和经营成果；会计信息应当符合国家宏观经济管理的需要，满足有关各方了解企业财务状况和经营成果的需要。各施工企业在成本核算时，在符合《企业会计制度》和《企业会计准则》的前提下，根据企业经营管理的需要划分成本、费用的类型。即人工费、材料费、施工机械使用费和措施费计入直接成本；将间接费组成内容中除去在管理费和财务费中核算的支出以外的费用支出计入间接成本。在进行成本核算时，能够直接计入有关成本核算对象的，直接计入；不能直接计入的，采用一定的分配方法分配计入各成本核算对象的成本，然后计量出各施工项目的实际成本。

1)人工费

人工费计入成本的方法，一般应根据企业实行的具体工资制度而定。在实行计件工资制度时，所支付的工资一般能分清受益对象，应根据“工程任务单”和“工资计算汇总表”将归集的工资直接计入成本核算对象的人工费成本项目中。实行计时工资制度时，在只存在一个成本核算对象或者所发生的工资能分清是服务于哪个成本核算对象时，方可将其直接计入，否则，就需将所发生的工资在各个成本核算对象之间进行分配，再分别计入。一般采用实用工时比例或定额工时比例进行分配，计算公式为：

工资分配率＝建筑安装工人工资总额/各项目实用工时(或定额工时)总和

某项工程应分配的人工费＝该项工程实用工时×工资分配率

2)材料费

项目耗用的材料，应根据限额领料单、退料单、报损报耗单、大堆材料耗用计算单等计入项目成本。凡领料时能点清数量、分清成本核算对象的，应在有关领料凭证上注明成本核算对象的名称，据以计入成本核算对象；领料时虽能点清数量，但需集中配料或统一下料的，则由材料管理人员或领用部门，结合材料消耗定额将材料费分配计入各成本核算对象；领料时不能点数量和分清成本核算对象的，由材料管理人员或施工现场保管员保管，月末实地盘点结存数量，结合月初存数量和本月购进数量，倒推出本月实际消耗量，再结合材料耗用定额，编制“大堆材料耗用计算表”，据以计入各成本核算对象的成本。工程竣工后的剩余材料，应填写“退料单”据以办理材料退库手续，同时冲减相关成本核算对象的材料费。施工中的残次材料和包装物，应尽量回收再用，冲减工程成本的材料费。

3)施工机械使用费

按自有机械和租赁机械分别加以核算。从外单位或本企业内部独立核算的机械站租入施工机械支付的租赁费，直接计入成本核算对象的机械使用费。如租入的机械是为两个或两个以上的工程服务，应以租入机械所服务的各个工程受益对象提供的作业台班数量为基数进行分配，计算公式如下：

平均台班租赁费＝支付的租赁费总额/租入机械作业总台班数

自有机械费用应按各个成本核算对象实际使用的机械台班数计算所应分摊的机械使用

费，分别计入不同的成本核算对象成本中。

在施工机械使用费中，占比重最大的往往是施工机械折旧费。按现行财务制度规定，承包企业计提折旧一般采用平均年限法和工作量法。技术进步较快或使用寿命受工作环境影响较大的施工机械和运输设备，经国家财政主管部门批准，可采用双倍余额递减法或年数总和计提折旧。

固定资产折旧从固定资产投入使用月份的次月起，按月计提。停止使用的固定资产，从停用月份的次月起，停止计提折旧。

企业按财务制度的有关规定，有权选择具体折旧方法和折旧年限，在开始实行年度前报主管财政机关备案。折旧年限和折旧方法一经确定，不得随意变更。需要变更的，由企业提出申请，并在变更年度前报主管财政机关批准。

①平均年限法。也称使用年限法，是指按照固定资产的预计使用年限平均分摊固定资产折旧额的方法。这种方法计算的折旧额在各个使用年（月）份都是相等的，折旧的累计额所绘出的图线是直线，因此，也称直线法。平均年限法的计算公式为：

$$年折旧率=\frac{1-预计净残值率}{折旧年限}\times 100\%$$

$$年折旧额=固定资产原值\times 年折旧率$$

净残值率按照固定资产原值的3%～5%确定，净残值率低于3%或者高于5%的，由企业自主确定，报主管财政机关备案。

②工作量法。是指按照固定资产生产经营过程中所完成的工作量计提折旧的一种方法，是由平均年限法派生出来的一种方法，适用于各种时期使用程度不同的专业机械、设备。

工作量法的计算公式为：

a. 按照行驶里程计算折旧额时：

$$单位里程折旧额=\frac{原值\times(1-预计净残值率)}{规定的总行驶里程}$$

$$年折旧额=年实际行驶里程\times 单位里程折旧额$$

b. 按照台班计算折旧额时：

$$每台班折旧额=\frac{原值\times(1-预计净残值率)}{规定的总工作台班}$$

$$年折旧额=年实际工作台班\times 每台班折旧额$$

③双倍余额递减法。是指按照固定资产账面净值和固定的折旧率计算折旧的方法。它属于一种加速折旧的方法，其年折旧率是平均年限法的两倍，并且在计算年折旧率时不考虑预计净残值率。采用这种方法时，折旧率是固定的，但计算基数逐年递减，因此，计提的折旧额逐年递减。

双倍余额递减法的计算公式为：

$$年折旧率=\frac{2}{折旧年限}\times 100\%$$

$$年折旧额=固定资产账面净值\times 年折旧率$$

实行双倍余额递减法的固定资产，应当在其固定资产折旧年限到期前两年内，将固定资产账面净值扣除预计净残值后的净额平均摊销。

④年数总和法。也称年数总额法，是指以固定资产原值减去预计净残值后的余额为基数，按照逐年递减的折旧率计提折旧的一种方法。它也属于一种加速折旧的方法，其折旧率以该

项固定资产预计尚可使用的年数(包括当年)作分子,而以逐年可使用年数之和作分母,分母是固定的,而分子逐年递减。因此,折旧率逐年递减,计提的折旧额也逐年递减。

年数总和法的计算公式为:

$$年折旧率=\frac{折旧年限-已使用年限}{折旧年限\times(折旧年限+1)\div 2}\times 100\%$$

$$年折旧额=(固定资产原值-预计净残值)\times 年折旧率$$

4)措施费　凡能分清受益对象的,应直接计入受益成本核算对象中,如与若干个成本核算对象有关的,可先归集到措施费总账中,月末再按适当的方法分配计入有关成本核算对象的措施费中。

5)间接成本　凡能分清受益对象的间接成本,应直接计入受益成本核算对象中去,否则先在项目“间接成本”总账中进行归集,月末再按一定的分配标准计入受益成本核算对象。分配的方法:土建工程是以实际成本中直接成本为分配依据,安装工程则以人工费为分配依据。计算公式如下:

$$土建(安装)工程间接成本分配率=\frac{土建(安装)工程分配的间接成本总额}{全部土建工程直接成本(安装工程人工费)总额}$$

$$某土建(安装)工程分配间接成本=该土建工程直接成本(安装工程人工费)\times 土建(安装)工程间接成本分配率$$

5.成本分析

成本分析是揭示项目成本变化情况及其变化原因的过程。在成本形成过程中,利用项目的成本核算资料,将项目的实际成本与目标成本(计划成本)进行比较,系统研究成本升降的各种因素及其产生的原因,总结经验教训,寻找降低项目施工成本的途径,以进一步改进成本管理工作。成本分析为成本考核提供依据,也为未来的成本预测与成本计划编制指明方向。

(1)项目成本的分析方法

成本分析的基本方法包括:比较法、因素分析法、差额计算法、比率法等。

1)比较法。又称指标对比分析法,是通过技术经济指标的对比,检查目标的完成情况,分析产生差异的原因,进而挖掘内部潜力的方法。这种方法具有通俗易懂、简单易行、便于掌握的特点,因而得到了广泛的应用。但在应用时必须注意各技术经济指标的可比性。比较法的应用,通常有下列形式:

①将本期实际指标与目标指标对比。以此检查目标完成情况,分析影响目标完成的积极因素和消极因素,以便及时采取措施,保证成本目标的实现。

②本期实际指标与上期实际指标对比。通过这种对比,可以看出各项技术经济指标的变动情况,反映项目管理水平的提高程度。

③本期实际指标与本行业平均水平、先进水平对比。通过这种对比,可以反映本项目的技术管理和经济管理水平与行业的平均和先进水平的差距,进而采取措施赶超先进水平。

在采用比较法时,可采取绝对数对比、增减差额对比或相对数对比等多种形式。

2)因素分析法。又称连环置换法,这种方法可用来分析各种因素对成本的影响程度。在进行分析时,首先要假定众多因素中的一个因素发生了变化,而其他因素则不变,在前一个因素变动的基础上分析第二个因素的变动,然后逐个替换,分别比较其计算结果,以确定各个因素的变化对成本的影响程度,据此对企业的成本计划执行情况进行评价,并提出进一步的改进措施。因素分析法的计算步骤如下:

①以各个因素的计划数为基础，计算出一个总数；

②逐项以各个因素的实际数替换计划数；

③每次替换后，实际数就保留下来，直到所有计划数都被替换成实际数为止；

④每次替换后，都应求出新的计算结果；

⑤最后将每次替换所得结果，与其相邻的前一个计算结果比较，其差额即为替换的那个因素对总差异的影响程度。

3)差额计算法。差额计算法是因素分析法的一种简化形式，它利用各个因素的目标值与实际值的差额来计算其对成本的影响程度。

4)比率法。比率法是指用两个以上的指标的比例进行分析的方法。其基本特点是：先把对比分析的数值变成相对数，再观察其相互之间的关系。常用的比率法有以下几种：

①相关比率法。通过将两个性质不同而又相关的指标加以对比，求出比率，并以此来考察经营成果的好坏。例如，将成本指标与反映生产、销售等经营成果的产值、销售收入、利润指标相比较，就可以反映项目经济效益的好坏。

②构成比率法。又称比重分析法或结构对比分析法，是通过计算某技术经济指标中各组成部分占总体比重进行数量分析的方法。通过构成比率，可以考察项目成本的构成情况，将不同时期的成本构成比率相比较，可以观察成本构成的变动情况，同时也可看出量、本、利的比例关系(即目标成本、实际成本和降低成本的比例关系)，从而为寻求降低成本的途径指明方向。

③动态比率法。是将同类指标不同时期的数值进行对比，求出比率，以分析该项指标的发展方向和发展速度的方法。动态比率的计算通常采用定基指数和环比指数两种方法。

(2)综合成本的分析方法

所谓综合成本，是指涉及多种生产要素，并受多种因素影响的成本，如分部分项工程成本、月(季)度成本、年度成本等。由于这些成本都是随着项目施工的进展而逐步形成的，与生产经营有着密切的关系，因此，做好上述成本的分析工作，无疑将促进项目的生产经营管理，提高项目的经济效益。

1)分部分项工程成本分析。分部分项工程成本分析是施工项目成本分析的基础。分部分项工程成本分析的对象为主要的已完分部分项工程。分析的方法是：进行预算成本、目标成本和实际成木的“三算”对比，分别计算实际成本与预算成本、实际成本与目标成本的偏差，分析偏差产生的原因，为今后的分部分项工程成本寻求节约途径。

分部分项工程成本分析资料来源是：预算成本是以施工图和定额为依据编制的施工图预算成本，目标成本为分解到该分部分项工程上的计划成本，实际成本来自施工任务单的实际工程量、实耗人工和领料单的实耗材料。

对分部分项工程进行成本分析，要做到从开工到竣工进行系统的成本分析。因为通过主要分部分项工程成本的系统分析，可以基本了解项目成本形成的全过程，为竣工成本分析和今后的项目成本管理提供宝贵的参考资料。

2)月(季)度成本分析。月(季)度成本分析，是项目定期的、经常性的中间成本分析。通过月(季)度成本分析，可以及时发现问题，以便按照成本目标指定的方向进行监督和控制，保证项目目标成本的实现。

月(季)度成本分析的依据是月(季)度的成本报表。分析的方法通常包括：

①通过实际成本与预算成本的对比，分析当月(季)的成本降低水平；通过累计实际成本与累计预算成本的对比，分析累计的成本降低水平，预测实现项目成本目标的前景。

②通过实际成本与目标成本的对比，分析目标成本的落实情况，以及目标管理中的问题和不足，进而采取措施，加强成本管理，保证成本目标的落实。

③通过对各成本项目的成本分析，可以了解成本总量的构成比例和成本管理的薄弱环节。对超支幅度大的成本项目，应深入分析超支原因，并采取对应的增收节支措施，防止今后再超支。

④通过主要技术经济指标的实际与目标对比，分析产量、工期、质量、“三材”的节约率、机械利用率等对成本的影响。

⑤通过对技术组织措施执行效果的分析，寻求更加有效的节约途径。

⑥分析其他有利条件和不利条件对成本的影响。

3)年度成本分析

企业成本要求按年结算，不得将本年成本转入下一年度。而项目成本则以项目的寿命周期为结算期，要求从开工、竣工到保修期结束连续计算，最后结算出成本总量及其盈亏。由于项目的施工周期一般较长，除进行月(季)度成本核算和分析外，还要进行年度成本的核算和分析。这不仅是为了满足企业汇编年度成本报表的需要，同时也是项目成本管理的需要。因为通过年度成本的综合分析，可以总结一年来成本管理的成绩和不足，为今后的成本管理提供经验和教训。

年度成本分析的依据是年度成本报表。年度成本分析的内容，除了月(季)度成本分析的6个方面以外，重点是针对下一年度的施工进展情况规划切实可行的成本管理措施，以保证施工项目成本目标的实现。

4)竣工成本的综合分析

凡是有几个单位工程而且是单独进行成本核算的项目，其竣工成本分析应以各单位工程竣工成本分析资料为基础，再加上项目经理部的经营效益(如资金调度、对外分包等所产生的效益)进行综合分析。如果施工项目只有一个成本核算对象(单位工程)，就以该成本核算对象的竣工成本资料作为成本分析的依据。单位工程竣工成本分析，应包括以下三方面内容：

①竣工成本分析；

②主要资源节超对比分析；

③主要技术节约措施及经济效果分析。

通过以上分析，可以全面地了解单位工程的成本构成和降低成本的来源，对今后同类工程的成本管理有重要的参考价值。

6.成本考核

成本考核是在工程项目建设过程中或项目完成后，定期对项目形成过程中的各级单位成本管理的成绩或失误进行总结与评价。通过成本考核，给予责任者相应的奖励或惩罚，承包企业应建立和健全项目成本考核制度，作为项目成本管理责任体系的组成部分。考核制度应对考核的目的、时间、范围、对象、方式、依据、指标、组织领导以及结论与奖惩原则等作出明确规定。

(1)项目成本考核的内容

承包企业项目成本的考核，包括企业对项目成本的考核和企业对项目经理部可控责任成本的考核。企业对项目成本的考核包括对项目设计成本和施工成本目标(降低额)完成情况的考核和成本管理工作业绩的考核。企业对项目经理部可控责任成本的考核包括：

1)项目成本目标和阶段成本目标完成情况；

2)建立以项目经理为核心的成本管理责任制的落实情况；

3)成本计划的编制和落实情况；

4)对各部门、各施工队和班组责任成本的检查和考核情况；

5)在成本管理中贯彻责权利相结合原则的执行情况。

除此之外，为层层落实项目成本管理工作，项目经理对所属各部门、各施工队和班组也要进行成本考核，主要考核其责任成本的完成情况。

(2)项目成本的考核指标

1)企业的项目成本考核指标

①项目设计成本降低额和降低率

$$项目设计成本降低额=项目设计合同成本-项目设计预算成本$$

$$项目设计成本降低率=\frac{项目设计成本降低额}{项目设计合同成本}\times 100\%$$

②项目施工成本降低额和降低率

$$项目施工成本降低额=项目施工合同成本-项目实际施工成本$$

$$项目施工成本降低率=\frac{项目施工成本降低额}{项目施工合同成本}\times 100\%$$

2)项目经理部可控责任成本考核指标

①项目经理责任目标总成本降低额和降低率

$$目标总成本降低额=项目经理责任目标总成本-项目竣工结算总成本$$

$$目标总成本降低率=\frac{目标总成本降低额}{项目经理责任目标总成本}\times 100\%$$

②施工责任目标成本实际降低额和降低率

$$施工责任目标成本实际降低额=施工责任目标总成本-工程竣工结算总成本$$

$$施工责任目标成本实际降低率=\frac{施工责任目标成本实际降低额}{施工责任目标总成本}\times 100\%$$

③施工计划成本实际降低额和降低率

$$施工计划成本实际降低额=施工计划总成本-工程竣工结算总成本$$

$$施工计划成本实际降低率=\frac{施工计划成本实际降低额}{施工计划总成本}\times 100\%$$

承包企业应充分利用项目成本核算资料和报表，由企业财务审计部门对项目经理的成本和效益进行全面审核。在此基础上做好项目成本效益的考核与评价，并按照项目经理部的绩效，落实成本管理责任制的激励措施。

综上所述，项目成本管理流程中每个环节都是相互联系和相互作用的。成本预测是成本计划的编制基础，成本计划是开展成本控制和核算的基础；成本控制能对成本核算计划的实施进行监督，保证成本计划的实现，而成本核算又是成本计划是否实现的最后检查，它所提供的成本信息又是成本预测、成本计划、成本控制和成本考核等的依据；成本分析为成本考核提供依据，也为未来的成本预测与编制成本计划指明方向；成本考核是实现成本目标责任制的保证和手段。

七、与工程财务有关的税收及保险规定

(一)与工程财务有关的税收规定(熟悉)

1.营业税

营业税的纳税人是指在中华人民共和国境内提供应税劳务、转让无形资产或销售不动产的单位和个人。我国营业税计税依据为计税营业额。建筑业和销售不动产营业税计税依据具

体规定如下：

(1)总承包企业将工程分包时，以全部承包额减去付给分包单位价款后的余额为营业税。

(2)从事建筑、修缮、装饰工程作业的，无论是“包工包料”，还是“包工不包料”，营业额均包括工程所用原材料及其他物资和动力价格；从事安装工程作业的，凡安装的设备价值作为安装工程产值的，营业额包括设备价款营业额。

(3)自建自用的房屋不纳营业税；自建房屋对外销售(不包括个人自建自用住房销售)的，其自建行为应按建筑业缴纳营业税，再按不动产缴纳营业税。

(4)单位和个人销售或转让其购置的不动产或受让的土地使用权，以全部收入减去不动产或土地使用权的购置或受让原价后的余额为营业额。单位和个人销售或转让抵债所得的不动产、土地使用权的，以全部收入减去抵债时该项不动产或土地使用权作价后的余额为营业税。

营业税的税率实行差别比例税率，同一行业实行同一税率，对不同行业实行不同税率。交通运输业、建筑业、邮电通信业、文化体育业的营业税率为3%，金融保险业为8%，娱乐业为5%～20%，服务业、转让无形资产和销售不动产税率为5%。营业税的基本计算公式为：

应纳税额＝计税营业额×适用税率

2. 所得税

所得税是以单位(法人)或个人(自然人)在一定时期内的纯收入额为征税对象的各个税种的总称。目前，我国的所得税分为企业所得税、外商投资企业和外国企业所得税、个人所得税等。这里我们只讨论企业所得税。

企业所得税的纳税人是指实行经济独立核算的企业或者组织，以企业的生产、经营所得和其他所得为课税对象。企业所得税的计税依据为应纳税所得额。

应纳税所得额＝收入总额－准予扣除项目金额

收入总额包括生产、经营收入，财产转让收入，利息收入，租赁收入，特许权使用费收入，股息收入和其他收入。准予扣除的项目是指与纳税人取得收入有关的成本、费用、税收和损失。准予扣除的项目主要有如下规定：

(1)向非金融机构借款利息在不高于按照金融机构同类、同期贷款利率计算的数额以内的部分准予扣除。

(2)纳税人支付给职工的工资，按照计税工资扣除。

(3)纳税人的职工福利费、工会经费、职工教育经费，分别按照计税工资总额的14%、2%、1.5%计算扣除。

(4)纳税人用于公益、救济性的捐赠，在年度应纳税所得额的3%，准予扣除。

(5)纳税人发生的业务招待费、坏账损失、财产清查净损失、上级管理费等，经主管税务机关审核后准予扣除。

企业所得税实行33%的比例税率，对应纳所得额在3万元(含3万元)以下企业，暂减按18%的税率征收，年应纳所得额在10万元(含10万元)以下至3万元的企业，暂减按27%的税率征收。应纳税额的计算公式如下：

应纳税额＝应纳税所得额×所得税税率

3. 城市维护建设税

城市维护建设税是为筹集城市维护和建设资金开征的一种附加税。其纳税人是有义务缴纳增值税、消费税和营业税的单位和个人。城市维护建设税以实际缴纳的增值税、消费税和营业税之和为计税依据，与增值税、消费税和营业税同时缴纳。城市维护建设税根据纳税人所在地的不同，分别规定不同的比例税率。纳税人所在地在市区的，税率为7%；所在地在县城或镇的，税率为5%；不在市区、县城或镇的，税率为1%，建筑企业、房地产开发企业应该以实际缴纳的营业税额为计税依据，同时缴纳城市维护建设税。

4.教育费附加

教育费附加指为了发展地方教育事业、扩大地方教育经费来源而征收的一种附加税。其纳税人是有义务缴纳增值税、消费税和营业税的单位和个人，以实际缴纳的增值税、营业税、消费税的税额为计征依据，与增值税、消费税和营业税同时缴纳，教育费附加税率为3%。

5.房产税

房产税的纳税义务人是征税范围内的房屋的产权所有人，纳税对象为房产，其有关规定如下：

(1)从价计征。计税依据是房产原值一次减除10%～30%的扣除比例后的余值，年税率为1.2%。

(2)从租计征。计税依据为房产租金收入，税率为12%，对个人按市场价格出租的居民住房，暂按4%税率征收房产税。

6.城镇土地使用税

城镇土地使用税的纳税义务人，是使用城市、县城、建制镇和工矿区土地的单位和个人，但不包括外商投资企业和外国企业在华机构(对其用地征收土地使用费)。其纳税对象包括在城市、县城、建制镇和工矿区内的国有和集体所有土地，但不包括农村土地，以纳税人实际占用土地面积(m^2)为计税依据。计算公式如下：

$$全年应纳税额=实际占用应税土地面积(m^2)\times适用税额$$

城镇土地使用税采用定额税率。按大、中、小城市和县城、建制镇和工矿区分别规定每平方米土地使用税年应纳税额。具体标准为：大城市0.5～10元；中等城市0.4～8元；小城市0.3～6元；县城、建制镇和工矿区0.2～4元。

7.土地增值税

土地增值税的纳税人是转让国有土地使用权、地上建筑物及其附着物并取得收入的单位和个人。纳税对象为转让国有土地使用权、地上建筑物及其附属物，连同国有土地使用权一并转让所取得的增值额。以纳税人转让房地产所取得的收入减除税法规定的扣除项目金额后的余额为计税依据，土地增值税实行四级超率累计税率，具体税率见下表。

土地增值税税率表

增值额占扣除项目金额比例	税　率	速算扣除系数
50%以下(50%)	30%	0
超过5%～100%(含100%)	40%	5%
超过100%～200%(含200%)	50%	15%
200%以上	60%	35%

应纳税额计算公式为：

$$应纳税额=\sum(每级距的土地增值额\times适用税率)$$

或

$$应纳税额=增值额\times适用税率-扣除项目金额\times速算扣除系数$$

$$土地增值额=转让收入-扣除项目余额$$

8. 契税

契税的纳税义务人是境内转让土地、房屋权属承受的单位和个人，纳税对象是在境内转移土地、房屋权属的行为，计税依据是不动产的价格。契税实行3%～5%的幅度税率，应纳税额计算公式为：

$$契税应纳税额=计税依据\times税率$$

(二)与工程财务有关的保险规定(熟悉)

工程保险是承保建筑、安装工程在建筑安装过程中因遭受自然灾害或意外事故损失给予补偿的保险。

1. 建筑工程一切险

建筑工程一切险是承保以土木建筑为主体的工程项目在整个建筑期间因自然灾害或意外事故造成的物质损失，以及依法应承担的第三者责任保险。

(1)被保险人与投资人

建筑工程保险一张保单下可以有多个被保险人，这是工程保险区别于其他财产保险的特点之一。被保险人一般包括：业主、承包商、技术顾问及其他关系方。

投包人：全部承包方式，由承包方负责投保；部分承包方式，在合同中规定由某一方投保；分段承包方式，一般由业主投保；施工单位只提供劳务的承包方式，一般也由业主投保。

(2)保险项目

建筑工程一切险的保险项目包括物质损失部分、第三者责任及附加险部分。

1)物质损失。包括建筑工程、业主提供的物料及项目、安装工程项目、施工用机器、装置及设备、场地清理费、工地内现成的建筑物、业主或承包商在工地上的其他财产等各部分之和为建筑工程一切险物质损失部分总的保险金额。

2)第三者责任险。指被保险人在工程保险期内因意外事故造成工地及工地附近的第三者人身伤亡或财产损失，依法应负赔偿责任。保险金额一般通过一个赔偿限额来确定，该限额根据工地责任风险的大小确定，通常有两种方式。

①只规定每次事故的赔偿限额，不具体限定为人身伤亡或财产损失的分项限额，也不规定在保险期限内的累计赔偿限额。这种方式适用于责任风险较低的第三者责任。

②先规定每次事故人身伤亡及财产损失的分项赔偿限额，进而规定对每人的限额，然后将分项的人身伤亡限额与财产损失限额组成每次事故的总赔偿限额，最后再规定保险期限内的累计赔偿限额。这种方式适用于责任风险较大的第三者责任。

3)附加险。根据投保人的特别要求或某项工程的特性需要可以增加一些附加险，保险金额由双方商定。

(3)保险费率

建筑工程一切险的费率应分项确定，一般可分为以下各项：

1)建筑工程、安装工程、场地清理费、业主提供的物质及项目、工地内现成的建筑物、业主或承包商在工地上的其他财产，各项为一个总的费率，整个工期实行一次性费率。

2)施工用机器、装置及设备为单独的年费率。保期不足一年的，按短期费率计收保费。

3)保证期费率，是整个保证期一次性费率。

4)各种附加保障增收费率，也是整个工期一次性费率。

5)第三者责任险费率，按整个工期一次性费率计算。

2. 安装工程一切险

安装工程一切险是以设备的购货合同价和安装合同价加各种费用或以安装工程的最后建成价格为保额的，以重置基础进行赔偿的，是指专门承保新建、扩建或改造的工矿企业的机器，设备或钢结构建筑物在安装、调试期间，由于保险责任范围内的风险造成的保险财产的物质损失和列明的费用的保险。

(1)被保险人与投保人

安装工程一切险的被保险人包括：业主、承包商、供货商、制造商、技术顾问和其他关系方。

一般来说，在全部承包方式下，由承包商作为投保人投保整个工程的安装工程保险，同时把有关利益方列为共同被保险人。如非全部承包方式，最好由业主投保。

(2)保险项目

1)安装项目。这是安装工程险承保的主要保险项目，包括被安装的机器设备、装置、物料、基础工程以及工程所需的各种临时设施，如水、电、照明、通信等。

2)土木建筑工程项目。指新建、扩建厂矿必须有的工程项目。

3)安装施工用机器设备。保险金额按重置价值计算。

4)业主或承包商在工地上的其他财产。保险金额可由保险人与被保险人商定，但最高不能超过其实际价值。

5)清理费用。此项费用的保险金额由被保险人自定并单独投保，不包括在工程合同价内。

(3)保险费率

安装工程一切险的费率，应按不同类型的工程项目确定，其费率与建筑工程一切险基本相同，只是对试车期设定单独费率，是一次性费率。

3. 建筑职工意外伤害保险

建筑职工意外伤害保险是指建筑企业为施工现场从事施工作业和管理的人员，向保险公司办理建筑意外伤害保险、支付保险费，保险公司对于在施工活动过程中发生的人身意外伤亡事故、对遭受意外伤害的施工人员实施赔付的保险。

(1)建筑职工意外伤害保险的投保

以工程项目或单项工程为单位进行投保。投保人为建筑企业，工程项目中有分包单位的由总承包企业统一办理，分包单位合理承担投保费用。建筑企业应在工程项目开工前办理完投保手续。鉴于工程建设项目施工工艺流程中各工种调动频繁，用工流动性大，投保应实行不记名和不计人数的方式。

(2)保险范围和保险金额

建筑职工意外伤害保险的范围应当覆盖工程项目。已在企业所在地参加工伤保险的人员，从事现场施工时仍可参加建筑意外伤害保险。

保险金额由各地建设行政主管部门结合本地区实际情况确定合理的最低保险金额。建筑职工意外伤害保险投保的保险金额不得低于最低保险金额。最低保险金额要能够保障施工伤亡人员得到有效的经济补偿。

(3)保险费率

建筑企业和保险公司双方根据各类风险因素商定建筑意外伤害保险费率，实行差别费率和浮动费率。差别费率可与工程规模、类型、工程项目风险程度和施工现场环境等因素挂钩。浮动费率可与建筑企业安全生产业绩、安全生产管理状况等因素挂钩。

【典型例题解析】

一、单项选择题

1. 企业财务制度体系中,(　　)是最基本、最高的层次。

A.《企业财务通则》　　B.《企业会计准则》

C.《企业财务制度》　　D.《企业财务管理制度》

【答案】 A

【考核点】《企业财务通则》

【解析】 企业财务制度的基本体系由高到低分为《企业财务通则》、《行业的财务制度》和《企业内部财务管理规定》三个层次。可见,企业财务通则是在整个体系是最基本、最高层次的法规。因此,应选择A。

2. 发行股票方式属于融资方式中的(　　)。

A. 间接融资　　B. 债务融资　　C. 权益融资　　D. 自筹投资

【答案】 C

【考核点】 融资方式

【解析】 股票是股份有限公司发放给股东作为已投资入股的证书和索取股息的凭证。股票无到期日,其投资属永久性投资。权益融资就是为了获取可供长期或永久使用的资金而采取的资金融通方式。可见,发行股票属于权益融资的一种方式。间接融资是从银行及非银行金融机构借入的资金。债务融资是通过信用方式取得资金,并按预先规定的利率支付利息的一种资金融通方式。自筹投资是属于自筹资金。这三种方式都不包括发行股票方式。因此,应选择C。

3. 在进行筹资决策时,应同时考虑风险和(　　)对项目的影响。

A. 资金来源　　B. 资金结构　　C. 资金利息　　D. 筹资费用

【答案】 B

【考核点】 融资方案比选

【解析】 融资方案中最佳的筹资方案是指既使企业达到最佳资本结构、资金成本较低,又可以使企业所面临的风险较小(处于企业可承受的范围内)的筹资方案。因此,在进行筹资决策时,应同时考虑到风险与资本结构对项目的影响。因此,应选择B。

4. 施工企业管理的核心内容是施工企业的(　　)。

A. 利润目标　　B. 会计核算　　C. 费用控制　　D. 成本管理

【答案】 D

【考核点】 施工企业成本管理

【解析】 施工企业要转换企业经营机制,建立科学合理的经营管理体系,就要求施工管理必须依据施工项目管理的内在规律,以施工项目成本管理为中心,履行工程的承包合同,实现项目的各项承包指标,降低工程成本。真正使项目成为企业利润的源泉,这就使得施工企业的成本管理成为施工成本管理的核心内容。因此,应选择D。

5. 下列关于第三者责任险的表述,正确的是(　　)。

A. 第三者对被保险人造成伤害或财产损失,被保险人获得赔偿的保险

B. 因意外事故造成工地第三者人身伤亡或财产损失,被保险人获得赔偿的保险

C. 因为第三者责任造成工程损失，被保险人可以获得赔偿的保险

D. 因为故意伤害造成第三者人身伤亡，被保险人可以获得赔偿的保险

【答案】 B

【考核点】 与工程有关的保险

【解析】 第三者责任险属于建筑工程一切险中的保险项目，它是指被保险人在工程保险期内因意外事故造成工地及工地附近的第三者人身伤亡或财产损失依法应负赔偿责任。在备选答案中，只有B项符合第三者责任险的内容。因此，应选择B。

二、多项选择题

1. 根据《企业财务通则》中的规定，企业应按照国家有关规定建立有效的财务管理级次，包括建立以下(　　)。

A. 财务决策制度　　B. 实报实销制度

C. 财务决策回避制度　　D. 财务风险管理制度

E. 财务预算管理制度

【答案】 A、C、D、E

【考核点】 《企业财务通则》

【解析】 根据《企业财务通则》中的规定，企业实行资本权属清晰，财务关系明确，符合法人治理结构要求的财务管理体制。企业应按照国家有关规定建立有效的财务管理级次。企业应当建立财务决策制度、财务决策回避制度、财务风险管理制度、财务预算管理制度。在备选答案中，只有B项不符合要求。因此，应选择A、C、D、E。

2. 下列(　　)活动是企业的财务活动。

A. 发行债券　　B. 租赁

C. 资金成本　　D. 购买政府公债

E. 发放股利

【答案】 A、B、D、E

【考核点】 企业财务管理内容

【解析】 企业财务活动是指企业在生产过程中的资金运动，包括资金筹集、资金运用和资金分配的活动。在备选答案中，A、B两项都属于企业的筹资活动内容；D项是企业的投资活动；E项是企业的分配活动，因此都是企业的财务活动。只有C项不是。因此，应选择A、B、D、E。

3. 以下(　　)属于企业的债务融资方式。

A. 发行股票　　B. 自筹投资

C. 发行债券　　D. 银行贷款

E. 设备租赁

【答案】 C、D、E

【考核点】 融资方式

【解析】 债务融资是指拟建项目投资者通过信用方式取得资金，并按预先规定的利率支付利息的一种资金融通方式。债务融资不发生资金所有权变化，只发生资金使用权的临时让渡。融资者必须在规定的期限内偿还本金，并支付利息。在备选答案中，发行债券，银行贷款和设备租赁都属于这种性质，属于负债筹资方式。发行股票和自筹投资则是项目资本金的筹措方式，属于权益融资方式。因此，应选择C、D、E。

4. 进行资产评估时一般使用的方法有(   )。

A. 重置成本法　　B. 资产原值法

C. 收益法　　D. 市场比较法

E. 加权平均法

【答案】 A、C、D

【考核点】 资产评估

【解析】 资产评估是资产管理的一门专业技术，是优化资产管理的基础工作，资产评估的方法一般有成本法(也称重置成本法)、收益法(也称收益现值法)和市场比较法，显然在备选答案中，A、C、D 三项都符合题意，另外两项都不符合。因此，应选择 A、C、D。

5. 施工企业对项目经理部可控责任成本的考核包括(   )。

A. 项目成本目标和阶段成本目标完成情况

B. 业主支付工程款情况

C. 成本计划的编制和落实情况

D. 与监理工程师的配合情况

E. 成本管理中贯彻责权利相结合原则的执行情况

【答案】 A、C、E

【考核点】施工企业成本管理

【解析】承包企业项目成本的考核，包括企业对项目成本的考核和企业对项目经理部可控责任成本的考核。对项目经理部可控责任成本的考核包括：①项目成本目标和阶段成本目标完成情况；②建立以项目经理为核心的成本管理责任制的落实情况；③成本计划的编制和落实情况；④对各部门、各施工队和班组责任成本的检查和考核情况；⑤在成本管理中贯彻责权利相结合原则的执行情况等。在备选答案中，只有 A、C、E 符合。因此，应选择 A、C、E。

三、判断题

1. 企业会计确认、计量和报告应当以持续经营为前提。 (   )

【答案】 √

【考核点】《企业财务准则》

【解析】 根据《企业财务准则》中的规定，企业会计确认、计量和报告应当以持续经营为前提。

2. 通过权益融资所筹集的资金，就其性质来说，属于企业的负债资金。 (   )

【答案】 ×

【考核点】 融资方式

【解析】 权益融资方式所筹集的资金直接构成了项目的资本金，其性质是项目的自有资金。

3. 筹资活动的关键是要保证企业筹措到更多的资金。 (   )

【答案】 ×

【考核点】 企业财务管理

【解析】 筹资活动的关键是决定各种资金来源在总资金中所占的比重，即确定资本结构。

4. 成本计划是对项目制定的成本管理目标，它是在成本核算分析的基础上编制的。 (   )

【答案】 ×

【考核点】施工企业成本管理

【解析】 成本计划是承包企业及其项目经理部对计划期内项目的成本水平所作的筹划，

是对项目制定的成本管理目标。它是在成本预测的基础上编制的。

5. 建筑职工意外伤害保险的投保实行的是不记名但按人数投保的方式。（ ）

【答案】 ×

【考核点】 与工程有关的保险

【解析】 建筑职工意外伤害保险以工程项目或单项工程为单位进行投保，鉴于工程建设项目施工工艺流程中各工种调动频繁，用工流动性大，投保实行不记名和不计人数的方式。

【习 题 精 练】

一、单项选择题

1. 投资者实际缴付的出资超出注册资本的部分，企业应当作为（ ）管理。

A. 资本收入　B. 资本公积　C. 实收资本　D. 注册资金

2. 企业法定公积金转增资本后留存企业的部分，其限额为不少于转增前注册资本的（ ）。

A. 5%　B. 10%　C. 15%　D. 25%

3. 企业的会计核算应当采用（ ）记账。

A. 增减记账法　B. 收付记账法　C. 借贷记账法　D. 单式记账法

4. 企业进行会计确认、计量和报告应当以（ ）为基础。

A. 权责发生制　B. 收付实现制　C. 税后利润　D. 持续经营

5. 资产减去负债后的部分是（ ）。

A. 收入　B. 利润　C. 所有者权益　D. 费用

6. 资产、负债和所有者权益一般通过（ ）来反映企业财务状况。

A. 资产负债表　B. 损益表　C. 现金流量表　D. 利润表

7. 会计核算的（ ）是指企业提供的会计信息应当能够反映企业的财务状况、经营成果和现金流量，以满足会计信息使用者的需要。

A. 客观性要求　B. 相关性要求　C. 明晰性要求　D. 及时性要求

8. 凡是当期已经实现的收入和已经发生或应当负担的费用，不论款项是否收付，都应当作为当期的收入和费用，这是遵循的会计核算的（ ）。

A. 实际成本原则　B. 配比原则　C. 及时性原则　D. 权责发生制原则

9. 现金流量表的编制是以（ ）为原则。

A. 权责发生制　B. 收付实现制　C. 会计分期　D. 持续经费

10. 表明企业在一定时期的收入与产出之间关系的报表是（ ）。

A. 资产负债表　B. 损益表　C. 现金流量表　D. 税务报表

11. 在企业财务管理当中，（ ）是企业一切财务活动的出发点和归宿。

A. 组织财务活动　B. 处理财务关系　C. 财务管理目标　D. 筹资活动管理

12. 从银行或其他金融机构借入的资金属于（ ）方式。

A. 间接融资　B. 直接融资　C. 权益融资　D. 自筹投资

13. 发行股票的资金成本（ ）发于债券的资金成本。

A. 高于　B. 低于　C. 等于　D. 不好确定

14. 融资租赁的资金成本率（ ）银行贷款的资金成本率。

A. 低于　B. 高于　C. 等于　D. 不好确定

15. 某企业通过融资租赁方式租入某设备，租赁期满后，设备的所有权应属于（ ）。

A. 企业　　B. 租赁公司　　C. 银行　　D. 设备制造厂家

16. 某企业通过 BOT 融资方式投资修建一条机场公路，经营期满后，该公路应归(　　)。

A. 企业　　B. 贷款银行　　C. 政府　　D. 第三人

17. 某企业向银行借款 1 000 万元，贷款年利率为 8%，筹资费费率为 2%，所得税税率为 33%，其借款成本率为(　　)。

A. 7.8%　　B. 9.32%　　C. 6.73%　　D. 5.46%

18. 某企业通过发行优先股筹措资金 2 000 万元，其确定的股息率为 9.8%，筹资费费率为 2%，则其资金成本率为(　　)。

A. 19.6%　　B. 9.6%　　C. 10%　　D. 13.2%

19. 以下属于企业固定资产的是(　　)。

A. 周转材料　　B. 运输工具　　C. 长期债券投资　　D. 专利权

20. 项目成本管理中不确定因素最多、最复杂、最基础的管理内容是(　　)。

A. 成本计划　　B. 成本控制　　C. 成本分析　　D. 成本考核

21. 某机器设备原值为 10 000 元，预计使用 10 年，净残值为 500 元，采用直线法时其年折旧率为(　　)。

A. 9.5%　　B. 10.5%　　C. 10%　　D. 11.5%

22. 固定资产原值为 10 000 元，预计使用 5 年，净残值为 500 元，采用双倍余额递减法，则其第二年的折旧额为(　　)元。

A. 3 800　　B. 1 440　　C. 2 400　　D. 4 000

23. 企业的营业税实行的是(　　)。

A. 固定税率　　B. 超额累进税率

C. 四级超率累进税率　　D. 差别比例税率

24. 关于企业所得税准予扣除项目的规定表述正确的是(　　)。

A. 向非金融机构借款利息高于金融机构同类利率的部分准予扣除

B. 纳税人支付给职工的工资，按照计税工资扣除

C. 纳税人的职工福利费，按照计税工资总额的 2%计算扣除

D. 纳税人发生的业务招待费、坏账损失、财产清查净损失、上级管理费等，一律不得扣除

25. 以下关于建筑工程一切险投包人的规定错误的是(　　)。

A. 全部承包方式，由承包方负责投保

B. 部分承包方式，在合同中规定由某一方投保

C. 分段承包方式，一般由分段承包商投保

D. 施工单位只提供劳务的承包方式，一般由业主投保

二、多项选择题

1. 以下(　　)属于《企业财务通则》的基本内容。

A. 会计计量　　B. 企业财务管理体制

C. 资金筹措　　D. 收益分配

E. 财务会计报告

2. 会计核算的基本前提有(　　)。

A. 会计主体　　B. 持续经费

C. 行政主体　　D. 会计期间

E. 货币计量

3. 企业财务制度的基本体系中包括(　　)几个层次。

A. 企业财务通则　　B. 企业现金管理制度

C. 行业的财务制度　　D. 企业内部财务管理规定

E. 建筑业的财务管理规定

4. 下列属于动态会计报表的有(　　)。

A. 资产负债表　　B. 损益表

C. 利润表　　D. 现金流量表

E. 财务状况变动表

5. 损益表是以"利润＝收入－费用"这一会计等式为依据,可以反映出工程(　　)几个层次内容。

A. 结算利润　　B. 营业利润

C. 利润总额　　D. 净利润

E. 会计核算

6. 在资产负债表中计算以下(　　)指标,有助于判断企业的偿债能力情况。

A. 资本成本率　　B. 资产负债率

C. 资产利润率　　D. 流动比率

E. 速动比率

7. 以下(　　)属于企业的投资活动。

A. 购买公债　　B. 发行股票

C. 赊购　　D. 购置设备

E. 增加一种新产品

8. 项目资金的筹措方式包括下列(　　)。

A. 国家预算内投资　　B. 自筹投资

C. 发行债券　　D. 发行股票

E. 吸收国外资本直接投资

9. 下列关于股票叙述错误的是(　　)。

A. 股票可分为普通股和优先股两大类

B. 以股票筹资是一种有弹性的融资方式,融资风险低

C. 股票到期后应支付股息和红利

D. 发行股票筹集资金可降低公司负债比率,提高公司财务信用

E. 股票筹集的资金成本低

10. 以下是利用负债筹资的方式有(　　)。

A. 发行股票　　B. 银行贷款

C. 发行债券　　D. 设备租赁

E. 借用国外资金

11. 融资租赁是设备租赁的主要形式,它将(　　)有机地结合在一起。

A. 贷款　　B. 设备型号

C. 贸易　　D. 租金支付

E. 出租

12. 关于 BOT 融资模式表述正确的有(　　)。

A. 特许经营的投资人在经营期末,通过有偿的方式将基础设施移交给政府

B. 有利于扩大建设资金来源

C. 有利于提高项目管理的运作效率

D. 不利于转移和降低风险

E. 发展中国家可吸引外国投资,引进国外先进技术

13. 在进行投资决策分析时应考虑的因素,包括以下(　　)内容。

A. 项目的产权方式　　B. 决策程序

C. 现金流量控制　　D. 税务结构

E. 法律顾问

14. 以下(　　)是资金筹集成本的内容。

A. 支付给股东的股息　　B. 贷款利息

C. 发行债券的印刷费　　D. 发行手续费

E. 广告费

15. 最佳的筹资方案是指企业达到(　　)的筹资方案。

A. 最大筹资额　　B. 最多权益资本

C. 最佳资本结构　　D. 资金成本较低

E. 风险较小

16. 影响企业经营风险的因素主要有(　　)。

A. 产品需求　　B. 产品售价

C. 产品成本　　D. 调整价格能力

E. 可变成本比重

17. 以下应计入待摊费用的是(　　)。

A. 低值易耗品摊销　　B. 预付保险费

C. 存款利息　　D. 一次性购买印花税票

E. 一次性支付固定资产中小修理费

18. 下列属于无形资产项目的是(　　)。

A. 低值易耗品　　B. 非专利技术

C. 土地使用权　　D. 专利权

E. 商标权

19. 成本费用定量预测常用的方法有(　　)。

A. 调查研究判断法　　B. 函询调查法

C. 加权平均法　　D. 回归分析法

E. 座谈会法

20. 施工企业应计入直接成本的包括以下(　　)。

A. 人工费　　B. 管理费

C. 财务费　　D. 材料费

E. 施工机械使用费

21. 成本计划的编制方法包括以下(　　)。

A. 回归分析法　　　　　　　　　　B. 目标利润法
C. 技术进步法　　　　　　　　　　D. 按实计算法
E. 定率估算法

22. 下列应计提折旧的固定资产有(　　)。
A. 停止使用的固定资产　　　　　　B. 经营性租入的固定资产
C. 生产机器设备　　　　　　　　　D. 融资租入的固定资产
E. 已提足折旧费但仍在使用中的固定资产

23. 成本分析的基本方法包括(　　)。
A. 加权平均法　　　　　　　　　　B. 比较法
C. 因素分析法　　　　　　　　　　D. 回归分析法
E. 差额计算法

24. 城市维护建设税以实际缴纳的(　　)之和为计税依据。
A. 消费税　　　　　　　　　　　　B. 房产税
C. 增值税　　　　　　　　　　　　D. 营业税
E. 契税

25. 以下关于契税有关规定叙述正确的是(　　)。
A. 纳税义务人是境内外转让土地、房屋权属承受的单位和个人
B. 纳税对象是境内外转移土地、房屋权属的行为
C. 计税依据是不动产的价格
D. 实行3%～5%的幅度税率
E. 应纳税额＝计税依据×税率

三、判断题

1. 在境外设立的中国企业向国内报送的财务会计报告,应使用所在国的币种编制。(　　)
2. 在我国设立企业必须有法定资本金。(　　)
3. 企业的会计核算应当以收付实现制为原则。(　　)
4. 企业在进行会计核算时,不得多计资产或收益,少计负债或费用,也不得计提秘密准备。这是遵循会计核算的实际成本原则。(　　)
5. 企业资产就是所有者权益减去负债后的余额。(　　)
6. 我国日前拟建项目主要是通过直接融资方式,对间接融资方式不太采用。(　　)
7. 通过债务融资方式取得资金后,资金的所有权也就跟着发生了转变。(　　)
8. 债务融资形式一般要受到时间、地点和范围的限制。(　　)
9. 增发普通股会降低原有股东的控制权。(　　)
10. 利用债券筹资可以少缴纳所得税。(　　)
11. 利用融资租赁方式不利于企业进行技术改造。(　　)
12. 利用出口信贷方式的贷款利息率较高。(　　)
13. 当债务资本比率较高时,企业的财务风险就小。(　　)
14. 资本结构是指企业各种短期资金筹集来源的构成和比例关系。(　　)
15. 施工企业的存货不属于流动资产的内容。(　　)
16. 不属于生产经营主要设备的物品,但单位价值在2 000元以上,也应作为固定资产。(　　)

17. 无形资产按取得时的实际成本计价，从开始受益之日起，在有效期内平均摊入管理费用。（　　）

18. 在施工机械使用费用中，占比重最大的是施工机械租赁费。（　　）

19. 采用双倍余额递减法计提折旧时，其折旧率是逐年递减的。（　　）

20. 已在企业所在地参加工伤保险的人员，从事现场施工时不能再参加意外伤害保险。（　　）

四、综合分析题

1. 某建设项目需筹资 1 000 万元，企业通过长期借款 200 万元，发行债券取得 100 万元，发行优先股票 200 万元，发行普通股票取得 500 万元，其资金成本分别为 6.5%、8.1%、10% 和 11.2%，则该项目的加权平均资金成本是多少？

2. 某企业的一台机器设备原值为 20 000 元，预计净残值为 900 元，使用期限为 5 年，试用双倍余额递减法和年数总和法计算各年的折旧额。

【习题答案及简析】

一、单项选择题

1. B 【简析】根据《企业财务通则》中的规定，对投资者实际缴付的出资超出注册资本的差额(包括股票溢价)，企业应当作为资本公积管理。因此，应选择 B。

2. D 【简析】根据《企业财务通则》的规定，企业从税后利润中提取的盈余公积金包括法定的公积金和任意公积金，可以用于弥补企业亏损或者转增资本。法定公积金转增资本后留在企业的部分，以不少于转增前注册资本的 25%为限。因此，应选择 D。

3. C 【简析】根据《企业会计准则》中的规定，企业应当采用借贷记账法记账。因此，应选择 C。

4. A 【简析】根据《企业会计准则》中的规定，企业应当以权责发生制为基础进行会计确认、计量和报告。因此，应选择 A。

5. C 【简析】企业资产扣除负债后剩余部分就是所有者享有的剩余权益，即所有者权益。因此，应选择 C。

6. A 【简析】资产、负债和所有者权益这三个会计要素，一般是通过资产负债表来反映企业财务状况。因此，应选择 A。

7. B 【简析】相关性要求就是指企业提供的会计信息应当能够反映企业的财务状况、经营成果和现金流量，满足会计信息使用者的需要。因此，应选择 B。

8. D 【简析】会计核算应当以权责发生制为基础。凡当期已经实现的收入和已经发生或应当负担的费用，不论款项是否收付，都应当作为当期的收入和费用；凡不属于当期的收入和费用，即使款项已在当期收付，也不应当作为当期的收入和费用。因此，应选择 D。

9. B 【简析】现金流量表是反映企业一定会计期间现金和现金等价物流入和流出的会计报表，它编制时以收付实现制为原则。因此，应选择 B。

10. B 【简析】损益表的主要作用之一就是能反映企业在一定期间的收入和费用情况以及获得利润或发生亏损的数额，表明企业收入与产出之间的关系。因此，应选择 B。

11. C 【简析】财务管理目标是在特定的理财环境中，通过组织财务活动、处理财务关系所要达到的目标，它是企业一切财务活动的出发点和归宿。因此，应选择 C。

12. A 【简析】间接融资就是指从银行及非银行金融机构借入的资金，因此，应选择 A。

13. A 【简析】购买股票承担的风险比购买债券高。另外，债券利息可在税前扣除，而股息和红利需在税后利润中支付，这样就使股票筹资的资金成本大大高于债券筹资的资金成本。因此，应选择 A。

14. B 【简析】融资租赁的成本相对较高，一般情况下，融资租赁的资金成本率比其他筹资方式(如债券和银行贷款)的资金成本率要高。因此，应选择 B。

15. A 【简析】融资租赁是一种融资与融物相结合的筹资方式。租赁期满后，设施或设备的使用权归承租方。因此，应选择 A。

16. C 【简析】BOT 融资方式，即建设—经营—移交，指特许经营投资人，在特许经营期内投资建造、运营所特许的基础设施，从中获得收益，经营期末应无偿地将基础设施移交给政府。因此，应选择 C。

17. D 【简析】根据借款成本率计算公式：

$$K_g = i_g\left(\frac{1-T}{1-f}\right) = 8\%\left(\frac{1-33\%}{1-2\%}\right) = 5.46\%$$。因此，应选择 D。

18. C 【简析】根据公式：

$$K_p = \left(\frac{i}{1-f}\right) = \left(\frac{9.8\%}{1-2\%}\right) = 10\%$$。因此，应选择 C。

19. B 【简析】固定资产指企业使用期限超过 1 年的房屋、建筑物、机器、机械、运输工具以及其他与生产经营有关的设备、器具、工具等，所以，B 项属于固定资产。因此，应选择 B。

20. B 【简析】根据全过程成本管理的原则，成本控制贯穿于项目建设各个阶段，是项目成本管理的核心内容，也是项目成本管理中不确定因素最多、最复杂、最基础的内容。因此，应选择 B。

21. A 【简析】根据公式：

$$折旧率 = \frac{1-预计残值率}{折旧年限} = \frac{1-5\%}{10} = 9.5\%$$。因此，应选择 A。

22. C 【简析】根据公式：年折旧率＝2÷5×100%＝40%，第一年折旧额＝1 000×40%＝4 000 元，第二年折旧额＝(10 000－4 000)×40%＝2 400 元。因此，应选择 C。

23. D 【简析】营业税实行差别比例税率，对同一行业实行同一税率，对不同行业实行不同税率。因此，应选择 D。

24. B 【简析】根据企业所得税对准予扣除项目的有关规定，在备选答案中，只有 B 项是符合规定的，其余三项均不符合。因此，应选择 B。

25. C 【简析】分段承包方式，一般是由业主投保。因此，应选择 C。

二、多项选择题

1. B、C、D 【简析】在备选答案中，B、C、D 三项属于《企业财务通则》的内容，而 A、E 两项属于《企业财务准则》的内容。因此，应选择 B、C、D。

2. A、B、D、E 【简析】会计核算的基本前提包括会计主体、持续经费、会计期间和货币计量。因此，应选择 A、B、D、E。

3. A、C、D 【简析】企业财务制度体系包括企业财务通则、行业的财务制度和企业内部财务管理规定三个层次，企业现金管理制度属于企业内部财务管理的规定，建筑业的财务管理规定属于行业的财务制度内容。因此，应选择A、C、D。

4. B、C、D、E 【简析】在备选答案中，除资产负债表是属于静态会计报表外，其余各项都属于动态会计报表。因此，应选择B、C、D、E。

5. A、B、C、D 【简析】损益表以"利润＝收入－费用"为依据，反映出工程估算利润、营业利润、利润总额和净利润四个层次。因此，应选择A、B、C、D。

6. B、D、E 【简析】资产负债表是反映企业在某一特定日期财务状况的报表，通过计算其资产负债率、流动比率和速动比率指标，可以帮助判断企业的偿债能力情况。因此，应选择B、D、E。

7. A、D、E 【简析】投资活动是指资金的投放和运用，包括购买政府公债、购买企业股票和债券、购置设备、建造厂房、开办商店、增加一种新产品等。在备选答案中，A、D、E三项均符合要求，而其余两项均为企业的筹资活动。因此，应选择A、D、E。

8. A、B、D、E 【简析】在备选答案中，C项属于企业负债筹资方式，而其余四项均为项目资本金的筹措方式。因此，应选择A、B、D、E。

9. C、E 【简析】在备选答案中，A、B、D三项均正确；C、E两项错误，股票无到期日，而且资金成本高。因此，应选择C、E。

10. B、C、D、E 【简析】在备选答案中，A项发行股票属于权益融资方式。而其余四项均属于负债筹资的方式。因此，应选择B、C、D、E。

11. A、C、E 【简析】融资租赁将贷款、贸易和出租三者有机结合在一起。因此，应选择A、C、E。

12. B、C、E 【简析】在备选答案中，B、C、E三项都正确。A项应为在经营期末，特许经营投资人应无偿将基础设施移交给政府，D项应为有利于转移和降低风险。因此，应选择B、C、E。

13. A、B、C、D 【简析】投资者在决定项目投资结构时需要考虑的因素很多，备选项中，A、B、C、D四项均是应考虑的内容，法律顾问在融资谈判阶段时才需考虑。因此，应选择A、B、C、D。

14. C、D、E 【简析】资金筹集成本是指在资金筹集过程中所支付的费用。在备选答案中，C、D、E都属于其内容，而支付给股东的股息和贷款利息属于资金的使用成本。因此，应选择C、D、E。

15. C、D、E 【简析】最佳筹资方案应是企业达到最佳资本结构，资金成本较低，又可以使企业所面临的风险较小的筹资方案。因此，应选择C、D、E。

16. A、B、C、D 【简析】影响企业经营风险的因素，主要有产品需求、产品售价、产品成本、调整价格能力和固定成本的比重。因此，应选择A、B、C、D。

17. A、B、D、E 【简析】在备选答案中，A、B、D、E四项均属于待摊费用项目，而利息应计入财务费用。因此，应选择A、B、D、E。

18. B、C、D、E 【简析】无形资产分为可辨认无形资产（包括专利权、非专利技术、商标权、著作权、土地使用权等）和不可辨认无形资产（商誉）。在备选答案中，除A项以外的都属于无形资产。因此，应选择B、C、D、E。

19. C、D 【简析】成本定性预测常用调查研究判断法，具体方式有座谈会和函询调查法，定量预测的方法有加权平均法和回归分析法。因此，应选择C、D。

20. A、D、E 【简析】直接费包括人工费、材料费、施工机械使用费和措施费等内容，应计入直接成本。而财务费和管理费属于间接费用,应计入间接成本。因此,应选择A、D、E。

21. B、C、D、E 【简析】成本计划的编制方法主要有目标利润法、技术进步法、按实计算法和定率估算法。因此,应选择B、C、D、E。

22. C、D 【简析】停止使用的固定资产、经营性租入固定资产和已经提够折旧费但仍在使用的固定资产按规定不再计提折旧费,而生产用的机器设备和融资租入固定资产应计提折旧。因此,应选择C、D。

23. B、C、E 【简析】成本分析的基本方法包括比较法、因素分析法、差额计算法和比率法。在备选答案中,B、C、E都符合。因此,应选择B、C、E。

24. A、C、D 【简析】城市维护建设税的纳税人是有义务缴纳增值税、消费税和营业税的单位和个人,以实际缴纳的增值税、消费税和营业税之和为计税依据。因此,应选择A、C、D。

25. C、D、E 【简析】在备选答案中,C、D、E三项均符合契税的有关规定。而纳税义务人和纳税对象都只包括境内的纳税人和纳税行为,不包括境外。因此,应选择C、D、E。

三、判断题

1. × 【简析】根据《企业会计准则》中关于货币计量的规定,我国会计核算以人民币为记账本位币,在境外的中国企业向国内报送的财务会计报告,应当折算为人民币。

2. √ 【简析】根据《企业财务通则》中的规定,设立企业必须有法定资本金。

3. × 【简析】企业的会计核算应当以权责发生制为原则。

4. × 【简析】企业在进行会计核算时,不得多计资产或收益,少计负债或费用,也不得计提秘密准备,这是遵循谨慎原则的要求。

5. × 【简析】根据会计恒等式,资产=负债+所有者权益。

6. × 【简析】由于我国资本市场还不发达,拟建项目的投资对银行等金融机构的间接融资依赖度还比较高。

7. × 【简析】就性质而言,债务融资不发生资金所有权变化,只发生资金使用权的临时让渡。

8. × 【简析】债务融资方式一般不受时间、地点、范围的限制。

9. √ 【简析】增发普通股需要给新股东投票权和控制权,从而降低原有股东的控制权。

10. √ 【简析】合理的债券利息可计入成本,实际上等于政府为企业负担了部分债券利息。因此,债券筹资方式可以少纳所得税。

11. × 【简析】融资租赁有利于及时引进设备,加速技术改造。

12. × 【简析】出口信贷是西方国家政府为了鼓励资本和商品输出而设置的专门信贷,其贷款利息率较低。

13. × 【简析】债务资本比率较高时,投资者将负担更多的债务成本,并经受较多的负债作用所引起的收益变动的冲击,从而加大财务风险。

14. × 【简析】资本结构是指企业各种长期资金筹措来源的构成和比例关系。

15. × 【简析】根据施工企业资产的分类,流动资产包括存货。

16. × 【简析】单位价值在2 000元以上,并且使用年限在2年的不属于生产经营主要设备的物品,才应当作为固定资产。

17. √ 【简析】根据无形资产的计价和摊销方法,其按取得实际成本计价,从开始受益之日起,在有效期内平均摊入管理费用。

18. × 【简析】在施工机械使用费中，占比重最大的是施工机械的折旧费。

19. × 【简析】采用双倍余额减法，其折旧率是固定的，计算基数逐年递减。

20. × 【简析】建筑意外伤害保险的范围覆盖整个工程项目。因此，已在企业所在地参加工伤保险的人员，在从事现场施工时仍可参加建筑意外伤害保险。

四、综合分析题

1. **解**：加权平均资本的计算公式为：

$$K=\sum_{i=1}^{n}w_iK_i$$

因此，该项目的加权平均资金成本$=6.5\%\times\frac{200}{1\,000}+8.1\%\times\frac{100}{1\,000}+10\%\times\frac{200}{1\,000}+11.2\%\times\frac{500}{1\,000}$

$=9.71\%$

2. **解**：采用以双倍余额递减法：

年折旧率$=\frac{2}{5}\times100\%=40\%$

第一年折旧额＝20 000×40%＝8 000 元

第二年折旧额＝(20 000－8 000)×40%＝4 800 元

第三年折旧额＝(20 000－8 000－4 800)×40%＝2 880 元

第四年折旧额＝(20 000－8 000－4 800－2 880－900)÷2＝1 710 元

第五年折旧额＝(20 000－8 000－4 800－2 880－900)÷2＝1 710 元

采用年数总和法：

计算折旧的基数＝20 000－900＝19 100 元

年数总和＝5＋4＋3＋2＋1＝15 年

第一年折旧额＝19 100×5/15＝6 367 元

第二年折旧额＝19 100×4/15＝5 093 元

第三年折旧额＝19 100×3/15＝3 820 元

第四年旧折额＝19 100×2/15＝2 547 元

第五年折旧额＝19 100×1/15＝1 273 元

第六章　施工合同管理

【本 章 提 要】

本章应能对各种施工合同的特点和适用范围有所把握，通过复习，能正确理解施工进度计划的编制和管理，重点掌握工程变更及工程索赔，本章难点是费用索赔的分析和计算。

【考 纲 要 求】

熟悉：施工合同的类型、特点，施工进度计划的编制与管理，工程索赔的概念分类。

掌握：工程变更的内容与管理，工程索赔的依据和工作程序，工期索赔的分析与计算，费用索赔的分析计算，合同终止后的费用支付项目与计算。

【知 识 体 系】

- 1. 施工合同
  - 施工合同类型
  - 施工合同的特点
- 2. 施工进度计划的编制与管理
  - 施工过程及组织原理
  - 施工组织方法
  - 流水施工组织原理
  - 施工计划管理
  - 施工组织设计编制
  - 网络计划技术
  - 进度计划编制
    - 总体进度计划
    - 年、月、(季)度进度计划
    - 关键工程进度计划
- 3. 索赔
  - 工程变更
    - 工程变更的有关规定
    - 工程变更的范围和内容
    - 工程变更程序
    - 工程量核算和变更估价原则
  - 工程索赔
    - 工程索赔的概念、特征
    - 工程索赔的一般条件及原因
    - 工程索赔的分类和依据
    - 工程索赔的工作程序
    - 工期索赔
      - 工程延误及分类
      - 施工加速的含义及种类
      - 工期索赔的分析步骤
      - 审批工程延期的程序及依据
      - 工程延期的计算
    - 索用索赔
      - 费用索赔的概念及根源
      - 索赔费用的分类
      - 费用索赔的基本原则
      - 基本索赔费用项目的适用条件和计算方法
      - 管理费索赔
      - 综合费用索赔

4. 合同终止后费用的支付

- 承包人违约解除合同
- 发包人违约解除合同
- 不可抗力解除合同

【知识点复习】

一、施工合同的类型及特点(熟悉)

施工合同是工程项目的业主方与施工承包方之间,为完成该工程项目的建造任务签订的明确双方权利和义务的协议。

工程合同可按不同的方法来划分类型。

(一)按工程合同内容划分

按工程合同内容可分为:勘察设计合同、施工承包合同、监理咨询合同以及其他与工程相关的借款合同、机械设备租赁合同、供用电合同、买卖合同、劳务合同等。

(二)按选择承包者的方法划分

1. 任意合同

任意合同是不通过竞争的方式签订的合同。这种合同方式往往是由于合同的性质或目的不允许竞争或是情况紧急来不及竞争或是合同额定价格小、无人投标等情况采用这种合同。

2. 竞争合同

就是通过竞争的方式选择合同对方当事人而签订的合同。竞争合同可分为一般竞争方式和指定竞争方式两种类型。

(三)按工程规模内容划分

1. BOT 项目承包合同

BOT 项目承包合同是指建设—经营—转让,全过程项目承包的合同形式。其含义是政府通过授权,把本属于政府支配、拥有或控制的资源,委托给资本拥有者进行投资建设并经营获益,在特许经营期届满时移交政府继续经营。

2. 总承包合同

总承包合同是承包单位与业主之间直接签订的关于某工程项目全部工作的协议。它又分为设计施工总承包合同与施工总承包合同。

3. 分包合同

分包合同是总包单位在建设单位签订总承包合同后,又与分包单位就工程的某一部分工程或某一单位工程,分包给分包商完成而签订的合同。

(四)按施工合同计价的方式划分

1. 总价合同

总价合同又分为固定总价合同、变动(调值)总价合同、固定工程量总合同和管理费总价合同。

(1)固定总价合同

固定总价合同,是按双方商定的总价承包工程。它特点是以图纸和技术规范为依据,明确承包内容和计算包价,签约时一次包死。在合同执行中,除非业主要求变更原定的承包内容,承包方一般不得要求变更包价。这种方式对业主比较简便。对于承包商来说,如果设计图纸和技术规范相当详细,签订合同时考虑得比较周全,不致有太大风险。但如果设计图纸和技术规范不够详细,未知因素比较多,则承包方必须承担一定的风险。这种合同通常适用于规模小、工期短、技术不太复杂的工程。

(2)变动(调值)总价合同

在报价及签订合同时,以设计图纸、工程量及当时价格计算签订总价合同,但在合同条款中双方商定,在合同执行过程中,由于变更、违约索赔、材料涨价等因素变化,合同总价可以做相应变动或调整。变动或调值依据是公式法或文件证据法。这种合同适用于公开招标、工期较长的大规模工程。

(3)固定工程量总合同

固定工程量总合同就是业主要求投标者在投标时按单价合同方法分别填报分项工程单价,从而计算出工程总价,据之签订合同。

(4)管理费总价合同

管理费总价合同即业主雇佣某一公司的管理专家对发包合同的工程项目进行施工管理和协调,由业主付给一笔总的管理费用。

2.单价合同

单价合同即由业主开列有工程细目的工程量清单,然后交投标方投标报价,从中选择一家总报价低且各方面条件较优越的投标方作为中标方。双方签订合同后,工程付款将根据所完成的工程数量按工程量清单中的单价结算。这种方式能避免工程变更给承包合同双方带来的风险,有利于降低风险报价,因此,在公路施工合同中应用非常广泛。当准备发包的工程项目的内容和设计指标一时不能确定,或工程量可能出入较大,则宜采用单价合同。单价合同又有以下三种主要形式。

(1)估计工程量单价合同

以工程量表为基础,以工程量表填入的单价为依据来计算合同价格,作为报价之用。但在结账时以实际完成的工程量为准,按月结账,最后以实际竣工结算工程总价格。

(2)纯单价合同

招标文件只向投标者给出各分项工程内的工作项目一览表、工程范围及必要的说明,而不提供工程量,承包商只要给出各项目的单价即可,将来施工时按实际工程量计算。由于工程在施工中存在许多方面复杂的因素,采用纯单价合同往往会引起结算过程中的许多麻烦,甚至导致合同争议。

(3)单价与总价混合合同

单价与总价混合合同是总价合同与单价合同相结合的一种形式。对内容较简单、工程量较准确的部分,采用总价合同承包,但对其中某些不易计算工程量的分项工程,则采用包干方式。即对能用某种单位计算工程量的,均要求报单价,按实际完成工程量及合同上的单价结账,对不易给出工程量的,按项目完成大致程度结账,项目全部完成后,此项目的包干款额全部付给。

3.成本补偿合同

成本补偿合同也称成本加酬金合同。这种合同方式的基本特点是按工程实际发生的成本(包括人工费、材料费、施工机械使用费、其他直接费和施工管理以及各项独立费,但不包括承包企业的总管理费和应缴所得税),加上商定的总管理费和利润,来确定工程总造价。它主要适用于开工前对工程内容尚不十分清楚的情况,如边设计边施工的紧急工程或遭受地震、战火等灾害破坏后的修复工程等。

成本补偿合同有多种形式。按照酬金的计算方式的不同分为以下四种类型。

(1)成本加固定百分比酬金合同

在签订合同时双方约定，酬金按实际发生的直接成本乘以某具体百分比计算。显然，承包人可获得的酬金将随着直接成本费的增大而水涨船高。

(2)成本加浮动酬金合同

在签订合同时，双方预先约定该工程的预期成本和固定酬金，以实际发生的直接成本与预期成本比较后的奖罚进行计算的办法，当实际成本超支而减少酬金时，以原定的基本酬金额为减少的最高限额。

(3)成本加固定酬金合同

在签订合同时，酬金在合同内约定为某一固定值。

(4)目标成本加奖罚合同

在仅有粗略的初步设计或工程说明书就迫切需要开工的情况下，可以根据大致估算的工程量和适当的单价表编制粗略概算作为目标成本。随着设计的逐步深化，工程量和目标成本可以加以调整。签订合同时以当时估算的目标成本为依据，并以百分比形式约定基本酬金和奖罚酬金的计算办法。最后结算时，如果实际直接成本超过目标成本事选商定的界限，则在基本罚金内扣减，超出部分按约定百分比计算承包人应负责任。反之，如有节约，则应增加酬金。

二、施工进度计划的编制与管理

(一)施工过程及其组织原则(熟悉)

施工过程就是施工中出产品的过程，是劳动力利用劳动工具作用于劳动对象，按照预定的目标完成社会所需的公路工程产品的过程。

施工过程的基本内容包括劳动过程和自然过程。根据施工过程所需的劳动资料及其对产品所起的作用，公路工程施工过程分为施工准备过程、施工生产过程、辅助工程及临时工程施工过程、服务施工过程。

1.施工过程的层次划分

按施工工艺的特点和施工组织的要求，可将施工过程进一步分解为工序、操作、动作等层次。

(1)工序。分项工程的施工过程由若干道工序组成。工序是施工组织中不可分割的，施工技术上相同的施工过程。

(2)操作。它是指生产工人为完成施工工序所进行的生产活动，施工工序由若干个操作组成。

(3)动作。它是施工中一次完成的基本生产活动，操作则由若干个动作组成。

若干个相互关联的动作就组成操作，若干个操作则组成工序。工序是施工组织的基本单元。研究施工过程中的层次划分的目的在于正确划分工序，确定合理的工序持续时间，以便编制切合实际的施工进度计划，科学地组织施工生产。

2.施工组织研究对象及任务

施工组织的主要研究对象是施工过程中的以下问题：

(1)时间问题。即施工进度计划编制。

(2)空间问题。即组织管理机构及场地布置。

(3)资源问题。即劳动力、材料、机具设备等的供应。

(4)经济问题。即工程造价、工程成本控制及资金合理利用等。

公路工程施工组织的基本任务是密切结合我国现行经济政策，充分考虑公路工程施工特点，运用科学的方法和手段组织施工，合理地安排施工过程中劳动力、材料、机具设备、资金、进度、工期等要素，以提高承包人的经济效益为中心，使施工工期短，占用资金少，生产效率高，工程质量好，保证按合同工期完成项目施工，实现有计划、有组织、有秩序地进行项目管理，达到项目施工的整体效益最佳。

3.施工组织的基本原则

根据我国多年来公路工程项目施工的成功经验以及失败的教训，施工组织时必须遵循以下基本原则。

(1)严格遵守公路工程基本建设程序和施工程序，依照国家建设项目计划及设计要求，合理配置资源，最经济地完成预定的建设项目。

(2)科学地安排施工顺序，采用合理的施工组织方法，在保证工程质量和施工安全的前提下，充分利用空间，争取时间，人尽其力，物尽其用，达到高效、优质、低耗的目的。

(3)执行工业化建筑方针，充分利用施工机械设备，扩大机械施工范围，提高施工机械化水平，减轻劳动强度，提高劳动生产率。

(4)合理安排冬、雨季施工进度计划，以保证全年连续均衡施工，提高设备利用率。

(5)尽量采用先进合理的流水作业施工组织方法，连续、均衡、节奏性地安排生产。

(6)积极推广应用科学的网络计划技术施工组织方法，寻求最佳施工组织方案，并对进度工期、资源、空间等进行最优的施工统筹安排。

(7)合理地规划设计辅助工程、临时工程及施工现场临时设施，尽量减少这些工程设施，节约施工用地，做到统筹规划，合理布局。

(8)尽可能地就地取材，利用当地资源，减少物资的运输量。

4.施工过程的组织原则

对公路工程施工过程组织的影响因素很多，如施工性质、施工类型、施工机具设备条件、工程项目的规模大小、自然条件等。因此施工过程的组织变化较多、困难较大，但必须遵循连续性、协调性、均衡性及经济性的组织原则。

(1)施工过程的连续性是指施工过程中的各个阶段、各道工序的进行，在时间安排上是紧密衔接的，不发生各种不合理的时间中段。

(2)施工过程的协调性。是指施工各阶段、各工序之间在施工能力上保持一定的比例关系，各个施工环节的劳动力、材料、机具设备用量相互协调，不发生脱节和比例失调现象。

(3)施工过程的均衡性。是指施工中的各个环节都按照施工进度计划的要求，在一定时间内完成相等或相同递增数量的工作量，使劳动力、材料、机具设备等资源供应保持相对稳定，不发生时紧时松或前松后紧或突增突减等现象。

(4)施工过程的经济性。是指施工过程组织除满足技术要求外，还应讲求经济效益，要以最小的工程成本消耗取得最大的施工生产效果。

这四项原则是合理组织施工过程的前提条件，它们相互制约，互相联系，在进行施工过程的组织时，必须全面符合上述四项原则要求，不得有所偏废。

(二)施工组织的方法(了解)

1.基本方法

(1)顺序作业法。顺序作业就是按固定的程序组织施工。有客观要求的工艺流程和施工顺序必须按先后次序进行顺序作业，也有人为施工组织安排的各工程项目之间的顺序作业。后者才是施工组织的顺序作业法，即当若干个工程项目由一个作业班按照一定的顺序，依次完成全部工程项目的作业方法。

特点:工期长,专业队施工不连续,大部分施工段的工作面空闲。

(2)平行作业法。当有若干个工程项目,或者将工程项目划分几个施工段或几个作业点时,建立若干个施工班组,分别同时按工艺顺序施工的作业方法。

特点:工期短,工作面利用合理,但资源用量集中。

(3)流水作业法。当有若干个工程项目或将工程项目划分几个施工段时,再将它们按不同的工作内容划分为若干道工序或施工过程,依照工序或施工过程数建立专业班组,由各专业班组依照施工顺序完成各个施工段上的施工过程,即相同的工序顺序进行,不同的工序平行进行的一种作业方法。

特点:工期适中,工作面充分利用,专业队施工连续,资源用量均衡。

2.其他方法

顺序作业法、平行作业法、流水作业法在施工过程中可以单独运用,也可以根据具体条件,将三种作业方法综合适用,从而形成平行流水作业法、平行顺序作业法以及立体交叉平行作业法等其他施工组织方法。

(1)平行流水作业法。具有平行作业法和流水作业法的优点,可以保证在施工期限要求紧的条件下,实现均衡施工,因此在工程实际中广泛运用。

(2)平行顺序作业法。其实质是用增加资源供给来达到缩短工期的目的,使顺序作业法和平行作业法的缺点更加突出,所以仅适用于必须突击赶工的施工情况。

(3)立体交叉平行流水作业法。主要适用于大型结构物的施工。如大桥工程、立体交叉工程等工序数很多,工程量大且特别集中,而施工作业平面又较小,按一般施工组织安排施工需要很长的工期。为充分利用有限的作业面,在平行流水作业的基础上,采用上、下、左、右全面施工的方法,从而达到缩短工期的目的。

综上所述,在公路工程施工中,主要的施工组织方法是流水作业法。

(三)流水施工组织原理(熟悉)

1.流水作业参数的确定与计算

流水作业参数有空间参数、工艺参数、时间参数,以此表达空间和时间展开情况。

(1)空间参数的确定

空间参数有施工段和工作面两种。施工段的划分一种是自然形成的,如几座桥、几个构件等;另一种是人为划分的,如将路面工程分为若干施工段。施工段的数目过多会引起资源集中,数目划分过少会拖延工期。一般要求施工段数目大于或等于工序数(或专业队数),以利于同一时间能进入工作面流水作业。

工作面大小要求紧前工序结束后能为紧后工序提供工作面,且应满足施工技术规范和安全操作规程的要求。

(2)工艺参数的确定。

工艺参数包括工序数和流水能力。工序数的划分应与工程项目及施工组织分工相适应,对简单的施工过程工序可划分得少些,对技术复杂的施工过程工序可划分得多些。工序划分应使各道工序的持续时间相差不致太大,以利专业队分工比较合理。

单位时间完成的工程数量称为流水能力。流水能力等于专业队的工人数或机械台数与产量定额的乘积。

(3)时间参数的计算

时间参数分为流水节拍和流水步距。流水节拍是指某道工序在施工段上完成工序操作的持续时间。其计算方法主要有以下几种：

1)根据施工单位投入的劳动力或机械数量计算，其计算公式为：

$$t_i=\frac{Q_i}{S_iR_i}=\frac{P_i}{R_i}$$

式中：t_i——流水节拍；

Q_i——某施工段上第 i 道工序的工程量；

S_i——该工序施工操作中每工日或每台班产量；

R_i——施工班组人数或施工机械台数；

P_i——该工序所需的劳动量(工日数或台班数)。

上述计算结果应取整天或0.5天的整数倍，以利于施工作业安排。

2)根据合同分解的阶段工期要求确定，其计算公式为：

$$t_i=\frac{T_e-\sum t_g}{m+n-1}$$

式中：T_e——流水施工项目的合同分解工期；

$\sum t_g$——工序间停顿时间之和；

m——施工段数；

n——工序数。

3)根据有关定额和施工经验或实际的劳动生产率确定。

(4)流水步距的计算

流水步距是指相邻专业队相继投入同一施工开始操作的时间间隔。为了保证专业队连续施工，必须保持相邻两工序施工时间最大的搭接，据此确定出最小的流水步距。其计算方法可按“累计数列错位相减取大差法”进行。具体计算步骤为：首先将相邻两道工序的流水节拍分别累计得到两个数列；然后将后一工序的累计数列向后错一位与前一工序累计列对齐相减得到第三个数列；最后从第三个数列中取最大的正值即为流水步距。流水步距的个数为$(n-1)$个。

2. 流水作业分类及工期计算

流水作业按其参数的特性可分为有节拍流水作业和无节拍流水作业两大类。前者指相同的工序在各个施工段的流水节拍相等，但是不同工序的流水节拍相互之间不完全相等；后者不仅不同工序的流水节拍不完全相等，而且相同工序的流水节拍也不完全相等。

(1)有节拍流水作业工期计算

有节拍流水可分为稳定流水、分别流水和成倍节拍流水。

1)稳定流水。也称为全等节拍流水，是指各道工序的流水节拍在各个施工段上完全相等，且工序之间的流水节拍也完全相等。其工期计算式为：

$$\begin{aligned}T&=\sum K+T_n+\sum t_g\\&=(n-1)t_i+mt_i+\sum t_g\\&=(m+n-1)t_i+\sum t_g\end{aligned}$$

式中：T——全等节拍流水施工的工期；

T_n——末道工序完成各个施工段上流水节拍之和；

$\sum t_g$——工序间停顿时间之和；

K——流水步距。

2)分别流水。是指各道工序本身的流水节拍在各个施工段上相等，不同工序之间的流水节拍相互不完全相等，其施工工期(T)的计算公式为：

$$T=\sum K+T_n\sum t_g=\sum K+\sum t_g+mt_n$$

其中：当 $t_i\leqslant t_{i+1}$ 时 $$K_{i,i+1}=t_i+t_g$$

当 $t_i>t_{i+1}$ 时 $$K_{i,i+1}=mt_i-(m-1)t_{i+1}+t_g$$

上述各式中：t_n——末道工序的流水节拍。

3)成倍节拍的流水。是指工序本身的流水节拍在各个施工段上完全相等，工序之间的流水节拍相互成倍数关系，显然它是分别流水作业的特例。其施工工期的计算步骤为：计算各道工序流水节拍的最大公约数，也称为公共流水步距；求各道工序所需的专业队数；把专业队总数看成工序数，并将公共流水步距看成流水步距；按全等节拍流水计算工期。其计算公式为：

$$T=(m+\sum b_i-1)K+\sum t_g$$

式中：K——公共流水步距；

b_i——工序所需专业对数。

(2)无节拍流水作业工期计算

相同工序在各个施工段上的流水节拍不完全相等，各工序之间的流水节拍也不完全相等，也不成一定的比例关系。这种流水作业方法比较符合公路工程施工实际情况。其施工工期的计算公式为：

$$T=\sum K+T_n+\sum t_g$$

(四)施工计划管理(了解)

1.施工计划管理的含义及要求

(1)施工计划管理的含义

施工计划管理是通过计划把承包人项目施工管理的各项工作组织起来，以施工生产活动为主体，制订各项专业性计划，并对其进行平衡、协调、监督与控制。

(2)施工计划管理的特点

公路工程施工计划管理具有下列特点：

1)计划的被动性。施工任务来源于工程招标市场，施工单位每年有多少任务，性质和规模的大小均很难确定，给计划编制带来被动。因此，必须做好招揽工程任务的预测、调查研究和信息资料的搜集工作，从而提高施工计划的编制质量。

2)计划的多变性。公路工程项目的多样性、结构工程的复杂性及施工条件的差异性，造成施工中不可预见的因素较多；工程施工现场的分散使劳动力、材料及施工机具设备处于流动供应状态；同时受业主、监理及其他有关单位的影响等均带来施工计划的变化，这种多变性要求编制施工计划时，要留有一定的调整余地。

3)计划的不均衡性。公路工程结构特点及不同工程部位的施工性质，以及不同季节的影响，都会造成施工计划的不均衡性。为此要求编制施工计划时力求均衡，取得较好的经济效益。

(3)施工计划管理的要求

针对上述特点，对施工计划管理提出以下要求：

1)科学地预测工程招标市场，确定合理的计划管理目标；

2)承包签约的项目以合同工期为目标，倒排或正排施工计划；

3)施工计划管理时既要保证重点工程，又要协调兼顾一般项目；

4)施工方案、施工工艺及施工顺序均应合理安排；

5)力求各项工程的施工计划均衡、紧密配合，还应留一定的调整余地，以适应施工中实际变化的情况；

6)项目施工管理中的各项工作在计划编制上要紧密衔接。

2.施工计划管理的任务与作用

施工计划管理的主要任务是，努力完成工程任务招揽计划；确保项目施工按合同工期要求交工及竣工验收；合理地利用有限的人力、物力和财力，最大限度地挖掘施工中的潜力；施工计划安排要结合工程任务的多少和工程规模的大小及工地现场分布情况进行统筹计划，使其发挥最大的经济效益；施工计划安排应适当，既不能太紧，又不能太松，计划太紧造成无法完成，计划太松则不能发挥施工效率。

施工计划管理的作用具体表现在：

(1)通过计划向各级施工组织机构下达任务，明确各自的奋斗目标，调动全体职工的积极性。

(2)为材料、劳资、设备等专业部门编制材料供应计划、劳动力需要量计划、施工机具设备用量计划等提供可靠性数据。

(3)项目施工计划准备工作根据施工计划进行，保证项目正常开工。

(4)项目施工实施过程中各专业部门按施工计划运作，确保项目工期按时完成。

(5)可以促使各职能部门开展劳动竞赛，挖潜施工潜力，提高项目施工管理水平。

3.施工计划管理的工作程序

施工计划管理的工作程序为：施工计划的编制、计划的执行检查、计划的调整等循环进行。

(1)编制施工计划

编制施工计划的基础是施工定额，根据我国现行的施工监理规范，施工进度计划的内容包括总体进度计划、年度进度计划、月(季)度进度及关键工程进度计划等。同时要求承包人编制进度计划，监理工程师审批进度计划。进度计划一般用横道图、斜条图及进度曲线等方式表示；对于高等级公路及大型工程项目，还应采用网络图表示。

(2)计划执行检查

承包人实施计划时必须对照原计划进行检查，监理工程师对进度计划实施予以合理的监控，尽量保证实施进度计划符合原计划安排。若实际进度与计划进度基本相符，监理工程师不应干预进度计划的执行；但应及时掌握影响和妨碍工程进展的不利因素，促进工程按计划进行。

(3)计划的调整

监理工程师发现工程现场的组织安排、施工顺序或人力和设备与进度计划上的方案有较大不一致时，应要求承包人对原工程进度计划及现金流动计划予以调整，调整后的工程进度计划应符合工程现场实际情况，并应保证满足合同工期要求。

(五)施工组织设计编制的依据及方法

1.施工组织设计编制的依据(**了解**)

各类施工组织设计编制的依据主要是：

(1)设计图纸、工程数量图表资料。

(2)水文、地质、气象等自然条件。

(3)建设地区交通运输、地方资源等情况。

(4)市场经济动态信息资料。

(5)施工队伍的素质、施工经验和技术装备水平。

(6)施工中可能出现的技术组织措施。

(7)国家颁布的有关技术规范、规程、规定及其定额标准等。

(8)有关上级的指令、合同、协议等。

(9)过去同类工程的历史资料等。

2.施工组织设计的编制(熟悉)

施工组织设计对整个施工项目进行全面的组织安排,并对施工中的重大战略问题进行合理的决策,应按以下内容编制。

(1)工程项目概况

工程项目概况是施工组织设计的前提,应包括下列主要内容:建设地点、工程地质、建设规模、工程总的期限及分期投资的项目与期限;占用土地及拆迁房屋的情况;总投资额及建筑安装工作量,建筑结构类型及其复杂程度;单位工程的施工方案及主要工程数量等。

(2)组织安排和任务分工

明确如何建立施工项目管理机构,人员设置及分工,应建立的专业化施工队伍和进行工程分包安排;划分施工阶段,分期、分批施工的项目及交工安排;关键项目及穿插项目等。

(3)主要施工准备工作的安排

这里主要指全现场的准备,即场内外运输、施工主干道、水电输送方案;场地平整及现场排水与防洪方案;生产、生活基地等规划安排。

(4)施工作业方法

施工作业的三种基本方法在进行施工过程的组织中,既可单独运用,也可综合运用。

(5)施工顺序

施工顺序是工程项目之间时间先后顺序的排列。既有结构本身和施工工艺决定的先后次序,又有施工组织安排的顺序。其安排原则是:重点考虑影响全局的关键项目的合理施工顺序,确保全线工程的总工期;尽量防止自然条件对施工产生的不利影响,保证工程质量和施工安全;应与作业方法及施工机具协调一致,减少施工间断时间,以便加快施工进度;既要考虑工艺的客观要求,又要考虑施工组织对施工顺序的影响,防止相互干扰,保证施工顺利进行;尽量安排流水作业,充分发挥劳动力和机具设备的工作效率。

(六)网络计划技术及网络图(熟悉)

1.网络计划的含义及编制步骤

(1)网络计划的概念

网络计划是以加注工序作业持续时间的箭杆和节点组成的网络图来表示施工进度计划。其基本原理是,根据工序先后顺序及其相互关系绘制网络图,通过网络图时间参数计算寻找关键工序及关键线路,并利用时差不断地调整与改善初始网络图,得到最优的施工进度网络图付诸实施,且在实施过程中进行有效的监督与控制,使其达到最佳的施工效果。

(2)施工网络计划编制步骤

1)调查研究编制网络计划所需的资料;

2)确定施工组织及施工方案;

3)划分施工工序并编制工艺流程;

4)计算工序持续时间;

5)编制网络计划初期方案；

6)网络图时间参数计算及关键线路的确定；

7)初始网络计划的调整与优化；

8)编制下达施工的网络计划。

2. 网络图及其类型

(1)网络图的分类

网络图是网络计划图的简称，是代表施工进度的网状流程图。根据不同的施工用途，网络图可分为下列类型：按应用范围分为局部工程项目网络图、单位工程网络图、总体工程网络图；按工程复杂程序分为简单网络图(工序在500道以内)和复杂网络图；按最终控制目标分为单目标网络图和多目标网络图；按时间表达含义分为一般网络图和时间坐标网络图；按箭线和节点含义的不同分为双代号网络图和单代号网络图。

(2)双代号网络图

双代号网络图每道工序均由一根箭线和两个节点表示，其中箭杆代表工序，节点表示工序间的逻辑关系，其他工序持续时间、资源需要量及费用定量参数统称为流。

1)箭线。表示广义工序概念；占时间的工作均按工序看待；一般网络图中箭线长度与工序持续时间无关；工序顺序施工时箭线连续画，工序平行作业时箭线平行画；除实箭线外还有虚箭线(无工序名称，不占时间、不耗资源)，用于解决工序间逻辑连接。

虚箭线的引用除解决工序间的连接关系外，还用于解决工序间的逻辑断路问题，即将前后无关系的工序用虚箭线断路隔开；两道及其以上工序同时开工、同时完成时引用虚箭线，防止发生混乱；不同工程项目之间有管理联系时引用虚箭线表达其关系。

2)节点。是工序之间的交接，既代表紧前工序完成，又代表本工序开始，所以它只是一个瞬间概念。

节点编号规则是从小到大，即箭头节点号应大于箭尾节点号，且编号不得重复，但可不连续编号。

3)线路为网络图起点按箭线方向到终点能通行的路线，所有线路中工序持续时间之和最长的线路为关键线路，关键线路上的各道工序为关键工序。反之，关键工序连成关键线路。

4)双代号网络绘制规则为一张网络图只允许一个起点和一个终点；两个节点之间只允许一根箭线；网络图不允许出现循环线路；不允许使用双向箭线或线段，避免使用反射箭线；网络图布局应合理，尽量防止箭线交叉，不得已时采用“暗桥”的方法通过。

(3)时间坐标网络图

双代号时间坐标网络图简称为时标网络图。它以时间为横坐标，绘制各道工序的箭线，使其长度直接反映工序作业持续时间的长短，且在图上显示工序开始和完成时间及工序机动时间与网络计划的关键线路。

(4)单代号网络图

单代号网络图也是由许多节点和箭线组成的工程进度网状流程图。但是单代号网络图中以节点表示工序，箭线表示工序之间的逻辑关系，所以工序间的相互关系容易表达且不用虚箭线，便于绘图、检查及修改，但不能绘制时标网络图，因此施工中应用得较少。

1)节点表示广义工序概念，节点代表的工序名称、作业持续时间和代号都标注在圆圈内，两道及以上工序同时开始或同时结束时应引入虚拟始节点或虚拟终节点。

2)箭线表示工序之间的逻辑关系，箭头方向表示施工方向。

3)节点编号、线路、关键线路、关键工序以及单代号网络图的绘制规则等与双代号网络图基本相同。

3. 网络计划时间参数

(1)时间参数分类及其计算规定

1)时间参数计算目的和分类

计算网络计划时间参数以便确定关键线路;寻找工序机动时间,有利于挖掘施工计划的潜力;时间参数计算是确定计划工期及进行时间、费用和资源优化的前提条件。

网络计划时间参数按其特性可分为两大类:第一类为控制性参数;另一类为协调性参数。

2)计算假定及计算方法

网络计划计算统一假定工序持续时间是已知的,工序开始时间及完成时间均以单位时间终了时刻为计算标准。上述各类参数的计算方法,对简单网络图可直接采用图算法或列表计算法,对复杂的网络图,必须利用电脑计算。

(2)工序时间参数计算

工序最早开始时间是一道工序具备了一定的条件和资源条件可以开始施工的最早时间,在施工程序上紧前工序必须完成。因此,计算工序最早开始时间应从网络图的起点开始,按箭线方向逐道工序算到终点,且与起点相连工序的最早开始时间均为零。其他工序最早开始时间等于紧前工序最早开始时间与相应工序持续时间之和的最大值。工序最早完成时间等于工序最早开始时间加上相应工序的持续时间。与网络图终点相连工序最早完成时间的最大值,就是网络计划的总工期。

工序最迟开始时间是在不影响总工期条件下,工序必须开始的最迟时间。因此,工序最迟开始时间的计算顺序应从网络图终点开始,按箭线逆方向逐道工序算到起点,且与网络图终点相连工序的最迟开始时间等于总工期减去该工序的作业持续时间,其他工序最迟开始时间等于紧后工序最迟开始时间的最小值与本工序持续时间之差。工序最迟完成时间等于本工序最迟开始时间加上相应工序的持续时间。

工序总时差是在不影响总工期的条件下,本工序所拥有的极限机动时间,所以它等于本工序最迟开始时间减去该工序最早开始时间。凡总时差为零的工序就是关键工序。工序自由时差是在不影响紧后工序最早开始条件下,本工序所拥有的机动时间,因此它等于紧后工序最早开始时间与本工序最早完成时间之差。工序自由时差是总时差的一部分,总时差为零的工序其自由时差一定为零。

(3)节点时间参数计算

在双代号网络图中有两个节点时间参数,即节点最早时间和节点最迟时间。节点最早时间是该节点后所有工序统一的最早开始时间;节点最迟时间则是该节点前所有工序统一的最迟完成时间。

节点最早时间应从网络图的起点开始计算,按箭线方向逐个节点算到终点,且起点节点的最早时间等于零,其他节点最早时间等于紧前各节点最早时间与相应工序持续时间之和的最大值。

计算节点最迟时间时应从网络图的终点开始,按箭线的逆方向逐个节点算到起点,且终点节点最迟时间等于终点节点最早时间,也等于计划总工期(或指令工期),其他节点最迟时间等于各紧后节点最迟时间与相应工序持续时间之差的最小值。

(4)确定关键线路

确定关键线路一般主要有以下三种方法。

1)线路枚举法

该方法将网络图中所有的线路均列出并寻找总持续时间最长的线路,线路长度最大的为关键线路。此法对双代号及单代号网络图都适用。

2)关键工序法

关键工序连成关键线路,计算网络图协调性参数后可找出关键工序。在工序时间参数计算中总时差为零的工序为关键工序。

3)关键节点法

双代号网络图节点时间参数计算后,可采用关键节点法寻找关键线路。某节点最早时间等于该节点最迟时间时称之为关键节点,两个关键节点构成关键工序的条件为:

箭尾节点时间+工序持续时间=箭头节点时间

构成关键工序后,关键线路也就确定了。

(七)进度计划编制的主要内容(熟悉)

1.总体进度计划

工程项目的施工总进度计划是用来指导工程全局的,它是工程从开工一直到竣工为止,各个主要环节总的进度安排,起着控制构成工程总体的各个单位工程或各个施工阶段工期的作用。

在承包人提交的工程总体进度计划中,应当反映出以下主要内容:

(1)工程项目的合同工期;

(2)完成各单位工程及施工阶段所需要的工期、最早开始和最迟结束的时间;

(3)各单位工程及各施工阶段需要完成的工程量及现金流动估算;

(4)各单位工程及各施工阶段所需配备的人力和机械数量;

(5)各单位工程或分部工程的施工方案和施工方法等。

2.年、月(季)进度计划

对于一个公路工程项目来说,仅有工程项目的总体进度计划对于工程的进度监理是不够的,尤其当工程项目比较大时,还需要编制年度和月(季)进度计划。年度进度计划要受工程总体进度计划的控制,而月(季)进度计划又受年度进度计划的控制。

(1)在年度进度计划中应反映出:

1)本年计划完成的单位工程及施工阶段的工程项目内容、工程数量及投资指标;

2)施工队伍和主要施工设备的数量及调配顺序;

3)不同季节及气温条件下各项工程的时间安排;

4)在总体进度计划下对各分项工程进行局部调整或修改的详细说明等。

在年度计划的安排过程中,应重点突出组织顺序上的联系,首先安排重点、大型、复杂、周期长、占劳动力和施工机械多的工程,优先安排主要工种或经常处于短线状态的工种的施工任务,并使其连续作业。

安排年度进度计划时,应注意摆好下列关系:一般工程受重点工程的制约,配套项目受主体项目的制约;下级计划受上级计划的制约,计划内短期安排受整个计划工期的制约。同时,在调整计划时尽量不改变年度计划的指标,以便于考核计划的执行情况。

(2)在月(季)工程进度计划中应反映出:

1)本月(季)计划完成的分项工程内容及顺序安排;

2)完成本月(季)计划各分项工程的工程数量及投资额；

3)完成各分项工程的施工队伍及人力和主要设备的配额；

4)在年度计划下对各单位工程或分项工程进行局部调整或修改的详细说明等。

3.关键工程进度计划

关键工程进度计划，是指一个公路工程项目中起控制作用的关键工程，由于关键工程的施工工期常常关系到整个工程项目施工总工期长短，因此在施工进度计划的编制过程中将单独编制关键工程进度计划。

关键工程进度计划中应反映的内容有：

(1)具体施工方案和施工方法；

(2)总体进度计划及各道工序的控制日期；

(3)现金流动估算；

(4)各施工阶段的人力和设备的配额及运转安排；

(5)施工准备及结束清场的时间安排；

(6)对总体进度计划及其他相关工程控制、依赖关系和说明等。

三、工程变更(掌握)

(一)工程变更有关规定

1.变更权

在履行合同过程中，经发包人同意，监理人可按合同条款约定的变更程序向承包人作出变更指示，承包人应遵照执行。没有监理人的变更指示，承包人不得擅自变更。

2.工程变更不改变合同的效力

任何工程的变更，均不应以任何方式使合同作废或无效，从而导致承包人责任的解除。所有这类变更发生的费用应根据合同条款规定进行估价。但如果是因为承包人过错、承包人违反合同或承包人责任造成的工程变更，则发生的任何额外费用应由承包人承担。

3.工程变更后的作价

变更工程价格的增加或减少额，应以工程量清单中的单价或总额价为依据。如果工程量清单中未包含适用于变更工程的单价，则采用工程量清单中监理工程师认为适合的单价用于作价的依据。如果不适合，则由监理工程师和承包人协议一个合适的单价或总额价并报业主批准。如果不能达成协议，则监理工程师应根据情况在报业主批准后，定出他认为合理的单价或总额价，并通知承包人，抄送业主。如果此单价或总额价一时不能议定，监理工程师可以确定暂时的单价或总额价，作为暂付账款列入根据通用条款中有关证书和支付的规定签发的期中支付证书中，待议定后再在其后的期中支付证书中调整。

(二)变更的范围和内容

除专用合同条款另有约定外，在履行合同中发生以下情形之一，应按照以下规定进行变更。

(1)取消合同中任何一项工作，但被取消的工作不能转由发包人或其他人实施，由于承包人违约造成的情况除外；

(2)改变合同中任何一项工作的质量或其他特性；

(3)改变合同工程的基线、高程、位置或尺寸；

(4)改变合同中任何一项工作的施工时间或改变已批准的施工工艺或顺序；

(5)为完成工程需要追加的额外工作。

（三）工程变更程序

1. 变更的提出

(1)在合同履行过程中，可能发生合同条款中工程变更范围和内容中的约定情形的，监理人可向承包人发出变更意向书。变更意向书应说明变更的具体内容和发包人对变更的时间要求，并附必要的图纸和相关资料。变更意向书应要求承包人提交包括拟实施变更工作的计划、措施和竣工时间等内容的实施方案。发包人同意承包人根据变更意向书要求提交的变更实施方案的，由监理人按合同条款中有关变更指示的约定发出变更指示。

(2)在合同履行过程中，发生合同条款中工程变更范围和内容中的情形的，监理人应按照合同条款中有关变更指示的约定向承包人发出变更指示。

(3)承包人收到监理人按合同约定发出的图纸和文件，经检查认为其中存在合同条款中工程变更范围和内容的约定情形的，可向监理人提出书面变更建议。变更建议应阐明要求变更的依据，并附必要的图纸和说明。监理人收到承包人书面建议后，应与发包人共同研究，确认存在变更的，应在收到承包人书面建议后的 14 天内作出变更指示。经研究后不同意作为变更的，应由监理人书面答复承包人。

(4)若承包人收到监理人的变更意向书后认为难以实施此项变更，应立即通知监理人，说明原因并附详细依据。监理人与承包人和发包人协商后确定撤销、改变或不改变原变更意向书。

2. 变更估价

(1)除专用合同条款对期限另有约定外，承包人应在收到变更指示或变更意向书后的 14 天内，向监理人提交变更报价书，报价内容应根据合同条款约定的估价原则，详细开列变更工作的价格组成及其依据，并附必要的施工方法说明和有关图纸。

(2)变更工作影响工期的，承包人应提出调整工期的具体细节。监理人认为有必要时，可要求承包人提交要求提前或延长工期的施工进度计划及相应施工措施等详细资料。

(3)除专用合同条款对期限另有约定外，监理人收到承包人变更报价书后的 14 天内，根据合同条款约定的估价原则，按照合同条款商定或确定变更价格。

3. 变更指示

(1)变更指示只能由监理人发出。

(2)变更指示应说明变更的目的、范围、变更内容以及变更的工程量及其进度和技术要求，并附有关图纸和文件。承包人收到变更指示后，应按变更指示进行变更工作。

4. 设计变更程序

设计变更程序应执行《公路工程设计变更管理办法》的相关规定。

（四）工程变更的工程量核算和变更的估价原则

1. 工程量核算

工程变更后，必须准确计算工程量，形成工程变更清单（即修改的工程量清单），作为工程变更费用支付的基础。工程量的核算主要从以下几方面取得。

(1)设计图纸和合同文件及技术规范

设计图纸和合同文件及技术规范是计算变更工程量的基本依据，因为变更前的工程量就是按设计图纸和文件及技术规范计算出来的。

(2)监理工程师的记录

驻地监理工程师和旁站人员的现场记录是核算变更项目实际工程量的主要依据。因此，监理工程师应高度重视现场记录和原始证明材料的积累。

(3)承包人提供的工程数量

承包人提供的工程数量如果经过监理工程师审核，也可以作为核算工程量的依据。而承包人单方提供的没有经监理工程师证明和签认的工程量仅能作为参考，不能作为依据。

2. 变更的估价原则

除项目专用合同条款另有约定外，因变更引起的价格调整按照以下约定处理。

(1)如果取消某项工作，则该项工作的总额价不予支付。

(2)已标价工程量清单中有适用于变更工作的子目的，采用该子目的单价。

(3)已标价工程量清单中无适用于变更工作的子目，但有类似子目的，可在合理范围内参照类似子目的单价，由监理人按合同条款商定或确定变更工作的单价。

(4) 已标价工程量清单中无适用或类似子目的单价，可在综合考虑承包人在投标时所提供的单价分析表的基础上，由监理人按合同条款商定或确定变更工作的单价。

(5)如果本工程的变更指示是因承包人过错、承包人违反合同或承包人责任造成的，则这种违约引起的任何额外费用应由承包人承担。

四、工程索赔

(一)索赔的概念及特征(熟悉)

索赔通常指在经济合同的实施过程中，合同一方因对方不履行或未能正确履行合同所规定的义务而受到损失，凭有关证据，按一定程序，向对方提出请求给予补偿的要求。索赔具有以下几点本质特征：

(1)索赔是要求给予补偿(赔偿)的权利主张；

(2)索赔的依据是合同文件及适用法律的规定；

(3)承包商没有过错；

(4)导致索赔事件发生的责任应由业主(包括其代理人)承担；

(5)与合同标准相比较，已经发生了实际损失，包括工期和费用损失；

(6)必须有切实证据；

(7)协议尚未达成。

(二)索赔的一般条件和原因(了解)

1. 索赔条件

(1)客观性。承包商在工程工期和成本上确定受到索赔事件的影响，且遭受了损失。

(2)合法性。索赔必须是非自身责任原因引起，且按合同条件和法律规定，对方应给予补偿。

(3)合理性。索赔额的计算结果必须符合实际情况。

2. 工程索赔原因

(1)发包人违约。如发包人及其委托人没有履行合同责任、没有正确地行使合同赋予的权力、不按合同支付工程款、管理失误等。

(2)合同变更。业主或监理工程师下达变更指令造成的工程变更造成的原因。

(3)合同错误。由于合同条款错误、矛盾、不全、设计图纸或技术规范错误等原因。

(4)工程环境发生变化。包括法律、市场物价、货币兑换率、自然条件等。

(5)不可抗力因素。如战争、骚乱、地震、洪水等恶劣气候条件造成的原因。

(三)索赔的分类(熟悉)

索赔贯穿在整个承包工程实施过程中，可能发生的范围比较广泛，其分类随划分的标准、角度、方法不同而各异，大致有以下几种情况。

1. 按索赔当事人分类

(1)承包商同业主之间的索赔。这类索赔内容大部分都是有关工程的计量、变更、工期、质量和费用价格方面的争议，也有关于其他违约行为、中止或终止合同的损害费用赔偿等。

(2)承包商与分包商之间的索赔。其内容范围与前一种大致相似，但多数是分包商向承包商要付款和赔偿，而承包商扣留支付分包商款等。

(3)承包商同供应商之间的索赔。其内容多系商贸方面争议。

(4)承包商和业主共同向保险公司索赔。这一类多是承包商和业主已受到灾害、事故或其他的损害或损失，按保险单向其投保的保险公司索取赔偿。

(5)其他索赔。承包商或业主在履行过程中与其他方面往来业务中发生的索赔。

2. 按索赔的指向分类

(1)索赔。一般指承包商在受了经济损失或额外经济支出时，依据施工承包合同向业主提出的索赔要求，并希望从业主处得到经济补偿。

(2)反索赔。经常被用于工程项目的业主方，向承包商提出索赔要求；或者是业主针对承包商提出的索赔报告，予以反驳、论证。阻挡承包商的索赔要求；或者是以此为据反过来向承包商要求索赔。在国际惯例中，统称业主的索赔与反驳叫反索赔。

3. 按索赔的依据分类

(1)合同内索赔。索赔所涉及的内容可以在合同条款中找到依据，并可根据合同规定明确划分责任。

(2)合同外索赔。索赔的内容和权利难以在合同条款中找到依据，但可以在合同引申含义和合同适用法律或政府颁布的有关法规中找到索赔的根据。

(3)道义索赔。无论在合同内或合同外都找不到合同依据或法律依据。但承包商认为自己有要求补偿的道义基础，而对遭受的损失提出具有优惠性质的补偿要求。

4. 按索赔的目的分类

(1)工期索赔。承包商对非自身责任原因造成的工期延误向业主提出的工期延长要求。

(2)费用索赔。承包商对非自身责任原因造成的合同价以外的额外费用支出向业主提出的费用补偿要求。

5. 按索赔的起因分类

(1)延期索赔。由于业主或监理工程师的原因，或由于双方不可控制因素的发生而引起延误，承包商因此受到损失而提出的索赔。

(2)现场条件变更索赔。由于现场施工条件与预计情况严重不符所引起的索赔。

(3)加速施工索赔。由于业主要求提前竣工，或在由于业主的原因发生工程延误的情况下，业主要求按时竣工而引起承包商费用增加所产生的索赔。

(4)工程范围变更索赔。由于业主变更工程范围，增加或减少合同工程量，引起承包商遭受损失而产生的索赔。

(5)工程终止索赔。由于非承包商责任原因，如不可抗力因素影响，使工程在竣工前被迫停止，并不再继续进行，承包商因此蒙受损失而提出索赔。

(6)其他原因索赔。其他如货币贬值、汇率变化、物价上涨、政策法规变化等原因引起的索赔。

6.按索赔的处理方式分类

(1)单项索赔。单项索赔是针对干扰事件而言的,是指某一干扰事件发生对承包商造成工期延误或额外费用支出时,承包商在事件发生时或发生后立即进行责任分析和损失计算,并在合同规定的索赔有效期内提出的索赔。

(2)综合索赔。又称一揽子索赔或总索赔。它是指在工程竣工之前,承包商将工程实施过程中未得到最终解决的多个单项索赔集中起来,综合提出一份总的索赔报告,以一揽子方案解决索赔问题。

(四)工程索赔的依据(掌握)

工程索赔的依据主要包括以下三方面的内容。

1.依据合同文件

在工程索赔中,合同文件是最直接、最主要的依据。包括合同协议书、投标书及附件。中标通知书,合同的通用条款和专用条款,有关标准、规范及技术文件、图纸、工程量清单,工程报价单或预算书,以及合同履行过程中发包人、监理工程师、承包人之间有关工程的洽商、变更等书面协议和变更通知书等内容。

2.依据有关法律和法规规定

有关法律和法规主要包括:工程合同文件适用的国家法律、法规,双方在专用各款中约定的法律和行政法规及适用的国家标准、规范名称。

3.可作为依据的有关索赔账单和证据资料

主要有:

(1)工程进度计划。承包商或分包商编制的工程进度计划应妥善保存。一旦发生索赔事件,可将实际工程进度与计划进度相比较进行分析。

(2)施工日志。即每日记录的施工现场发生的各种情况,包括:风力、雨量大小、气温高低、湿度、每天出勤人数、所用机械设备、施工检查记录、每天工程进度、工程质量、安全情况、进行的试验工作情况、监理工程师检查情况、每天完工记录、有无施工事故及特殊情况发生、有无不利自然条件和人工障碍、施工材料使用记录、施工图纸收发记录等等。

(3)工程所在国的政治经济的基本资料

重大的经济政策和法律法规出台,如增加税收、加强海关进出的有关规定,外汇汇兑及汇率变化。工资和物价指数的定期报导,涉外经济及法律变化等,有关的政府官员和施工工程项目主管部门领导视察工程现场时的讲话记录及指示等。

(4)来往文件和信函等

工程施工中,一些业主和监理工程师的书面指示文件或信函,政府部门、银行、保险公司、货物运输部门、供货商、分包商等的来往文件或信函等。

(5)会议纪要和备忘录

业主、承包商和监理工程师之间的工地讨论会议要有记录,最后由各方签字认可的会议纪要,在工地现场发生的事件当时所做的笔录等。

(6)投标报价时的基础资料

有时监理工程师和业主需要以承包商的编标基础资料作为比较基准,包括编标过程中的各种费用取舍和计算依据、计算公式及过程、施工组织设计、施工技术方法、进度安排计划等。

(7)技术规范和工程图纸

所有招标时的技术规范和开工后补充的技术规范以及所有工程图纸等资料。

(8)工程报告及工程照片

工程报告包括一般的工程进度报告、施工技术与管理报告、工程质量检查报告、工程试验报告、工程事故报告等。这些都是对工程的真实记录和描述。另外还有工程照片或工程摄像资料。

(9)工程财务报告

承包商有关工人劳动记时卡及工资报表，工程材料、机械设备及货物的采购单及发出单，取付款单据，工程款及索赔款拖期付款记录，向合同商付款报表，通用货币汇率变化报表等这些财务数据报表，索赔时可有选择地使用必要数据资料作为证明。

(五)工程索赔的工作程序(掌握)

1.索赔事件发生

2.提交索赔意向通知书(索赔通知)

当索赔发生，承包人要提出索赔时，应在索赔事件首次发生的28天内将其索赔意向通知书提交监理工程师，并抄送业主。

3.提交索赔事件的当时记录

索赔事件发生，承包人应保存当时的记录，作为申请索赔的凭证。监理工程师在接到索赔意向书时，无需认可是否系业主责任，先应审查这些当时记录，并可指示承包人进一步做好当时记录。承包人应允许监理工程师审查其保存的全部记录，当监理工程师要求时，应向监理工程师提交记录的复制件。

4.提交索赔证明

在发出索赔意向通知书后的28天内，或监理工程师同意的另一期限内，承包人应送交监理工程师一份拟索赔款额的详细账目，并说明索赔所依据的理由。如索赔的事件具有连续性，上述账目应认为是一笔暂时账目。承包人应在监理工程师要求的间隔时间内，送交继发的暂时账目和索赔理由。并在此索赔事件终止后28天之内送出最后账目。承包人还应将本款规定送交监理工程师的全部账目的复制件送交业主。

5.对索赔进行审定

监理工程师对承包人提交的索赔报告进行审定，看承包人的索赔报告是否符合规定。

6.索赔的支付

监理工程师对承包人提供的索赔证据和详细账目进行审查核实后，确定承包有权得到全部或部分索赔款额，根据有关规定列入核签的期中支付证书或最后支付证书内予以支付，并将此决定通知承包人，并抄送业主，由业主签字、备案。

(六)工期索赔

这里讲的工期索赔是指工程延期。

工期延期是指由于业主的原因或者双方不可以控制的因素引起工程延误时，承包人向业主提出的延长工期的要求。可见，此类索赔往往都与工程延误有关，应注意工程延误不一定都能得到延长工期。

1.工程延误及分类(**熟悉**)

工程延误是指工程实施过程中任何一项或多项工作实际完工日期迟于计划规定的完工日期，从而可能导致整个合同工期的延长。其中，按合同规定延长的工期亦作为合同规定日期的组成部分。

工程延误的后果是形式上的时间损失，实质上的经济损失，无论是业主还是承包商，都不愿意无缘无故地承担由工程延误给自己造成的经济损失。因此,分析识别各种原因造成的工程延误及相应经济责任就十分必要。工程延误的分类主要有以下几种。

(1)按工程延误原因划分

1)业主及其代表原因引起的延误

业主及其代表原因引起的延误可分为两种情况。第一种称为业主或业主代表自身责任原因引起的延误;第二种为合同变更原因引起的延误。

显然,由业主或业主代表原因引起的工程延误可以得到延长工期的补偿。

2)承包商原因引起的延误

由承包商方面原因引起的延误往往是由于其内部计划不周、组织协调不力、管理指挥不当等原因引起的。这一方面延误难以得到业主的谅解,也不可能得到业主给予延长工期的补偿。

3)有关第三方原因引起的延误

"有关第三方"一般为与业主或承包商有某种工程方面的合同、协议关系的单位或个人。这一点延误通常按业务关系进行划分,即与业主有关的第三方原因引起的延误后果由业主承担,与承包商有关的第三方原因引起的延误后果由承包商承担。

4)不可控制因素引起的延误

这一类延误是指非承包商过错或疏忽,非承包商所能预见,并且非承包商能力所能控制的因素所造成的工程延误,包括以下类型。

①不可预见性障碍引起的延误。在工期中发现古迹、古文物、古化石等引起的停工或搬迁工地造成的延误。

②不确定性障碍引起的延误。如在土方工程中遇到异常恶劣的地质条件,以致影响工期。

③不可抗力引起的延误。如地震、泥石流等发生时,任何承包商没有能力改变。业主不应该要求承包商承担由此而产生的延期责任及工程经济损失。

④异常恶劣气候条件引起的延误。"异常恶劣气候"是指工程所在地区某季节出现的特别不正常的气候,而不是那个季节正常出现的恶劣气候条件。判断时一般根据当地气象部门真实气候资料,以过去 10 年平均值(或认为更合理的可靠数据)作为比较和判别的基础。而且受异常恶劣气候影响的应是室外作业,不受影响的室内作业不能提出工期索赔。

⑤特殊社会条件引起的延误。指工程所在国及地区施工期间处于战争、叛乱、罢工、政变等不安定环境中,或由于国际上各国政府间经济贸易方面的抵制或禁运对某些工程构成延误的情况。这类延误并非承包商的过错,业主应实事求是,认可承包商适当延长工期要求。

(2)按单项延误索赔可能结果划分

1)可索赔延误

它是指非承包商原因引起的工程延误,包括业主的原因和双方不可控制的因素引起的延误,并且该延误工序或作业一般应在关键线路上。这种延误属于可索赔延误,业主应给予合理补偿。根据补偿内容,可索赔延误又可分为三种情况。

①可索赔工期的延误。即业主只给承包商延长工期,不给予费用损失的补偿。

②可索赔工期和费用的延误。即承包商不仅有权向业主索赔工期,而且有权要求业主补偿发生的费用损失。

③只可索赔费用的延误。指由于业主原因引起的延误,但发生延误的活动对总工期没影响,而承包商却由于延误负担了额外的费用损失。

2)不可索赔延误

它是指因承包商原因构成延误事实,故得不到业主给予延长工期或追加付款的补偿。

(3)按延误事件之间的时间关联性划分

1)单一性延误。指某一延误事件从发生到终止的时间间隔内,没有其他延误事件发生。

2)同时性延误。指某两个或两个以上的延误事件从发生到终止的时间完全相同。

需要注意的是,在业主引起的或双方不可控制因素引起的延误与承包商原因引起的延误同时发生时,即可索赔的延误与不可索赔的延误同时发生时,则可索赔延误就变成不可索赔的延误。这是国际工程索赔的惯例之一。

3)交错性延误。两个或两个以上的延误事件从发生到终止只有部分时间重合。

(4)按延误发生时间分布划分

1)关键线路延误。指发生在工程网络计划关键线路上的延误。

非承包商原因引起的关键线路延误,必定是可索赔延误。

2)非关键线路延误。指发生在工程网络计划非关键线路上的延误。

2.施工加速的含义及种类

施工加速是指承包商不得不在单位时间内投入比原计划更多的人力、物力与财力进行施工,以加快施工速度。施工加速通常会引起成本的增加,当然也会产生某些节约,无论哪种情况,如果是因非承包商过错引起的施工加速而产生了额外成本,则监理工程师应予以证明,业主应给予补偿。施工加速主要有:

(1)直接指令加速

如果监理工程师指令比原合同日期提前完成工程,或者发生可原谅延误,但监理工程师仍指令按原合同完工日期完工,承包商就必须加快施工速度。这种根据监理工程师的明示指令进行的加速就是直接指令加速。

(2)推定加速

在有些情况下,虽然监理工程师没有发布专门的加速指令,但客观条件或工程师的行为已经使承包商合理意识到工程施工必须加速,这种加速就是推定加速。推定加速与指令加速在合同实施中的意义是一样的,只是在确定是否存在推定指令时,双方容易产生分歧。

3.工期索赔的分析步骤(**掌握**)

(1)原因分析

弄清引起延误是哪一方的原因,若不是由承包人自身原因造成,则有可能索赔,否则不可索赔。

(2)运用有关分析手段分析

分析延误事件是否发生在关键线路上,是否对总工期有影响,以决定是否可索赔工期。

(3)业主责任分析

结合上述分析结果,进行业主责任分析,主要是为了确定延误是否能索赔费用。

(4)索赔结果分析

假定以上分析都是符合事实,证明材料确凿、齐全且被业主接受的情况下,根据业主是否对工期有特殊要求分析工期索赔的可能结果。

4.监理工程师审批工程延期的程序与依据

(1)审批工程延期的程序

1)收集资料,做好记录

监理工程师应在收到承包人延期意向后，做好工地实际情况的调查和记录，收集各种相关的文件资料及信息。

2)审查承包人的延期申请

监理工程师收到承包人延期意向后，应注意从以下几方面进行审查。

①延期申请的格式应满足监理工程师的要求。

②延期申请应列明延期的细目及编号，阐明延期发生、发展的原因及申请所依据的合同条款，附有延期测算方法和延期涉及的有关证明、文件、资料图纸等。

审查通过后，可开始做下一步的评估。

3)延期评估

评估应注意从以下几个方面进行评定。

①承包人提交的申请资料必须真实、齐全，满足评审需要；

②申请延期的合同依据必须准确；

③申请延期的理由必须正确与充分；

④延期天数的计算原则与方法应恰当。

4)审查报告，确定延期

监理工程师应根据现场记录和有关资料，经调查、讨论、协商，在确认延期测算方法及由此确认的延期天数的基础上作出审查报告，并在确认其结论之后，确认延期，签发有关报表。

(2)审批依据

承包商延期申请能够成立并获得监理工程师批准依据是：

1)工程延期事件是否属实；

2)是否符合本工程合同规定及非承包人原因造成的延期；

3)延期事件是否发生在工期网络计划图的关键线路上，即延期是否有效合理；

4)延期天数的计算是否正确，证据资料是否充足。

以上四条中，只有同时满足前三条，延期申请才能成立。前三条中，最关键的一条就是第三条。

5. 工程延期的计算(**掌握**)

工程延期的计算主要有以下几种方法。

(1)工期分析法

依据合同工期的网络进度计划图，考察承包商按监理工程师的指示，完成各种原因增加的工程量所需用的工时，以及工序改变的影响，算出进度损失以确定延期的天数。

(2)实测法

承包商按监理工程师的书面工程变更指令，完成变更工程所用的实际工时。

(3)类推法

按照合同文件中规定的同类工作进度计算工期延长。

(4)工时分析法

某一工种的分项工程项目延误事件发生后，按实际施工的程序统计出所用的工时总量，然后按延误期间承担该分项工程工种的全部人员投入来计算要延长的工期。

(5)造价比较法

若施工中出现了很多大小不等的工期索赔事由，较难准确地单独计算且又麻烦时，可经双方协商，采用造价比较法确定工期补偿天数。

(6)折合法

当计算出某一分部分项工程的工期延长后，还要把局部工期转变为整体工期。这可以用局部工程的工作量占整个工程工作量的比例来折算。

(七)费用索赔

1.费用索赔的概念及根源(**了解**)

费用索赔是指承包商在由于业主的原因或双方不可控制的因素发生变化而遭受损失条件下，向业主提出补偿其费用损失的要求。因而，索赔费用应是承包商根据合同条款的有关规定，向业主索取的合同价以外的费用。

费用索赔是工程索赔的重要组成部分，是承包商进行索赔的主要目标之一，也常常是最困难、双方分歧最大的索赔。

引起费用索赔的原因是由于合同的基础条件发生变化使承包商遭受了额外损失，主要有以下原因。

(1)工程量增加

1)设计变更。在工程实施过程中，无论是完善性还是修改性设计变更都可能引起新增合同外工程、新增单项工程或变更单项工程等，从而引起承包商工程量的增加。

2)指令性变更。指业主或其代表在合同规定的限度内指令增加工程量。

3)指定性变更。指由于业主的规范缺陷、要求变更施工方法、过度检查等非正式的变更引起的承包商工程量的增加。

4)不可预见性或不确定性障碍。对不可预见或不确定性障碍的处理往往不能预先准确地计算工程量，因而实施处理的结果常常引起工程量的增加。

5)合同规定的其他变更引起工程量增加。

(2)加速施工

通常情况下，承包商在合同要求加速施工，以及在业主直接指令或隐含指令加速施工时，都可以提出费用索赔。

(3)可补偿费用的延误

引起可补偿费用延误的因素常有：

1)业主或与业主有直接关系的第三方原因；

2)不可预见或不确定性障碍；

3)异常恶劣的气候条件；

4)特殊社会经济条件。

(4)与工期无关的业主违约

由于与工期有关的业主违约问题已包含在可补偿费用延误中，故此处仅指与工期无关的业主违约问题。

(5)终止或解除合同

指业主、承包商双方就特定的工程合同生效后，因某种原因使原合同不能继续履行或不必要履行时，当事人双方经过协商同意，或当事人一方行使合同解除权使合同停止履行的行为，一般有如下几种情况。

1)承包商严重违约，业主解除合同。常见的承包商严重违约的情况有：

①未经业主同意，单方面将其承包的工程部分或全部转包给第三方；

②超过合同规定开工日期后，仍迟迟不能开工，且无正当理由；

③拒不更换严重失职或无能的工程管理人员；

④坚持使用不合格材料；

⑤对业主多次提出的质量警告纠正不力或纠正无效。

2)业主严重违约，承包商解除合同。常见的业主严重违约的情况有：

①未经承包商同意，单方面转让合同，以致对承包商产生了严重不利后果；

②合同生效后，业主却没有能力支付合同工程款项，致使承包商陷入困境；

③现场施工条件与业主承诺的情况严重不符，且长时间拖延而得不到解决；

④业主无理拒绝其委派现场代表所发布的正当指令，严重损害了承包商的正当利益，使工程无法继续进行；

⑤业主有条件却不按合同规定的时间和金额支付工程款。

3)业主、承包商双方经过协商，一致同意解除合同。

4)因双方不可控制因素造成工程停建或缓建，致使已经生效的合同不能继续履行。

(6)业主提前使用未完工程及在保修期间使用不当

(7)合同缺陷

(8)国家政策、法规的变更

2. 索赔费用的分类

(1)按索赔费用起因划分

根据引起费用索赔的各种原因，索赔费用可相应划分以下 8 种。

1)工程量增加费

指由于某些因素的影响致使工程量超过了原合同或图纸的规定而发生的费用。其数量是由所确认的工程增加量的直接费、人工费、材料费、机械费、间接费和其他费用构成，并按照工程价款确定的原则，或按照合同各款中规定的计算办法进行计算。

2)加速施工费

加速施工费用是指由于加速施工，而比正常进度状态下完成同等数量的工程量多付出的那部分费用。通常加速施工费主要由以下原因造成。

①采用的工资标准比正常情况下高，如多发奖金、加班费、超额作业津贴等；

②配备比正常进度人力资源多的劳动力；

③施工机械设备的配置增加，周转性材料大量增多；

④采用先进价高的施工方法；

⑤采用能减少现场工序的高质量、高性能的材料；

⑥材料供应不能满足加速进度要求时，发生工人待工或高价采购材料；

⑦加速施工中的各种交叉干扰，进一步加大了加速作业的成本等。

以上费用的产生，会因工程情况的不同而千差万别，甚至会出现加速施工费用大幅度增加而加速效果却不明显的情况。

3)可索赔延误损失费

指完全由于可索赔工程延误的时间因素给承包商造成的实际费用损失。这类费用与工程量增加费的性质几乎完全不同，它往往是由下列几种费用组合而成。

①工人停工待工损失费；

②施工机械闲置费；

③材料损失费及材料价格上涨费；

④异常恶劣气候条件及特殊社会经济条件造成的损失费。

4)与工期无关的业主违约损失费

与工期无关的业主违约在实际工程中也是常常发生的。其费用构成较为复杂,但有一个共同的特点,即无工期补偿问题,又确实存在费用损失,如业主供应的材料设备过早进场、业主代表工作失误造成的损失费等。

5)业主提前使用及保修期责任费

在规模较大、工期较长的工程项目建设过程中,若业主提前使用了正在施工的工程,无论是生产性还是商业性使用,都必然会给业主带来利益而对承包商施工带来影响。即使没有影响整个工程的工期,也不可否认承包商为业主提前使用部分工程而创造条件及采取措施时已付出某些费用。

在工程全部完工并交付使用后的保修期间,按照合同协议的规定,承包商有责任无偿对其交付使用工程的缺陷进行维修。但是,当保修期间发生的工程质量问题是由于业主使用不当或管理不善等原因引起的,业主应对其造成的一切损失负责。

6)合同缺陷损失费

指由于合同文件不严密、不完备,致使合同双方对合同条款(如不可抗力、恶劣气候、现场条件变化等条款)有不同解释、对图纸与规范有不同观点而造成的承包商额外损失。

7)终止或解除合同损失费

合同的解除或终止并不影响当事人要求赔偿损失的权力,原合同条款对解除合同后当事人之间有关结算、未尽义务、争议等问题的解决仍然有效。所以,业主承包商双方在解除合同后,都可以对解除合同前已经发生的损失和解除合同后所产生的损失向对方提出索赔要求。

8)国家政策、法规变更损失费

国家新的政策、法规颁布执行后,对合同工程是否会产生费用影响,主要在于具体的工程与法规是否相关。在索赔费的报告提出时,需要视具体情况具体分析,有些政策对每个工程都有影响,有些则只对涉及的内容才有影响。

(2)按索赔费用的构成性质划分

从本质上讲,承包人的费用索赔包括损失索赔和额外工作索赔。

损失索赔包括实际损失索赔和可得利益索赔。实际损失是指承包人多支出的额外成本;可得利益是指如果业主不违反合同,承包人本应取得的,但因业主违约而丧失了的利益。

额外工作索赔费用包括额外工作实际成本及其相应利润。对额外工作索赔,业主应以原合同中的适用价格为基础,或者以双方商定的价格或工程师确定的合理价格为基础给予补偿。实际上,进行合同变更、追加额外工作,相当于确立一种新合同关系,常表现为原合同基础上的一种补充协议。

计算损失索赔和额外工作索赔的主要区别是:前者的计算基础是成本,而后者的计算基础是价格。

计算损失索赔要求比较一下计划合理成本(无违约事件发生)和实际合理成本(有违约事件发生)。此处,计划成本和实际成本不一定完全是指承包人投标成本和实际发生成本,但都必须是合理成本。业主应对两者之差给予补偿,这与各工作项目的价格毫不相干,原则上也不得包括额外成本的相应利润,除非承包人原合理预期利润的实现已经因此受到影响。这种情况一般当违约引起了整个工期的延长或完工前的合同解除时才会发生。

计算额外工作索赔则允许包括额外工作的相应利润，甚至在该工作可以顺利列入承包人的工作计划，不会引起总工期延长，从而事实上承包人并未遭受利润损失时也是如此。

在工程索赔中，承包人究竟可以就哪些损失提出索赔，取决于合同规定和有关适用法律。无论损失的金额有多大，也无论是什么原因引起的，合同规定就是这种损失是否可以得到补偿的重要的依据。

按国际工程索赔惯例，一般有 5 种损失可以索赔：由索赔事项引起的直接额外成本；由于合同延期而带来的额外时间相关成本；由于合同延期而带来的利润损失；合同延期引起的总部管理费损失；由干扰造成的生产率降低所引起的额外成本。

因而，索赔费用按其构成可以作以下的划分。

索赔费的划分

<table>
<tr><td rowspan="7">索赔
费用</td><td rowspan="5">损失索赔费用</td><td>由索赔事项引起的直接额外成本</td></tr>
<tr><td>由于合同延期而带来的额外时间相关损失</td></tr>
<tr><td>由于合同延期而带来的利润损失</td></tr>
<tr><td>合同延期引起的上级部门或公司管理费损失</td></tr>
<tr><td>由于干扰造成的生产率降低所引起的额外成本</td></tr>
<tr><td rowspan="2">额外工作索赔费用</td><td>额外工作实际成本</td></tr>
<tr><td>额外工作相应利润</td></tr>
</table>

(3)按索赔费用的项目组成划分

索赔费用按其项目组成可分为直接费用和间接费用。其中，直接费包括人工费、材料费、机械费和分包费；间接费包括管理费、利润、融资成本等。

索赔费用计算的基本方法就是按上述费用组成项目分别分析、计算，最后再汇总求出总的索赔费用。

按照国际惯例，承包人的索赔准备费用、索赔金额在索赔处理期间的利息、仲裁费用、诉讼费用等是不允许索赔的，因而不应将这些费用包含在索赔费用中。

3. 费用索赔的基本原则

费用索赔无论对承包人还是业主都是至关重要的。在工程施工索赔中，业主和承包人双方产生的费用纠纷，一般都集中反映在“索赔资格”和“索赔数量”的确定上。实际工作中，对索赔数量的认定难度大大超过对索赔资格的认定难度，这是由承包人对索赔事件的识别能力、对索赔事件的处理态度以及对证据资料收集的完整性等方面决定的。

从几种常用的土木工程合同条件及国际惯例来看，进行费用索赔应遵循如下几个原则。

(1)必要原则

这是指从索赔费用发生的必要性角度来看，索赔事件所引起的额外费用应该是承包人履行合同所必需的，即索赔费用应在所履行合同的规定的范围之内，如果没有该费用支出，就无法合理履行合同，无法使工程达到合同要求。

对于某一个确定的费用项目，若合同没有规定，或规定不准进行费用索赔，承包人就不得以任何理由提出索赔要求。

(2)赔偿原则

这是指从索赔费用的补偿数量角度看，索赔费用的确定应能使承包人的实际损失得到完全弥补，但也不应使其因索赔而额外受益。

承包人在履行合同过程中，对非自身原因所引起的实际损失或额外费用向业主提出索赔要求，是承包人维护自身利益的权利。但是，承包人不能企图利用索赔机会来弥补因经营管理不善造成的内部亏损，也不能利用索赔机会谋求不应获得的额外利益。总之，在实际损失获得全额补偿后，承包人应处于与假定未发生索赔事件情况下合同所确定的状态同等有利或不利的地位。即费用索赔是赔偿性质的，承包人不应因索赔事件的发生而额外受损或受益。换个角度来说，业主也不能因为承包人所遇到的不利问题而获得额外利益，特别是在产生问题的原因与业主或其代理人有关的情况下。

(3)最小原则

这是指从承包人对索赔事件的处理态度来看，一旦承包人意识到索赔事件的发生，应及时采取有效措施防止事态的扩大和损失的加剧，以将损失费用控制在最低限度。如果没有及时采取适当措施而导致损失扩大，承包人无权就扩大的损失费用提出索赔要求。

按照一般的法律要求及合同条件，承包人负有采取措施将损失控制并减少到最低限度的义务。这种措施可能包括：保护未完工程、合理及时地重新采购器材、及时取消订货单、重新分配工程资源等。当然，承包人可以要求业主对其采取减少损失措施本身产生的费用给予补偿。

(4)引证原则

承包人提出的每一项索赔费用都必须伴随有充分、合理的证明材料，以表明承包人对该项费用具有索赔资格且其数额的计算方法和过程准确、合理。没有充分证据的费用索赔项目一般都会被业主视为无效而被驳回。

(5)时限原则

几乎每一种土木工程合同条件都对索赔的提出时间有明确的要求。如 FIDIC 合同条件规定承包人在索赔事件第一次发生之后的 28 天内，应将索赔意向通知工程师，同时向业主呈交一份索赔意向的副本。承包人应严格按照适用合同条件的要求或合同协议的规定，在适当时间内提出索赔要求，以免丧失索赔机会。

时限原则的另一层含义是指承包人对索赔事件的处理应是发现一件、提出一件、处理一件，而不应采取轻视或拖延的态度。

4.基本索赔费用项目的适用条件和计算方法(**掌握**)

(1)人工费

人工费是工程建设成本直接费项目之一，也是费用索赔中的一个重要索赔项目。它一般包括支付给施工过程中直接从事建筑安装工程(包括在施工现场直接为工程制造构件)的工人和施工现场运料、配料等辅助工人及跟班作业的工班长等的工资支出，以及与人工有关的税收、保险和福利支出等。其计算如下：

$$C_1 = C_{11} + C_{12} + C_{13}$$

式中：C_1——索赔的人工费；

C_{11}——人工单价上涨引起的费用；

C_{12}——人工工时增加引起的费用；

C_{13}——劳动生产率降低引起的人工损失费。

在下列三种情况下，承包人有权提出人工费的索赔。

1)由于业主增加合同以外的工程，或由于业主的原因造成工程延误，引起了承包人人工单价的上涨和工作时间的延长。

2)工程所在国或当地政府为推行社会保险计划和劳工福利计划而向建筑公司征收工资税或以工资为基础的保险费等。

3)若由于业主原因造成的延误或对工程的无理干扰打乱了承包人的施工计划,致使承包人劳动生产率降低,进而发生人工工时增加的损失,则承包人有权向业主提出生产率降低损失的索赔。

(2)材料费

材料费是建筑安装工程成本的直接费用项目之一,也是费用索赔中重要的费用项目。它是施工过程中所耗用的、构成工程实体或有助于工程形成的主要材料、构件的成本,以及所用周转材料的摊销成本额。

材料费索赔包括材料耗用量增加和材料单位成本上涨两个方面。

$$C_m = C_{m1} + C_{m2}$$

式中:C_m——索赔的材料费;

C_{m1}——材料用量增加费;

C_{m2}——材料单价上涨费。

在下列情况下,承包人有权提出材料费索赔。

1)由于业主或其工程师追加额外工作、变更工作性质、改变施工方法等,造成承包人的材料耗用量增加,包括使用数量的增加和材料种类的改变。

确定材料耗用增加的数量有两种方法。其一,将计划材料用量与实际消耗量进行比较。为此,承包人应建立、健全材料管理制度,对每一工作项目使用的各种材料保持完整的耗用记录,以使索赔时能准确地分离出索赔事项所引起的额外材料耗用。其二,在无法比较的情况下,根据当地建筑工程定额估算手册确定材料的消耗量。在国际工程承包中,由于没有统一的建筑工程定额,很难确定材料用量和损耗系数,承包人应结合工程实际并参照当地惯例确定损耗系数。

2)在工程变更或遇到业主延误时,可能造成材料库存时间的延长、材料采购滞后或采用代用材料等,从而引起材料单位成本增加。这时,承包人应根据施工关键线路计划来证明其材料采购和运输成本可以按计划在价格较低的早期进行,但因业主责任而受阻,因而有权就该项费用提出索赔。

(3)施工机械费

施工机械费也是建筑安装工程成本直接费项目之一。它包括承包人在施工过程中使用自有施工机械所发生的机械使用费、使用外单位施工机械的租赁费以及按照规定支付的施工机械进出场费用等。索赔机械费应主要考虑机械工作时间的增加、机械台班费率的上涨和机械设备的闲置。机械工作时间的增加包括原有机械比预定计划增加的工作时间,以及新增机械的数量和工作时间。其计算公式为:

$$C_e = C_{e1} + C_{e2} + C_{e3} + C_{e4}$$

式中:C_e——索赔机械费;

C_{e1}——承包人自有机械工作时间增加费;

C_{e2}——外来机械台班费率上涨费;

C_{e3}——外来机械租赁费(含必要的进出场费用);

C_{e4}——机械设备闲置损失费用。

为了得到机械设备增加的工作时间和单价上涨幅度，承包人在发现索赔机会后，应详细记录机械设备的使用情况，编制机械设备使用日报表。但是，与人工费、材料费不同的是，索赔的施工机械费往往难以从成本记录中直接计算出其实际发生数。其原因如下：

1)从成本核算上来说，施工机械的许多工作费用项目往往发生频繁，金额却不大，故对现场的每一台机械设备都分别保持这种实际费用的支出记录是非常困难的。通常的会计核算体系也不要求这么做，而是将这种费用分类归集在一起进行记录。

2)在工程施工现场，施工机械不仅会频繁地发动和停止使用，而且经常需要在现场调来调去，以致承包人难以保持设备是同时间的准确记录。

3)施工设备的将来报废处理价或出卖价格往往视实际情况而出入较大，从而很难准确地估计设备的将来价值。

4)承包人对设备的养护水平、操作人员的技能、设备的使用环境以及设备的前期使用等都是影响实际施工机械费用支出的重要因素，但其影响实际上都无法准确地进行度量，因而，难以从施工机械索赔费用中予以扣除。

5)承包人对索赔机会的发现一般都滞后于索赔事件的实际发生时间。为此，承包人应不断完善其成本记录及核算体系，以提高对索赔事件的辨识能力和对索赔费用项目的分离能力。

(4)分包费

承包人在经业主同意后，可将工程的某个部分转包给专业承包人(称分包人)。有时，业主会直接指定一个分包人，即所谓业主指定分包人。由于业主的原因或指定分包人原因造成分包工程费用增加时，包括工程量增加和分包单价增加，分包人可就分包工程增加费用提出索赔。

一般说来，分包人在进行索赔时，应首先向总承包人提出其索赔要求和方案。总承包人在和分包人协商后，对索赔方案进行审查和修改。最后，由总承包人和分包人一起，以总承包人的名义向业主提出分包工程增加费及相应管理费用索赔，有时视情况可包含相应利润。

$$C_s = C_{s1} + C_{s2}$$

式中：C_s——索赔的分包费；

C_{s1}——分包工程增加费用；

C_{s2}——分包工程增加费用的相应管理费，有时可含相应利润。

(5)融资成本(利息)

融资成本又称资金成本，是企业取得和使用资金所付出的代价，其中最主要的是支付给资金供应者的利息。对承包人而言，由于其索赔补偿的取得只能在索赔事件完结之后较长一段时间内才能实现，因而承包人不得不先从银行贷款或以自己的资金垫付支出，由此便不可避免地产生了融资成本问题。

融资成本主要有两种：额外贷款的利息支出和使用自有资金带来的机会损失。利息支出在工程承包中占相当大的比重，尤其是在亏损项目中，利息带来的损失更为突出。如果由于业主违约或其他合法索赔事项，承包人为保证合同项目的顺利实施，不得不增加额外银行贷款来满足工程施工现金流的需要，只要承包人能证明：

1)额外贷款是因业主违约或其他合法索赔事项直接引起的；

2)索赔的利息数是由上述额外贷款直接产生的。

那么，承包人就有权就相关的利息支出提出索赔。

利息的索赔额通常是根据额外贷款的本金、利率和利息发生时间的周期数，利用复利计算法确定的。

$$C_r = A \times [(1+i)^t - 1]$$

式中：C_r——索赔利息额；

A——本金；

i——利率；

t——利息发生时间周期。

利率一般按承包人在正常情况下的贷款利率计算。

如果承包人自有资金充足，在索赔事件发生时，可以不向金融机构贷款，而是动用自己的资金来弥补合法索赔事件所引起的现金流量缺口，在这种情况下，承包人的利息索赔数有两种确定方法。其一，参照有关金融机构的利率标准，运用公式进行计算；其二，假定承包人可以或原计划将这些资金用于其他工程，则以其能获得的收益作为利息索赔数。在这种情况下，承包人必须能证明他原计划将该项资金用于其他项目，并能够从中获利。

一般地，承包人可以在发生下列索赔事件情况下，按相应的处理原则，向业主提出利息索赔。

1)业主拖延或拒绝支付各种工程款，推迟退还工程保留金或超过合同规定数量扣保留金。这种情况一般都在合同中有明确的规定，其利息支出按合同中约定的利率进行计算。

2)若合同中没有明确规定，只要合同适用法律许可，同样可以提出利息索赔。利息计算方法可以由双方在合同中约定。

3)由于业主资金没有及时到位，承包人贷款或利用自有资金完成业主的新增工程、变更工程或被业主延误的工程，这种情况下的利息索赔应以事实和诚实信用原则为基础。特别是承包人利用自有资金的情况，其索赔费实质上是一种机会损失，承包人需提出有力的证据。

(6)利润

一般在下列三种情况下，承包人可以进行利润索赔。

1)合同变更或额外成本支出引起计划利润损失。合同变更部分的计价是以合同价格为基础的，其中就必然含有利润因素。对于合同变更，按国际惯例，只要合同中有可以适用的价格，就应该套用。即使合同价格不完全适用合同变更情况，也应该在套用的合同价格基础上附加上成本差额，即将原报价中相应工作项目的合理成本与实际变更工作项目的合理成本之间的差额加到费率表的相应价格中去。承包商有理由提出变更或额外成本支出的利润索赔。其计算如下：

$$C_p = (C_d + C_0) \times R_p$$

式中：C_p——利润索赔额；

C_d——索赔的直接费；

C_0——索赔管理费；

R_p——承包商投标报价时所采用的利润率。

2)合同延期导致机会利润损失。如果由于业主原因引起合同延期，从而导致承包人丧失了本来可以承揽其他新工程而取得利润的机会，承包人可就由此而遭受的损失，即机会利润损失，向业主提出索赔。在这种情况下，由于合同延期，承包人不得不继续在本合同项目保留原已安排用于其他工程的人员、设备和流动资金等，这些一起构成了相当于盈利机会的工程合同机构。承包人的延期利润索赔数即为其工程合同机构本可以在合同按期完工后在其他工程项目上赢得的利润。

承包人的延期利润索赔不是以其额外工作的数量或直接损失的程度为依据，而是以其工程合同机构的潜在盈利能力为依据的。它直接受合同延期的时间长短、合同机构的潜在盈利能力和工程承包市场状况等因素影响，而与被延期合同的盈利性没有直接关系。

3)合同终止带来预期利润损失。如果由于业主原因导致合同提前终止或解除，承包人有权就预期利润，即剩余未完合同工作的利润损失，提出索赔。在这种情况下，承包人根据损失赔偿原则提出利润索赔所依据的理论基础与合同延期的情况是完全不同的。此时，承包人是否可以提出利润索赔及其数量的多少，取决于该合同的实际盈利性，以及截止到合同终止时对已完工程的付款数额。其计算公式如下：

$$C_p = T - M - N$$

式中：C_p——索赔的利润数；

T——工程全部完工情况下的合同总价值；

M——业主已支付的工程款数额；

N——剩余工作的成本。

5.管理费索赔

管理费是建筑工程成本中的一种间接费用，包括现场管理费和总部管理费。FIDIC 条款明确规定现场管理费和总部管理费都是工程成本的合理组成部分。无论哪种索赔，现场管理费和总部管理费都可以包括在索赔费用中。

(1)现场管理费索赔款中的现场管理费是指承包人完成额外工程、索赔事项工作以及工期延长期间的现场管理费，包括管理人员工资、办公费等。但如果对部分工人窝工损失索赔时，因为其他工程仍然进行，可能不予计算现场管理费索赔。

(2)款中的上级部门或公司管理费主要指的是工程延误期间所增加的管理费。这项索赔款的计算通常如下：

现场管理费＝现场管理费率(%)×直接费用

其中：

现场管理费率＝现场间接费总额/工程直接费总额

上级部门或公司管理费＝上级部门或公司管理费率(%)×

(直接费索赔款额＋现场管理费索赔款额)

6.综合费用索赔

一般来说，工程费用索赔不只是某一单个费用项目的索赔，往往包含很多费用项目。由多个新时期索赔组成的一揽子费用索赔称为综合费用索赔。

总体上说，综合费用索赔的计算方法一般包括以下三种。

(1)分项法

分项计算法是按每个(或每类)引起损失的干扰事件以及这些事件造成的损失费用项目，再根据前面所述的单个索赔费用项目的计算原则和方法，分别进行分析、计算，最后汇总求出综合索赔费用。

分项法虽然计算复杂，处理起来比较困难，但是它不仅能切实反映实际情况，计算过程合理，而且为索赔报告的分析、评价，乃至索赔的最终谈判和解决都提供了方便。所以，综合费用索赔的计算通常都采用分项法。分项法是综合费用索赔计算的最基本方法，其步骤为：

1)分析每个(或每类)干扰事件所影响的费用项目，即干扰事件引起哪些项目的费用损失。

2)计算各索赔费用项目的损失值。

3)将各费用项目的计算值列表汇总,得到总费用索赔值。

(2)总费用法

总费用法的基本思路是把固定总价合同转化为成本加酬金合同,将索赔值按成本加酬金的计算方法进行计算,即以承包人的额外成本为基础,加上管理费,有时还可加上利润。一般地,总费用法可如下表达:

索赔值=总成本增加量+管理费(总成本增加量×管理费率)+
利润[(总成本增加量+管理费)×利润率]

这种方法一般不容易被业主或仲裁人认可,故用得很少。它的应用有以下几个前提条件。

1)合同实施所发生的总费用的计算是准确的,合同成本计算符合普遍认可的会计原则,成本的分摊方法、分摊基础选择合理。

2)承包人的报价合理,能反映实际情况。如果合同报价不合理或不正确,必然会导致成本加酬金法计算的索赔额不合理、不正确。

3)实际总成本和报价总成本所包含的费用内容必须一致,否则将实际总成本和报价总成本进行比较便没有什么意义。

4)费用损失完全是由业主应负责的原因引起,承包人在合同整个实施过程中无任何失误。

(3)修正的总费用法

修正的总费用法是对总费用法的改进,即在总费用计算的基础上,去掉一些不合理的因素,使其更合理。

修正的内容如下:

1)将计算索赔款的时段局限于受到外界影响的时间,而不是整个施工工期。

2)计算受影响时段内的某项工作所受影响的损失,而不是计算该时段内所有施工工作所受的损失。

3)与该项工作无关的费用不列入总费用中。

4)对投标报价费用重新进行核算,即按受影响时段内该项工作的实际单价进行核算,乘以实际完成的该工作的工作量,得出调整后报价费用。

按修正后的总费用计算索赔金额的公式如下:

索赔金额=某项工作调整后的实际总费用-该项工作的报价费用

修正的总费用法与总费用法相比,有了实质性改进,其准确度已接近实际费用法。

五、合同终止后费用支付(掌握)

(一)承包人违约解除合同

监理人发出整改通知28天后,承包人仍不纠正违约行为的,发包人可向承包人发出解除合同通知。合同解除后,发包人可派员进驻施工场地,另行组织人员或委托其他承包人施工。发包人因继续完成该工程的需要,有权扣留使用承包人在现场的材料、设备和临时设施。但发包人的这一行动不免除承包人应承担的违约责任,也不影响发包人根据合同约定享有的索赔权利。

1.合同解除后的估价、付款和结清

(1)合同解除后,监理人按合同条款有关规定商定或确定承包人实际完成工作的价值,以及承包人已提供的材料、施工设备、工程设备和临时工程等的价值。

(2)合同解除后,发包人应暂停对承包人的一切付款,查清各项付款和已扣款金额,包括承包人应支付的违约金。

(3)合同解除后，发包人应按合同条款有关的约定向承包人索赔由于解除合同给发包人造成的损失。

(4)合同双方确认上述往来款项后，出具最终结清付款证书，结清全部合同款项。

(5)发包人和承包人未能就解除合同后的结清达成一致而形成争议的，按合同条款争议的解决中的约定办理。

2. 协议利益的转让

因承包人违约解除合同的，发包人有权要求承包人将其为实施合同而签订的材料和设备的订货协议或任何服务协议利益转让给发包人，并在解除合同后的 14 天内，依法办理转让手续。

3. 紧急情况下无能力或不愿进行抢救

在工程实施期间或缺陷责任期内发生危及工程安全的事件，监理人通知承包人进行抢救，承包人声明无能力或不愿立即执行的，发包人有权雇佣其他人员进行抢救。此类抢救按合同约定属于承包人义务的，由此发生的金额和(或)工期延误由承包人承担。

(二)发包人违约解除合同

1. 发包人违约的情形

在履行合同过程中发生的下列情形，属发包人违约：

(1)发包人未能按合同约定支付预付款或合同价款，或拖延、拒绝批准付款申请和支付凭证，导致付款延误的；

(2)发包人原因造成停工的；

(3)监理人无正当理由没有在约定期限内发出复工指示，导致承包人无法复工的；

(4)发包人无法继续履行或明确表示不履行或实质上已停止履行合同的；

(5)发包人不履行合同约定其他义务的。

2. 发包人违约解除合同

(1)发生上述发包人违约情形第(4)条的违约情况时，承包人可书面通知发包人解除合同。

(2)发包人发生除上述发包人违约情形第(4)条以外的违约情况时，承包人可向发包人发出通知，要求发包人采取有效措施纠正违约行为。发包人收到承包人通知后的 28 天内仍不履行合同义务，承包人有权暂停施工，并通知监理人，发包人应承担由此增加的费用和(或)工期延误，并支付承包人合理利润。

暂停施工 28 天后，发包人仍不纠正违约行为的，承包人可向发包人发出解除合同通知。但承包人的这一行动不免除发包人承担的违约责任，也不影响承包人根据合同约定享有的索赔权利。

3. 解除合同后的付款

因发包人违约解除合同的，发包人应在解除合同后 28 天内向承包人支付下列金额，承包人应在此期限内及时向发包人提交要求支付下列金额的有关资料和凭证：

(1)合同解除日以前所完成工作的价款；

(2)承包人为该工程施工订购并已付款的材料、工程设备和其他物品的金额。发包人付款后，该材料、工程设备和其他物品归发包人所有；

(3)承包人为完成工程所发生的，而发包人未支付的金额；

(4)承包人撤离施工场地以及遣散承包人人员的金额；

(5)由于解除合同应赔偿的承包人损失；

(6)按合同约定在合同解除日前应支付给承包人的其他金额。

发包人应按本项约定支付上述金额并退还质量保证金和履约担保，但有权要求承包人支付应偿还给发包人的各项金额。

(三)不可抗力解除合同

1.不可抗力的确认

(1)不可抗力是指承包人和发包人在订立合同时不可预见，在工程施工过程中不可避免发生并不能克服的自然灾害和社会性突发事件，包括但不限于：

1)地震、海啸、火山爆发、泥石流、暴雨(雪)、台风、龙卷风、水灾等自然灾害；

2)战争、骚乱、暴动，但纯属承包人或其分包人派遣与雇用的人员由于本合同工程施工原因引起者除外；

3)核反应、辐射或放射性污染；

4)空中飞行物体坠落或非发包人或承包人责任造成的爆炸、火灾；

5)瘟疫；

6)项目专用合同条款约定的其他情形。

(2)不可抗力发生后，发包人和承包人应及时认真统计所造成的损失，收集不可抗力造成损失的证据。合同双方对是否属于不可抗力或其损失的意见不一致的，由监理人按合同条款有关规定商定或确定。发生争议时，按合同条款中有关的约定办理。

2.不可抗力的通知

(1)合同一方当事人遇到不可抗力事件，使其履行合同义务受到阻碍时，应立即通知合同另一方当事人和监理人，书面说明不可抗力和受阻碍的详细情况，并提供必要的证明。

(2) 如不可抗力持续发生，合同一方当事人应及时向合同另一方当事人和监理人提交中间报告，说明不可抗力和履行合同受阻的情况，并于不可抗力事件结束后 28 天内提交最终报告及有关资料。

3.不可抗力后果及其处理

(1)不可抗力造成损害的责任

除专用合同条款另有约定外，不可抗力导致的人员伤亡、财产损失、费用增加和(或)工期延误等后果，由合同双方按以下原则承担：

1)永久工程，包括已运至施工场地的材料和工程设备的损害，以及因工程损害造成的第三者人员伤亡和财产损失由发包人承担；

2)承包人设备的损坏由承包人承担；

3)发包人和承包人各自承担其人员伤亡和其他财产损失及其相关费用；

4)承包人的停工损失由承包人承担，但停工期间应监理人要求照管工程和清理、修复工程的金额由发包人承担；

5)不能按期竣工的，应合理延长工期，承包人不需支付逾期竣工违约金。发包人要求赶工的，承包人应采取赶工措施，赶工费用由发包人承担。

(2)延迟履行期间发生的不可抗力

合同一方当事人延迟履行，在延迟履行期间发生不可抗力的，不免除其责任。

(3)避免和减少不可抗力损失

不可抗力发生后，发包人和承包人均应采取措施尽量避免和减少损失的扩大，任何一方没有采取有效措施导致损失扩大的，应对扩大的损失承担责任。

(4)因不可抗力解除合同

合同一方当事人因不可抗力不能履行合同的，应当及时通知对方解除合同。合同解除后，承包人应按照合同条款中有关约定撤离施工场地。已经订货的材料、设备由订货方负责退货或解除订货合同，不能退还的货款和因退货、解除订货合同发生的费用，由发包人承担，因未及时退货造成的损失由责任方承担。

合同解除后的付款，参照发包人违约解除合同后的付款中有关约定，由监理人按合同条款有关规定商定或确定，但由于解除合同应赔偿的承包人损失不予考虑。

【典型例题解析】

一、单项选择题

1. 对于一些公开招标，工期较长的大规模工程适合采用(　　)。

A. 变动总价合同　　B. 固定总价合同

C. 估计工程量单价合同　　D. 成本补偿合同

【答案】 A

【考核点】 施工合同类型

【解析】 对于公开招标，工期较长的大规模工程在合同执行过程中，往往会出现合同变更违约索赔、材料劳务涨价等诸多因素的变化。如果仍按原合同总价显然不适合，而变动(调值)总价合同就是在以设计图纸、工程量及当时价格计算签订总价合同，但在合同条款中双方商定，在合同执行中对于以上因素变化，合同总价可作相应调整。因此，这种工程适合采用变动(调值)总价合同。因此，应选择A。

2. 固定总价合同的特点是以(　　)为依据，明确承包内容和计算包价，签约时一次包死。

A. 图纸和技术规范　　B. 业主提供的资料

C. 承包人提供的报价资料　　D. 监理工程师核算的资料

【答案】 A

【考核点】 施工合同的特点

【解析】 固定总价合同属于总价合同的一种，它是按双方商定的总价承包合同，主要特点是以图纸和技术规范为依据，明确承包内容和计算包价，签约时一次包死。在备选答案中只有A项符合。因此，应选择A。

3. 在公路工程施工中最主要的施工组织方法是(　　)。

A. 顺序作业法　　B. 平行作业法

C. 流水作业法　　D. 立体交叉平行流水作业法

【答案】 C

【考核点】 施工组织方法

【解析】 顺序作业法、平行作业法、流水作业法是施工组织的三种基本方法。它们可以单独运用，也可综合运用形成三种其他方法。流水作业法综合了前两种基本方法的优点，工期适中，工作面充分利用，专业队施工连续，资源用量均衡，所以是公路工程施工中主要运用的组织方法。因此，应选择C。

4. 以下不属于变更的范围和内容(　　)。

A. 改变合同中任何一项工作的质量或其他特性

B. 改变合同工程的基线、标高、位置或尺寸

C. 改变合同中任何一项工作的施工时间或改变已批准的施工工艺或顺序

D. 承包人机械设备未及时到位致使工程延期后材料成本上涨

【答案】 D

【考核点】 工程变更

【解析】 根据《公路工程标准施工招标文件》(2009 年版)中对工程变更范围和内容的规定,只有 D 选项不符合要求。因此应选择 D。

5. 以下不符合索赔本质特征的是( )。

A. 索赔是要求给予补偿(赔偿)的权利主张

B. 索赔的依据是合同文件及适用法律的规定

C. 承包商有过错

D. 必须有切实证据

【答案】 C

【考核点】 工程索赔

【解析】 根据索赔的本质特征,在所给的四个备送答案中,A、B、D 都符合,只有 C 项,承包商应是没有过错。如果是因承包商自身责任造成的一些工程变更等所发生的一切费用,应由承包商自己负责。因此,应选择 C。

6. 以下不是费用索赔计算方法的是( )。

A. 分项法　　B. 修正的实际费用法

C. 总费用法　　D. 修正的总费用法

【答案】 B

【考核点】 费用索赔

【解析】 总体上说,综合费用索赔的计算方法主要是分项法、总费用法和修正的总费用法三种。在所给的备选答案中,A、C、D 三项都是费用索赔的计算方法,只有 B 项不是。因此,应选择 B。

二、多项选择题

1. 以下属于合同终止支付的特殊风险的是( )。

A. 战争　　B. 工程现场发生了核反应

C. 设计缺陷　　D. 非业主亦非承包人责任造成的爆炸

【答案】 A、B、D

【考核点】 合同终止

【解析】 由于特殊风险而发生的本工程破坏或损害或业主的或第三方的财产的破坏或损失或人身伤亡,承包人均不应承担赔偿或其他责任。特殊风险包括以下几种:(1)战争,入侵;和在工程现场发生了:(2)核反应、辐射或放射性污染;(3)空中飞行物体坠落或非业主亦非承包人责任造成的爆炸、火灾;(4)暴乱、骚乱。但纯属承包人或其分包人派遣与雇用的人员由于本合同工程施工原因引起者除外。在备选答案中 A、B、D 都符合。因此,应选择 A、B、D。

2. 施工过程必须遵循的组织原则包括( )。

A. 施工过程的连续性　　B. 施工过程的复杂性

C. 施工过程的协调性　　D. 施工过程的均衡性

E. 施工过程的经济性

【答案】 A、C、D、E

【考核点】 施工进度计划

【解析】 对于公路工程施工过程的组织的影响因素很多，如施工性质、类型、工程规模大小、自然条件等，因此施工过程的组织变化较多，困难也较大，但都必须遵循连续性、协调性、均衡性和经济性的组织原则。因此，应选择 A、C、D、E。

3. 以下关于单代号网络图说法正确的有（　　）。

A. 单代号网络图是由许多节点和箭线组成的工程进度网状流程图

B. 单代号网络图中节点表示工序

C. 单代号网络图中箭线表示工序间的逻辑关系

D. 单代号网络图工序间的相互关系容易表达，而且能绘制时标网络图

E. 单代号网络便于绘图、检查及修改，因此在施工中较多采用

【答案】 A、B、C

【考核点】 网络计划图

【解析】 单代号网络图是由许多节点和箭线组成的工程进度网状流程图。单代号网络图中以节点表示工序，箭线表示工序之间的逻辑关系，所以工序间的相互关系容易表达且不用虚箭线，便于绘图，检查及修改，但不能绘制时标网络图，因此施工中应用较少。因此，应选择 A、B、C。

4. 下列（　　）可作为工程索赔的证据资料。

A. 承包人进行施工方案优化所发生费用单　　B. 投标报价时的基础资料

C. 承包人的施工日志　　D. 承包商编制的工程进度计划

E. 会议纪要和备忘录

【答案】 B、C、D、E

【考核点】 工程索赔

【解析】 工程索赔的依据除了合同文件和有关法律和法规外，有关的索赔单和证据资料也可作为索赔依据。主要包括工程进度计划、施工日志、工程所在国的政治经济的基础资料、来往文件和信函、会议纪要和备忘录、投标报价时的基础资料、技术规范和工程图纸、工程报告及工程照片、工程财务报告等。在备选答案中，后四项都属于可作为索赔依据的资料，而承包人进行施工方案优化所发生的费用不能进行索赔。因此，应选择 B、C、D、E。

5. 可以得到工程延误索赔的有（　　）。

A. 业主及其代表原因引起的延误　　B. 承包商引起的延误

C. 与业主有关的第三方原因延误　　D. 与承包商有关的第三方延误

E. 不可控制因素引起的延误

【答案】 A、C、E

【考核点】 工期索赔

【解析】 由业主及其代表的原因引起的延误可以得到延长工期的补偿，而由与业主有关的第三方原因所引起的延误后果应由业主负担，所以也应得到补偿。非承包商能力所能控制的不可控制因素，业主应实事求是地认可承包商延长工期的要求。而由承包商自身原因和与承包商有关的第三方原因造成的延误，后果应承包商承担。因此，应选择 A、C、E。

6. 可索赔延误损失由下列（　　）组合而成。

A. 工人停工待工损失费　　B. 施工机械闲置费

C. 材料损失费及材料价格上涨费　　D. 承包人利润损失费

E. 异常恶劣气候条件及特殊社会经济条件造成的损失费

【答案】 A、B、C、E

【考核点】 索赔费用

【解析】 可索赔延误损失费是指由于可索赔工程延误的时间因素给承包商造成的实际费用损失，它往往是由工人停工待工损失费、施工机械闲置费、材料损失费及材料价格上涨费、异常恶劣气候条件及特殊社会经济条件造成的损失费这几种费用组合而成的。因此，应选择A、B、C、E。

三、判断题

1. 对于一些规模比较小、工期较短、技术不太复杂的工程，通常适合采用单价合同。（ ）

【答案】 ×

【考核点】 合同类型

【解析】 对于规模较小、工期较短、技术不太复杂的工程，通常适用固定总价合同。

2. 发包人无法继续履行合同违约时，承包人有权立即停止施工。（ ）

【答案】 ×

【考核点】 合同终止

【解析】 根据《公路工程标准施工招标文件》(2009年版)中有关规定。发包人无法继续履行合同违约时，承包人可向发包人发出通知，要求发包人采取有效措施纠正违约行为。发包人收到承包人通知后的28天内仍不履行合同义务，承包人有权暂停施工，并通知监理人。

3. 如果工作的总时差为零，则它必然是关键工作。（ ）

【答案】 √

【考核点】 网络计划技术

【解析】 关键线路上所有工作的总时差均为零，反过来，如果工作的总时差为零，则它必是关键工作。因此，只要连接网络计划中总时差为零的工作，就可以确定出关键线路。

4. 关键工程进度计划包含于施工进度计划当中，因此不用单独编制。（ ）

【答案】 ×

【考核点】 施工进度计划的编制

【解析】 关键工程进度计划在一个工程项目中起控制作用的关键工程，它的施工工期关系到整个工程项目施工总工期的长短，因此在施工进度计划的编制过程中将单独编制。

5. 因为工程发生变更，所以原合同的效力也相应发生改变。（ ）

【答案】 ×

【考核点】 工程变更

【解析】 根据工程变更的有关规定，工程变更不改变合同的效力。任何工程的变更，均不应以任何方式使合同作废或无效，从而导致承包人责任的解除。

6. 工程索赔主要是依据有关的索赔账单和证据资料。（ ）

【答案】 ×

【考核点】 工程索赔

【解析】 在工程索赔中，合同文件是最直接、最主要的依据，另外还依据有关法律和法规规定和可作为依据的有关索赔账单和证据资料。

【习 题 精 练】

一、单项选择题

1. 当准备发包的工程项目的内容和设计指标一时不能确定或工程量可能出入较大,则宜采用(　　)。

A. 总价合同　　B. 固定总价合同　　C. 成本补偿合同　　D. 单价合同

2. 在成本补偿合同中,以下(　　)最不利于降低成本。

A. 成本加固定费用合同　　B. 成本加固定百分比酬金合同

C. 成本加固定酬金合同　　D. 成本加奖金合同

3. 某公路工程,因情况紧急,采取边设计边施工的方式进行,这种情况下应采用(　　)。

A. 固定总价合同　　B. 固定工程量总合同

C. 成本补偿合同　　D. 单价合同

4. 根据《公路工程国内招标文件范本》有关规定,在工程竣工之后,如果业主和承包人对监理工程师作出的决定、评定和估价发生纠纷,则纠纷中的问题,首先应书面提交(　　)解决,并抄给另一方。

A. 交通运输部　　B. 监理工程师

C. 建设主管部门　　D. 仲裁机关

5. 监理工程师的权力是由(　　)赋予的。

A. 施工承包合同　　B. 业主

C. 承包人　　D. 建设主管部门

6. 为了与规定工期相符合,监理工程师下达赶工指示,则承包商应(　　)。

A. 拒绝赶工

B. 加快施工进度,提出工期索赔

C. 采取措施,加快施工进度,并有权提出增加费用要求

D. 采取措施加快施工进度,无权对此提出增加费用要求

7. 按照流水作业法组织施工,资源用量相对来说(　　)。

A. 集中　　B. 分散　　C. 均衡　　D. 不好说

8. 流水作业施工中,单位时间完成的工程数量称为(　　)。

A. 流水能力　　B. 流水节拍　　C. 流水步距　　D. 定额标准

9. 在网络计划中将总时差为零的工作进行连接,则它就是(　　)。

A. 非关键线路　　B. 关键线路　　C. 非关键工作　　D. 不好确定

10. 控制构成工程总体的各个单位工程或各个施工阶段工期的是(　　)。

A. 年度计划　　B. 月(季)度进度计划

C. 关键工程进度计划　　D. 总体进度计划

11. 以下关于工程变更后的作价说法有误的是(　　)。

A. 变更工程价格的增加或减少额,应以工程量清单中的单价或总额价为依据

B. 如果工程量清单中未包含适用于变更工程的单价,则采用工程量清单中监理工程师认为适合的单价用于作价的依据

C. 如果没有合适的价格,则由监理工程师和承包人协议一个合适的单价或总额价并报业主批准

D. 如果价格不能议定，则以业主所定价格为准确定

12. 改变工程某分项工程规定的施工顺序，这种情况属于(　　)。

A. 正常变动　　B. 工程变更　　C. 工程延期　　D. 无效行为

13. 工程索赔中最直接、最主要的依据是(　　)。

A. 合同文件　　B. 有关法律法规

C. 工程进度计划　　D. 投标报价时的基础资料

14. 按照《公路工程标准施工招标文件》(2009 年版)的规定，承包人应在知道或应当知道索赔事件发生后 28 天内向监理人递交(　　)。

A. 正式索赔报告　　B. 索赔意向通知书　　C. 索赔事件当时记录　　D. 索赔依据

15. 工程延误的后果实质上就是(　　)。

A. 时间损失　　B. 工程量增加

C. 经济损失　　D. 对违约方进行处罚

16. 由非承包商原因引起的关键线路延误，必定是(　　)。

A. 单一性延误　　B. 同时性延误

C. 可索赔延误　　D. 不可索赔延误

17. 以下关于工程延期的审批依据当中，最关键的一条是(　　)。

A. 工程延期事件是否属实

B. 是否非承包人原因造成的延期

C. 延期事件是否发生在工期网络计划图的关键线路上

D. 延期天数的计算是否正确，证据资料是否充足

18. 费用索赔对(　　)来说是至关重要的。

A. 业主　　B. 承包人

C. 监理人员　　D. 业主和承包人

19. 由业主的违约解除合同，以下对承包人装备撤离说法正确的是(　　)。

A. 通知业主得到许可后可以撤离

B. 不得撤离

C. 通知监理工程师得到许可后可以撤离

D. 承包人向发包人发出解除合同通知后，可以以各种运输手段从现场撤离

20. 从本质上来说，承包人的费用索赔包括损失索赔和(　　)。

A. 实际损失索赔　　B. 可得利益索赔

C. 额外工作索赔　　D. 索赔金利息损失

二、多项选择题

1. 变动调值总价合同中，变动或调值的依据是(　　)。

A. 公式法　　B. 协议法　　C. 估价法　　D. 文件证据法　　E. 均摊法

2. 成本补偿合同是按工程实际发生的成本加上商定的总管理费和利润来确定工程总造价。实际发生成本包括(　　)。

A. 人工费　　B. 施工机械使用费

C. 其他直接费　　D. 总管理费

E. 应交所得税

3. 下列关于转让与分包的说法正确的是(　　)。

A. 允许分包的工程范围仅限于非关键性工程或者适合专业化队伍施工的专业工程

B. 承包商可以将整个工程分包出去

C. 专业工程分包的工程量累计不得超过总工程量的 30%

D. 分包商对业主负责，承担相应义务或责任

E. 分包人的资格能力应与其分包工程的标准和规模相适应，具备相应的专业承包资质或劳务分包资质

4. 监理工程师签发的工程移交证书应说明的主要内容包括(　　)。

A. 注明承包人为完成工程所用机械设备情况

B. 确认工程已基本竣工

C. 说明承包商的财务管理状况

D. 注明达到基本竣工要求的具体日期

E. 缺陷责任期内承包商还应继续完成工作项目的一览表

5. 施工组织的主要研究对象是施工过程中的(　　)。

A. 操作问题　　B. 时间问题　　C. 空间问题　　D. 资源问题　　E. 经济问题

6. 施工组织的主要研究对象是施工过程中的(　　)。

A. 连续性　　B. 能动性　　C. 协调性　　D. 均衡性　　E. 经济性

7. 顺序作业法的特点包括(　　)。

A. 工期短　　B. 工期长

C. 专业队施工不连续　　D. 资源用量集中

E. 大部分施工段上工作面空闲

8. 流水作业时间参数计算是(　　)。

A. 根据施工单位投入的劳动力或机械数量计算

B. 根据合同分解的阶段工期要求确定

C. 根据监理工程师的要求确定

D. 根据有关定额确定

E. 根据施工经验或实际劳动生产率确定

9. 公路工程施工计划管理的特点有(　　)。

A. 计划的准确性　　B. 计划的被动性

C. 计划的周全性　　D. 计划的多变性

E. 计划的不均衡性

10. 下列关于关键线路的叙述，正确的是(　　)。

A. 关键线路上所有的工作总时差均为零

B. 如果节点的两个时间参数相等，则该节点一定是关键线路的节点

C. 关键线路在网络计划中一定只有一条

D. 非关键工作如果将总时差全部用完，就会转化为关键工作

E. 当非关键线路延长的时间超过它的总时差，关键线路就转变为非关键线路

11. 总体进度计划的编制可以采用下列(　　)方法。

A. 经验判断　　B. 横道图　　C. 斜条图　　D. 进度曲线　　E. 网络计划图

12. 对由于承包人违约解除合同后的估价、付款和结清说法正确的有(　　)。

A. 合同解除后，发包人应暂停对承包人的一切付款，查清各项付款和已扣款金额

B. 合同解除后,发包人应按合同条款有关的约定向承包人索赔由于解除合同给发包人造成的损失

C. 合同解除后,监理人按合同条款有关规定商定或确定承包人实际完成工作的价值,以及承包人已提供的材料、施工设备、工程设备和临时工程等的价值

D. 合同双方确认往来款项后,出具最终结清付款证书,结清全部合同款项

E. 发包人和承包人未能就解除合同后的结清达成一致而形成争议的,按监理工程师确定方法办理

13. 确定工程变更单价时可采用以下(　　)方法进行。

A. 直接套用工程量清单单价　　B. 间接套用工程量单价

C. 部分套用工程量清单单价　　D. 由承包商定价

E. 通过协商确定价格

14. 按照索赔的目的,索赔包括(　　)。

A. 合同内索赔　B. 合同外索赔　C. 工期索赔　D. 费用索赔　E. 道义索赔

15. 属于业主及其代表原因引起的延误包括(　　)。

A. 业主自身责任原因引起的延误　　B. 业主代表自身责任引起的延误

C. 工程出现古文物引起的延误　　D. 合同变更引起的延误

E. 地质条件引起的延误

16. 以下(　　)因素引起的延误属于可索赔延误。

A. 业主的原因　　B. 承包商原因

C. 双方不可控因素　　D. 为承包商提供原材料的供应商原因

E. 作业发生在关键线路上

17. 工期索赔的分析步骤包括(　　)。

A. 原因分析　　B. 运用有关分析手段分析

C. 业主责任分析　　D. 索赔结果分析

E. 施工现场分析

18. 以下(　　)是不允许索赔的。

A. 索赔准备费用　　B. 索赔金额在索赔期间的利息

C. 仲裁费用　　D. 分包费

E. 诉讼费用

19. 以下(　　)情况下,承包人有权提出人工费的索赔。

A. 由于业主原因造成工程延误,引起承包人人工单价上的上涨

B. 工程所在国向建筑公司征收工资税

C. 承包商为了赶工多招募了工人

D. 业主无理干扰承包人的施工计划,使承包人劳动生产率降低

E. 承包商为了给工人多发奖金

20. 索赔费用按项目组成可分为直接费和间接费,其中间接费包括以下(　　)几项内容。

A. 分包费　B. 管理费　C. 利润　D. 融资成本　E. 其他费用

三、判断题

1. 纯单价合同中承包商只要给出各项单价,将来施工时按实际工程量计算,因而结算简便容易,合同双方都容易接受。(　　)

2. 对于规模小，工期短，技术不太复杂的工程，一般采用估计工程量单价合同。（ ）

3. 在公路工程施工合同中，单价合同一般极少采用。（ ）

4. 公路工程合同条款中，通用条件和专用条件两个相互独立的部分。（ ）

5. 公路工程合同合同通用条件的法律地位高于专用条件。（ ）

6. 监理工程师受业主委托对工程进行监理，因此，属于业主一方。（ ）

7. 发包人无法继续履行或明确表示不履行或实质上已停止履行合同，承包商有权终止受雇佣和暂停工作。（ ）

8. 监理工程师签字颁发工程移交证书后，工程照管责任就转移给业主，承包商就对移交工程不负任何责任。（ ）

9. 对于施工组织的原则，应重点控制好连续性和经济性原则，而对协调性和均衡性可适当放宽。（ ）

10. 在网络计划图中不允许出现闭合回路。（ ）

11. 非关键线路上的工作全部都是非关键工作。（ ）

12. 网络图中的节点编号规则是从小到大，编号必须连续且不得重复。（ ）

13. 如果监理工程师认为有必要，对变更工程也可以采取计日工方法进行。（ ）

14. 由于工程延误提起索赔就可以得到延长工期的补偿。（ ）

15. 根据国际惯例，当可索赔延误与不可索赔延误同时发生时，则不可索赔延误就变成了可索赔延误。（ ）

16. 由于施工加速引起的额外成本不在索赔范围之列。（ ）

17. 分包人无权就分包工程增加费用提出索赔。（ ）

18. 在管理费索赔时，总部管理费不包括在索赔费用当中。（ ）

19. 计算损失索赔和额外工作索赔的主要区别是：前者的计算基础是价格，而后者的计算基础是成本。（ ）

20. 索赔费用的确定应能使承包人的实际损失得到完全弥补。（ ）

四、综合分析题

1. 某建设项目合同中约定：主导施工机械一台为施工单位自有设备，台班单价 600 元/台班，折旧费为 100 元/台班，人工日工资单价为 40 元/工日，窝工费 10 元/工日。合同履行后第 30 天，因场外停电全场停工 2 天，造成人员窝工 20 个工日；合同履行后的第 50 天业主增加一项新工作，完成该工作需要 5 天，人工 20 个工日，机械 5 个台班，材料费 5000 元。试求施工方可索赔的直接工程费。

2. 某公路工程土方工程中，合同中约定：土方工程量为 10 000m^3，合同期 30 天，工程量增加 20%以内为施工方应承担的工期风险。在施工过程中，因遇到意外的松软土石，使得工程量增加 16 000m^3。若施工方每天的人工费为 3 000 元，机械费为 5 000 元，其他开支为 2 000 元，分析施工方可要求的索赔。

【习题答案及简析】

一、单项选择题

1. D 【简析】签订单价合同后，工程付款将根据所完成的工程数量按工程量清单的单价结算，因此，对于工程项目的内容和设计指标一时不能确定，或工程量出入较大的，宜采用单价合同。因此,应选择 D。

2. B 【简析】成本加固定百分比酬金合同中,酬金是按实际发生的直接成本乘以某一具体百分比计算。显然,承包人可获得的酬金将随着直接成本费的增大而提高,不利于降低成本。因此,应选择 B。

3. C 【简析】成本补偿合同也称成本加酬金合同,主要就是适用于开工前对工程内容尚不十分清楚的情况。因情况紧急采取边设计边施工的工程就属于这种情况。因此,应选择 C。

4. B 【解析】根据《公路工程国内招标文件范本》,无论在施工过程中或在工程竣工之后,无论在本合同的失效或终止之前或之后,如果业主和承包人之间就本合同文件的条款、规定、规范、图纸、质量与进度要求、支付与扣除、延期与索赔、调价发生任何法律上、经济上或技术上的纠纷,包括对监理工程师作出的任何指示、指令、决定、评定、认证和估价发生纠纷,则纠纷中的问题,首先应根据本条规定书面提交监理工程师解决,并抄给另一方。在备选答案中,只有 B 项符合,因此,应选择 B。

5. A 【简析】根据合同条款中的施工监理制度规定,监理工程师的权力是由施工承包合同赋予的,任何一方无权擅自变更或撤销。因此,应选择 A。

6. D 【简析】根据合同条款中有关工程进度控制的规定,工程师有权下达赶工指示,承包商应立即采取措施加快施工进度,以便与规定工期相符合。对此,承包商无权提出增加费用要求。因此,应选择 D。

7. C 【简析】流水作业法集中了顺序作业法和平行作业法的优点,其特点表现为工期适中,工作面充分利用,专业队施工连续,资源利用均衡。因此,应选择 C。

8. A 【简析】流水施工组织中,单位时间完成的工程数量称为流水能力。因此,应选择 A。

9. B 【简析】如果工作的总时差为零,则它必然是关键工作。因此,连接网络计划中总时差为零的工作,就可以确定出关键线路。因此,应选择 B。

10. D 【简析】施工总进度计划是用来指导工程全局的,它是工程从开工一直到竣工为止,各个主要环节的总进度安排,起着控制构成工程总体的各个单位工程或各个施工阶段工期的作用。因此,应选择 D。

11. D 【简 析】根据《公路工程标准施工招标文件》(2009 年版)的有关规定,只有 D 项不正确,如果此单价或总额价一时不能议定,监理工程师可以确定暂时的单价或总额价,作为暂付账款列入根据通用条款中有关证书和支付的规定签发的期中支付证书中,待议定后再在其后的期中支付证书中调整。因此,应选择 D。

12. B 【简析】工程变更的范围当中包括改变工程任何分项工程规定的施工顺序或时间安排。因此,应选择 B。

13. A 【简析】工程索赔的依据主要包括合同文件、有关法律和法规规定和一些可作为依据的有关索赔账单和证据资料三方面内容,其中合同文件是最直接最主要的依据。因此,应选择 A。

14. B 【简析】根据《公路工程标准施工招标文件》(2009 年版)中索赔工作程序的规定,承包人应在知道或应当知道索赔事件发生后 28 天内,向监理人递交索赔意向通知书,并说明发生索赔事件的事由。因此,应选择 B。

15. C 【简析】工程延误是因实际完工日期迟于计划规定的完工日期而导致整个合同工期的延长。其后果是形式上的时间损失,实质上的经济损失。因此,应选择 C。

16.C 【简析】非承包商原因引起的关键线路延误，必定是可索赔延误。因此，应选择 C。

17.C 【简析】在工程延期的审批依据的四条当中，A、B、C 三项同时满足时，延期申请才能成立，而最为关键的就是 C 项，延期事件是否发生在工期网络计划图的关键线路上，即延期是否有效合理。因此，应选择 C。

18.D 【简析】费用索赔常常是最困难，双方分歧最大的索赔，无论对承包人还是业主都非常重要的。因此，应选择 D。

19.D 【简析】根据《公路工程标准施工招标文件》(2009 年版)有关规定，由业主违约，承包人暂停施工 28 天后，发包人仍不纠正违约行为的，承包人可向发包人发出解除合同通知。这一行为不影响承包人根据合同约定享有的索赔权利，承包人可以撤离。所以应选择 D。

20.C 【简析】按索赔费用的构成性质，承包人的费用索赔包括损失索赔和额外工作索赔。而损失索赔包括 A、B 两项内容，D 项是不允许索赔的。因此，应选择 C。

二、多项选择题

1.A、D 【简析】变动调值总价合同以设计图纸、工程量及当时价格计算签订总价合同，但在合同中双方商定，在合同执行中，根据一些因素变化合同总价可以做相应变动或调整。变动或调整依据是公式法或文件证据法。因此，应选择 A、D。

2.A、B、C 【简析】成本补偿合同中实际发生成本包括人工费、材料费、施工机械使用费、其他直接费和施工管理以及各项独立费，但不包括承包企业总管理费和应交所得税。因此，应选择 A、B、C。

3.A、C、E 【简析】在备选答案中，A、C、E 三项均符合合同条款的规定。根据规定项目一般不允许分包，需要分包的，也只能对项目的部分非主体、非关键性工作分包。另外，分包商对承包商负责，承包商不能因为分包而解除或减少合同规定的任何义务或责任。因此，应选择 A、C、E。

4.B、D、E 【简析】工程师签发的工程移交证书应说明的主要内容包括：确认工程已基本竣工，注明达到基本竣工要求的具体日期；缺陷责任期内承包商还应继续完成工作项目的一览表。因此，应选择 B、D、E。

5.B、C、D、E 【简析】施工组织的主要研究对象是施工过程中的时间问题、空间问题、资源问题和经济问题。因此，应选择 B、C、D、E。

6.A、C、D、E 【简析】施工过程中必须遵循的组织原则包括施工过程的连续性、协调性、均衡性及经济性。因此，应选择 A、C、D、E。

7.B、C、E 【简析】顺序作业法就是若干个工程项目由一个作业班按照一定的顺序，依次完成全部工程项目的作业方法，因此，其特点是：工期长，专业队施工不连续，大部分施工段上的工作面空闲。因此，应选择 B、C、E。

8.A、B、D、E 【简析】在备选答案中，除 C 项以外的其他四项都是流水作业时间参数计算时可以利用的方法。因此，应选择 A、B、D、E。

9.B、D、E 【简析】因为公路工程施工技术复杂、影响因素较多等原因，所以计划管理具有计划的被动性、多变性和不均衡性。因此，应选择 B、D、E。

10.A、D、E 【简析】在备选答案中，A、D、E 三项均正确，而 B 项如果节点的两个时间参数相等，该节点不一定是关键线路上的节点，要成为关键线路上的节点，还需加上条件：箭尾节点时间＋工作持续时间＝箭头节点时间。C 项关键线路在网络计划中不一定只有一条，有时存在多条。因此，应选择 A、D、E。

11. B、C、D、E 【简析】总体进度计划的编制可以采用横道图、斜条图、进度曲线或网络计划。因此，应选择 B、C、D、E。

12. A、B、C、D 【简析】根据《公路工程标准施工招标文件》(2009 年版)有关规定，备选答案中前四项均符合要求，E 项应为，发包人和承包人未能就解除合同后的结清达成一致而形成争议的，按合同条款争议的解决中的约定办理。因此，应选择 A、B、C、D。

13. A、B、C、E 【简析】工程变更单价的确定可以采用工程量清单内的单价或通过协商确定价格来解决，而采用工程量清单的价格又包括直接套用、间接套用和部分套用三种。因此，应选择 A、B、C、E。

14. C、D 【简析】按照索赔的目的，索赔分为工期索赔和费用索赔。备选答案中除 C、D 以外，其余三项均为按索赔的依据进行分类的范围。因此，应选择 C、D。

15. A、B、D 【简析】业主及其代表引起的延误，除了业主或业主代表自身责任引起延误外，还包括合同变更原因引起的延误。因此，应选择 A、B、D。

16. A、C、E 【简析】可索赔延误是指非承包商原因引起的工程延误，包括业主的原因和双方不可控制因素引起的延误，并且该延误工序或作业应在关键线路上。因此，应选择 A、C、E。

17. A、B、C、D 【简析】工期索赔的分析包括原因分析、运用有关分析手段分析、业主责任分析和索赔结果分析。因此，应选择 A、B、C、D。

18. A、B、C、E 【简析】按照国际惯例，在备选答案中，A、B、C、E 四项费用都不允许索赔。而分包费属于索赔费用中的直接费用，应该进行索赔。因此，应选择 A、B、C、E。

19. A、B、D 【简析】在备选答案中，发生 A、B、D 三项中的情况，承包人都有权提出人工费的索赔，而其余两项都是因承包人自身原因造成的人工费增加，无权索赔。因此，应选择 A、B、D。

20. B、C、D、E 【简析】索赔费用的间接费包括管理费、利润、融资成本和其他费用等，而分包费是直接费用的内容。因此，应选择 B、C、D、E。

三、判断题

1. × 【简析】由于工程在施工中存在许多方面复杂的因素，因此，采用纯单价合同往往会引起结算过程中的许多麻烦，甚至导致合同争议。

2. × 【简析】对于规模小、工期短、技术不太复杂的工程，通常采用总价合同。

3. × 【简析】单价合同能避免工程变更承包合同双方带来的风险，有利于降低风险报价，因此在公路施工合同中应用非常广泛。

4. × 【简析】公路工程合同专用条件和通用条件相对应，是对通用条件各相应条款的补充或进一步明确化。因此，通用条件和专用条件是一整体，相互补充完善而不可分割。

5. × 【简析】公路工程合同专用条件的法律地位高于合同通用条件。

6. × 【简析】监理工程师是合同监督者、组织者及协调者，不属于业主和承包商任何一方。

7. √ 【简析】发包人无法继续履行或明确表示不履行或实质上已停止履行合同的，则承包商有权终止受雇和暂停工作。

8. × 【简析】工程移交证书颁发后，工程照管的责任就转移给业主，但并不解除承包商按合同中的规定应负的质量责任。

9. × 【简析】施工过程组织的四项原则相互制约，互相联系，在进行施工过程的组织时，必须全面符合四项原则要求，不得有所偏废。

10. √ 【简析】闭合回路是指从一个节点出发顺着某一条线路又回到原出发点的线路，做工作要消耗时间、资源，而时间一去不复返，显然闭合回路是错误的。

11. × 【简析】非关键线路上的工作并非全由非关键工作组成，有时也有一些关键工作。

12. × 【简析】节点编号规则是从小到大，且编号不得重复，但可不连续编号。

13. × 【简析】如果业主认为有必要，监理工程师可以指示承包人对变更工程采取计日工的方法进行。

14. × 【简析】在工期索赔当中往往都与工程延误有关，但是工程延误不一定都能得到延长工期。

15. × 【简析】可索赔的延误与不可索赔延误同时发生时，则可索赔延误就变成不可索赔延误。

16. × 【简析】如果因非承包商过错引起的施工加速而产生了额外成本，则监理工程师应予证明，业主应给予补偿。

17. × 【简析】由于业主的原因或指定分包人原因造成分包工程费用增加时，分包人可就分包工程增加费用提出索赔。

18. × 【简析】根据合同条款规定，现场管理费和总部管理费都是工程成本的合理组成部分，无论哪种索赔，现场管理费和总部管理费都可以包括在索赔费用中。

19. × 【简析】损失索赔的计算基础是成本，而额外工作索赔计算基础是价格。

20. √ 【简析】根据费用索赔的赔偿原则，索赔费用的确定应能使承包人的实际损失得到完全弥补，但也不应使其因索赔而额外受益。

四、综合分析题

1. **解**：因停电造成的索赔：

$$人工费=20\times10=200\ 元$$

$$机械费=2\times100=200\ 元$$

因增加工作的索赔：

$$人工费=20\times40=800\ 元$$

$$机械费=5\times600=3\ 000\ 元$$

$$材料费=5\ 000\ 元$$

$$\begin{aligned}可获得的直接工程费索赔&=200+200+800+3\ 000+5\ 000\\&=90\ 200\ 元\end{aligned}$$

2. **解**：施工方可以要求工期索赔和费用索赔。

$$\begin{aligned}索赔工期&=(10\ 000+16\ 000-10\ 000\times20\%)/(10\ 000\times20\%)\\&=12\ 天\end{aligned}$$

$$索赔费用=12\times(3\ 000+5\ 000+2\ 000)=120\ 000\ 元$$

第七章 模拟题

《公路工程经济》模拟题(一)及参考答案

一、单项选择题

1. 某投资100万元的项目,计划10年内全部收回投资。若年利率为8%,则每年应收回( )元。

A. 108 000　　B. 118 490　　C. 149 030　　D. 153 090

2. 某项目建设期为2年,建设期内每年年初投资400万元,运营期每年年末净收益为150万元。若基准收益率为12%,运营期为18年,并且(P/A,12%,18)=7.2497,则该方案的净现值和静态投资回收期分别为( )。

A. 109.77万元和7.33年　　B. 213.80万元和6.33年

C. 213.80万元和7.33年　　D. 109.77万元和6.33年

3. 在建设项目竣工决算中,项目的可行性研究费用应计入( )价值。

A. 固定资产　　B. 流动资产　　C. 递延资产　　D. 无形资产

4. 公路工程概算定额中不包括以下( )。

A. 桥梁工程　　B. 沿线设施　　C. 临时工程　　D. 附录内容

5. 桥涵工程的荷载试验费用由( )估定,以暂定工程量的形式按总额计入工程总价内。

A. 业主　　B. 招标人　　C. 施工单位　　D. 监理工程师

6. 在计日工作业中,承包人计算所用的施工机械费用时,应按( )支付。

A. 预算数量　　B. 概算数量

C. 实际工作小时　　D. 不另行支付

7. 发包人应在监理人收到进度付款申请单后的( )天内,将进度应付款支付给承包人。

A. 7　　B. 14　　C. 28　　D. 56

8. 开工预付款在进度付款证书的累计金额未达到签约合同价的( )之前不予扣回。

A. 30%　　B. 50%　　C. 60%　　D. 80%

9. 逾期交工违约金的赔偿总额一般应为签约合同价的( )。

A. 3%　　B. 5%　　C. 10%　　D. 15%

10. 施工企业为进行建筑安装工程所必需的生活用临时设施费用应计入( )。

A. 直接费用　　B. 直接工程费　　C. 间接费　　D. 其他工程费

11. 工程成本是由( )组成。

A. 直接费、其他直接费、现场经费

B. 直接费、管理费、利润、营业税

C. 直接费、其他直接费、现场经费、间接费

D. 直接费、其他直接费、现场经费、间接费、利润、营业税

12. 某企业利用长期债券融资 5 000 万元，债券的利息率为 10%，筹资费费率为 3%，所得税税率为 33%，则债券的成本率为(　　)。

A. 6.02%　　B. 6.91%　　C. 9.7%　　D. 10.3%

13. 盈余公积金用于弥补公司亏损、扩大公司生产经营或转为增加公司资本，它是从(　　)提取形成的。

A. 净利润　　B. 利润额　　C. 营业额　　D. 销售收入

14. 根据《企业会计准则》中对会计信息质量的要求，企业提供的会计信息应当具有(　　)。

A. 保密性　　B. 可比性　　C. 前瞻性　　D. 及时性

15. BOT 融资模式是指(　　)。

A. 建设—经营—转让　　B. 建设—拥有—转让

C. 拥有—经营—转让　　D. 建设—拥有—经营—转让

16. 因为业主设计变更致使工程暂停一个月，则承包商不能索赔的费用是(　　)。

A. 人工窝工费　　B. 利润　　C. 机械设备窝工费　　D. 现场管理费

17. 以下(　　)不是人工工资单价组成内容。

A. 流动施工津贴　　B. 取暖费

C. 工人病假六个月以上工资　　D. 防暑降温费

18. 下列(　　)不是属于合同支付项目的范畴。

A. 开工预付款　　B. 质量保证金　　C. 暂列金额　　D. 材料、设备预付款

19. 某建设项目通过以下筹资方式进行融资，其中属于资本性融资的方式是(　　)。

A. 银行贷款　　B. 发行债券　　C. 设备租赁　　D. 发行股票

20. 关于施工索赔，以下叙述中(　　)是不正确的。

A. 索赔就是对违约的罚款　　B. 索赔必须有充分的依据

C. 合同双方均可提出索赔　　D. 索赔必须遵循严格的程序

二、多项选择题

1. 下面是反映项目财务状况的主要指标的是(　　)。

A. 资产负债率　　B. 项目净现值

C. 项目净现值率　　D. 速动比率

E. 流动比率

2. 在桥涵工程中，下列关于沉井的有关计量说法正确的是(　　)。

A. 沉井制作完成后，符合图纸规定要求，经监理工程师验收后才能按规定计量

B. 沉井的混凝土，按就位后沉井顶面的以下各不同部位和不同混凝土级别的体积以立方米为单位计量

C. 沉井制作及下沉奠基按实际工作量进行计量

D. 沉井所用钢筋，列入桥涵工程中基础钢筋支付细目计算

E. 沉井刃脚所用钢材，按实际数量以 kg 计量

3. 以下关于工程量清单说法正确的是(　　)。

A. 工程量清单是合同文件内容之一

B. 工程清单便于招标单位编制标底

C. 工程量清单为所有投标人提供一个报价计算的共同基础

D. 工程量清单是对已完工工程进行计量与支付的依据

E. 工程量清单一般由建设主管部门负责编制

4. 计日工明细表的内容包括（　　）。

A. 计日工汇总表　　B. 计日工劳务

C. 计日工材料　　D. 计日工机械

E. 计日工工程量

5. 人工费的索赔主要由以下（　　）几项确定。

A. 项目工期　　B. 工资单价

C. 人工数　　D. 上层管理人员数

E. 索赔的工期

6. 价值工程的分析阶段工作步骤一般可概括（　　）。

A. 制订计划　　B. 收集资料　　C. 功能定义　　D. 功能整理　　E. 功能评价

7. 当企业的资本最佳时，反映出该企业此时的（　　）。

A. 经济效益最好　　B. 财务风险最低

C. 总风险最低　　D. 价值最大

E. 资金成本最低

8. 以下属于资本公积金的有（　　）。

A. 接受捐赠的资产　　B. 资产重估增值

C. 资本溢价　　D. 外汇折算差额

E. 外汇资本折算差额

9. 在进行项目经济评价时，一般常用的风险分析方法有（　　）。

A. 投资利税率　　B. 敏感性分析

C. 借款偿还期　　D. 盈亏平衡点

E. 概率分析

10. 下列（　　）是工程计量时的主要依据。

A. 质量合格证书　　B. 中间交工证书

C. 工程量清单　　D. 技术规范

E. 设计图纸

11. 以下符合材料、设备预付款支付条件的是（　　）。

A. 材料、设备符合规范要求并经监理人认可

B. 材料设备已经运到，但有关费用凭证还没有到

C. 承包人已出具材料、设备费用凭证或支付单据

D. 材料、设备已在现场交货，存储方法符合要求

E. 材料设备已经向厂家订购

12. 工程定额按使用用途进行分类包括（　　）。

A. 劳动消耗定额　　B. 估算指标

C. 预算定额　　D. 施工定额

E. 材料消耗定额

13. 以下属于公路工程项目建筑安装工程税金内容的是（　　）。

A. 营业税　　B. 消费税

C. 增值税　　D. 城市建设维护税

E. 教育费附加

14. 对于常规项目,若 $IRR_0 > i_0$,则表明( )。

A. NPV>0
B. 方案可行
C. 方案不可行
D. NAV>0
E. NPV<0

15. 决策树一般由以下( )组成。

A. 决策枝
B. 机会点
C. 概率枝
D. 方案枝
E. 决策点

16. 下列有关名义利率和实际利率说法不正确的有( )。

A. 名义利率和实际利率只是计息期不同,计算结果相同
B. 名义利率与实际利率的区别在于是否考虑了前面各期利息的再生因素
C. 通常所说的年利率指的是名义利率
D. 有效利率是指名义利率
E. 如果各方案计息期不同,必须换算成实际利率才能对方案进行评价

17. 以下( )情况承包商可申请工程延期。

A. 由于与业主有关的第三人原因致使施工进度受阻
B. 监理工程师对施工质量按合同规定进行检查致使工程被迫暂停
C. 地下发现文物致使某关键工程进度受阻
D. 工程变更后总工期要延长
E. 业主原因未及时付款给承包商致使承包商资金周转困难影响工程施工进度

18. 以下( )是项目竣工决算的内容。

A. 工程竣工图
B. 竣工财务决算报表
C. 竣工财务决算说明书
D. 工程造价比较分析
E. 竣工结算书

19. 投标人在计算工程单价时,工程中必须分摊的费用包括( )。

A. 初期费用
B. 分项工程直接费
C. 现场管理费
D. 暂列金额
E. 其他待摊费用

20. 最佳的筹资方案是指企业达到( )的筹资方案。

A. 风险较小
B. 最多权益资本
C. 最佳资本结构
D. 资金成本低
E. 最大筹资额

三、判断题

1. 单位产品的固定成本不随产品产量的变化而变化。 ( )
2. 把某一时点的资金金额换算成另一时点的等值金额的过程称为折现。 ( )
3. 年数总和法是一种折旧率不变、折旧基数递减的加速折旧方法。 ( )
4. 工程量清单的工程量,其计算规则应与技术规范的计算规则完全一致。 ( )
5. 净现值能反映出项目在经济寿命期内的获利能力,当 NPV≤0 时,项目方案是不可取的。 ( )

6. 施工定额是编制施工图预算的依据。（ ）

7. 财务报告包括资产负债表和损益表两个内容。（ ）

8. 对于混凝土的体积进行计量时宜采取断面法。（ ）

9. 业主与监理工程师之间是委托—代理关系。（ ）

10. 在非关键线路上的工作都应是非关键性工作。（ ）

四、综合分析题

1. A、B两个建设方案的现金流量表如下所示。已知基准收益率为10%，$(P/A,10\%,6)=4.355$，$(P/A,10\%,3)=2.487$，试求最优方案。

年　数	0	1～3	4～6
A方案	－1 000	300	300
B方案	－1 200	500	

2. 某跨径为20m以内石拱桥工程，其浆砌块石拱圈工程量为300m³，若人工单价为20元/工日，原木的预算价格为900元/m³，锯材的预算价格为1 200元/m³，铁钉的预算价格为4元/kg，铁丝的预算价格为3.8元/kg，32.5级水泥的预算价格为300元/kg，水的预算价格为1元/m³，中(粗)砂的预算价格为68元/m³，块石的预算价格为85元/m³。试求浆砌块石拱圈的直接费和定额直接费。

资料：浆砌块石每10m³为定额单位；人工28.8工日；原木：0.015m³；锯材：0.2m³；铁钉：0.1kg；8～12号铁丝：1.9kg；32.5级水泥：0.829t；水：15 m³；中(粗)砂：3.07m³；块石：10.5m³；其他材料：8.4元；基价：1 391元。

参考答案

一、单项选择题

1. C　2. A　3. A　4. D　5. A　6. C　7. C　8. A　9. C　10. D

11. C　12. B　13. A　14. B　15. A　16. B　17. C　18. C　19. D　20. A

二、单项选择题

1. ADE　2. ABD　3. ABCD　4. ABCD　5. BCE

6. BCDE　7. CDE　8. ACE　9. BDE　10. ACDE

11. ACD　12. BCD　13. ADE　14. ABD　15. BCDE

16. AD　17. ACDE　18. ABCD　19. ACE　20. ACD

三、判断题

1. ×；2. ×；3. ×；4. √；5. ×；6. ×；7. ×；8. ×；9. √；10. ×

四、综合分析题

1. **解**：不同寿命期的互斥方案比选时，应用净年值法最为简便，净年值最大者即为最优方案。

$$NAV_A=[-1\,000+300\times(P/A,10\%,6)]\times(A/P,10\%,6)$$
$$=70.38$$

$$NAV_B = [-1\,200 + 500 \times (P/A, 10\%, 3)] \times (A/P, 10\%, 3) = 17.49$$

$NAV_A > NAV_B$，故方案 A 为最优方案。

2. **解**：因定额单位 $10m^3$，则 $300m^3 = 300 \div 10 = 30$ 个定额单位，$300m^3$ 浆砌块石拱圈工、料机消耗量为：

人工：28.8×30＝864 工日；　原木：0.015×30＝0.45m^3；

锯材：0.2 ×30＝6m^3；　铁钉：0.1×30＝3kg；

8～12 号铁丝：1.9×30＝57kg；　32.5 级水泥：0.829×30＝24.87t；

水：15×30＝450m^3；　中(粗)砂：3.07×30＝92.1m^3；

块石：10.5×30＝315m^3；　其他材料：8.4×30＝252 元。

直接费＝864×20＋0.45×900＋6×1 200＋3×4＋57×3.8＋24.87×300＋450×1＋92.1×68＋85×252＝66314.4 元

定额直接费＝1 391×30＝41 730 元

《公路工程经济》模拟题(二)及参考答案

一、单项选择题

1. 某企业向银行贷款 100 万元，按月计息，月利率为 1.2%，则年实际利率和名义利率分别为(　　)。

A. 15.39%和 14.4%　　B. 14.4%和 15.2%

C. 13.5%和 15.6%　　D. 13.5%和 14.4%

2. 某建设项目年产量为 6 000，设产品的单价为 4 000 元，单位产品可变费用 2 740 元，预计年固定成本为 320 万元，则该项目的盈亏平衡点的年产量是(　　)件。

A. 3 840　　B. 2 540　　C. 4 150　　D. 5 090

3. 某设备的经济寿命在考虑时间因素时一般要(　　)不考虑时间因素时。

A. 等于　　B. 长于　　C. 短于　　D. 不好判断

4. 某人在 10 年内每年年末等额存入 1 000 元，年利率 8%，则 10 年后的本利和是(　　)元。

A. 1 800　　B. 1 180　　C. 14 487　　D. 16 484

5. 下列对招标工程项目的标底作用说法有误是(　　)。

A. 作为衡量投标单位标价的标准

B. 作为招标方最高工程价的标准

C. 给上级主管部门提供核实建设规模的依据

D. 是评标的重要尺度

6. 隧道开挖过程，洞内外采取的施工防排水措施，其工作计量时应(　　)。

A. 按实际工作计量　　B. 以监理工程师认可数量计量

C. 按施工方所报工作量计量　　D. 不予计量

7. 若承包人收到监理工程师计量通知后，未派人参加计量，则承包人对监理工程师单方面的计量结果(　　)。

A. 可以拒绝　　B. 14 天内的书面形式提出异议

C. 不得提出异议　　D. 没有规定

8. 采用综合评估法评标时，评标价权重分值所占权重不应低于(　　)。

A. 20%　　B. 30%　　C. 40%　　D. 50%

9. 关于工程款的支付，下面不正确的说法是(　　)。

A. 支付须以工程计量为基础　　B. 支付必须以技术规范和报价单为依据

C. 支付必须在支付期限内及时支付　　D. 支付必须经业主复核审批

10. 固定资产折旧方法中，以下属于加速折旧方法的是(　　)。

A. 工作量法　　B. 年数总和法　　C. 直线法　　D. 平均年限法

11. 若两个方案 A 和 B，方案 A 比 B 的投资额大，且差额投资净现值 $\Delta NPV_{AB} > 0$，则(　　)。

A. 方案 A 优　　B. 方案 B 优

C. 方案 A 和 B 相同　　D. 还不能确定

12. 资金的时间价值通常是通过(　　)来反映的。

A. 利息　　B. 利润　　C. 利率　　D. 净现值

13. 企业的经营成本在总费用中不扣除(　　)费用。

A. 折旧费　　B. 利息支出　　C. 摊销费　　D. 销售税金及附加

14. 现金流量表是主要用于考察项目的(　　)。

A. 偿债能力　　B. 资金流动性　　C. 赢利能力　　D. 抗风险能力

15. 外贸货物的影子价格是以实际可能发生的(　　)为基础计算的。

A. 市场价格　　B. 调节价格　　C. 口岸价格　　D. 行业价格

16. 下列(　　)项承包商只能要求工期索赔。

A. 非承包商责任工效降低增加的机械使用费

B. 异常恶劣气候导致的机械窝工费

C. 由于完成额外工作增加的使用费

D. 由于监理工程师的原因导致的机械窝工费

17. 以下属于项目资本金融资方式的是(　　)。

A. 发行债券　　B. 发行股票　　C. 银行贷款　　D. 经营租赁

18. 在国民经济评价中，应列入费用项目的是(　　)。

A. 国内投资贷款利息　　B. 政府补贴

C. 税金　　D. 国外投资贷款利息

19. 以下可以不进行招标的项目是(　　)。

A. 全部使用国有资金投资项目

B. 世界银行贷款的项目

C. 国家保密工程项目

D. 高速公路建设项目

20. 施工定额水平应贯彻(　　)的原则。

A. 平均先进　　B. 社会平均　　C. 社会先进　　D. 发挥能动性

二、多项选择题

1. 内部收益率和净现值两个评价指标共同的特点是(　　)。

A. 都能够反映投资过程的收益程度

B. 都能直接反映各年的经营情况

C. 都考虑了项目计算期内的经济状况

D. 都取决于投资过程的现金流量并且不受外部参数的影响

E. 都可以用于独立方案的评价，而且结果相同

2. 以下关于评标工作叙述正确的是（　　）。

A. 评标委员会评标结束后，要提出书面评标报告，并决定合格的中标人选

B. 评标委员会经评审认为所有投标都不符合要求的，可以否决所有投标

C. 评标工作必须保密

D. 任何人不得干预影响评标的过程和结果

E. 评标工作应实行回避制度

3. 有效合同价是指合同价格扣除（　　）后的价格。

A. 价格调整　　B. 计日工

C. 暂列金额　　D. 索赔费用

E. 工程变更费用

4. 工程量清单的优点是（　　）。

A. 管理简单　　B. 适应性强

C. 保密性好　　D. 竞争性强

E. 保险性好

5. 费用支付是根据清单支付和合同支付的特点和支付要求分项、分类计算，汇总后再扣减（　　）。

A. 预计利润　　B. 税金

C. 开工预付款　　D. 材料、设备预付款

E. 质量保证金

6. 以下费用中属于资金筹集成本的费用有（　　）。

A. 股票发行手续费　　B. 股票发行广告费

C. 银行贷款利息　　D. 债券发行代理费

E. 支付股东红利

7. 以下关于会计要素表述正确的有（　　）。

A. 收入和利润是会计要素，而费用不是会计要素

B. 收入、利润和费用都是会计的要素

C. 资产＋所有者权益＝负债

D. 资产＝负债＋所有者权益

E. 收入－费用＝利润

8. 下列属于公路工程投资无形资产的是（　　）。

A. 土地　　B. 公路经营权

C. 企业信誉　　D. 技术人员

E. 专利技术

9. 永久性工程的付款包括以下（　　）。

A. 工程量清单费用　　B. 工程变更费用

C. 拖期违约损失偿金　　D. 价格调整费用

E. 费用索赔

10. 以下关于质量保证金叙述正确的是（　　）。

A. 质量保证金是按合同条款约定用于保证在缺陷责任期内履行缺陷修复义务的金额

B. 监理人应从第一个付款周期开始，在发包人的进度付款中，按项目专用合同条款数据表规定的百分比扣留质量保证金

C. 扣留的质量保证金总额达到项目专用合同条款数据表规定的限额时停止扣留

D. 质量保证金的计算额度包括预付款的支付以及扣回的金额

E. 在合同条款约定的缺陷责任期满，如无异议，发包人应当在核实后将剩余保证金返还承包人

11. 农用土地影子价格中新增资源耗费包括（　　）。

A. 土地出让金　　B. 征地费

C. 机会成本　　D. 拆迁费用

E. 劳动力安置费

12. 以下对有关指标说法正确的是（　　）。

A. 若 NAV≥0，项目在经济上可行

B. 若 NAV＜0，项目在经济上不可行

C. 若 FW＞0，方案不可行

D. 若 IRR≥i_c，项目在经济上不可行

E. 若 IRR＜i_c，项目在经济上可行

13. 下列属于工程计量依据的是（　　）。

A. 工程量清单和技术规范　　B. 质量合格证书

C. 承包商所报已完工程量　　D. 设计图纸文件

E. 合同条件

14. 工程延期的计算主要有以下（　　）方法。

A. 实测法　　B. 工时分析法

C. 造价比较法　　D. 工期分析法

E. 经验判断法

15. 可索赔的损失索赔费用包括（　　）。

A. 由索赔事项引起的直接和间接成本

B. 由于合同延期而带来的利润损失

C. 由于合同延期而带来的额外时间相关损失

D. 合同延期引起的上级部门或公司管理费损失

E. 由于干扰造成的生产率降低所引起的额外成本

16. 资金使用成本包括以下（　　）。

A. 支付股息和红利　　B. 贷款利息

C. 资信评估费　　D. 公证费

E. 担保费

17. 企业的货币资金包括下列（　　）。

A. 库存现金　　B. 外埠存款

C. 基金　　D. 股票

E. 银行本票存款

18. 时间定额的劳动时间包括(　　)。

A. 准备结束的时间　　B. 基本生产时间

C. 辅助生产时间　　D. 不可避免的中断时间

E. 工人娱乐的时间

19. 公路基本建设概、预算费用由以下(　　)部分组成。

A. 建筑安装工程费　　B. 工程建设其他费用

C. 计划利润　　D. 预留费用

E. 设备、工具、器具及家具购置费

20. 下列属于前期支付的项目有(　　)。

A. 履约保函手续费　　B. 开工预付款

C. 材料、设备预付款　　D. 保险手续费

E. 保留金

三、判断题

1. 若全部投资的内部收益率增大,则自有资金的内部收益率也同比例增大。(　　)

2. 某项目投入物的影子价格反映投入物的真实经济价值。(　　)

3. 由于遇到战争、骚乱等合同规定的特殊风险、承包人违约及业主违约等三方面原因导致合同无法继续履行而出现的支付结果属于正常支付。(　　)

4. 计划利润=(直接工程费+间接费)×计划利润率。(　　)

5. 监理工程师在签发了材料、设备预付款的支付证书后,这些材料设备的质量同时也得到认可。(　　)

6. 公路招标项目中一般规定,每月支付金额不低于5%。(　　)

7. 暂列金额是可按业主的指令全部或部分地使用的资金。(　　)

8. 延期违约损失偿金是因为拖期而造成违约的罚款,用来补偿给业主的误期损失。(　　)

9. 价值工程侧重于设计阶段开展工作,以提高产品价值为目标。(　　)

10. 在招标工作结束,并与承包人签订合同后,业主就可以将投标人的招标资料公布。(　　)

四、综合分析题

1. 两个互斥建设方案的净现金流量如下表所示,基准收益率为10%,试用净现值和内部收益率评价方案。

单位:万元

方　案	净现金流量				
	0	1	2	3	4
方案1	-7 000	1 000	2 000	6 000	4 000
方案2	-4 000	1 000	1 000	3 000	3 000

2. 某承包商承包某次工程,合同总价500万元,合同工期5个月。承包方双方在合同中签订了关于工程价款的条款包括:①预付备料数为合同总价的18%;②工程进度款按月结算;③从预付备料款加进度款达到合同总价的60%后的次月开始扣回预付款,扣回方式为按以后每月平均扣回;④工程保修金为合同总价的5%,在办理竣工结算时一次扣除,保修期1年;⑤

材料价差调整按有关文件规定执行，上半年材料价差的调整系数为 1.1，逐月调整进度款支付；⑥工程各月实际完成产值见下表。

月　份	2	3	4	5	6
产值(万元)	50	100	120	80	150

问题：

(1)工程预付备料款是多少？

(2)2～5 月，每月支付进度款为多少？累计支付进度款为多少？

(3)6 月办理竣工结算，该工程估算总造价为多少？

(4)竣工结算时应扣除的工程保修金是多少？

(5)工程竣工半年后，工程出现质量问题，业主多次要求承包商前来修理，但承包商一再拖延，最后业主不得不另请人修理，共用修理费用 8 万元。此项费用应如何处理？

参考答案

一、单项选择题

1. A　2. B　3. B　4. C　5. A　6. D　7. C　8. D　9. D　10. B
11. A　12. A　13. D　14. C　15. C　16. B　17. B　18. D　19. C　20. A

二、多项选择题

1. CE　2. BCDE　3. BC　4. ABDE　5. CDE
6. ABD　7. BDE　8. BC　9. ABDE　10. ABCE
11. DE　12. AD　13. ABDE　14. ABCD　15. BCDE
16. AB　17. ABE　18. ABCD　19. ABDE　20. ABD

三、判断题

1. ×；2. √；3. ×；4. ×；5. ×；6. ×；7. ×；8. ×；9. √；10. ×

四、综合分析题

1. 解：

(1)计算净现值 NPV：

$$NPV_1 = -7\,000 + 1\,000(P/F,10\%,1) + 2\,000(P/F,10\%,2) + 6\,000(P/F,10\%,3) + 4\,000(P/F,10\%,4) = 2801.7\text{(万元)}$$

$$NPV_2 = -4\,000 + 1\,000(P/F,10\%,1) + 1\,000(P/F,10\%,2) + 3\,000(P/F,10\%,3) + 3\,000(P/F,10\%,4) = 2038.4\text{(万元)}$$

因为 $NPV_1 > NPV_2$，故方案 1 优于方案 2。

(2)计算内部收益率 IRR：

令 $NPV(IRR_1) = -7\,000 + 1\,000(P/F,IRR_1,1) + 2\,000(P/F,IRR_1,2) + 6\,000(P/F,IRR_1,3) + 4\,000(P/F,IRR_1,4) = 0$

解得：$IRR_1=23.67\%$

令 $NPV(IRR_2)=-4\,000+1\,000(P/F,IRR_2,1)+1\,000(P/F,IRR_2,2)+3\,000(P/F,IRR_2,3)+3\,000(P/F,IRR_2,4)=0$

解得：$IRR_2=27.29\%$

因为 $IRR_1<IRR_2$，故方案 2 优于方案 1。

净现值与内部收益率计算结果矛盾，下面计算增量投资内部收益率是否大于基准收益率。若 $\Delta IRR>i_c$，投资大的方案 1 为优选方案；若 $\Delta IRR>i_c$，投资小的方案 2 为优选方案。

根据增量投资内部收益率的计算公式解得：

$$\Delta IRR = 18.41 > 10\%$$

所以方案 1 为优选方案。

注意：无论在哪种情形下，净现值较高者即为所求。增量内部收益率评价结果总是和净现值评价结果一致，而内部收益率不能作为评价准则。

2. 解：

(1)工作预付款 90 万元；

(2)2 月份产值 50 万元，应支付 50×1.1=55 万元，累计支付 90+55=145 万元；

3 月份实际完成产值 100 万元，应支付 100×1.1=110 万元，累计支付 145+110=255 万元；

4 月份实际完成产值 120 万元，应支付 120×1.1−30=102 万元；

5 月份实际完成产值 80 万元，应支付 80×1.1−30=58 万元。

(3)应扣除保修金=500×5%=25 万元。

(4)竣工估算工程价款=150×1.1−30−25=110 万元；

工程估算总造价=500×1.1=550 万元

(5)修理费用 8 万元应在预留款的 25 万元中支付

《公路工程经济》模拟题(三)及参考答案

一、单项选择题

1. 目前我国在能源和交通等建设项目的投资是主要依靠(　　)。

A. 银行贷款　　B. 发行债券　　C. 国家预算内投资　　D. 发行股票

2. 在以下方法中，不能作为价值工程选择分析对象的方法的是(　　)。

A. 因素分析法　　B. 价值指数分析法　　C. 强制确定法　　D. 经验分析法

3. 某企业发行长期债券 2 000 万元，筹资费费率为 4%，债券利息率为 7%，所得税税率为 33%，则资金成本率为(　　)。

A. 5.36%　　B. 4.89%　　C. 7.05%　　D. 8.42%

4. 按照功能的标准化可以将其分为(　　)。

A. 必要功能和辅助功能　　B. 基本功能和必要功能

C. 过剩功能和不足功能　　D. 使用功能和美学功能

5. 修正设计概算是在(　　)编制的。

A. 初步设计阶段　　B. 施工图设计阶段

C. 可行性研究阶段　　D. 技术设计阶段

6. 以下关于融资租赁的叙述，正确的是（　　）。

A. 由出租人选定制造厂家和设备型号，并从厂家购买

B. 由承租人选定制造厂家和设备型号，并从厂家租赁

C. 由出租人选定制造厂家和设备型号，并从厂家租赁

D. 由承租人选定制造厂家和设备型号，由出租人从厂家购买

7. 下列费用中不是机械台班单价组成的是（　　）。

A. 折旧费　　B. 机械场外运输费

C. 燃料动力费　　D. 经常修理费

8. 能以相同的物质形态，连续多次为生产过程服务的是（　　）。

A. 流动资产　　B. 固定资产　　C. 递延资产　　D. 无形资产

9. 某方案有三种可能，情况好时，净现值为 1 200 万元，概率为 0.4；情况一般时，净现值为 400 万元，概率为 0.3；情况差时，净现值为 －800 万元。则该项目的期望净现值为（　　）万元。

A. 850　　B. 700　　C. 360　　D. 580

10. 对施工风险很大的工程通常采用（　　）。

A. 总价合同　　B. 单价合同　　C. 分包合同　　D. 成本加酬金合同

11. 交工付款申请单的递交期限为交工验收证书签发后（　　）天内。

A. 7　　B. 14　　C. 28　　D. 42

12. 逾期付款违约金计算时从规定的付款截止日期起到恢复付款日为止，按（　　）计算利息。

A. 单利　　B. 复利

C. 付款截止日期银行利率　　D. 恢复付款日银行利率

13. 监理工程师签发《中期支付证书》时，发现付款净金额小于合同中规定的临时支付的最小限额，应（　　）。

A. 签发中期支付证书　　B. 通知承包人调整

C. 通知业主决定　　D. 不签发中期支付证书

14. 承包人驻地建设完成后，经监理工程师核实后作出的正确方法是（　　）。

A. 以总额计量　　B. 合同价计量

C. 不予计量　　D. 以合同价减去扣留金额计量

15. 由于业主经营不善，长期拖延支付工程款，则承包人可向业主提出（　　）。

A. 现场条件变化引起的索赔　　B. 业主延误索赔

C. 工期索赔　　D. 业主违约引起的索赔

16. 以下不属于资产评估方法的是（　　）。

A. 市场法　　B. 成本法　　C. 加权平均法　　D. 收益现值法

17. 某企业进行设备更新，年固定成本 10 万元，利用新设备生产的产品其单位可变成本为 5 元/件，产品售价为 10 元，假设企业生产函数为线性，盈亏平衡产量为（　　）。

A. 1 万件　　B. 2 万件　　C. 3 万件　　D. 0.5 万件

18. 设 C_1、C_2 为两比较方案的年经营成本，$C_2 < C_1$，K_1、K_2 为两个比较方案的全部投资，且 $K_2 > K_1$，静态差额投资回收期是（　　）。

A. $(C_2 - C_1)/(K_2 - K_1)$　　B. $(C_2 - C_1)/(K_1 - K_2)$

C. $(K_2-K_1)/(C_1-C_2)$　　D. $(K_2-K_1)/(C_2-C_1)$

19. 以下属于清单支付项目的工程费用是(　　)。

A. 开工预付款　　B. 价格调整

C. 计日工　　D. 逾期付款违约金

20. 辅助生产现场经费按(　　)的15%计算。

A. 直接费　　B. 人工费　　C. 材料费　　D. 机械使用费

二、多项选择题

1. 计算索赔费用时，监理工程师对承包人的索赔细目与相应工程量的审定，主要是进行以下(　　)工作。

A. 审查承包人的施工技术规范　　B. 仔细分析和阅读监理工程师的原始记录

C. 仔细分析承包人的记录　　D. 现场核查

E. 综合分析

2. 以下有关撒播草种和铺植草皮的计量符合规定的是(　　)

A. 撒播草种按经监理工程师验收的成活草种面积以平方米为单位计量

B. 草种、水、肥料等，按承包人提供的有关单据计量

C. 铺草皮按经监理工程师验收的数量以平方米为单位计量

D. 铺草皮采用叠铺时，经监理工程师同意，按叠铺程度确定一叠铺系数增计面积

E. 绿地喷灌设施按图纸所示，敷设的喷灌管道以米为单位计量。喷灌设施的闸阀、水表、洒水栓等按实际个数进行计量

3. $(F/A,i,n)$是年金终值系数，该系数表明(　　)。

A. 利率和计息期未知　　B. 终值已知，年金未知

C. 利率和计息期已知　　D. 终值未知，年金未知

E. 终值未知，年金已知

4. 价值工程对象选择的原则有(　　)。

A. 设计方面：产品结构复杂、性能和技术指标差距大、体积大的产品

B. 生产方面：量多、产值比重大的产品

C. 市场销售方面：选择用户意见多、系统配套差、竞争力差、利润低的，生命周期较长的，市场上畅销但竞争激烈的新产品

D. 成本方面：选择成本高于同类产品、成本比重大的产品

E. 价值方面：选择价值和使用价值大的产品

5. 建筑工程一切险的投保内容包括为本合同工程的(　　)所投的保险。

A. 永久工程　　B. 临时工程

C. 设备　　D. 施工人员

E. 已运至施工工地用于永久工程的材料和设备

6. 下列税种属于流转税的有(　　)。

A. 土地增值税　　B. 消费税　　C. 营业税　　D. 增值税　　E. 耕地占用税

7. 投资收益率指标包括以下(　　)。

A. 全部投资收益率　　B. 自有资金收益率

C. 全部投资利润率　　D. 自有资金利润率

E. 自有资金和外来资金加权收益率

8. 概、预算文件的甲组文件中包括（ ）。

A. 建筑安装工程费计算表

B. 人工、材料、机械台班单价汇总表

C. 分项工程概、预算表

D. 材料预算单价计算表

E. 总概、预算表

9. 方案创造常用的方法是（ ）。

A. 头脑风暴法 B. 哥顿法 C. 德尔菲法 D. 专家检查法 E. ABC 法

10. 由承包商提交的有关工程支付的报表和证书有（ ）。

A. 月报表 B. 竣工报表

C. 履约证书 D. 最终付款证书

E. 最终报表和结清单

11. 在筹资决策时，应考虑企业风险和资本结构的影响，以下有关说法正确的有（ ）。

A. 最佳的资本结构是股票的每股收益最高

B. 国定成本所占比重较大时，经营风险就大

C. 财务风险是指全部资本中债务资本比率变化所带来的风险

D. 公司总价值最大的资本结构下，资金成本也是最低的

E. 为了达到某一总杠杆系数，经营杠杆系数和财务杠杆系数可以有多种不同的组合

12. 以下（ ）是分部分项工程量清单中包括的内容。

A. 项目编码 B. 工程单价 C. 计量单位 D. 工程数量 E. 项目名称

13. 公路工程建筑安装工程费中计划利润的计算基数是（ ）。

A. 直接费 B. 间接费

C. 直接工程费 D. 其他直接费

E. 规费

14. 对项目进行经济评价就是分析项目的（ ）。

A. 技术可行性 B. 经济可行性

C. 社会可行性 D. 抗风险能力

E. 环境可行性

15. 在施工中发生工程变更时，确定变更价款的原则是（ ）。

A. 按监理工程师提出的变更价格执行

B. 合同中有合适于变更工程价格的，按合同已有的价格变更合同价款

C. 由承包人提出变更价格，经监理工程师确认后执行

D. 按承包人提出的变更价格执行

E. 合同中有类似于变更情况的价格，参照该价格确定变更价格

16. 企业计算应纳所得税时，不允许税前扣除的项目包括以下（ ）。

A. 违反有关法规所支付的罚款 B. 赞助支出

C. 无形资产开发支出 D. 业务招待费

E. 公益捐赠费

17. 总体进度计划的编制可以采用下列（ ）方法。

A. 网络计划图 B. 横道图

C. 斜条图　　　　　　　　　　　　　D. 进度曲线

E. 经验判断

18. 根据索赔的目的不同，索赔可以分为(　　)。

A. 工期索赔　　　　　　　　　　　　B. 合同外索赔

C. 合同内索赔　　　　　　　　　　　D. 费用索赔

E. 道义索赔

19. 企业应按照《企业财务通则》要求建立有效的财务管理级次，包括建立(　　)。

A. 财务决策制度　　　　　　　　　　B. 财务预算管理制度

C. 财务决策回避制度　　　　　　　　D. 财务风险管理制度

E. 实报实销制度

20. 由发包人办理的保险包括以下(　　)。

A. 施工机械设备保险　　　　　　　　B. 建设工程保险

C. 高危作业人员险　　　　　　　　　D. 第三方责任险

E. 施工场地内待安装设备险

三、判断题

1. 某工程合同总价为 1000 万元，则质量保证金达到 300 万元时就应不再扣留。(　　)
2. 延期违约损失偿金按天计算，不足 1 天就忽略不计。(　　)
3. 对于工程规模不大、工期较短的工程，可以不进行调价。(　　)
4. 工程计量应以净值为准。(　　)
5. 工程量清单中的某细目如果数量没有标出，则不必填入单价。(　　)
6. 国民经济分析采用影子价格体系是因为要考虑项目的外部效果和无形效果。(　　)
7. 建安工程管理索赔一般是承包人向业主索赔，而业主一般不向承包人提出索赔。(　　)
8. 资产负债表记录了项目的资金存量，用以分析项目的清偿能力和资金流动性。(　　)
9. 材料消耗定额中包括材料的场外运输损耗。(　　)
10. 固定资产净值等于固定资产原值减去年末折旧额。(　　)

四、综合分析题

1. 某项目第 4 年资产总计 82 000 万元，其中流动资产总额 6 820 万元，流动负债总额 4 870 万元，长期借款为 41 000 万元，长期债券 1 000 万元，另外流动资产中存货为 4 500 万元，待摊费用 500 万元。试计算资产负债率、流动比率和速动比率。

2. 某工程建设项目在实施过程中发生了两件事情：

事件 1：该建设项目的业主提供了地质勘查报告，报告显示地下土质很好。承包商依此做了施工方案，拟用挖方余土作通往项目所在地道路基础的填方。由于基础开挖施工时正值雨季，开挖后土方潮湿，且易破碎，不符合道路填筑要求。承包商不得不将余土外运，另外取土作为道路填方材料。

事件 2：该工程按全月规定的总工期计划，应于某年某月某日开始现场搅拌混凝土。因承包商的混凝土设备迟迟不能运往工地，承包商决定使用商品混凝土，但被业主否决。而在承包合同中未明确规定使用何种混凝土。承包商不得已，只有继续组织混凝土搅拌设备进场，由此导致施工现场停工，工期拖延和费用增加。

承包方就上述两件事情提出如何索赔要求？

参 考 答 案

一、单项选择题

1. C　2. D　3. B　4. C　5. D　6. D　7. B　8. B　9. C　10. D
11. D　12. A　13. D　14. A　15. D　16. C　17. B　18. C　19. C　20. B

二、多项选择题

1. BCDE　2. ACD　3. CE　4. ABCD　5. ABCE
6. BCD　7. ABCD　8. ABE　9. ABCD　10. ABE
11. BCDE　12. ACDE　13. ABE　14. BCDE　15. BE
16. ABE　17. ABCD　18. AD　19. ABCD　20. BDE

三、判断题

1. ×；2. ×；3. √；4. √；5. ×；6. ×；7. ×；8. ×；9. ×；10. ×

四、综合分析题

1. 解：

(1)资产负债率＝负债合计/资产合计×100%
＝(4 870＋41 000＋1 000)/82 000×100%＝57.16%

(2)流动比率＝流动资产合计/流动负债×100%
＝6 820/4 870×100%＝140.04%

(3)速动比率＝(流动资产－存货－待摊费用)/流动负债×100%
＝(6 820－4 500－500)/4 870×100%＝37.37%

2. 答：

(1)在本事件中即使没有下雨，而因业主提供的地质报告有误，地下土质过差不能用于填方，承包商也不能就另外取土而提出索赔要求。因为：①合同规定承包商对业主提供的水文地质资料的理解负责，而地下土质可用于填方，这是承包商对地质报告的理解，应由他自己负责。②取土填方作为承包商的施工方案，也应由他自己负责。本案例的性质完全不同于由于地质条件恶劣造成基础设计方案变化，或造成基础施工方案变化的情况。

(2)承包商可以要求工期和费用索赔。因为合同中未明确规定一定要用工地现场搅拌的混凝土(施工方案不是合同文件)，则商品混凝土只要符合规定的质量标准也可以使用，不必经业主批准。因为按照惯例，施工工程的方法由承包商负责，他在不影响或为了更好地保证合同总目标的前提下，可以选择更为经济合理的施工方案，业主不得随便干预。在这个前提下，业主拒绝承包商使用商品混凝土，是一个变更指令，对此可以进行工期和费用索赔。但该项索赔必须在合同规定的索赔有效期内提出。当然，如果业主同意使用商品混凝土，则承包商不能因为商品混凝土要求业主补偿任何费用。

附件

一、公路工程施工招标投标管理办法

（交通部令2006年第7号）

第一章　总　　则

第一条　为规范公路工程施工招标投标活动，保证公路工程施工质量，维护招标投标活动各方当事人合法权益，依据《公路法》、《招标投标法》，制定本办法。

第二条　在中华人民共和国境内进行公路工程施工招标投标活动，适用本办法。

本办法所称公路工程，包括公路、公路桥梁、公路隧道及与之相关的安全设施、防护设施、监控设施、通信设施、收费设施、绿化设施、服务设施、管理设施等公路附属设施的新建、改建与安装工程。

第三条　下列公路工程施工项目必须进行招标，但涉及国家安全、国家秘密、抢险救灾或者利用扶贫资金实行以工代赈等不适宜进行招标的项目除外：

（一）投资总额在3 000万元人民币以上的公路工程施工项目；

（二）施工单项合同估算价在200万元人民币以上的公路工程施工项目；

（三）法律、行政法规规定应当招标的其他公路工程施工项目。

第四条　公路工程施工招标投标活动应当遵循公开、公平、公正和诚信的原则。

第五条　依法必须进行招标的公路工程施工项目，其招标投标活动不受地区或者部门的限制，任何具备从事公路建设规定条件的企业法人都可以参加投标。

任何组织和个人不得以任何方式非法干预公路工程施工招标投标活动。

第六条　交通部依法负责全国公路工程施工招标投标活动的监督管理。

县级以上地方人民政府交通主管部门按照各自职责依法负责本行政区域内公路工程施工招标投标活动的监督管理。

第二章　招　　标

第七条　公路工程施工招标的项目应当具备下列条件：

（一）初步设计文件已被批准；

（二）建设资金已经落实；

（三）项目法人已经确定，并符合项目法人资格标准要求。

第八条　公路工程施工招标的招标人，应当是依照本办法规定提出公路工程施工招标项目、进行公路工程施工招标的项目法人。

第九条　具备下列条件的招标人，可以自行办理招标事宜：

（一）具有与招标项目相适应的工程管理、造价管理、财务管理能力；

（二）具有组织编制公路工程施工招标文件的能力；

（三）具有对投标人进行资格审查和组织评标的能力。

招标人不具备本条前款规定条件的，应当委托具有相应资格的招标代理机构办理公路工程施工招标事宜。

任何组织和个人不得为招标人指定招标代理机构。

第十条 公路工程施工招标分为公开招标和邀请招标。

采用公开招标的，招标人应当通过国家指定的报刊、信息网络或者其他媒体发布招标公告，邀请具备相应资格的不特定的法人投标。

采用邀请招标的，招标人应当以发送投标邀请书的方式，邀请三家以上具备相应资格的特定的法人投标。

第十一条 公路工程施工招标应当实行公开招标，法律、行政法规和本办法另有规定的除外。

符合下列条件之一，不适宜公开招标的，依法履行审批手续后，可以进行邀请招标：

(一)项目技术复杂或有特殊技术要求，且符合条件的潜在投标人数量有限的；

(二)受自然地域环境限制的；

(三)公开招标的费用与工程费用相比，所占比例过大的。

第十二条 公路工程施工招标，可以对整个建设项目分标段一次招标，也可以根据不同专业、不同实施阶段分别进行招标，但不得将招标工程化整为零或者以其他任何方式规避招标。

第十三条 公路工程施工招标标段，应当按照有利于对项目实施管理和规模化施工的原则，合理划分。

施工工期应当按照批复的初步设计建设工期，结合项目实际情况，合理确定。

第十四条 公路工程施工招标，应当按下列程序进行：

(一)确定招标方式。采用邀请招标的，应当按照国家规定报有关主管部门审批。

(二)编制投标资格预审文件和招标文件。招标文件按照本办法规定备案。

(三)发布招标公告，发售投标资格预审文件；采用邀请招标的，可直接发出投标邀请书，发售招标文件。

(四)对潜在投标人进行资格审查。

(五)向资格预审合格的潜在投标人发出投标邀请书和发售招标文件。

(六)组织潜在投标人考察招标项目工程现场，召开标前会。

(七)接受投标人的投标文件，公开开标。

(八)组建评标委员会评标，推荐中标候选人。

(九)确定中标人。评标报告和评标结果按照本办法规定备案并公示。

(十)发出中标通知书。

(十一)与中标人订立公路工程施工合同。

第十五条 公路工程施工招标投标应当对潜在投标人进行资格审查。

公路工程施工采用公开招标的，招标公告发布后，招标人应当根据潜在投标人提交的资格预审申请文件，对潜在投标人的资格进行审查。招标人只向资格预审合格的潜在投标人发售招标文件。

公路工程施工采用邀请招标的，投标邀请书发出后，招标人应当根据投标人提交的投标文件，对投标人的资格进行审查。

公路工程施工招标资格预审办法由交通部另行制定。

第十六条 招标人审查潜在投标人的资格，应当严格按照资格预审的规定进行，不得采用抽签、摇号等博彩性方式进行资格审查。

第十七条 招标人应当根据招标项目的特点和需要，编制招标文件。

二级及以上公路和大型桥梁、隧道工程的主体工程施工招标文件，应当按照交通部颁布的

《公路工程国内招标文件范本》的格式和要求编制。

本条前款规定以外的其他公路工程和公路附属设施工程的施工招标文件，可参照《公路工程国内招标文件范本》的格式和内容编制，并可根据实际需要适当简化。

第十八条 招标文件中关于投标人的资质要求，应当符合法律、行政法规的规定。

招标人不得在招标文件中制定限制性条件阻碍或者排斥投标人，不得规定以获得本地区奖项等要求作为评标加分条件或者中标条件。

第十九条 招标文件应当载明以下主要内容：

（一）投标邀请书；

（二）投标人须知；

（三）公路工程施工合同条款；

（四）招标项目适用的技术规范；

（五）施工图设计文件；

（六）投标文件格式，包括投标书格式及投标书附录格式、投标书附表格式、工程量清单格式、投标担保文件格式、合同格式等。

投标人须知应当载明以下主要内容：

（一）评标标准和方法；

（二）工期要求；

（三）提交投标文件的起止时间、地点和方式；

（四）开标的时间和地点。

招标公告、投标邀请书应当载明下列内容：

（一）招标人的名称和地址；

（二）招标项目的名称、技术标准、规模、投资情况、工期、实施地点和时间；

（三）获取资格预审文件或者招标文件的办法、时间和地点；

（四）对潜在投标人的资质要求；

（五）招标人认为应当公告或者告知的其他事项。

第二十条 招标人应当按照招标公告或者投标邀请书规定的时间、地点出售资格预审文件和招标文件。资格预审文件和招标文件的发售时间不得少于5个工作日。

第二十一条 招标人应当合理确定资格预审申请文件和投标文件的编制时间。

编制资格预审申请文件的时间，自开始发售资格预审文件之日起至潜在投标人提交资格预审申请文件截止时间止，不得少于14日。

编制投标文件的时间，自招标文件开始发售之日起至投标人提交投标文件截止时间止，高速公路、一级公路、技术复杂的特大桥梁、特长隧道不得少于28日，其他公路工程不得少于20日。

第二十二条 国道主干线和国家高速公路网建设项目的工程施工招标文件应当报交通部备案，其他公路建设项目的工程施工招标文件应当按照项目管理权限报县级以上地方人民政府交通主管部门备案。

交通主管部门发现招标文件存在不符合法律、法规及规章规定内容的，应当在收到备案文件后的7日内，提出处理意见，及时行使监督检查职责。

第二十三条 招标人如需对已出售的招标文件进行必要的澄清或修改，应当在投标截止日期15日前以书面形式通知所有招标文件收受人，并应当按照第二十二条的规定备案。

对招标文件澄清或者修改的内容为招标文件的组成部分。

第二十四条 招标人设定标底的，可自行编制标底或者委托具备相应资格的单位编制标底。

标底编制应当符合国家有关工程造价管理的规定，并应当控制在批准的概算以内。

招标人应当采取措施，在开标前做好标底的保密工作。

第二十五条 国道主干线和国家高速公路网建设项目的资格预审结果报交通部备案，其他公路建设项目的资格预审结果按照项目管理权限报县级以上地方人民政府交通主管部门备案。

第三章 投　　标

第二十六条 公路工程施工招标的投标人是响应招标、参加投标竞争的公路工程施工单位。

投标人应当具备招标文件规定的资格条件，具有承担所投标项目的相应能力。

第二十七条 两个以上施工单位可以组成联合体参加公路工程施工投标。联合体各成员单位都应当具备招标文件规定的相应资质条件。由同一专业施工单位组成的联合体，按照资质等级较低的单位确定资质等级。

以联合体形式参加公路工程施工投标的单位，应当在资格预审申请文件中注明，并提交联合体各成员单位共同签订的联合体协议。

联合体协议应当明确主办人及成员单位各自的权利和义务。

第二十八条 投标人应当按照招标文件的要求，按时参加招标人主持召开的标前会并勘察现场。

第二十九条 投标人应当按照招标文件的要求编制投标文件，并对招标文件提出的实质性要求和条件作出响应。

第三十条 投标人根据招标文件载明的项目实际情况，拟在中标后将中标项目的部分非关键性工作进行分包的，应当向招标人提交分包计划，并在投标文件中载明。分包单位的资质应当与其承担的工程规模标准相适应。

第三十一条 投标文件中投标书及投标书附录、投标报价部分应当由投标人的法定代表人或其授权的代理人签字，并加盖投标人印章，其他部分应当按照招标文件的要求签署。

投标文件应当由投标人密封，并按照招标文件规定的时间、地点和方式送达招标人。

第三十二条 投标文件按照要求送达后，在招标文件规定的投标截止时间前，投标人如需撤回或者修改投标文件，应当以正式函件提出并作出说明。

修改投标文件的函件是投标文件的组成部分，其形式要求、密封方式、送达时间，适用对投标文件的规定。

第三十三条 招标人对投标人按时送达并符合密封要求的投标文件，应当签收，并妥善保存。

招标人不得接受未按照要求密封的投标文件及投标截止时间后送达的投标文件。

第三十四条 投标人参加投标，不得弄虚作假，不得与其他投标人互相串通投标，不得采取贿赂以及其他不正当手段谋取中标，不得妨碍其他投标人投标。

第四章 开标、评标和中标

第三十五条 开标时间应当与招标文件中确定的提交投标文件截止时间一致。

开标地点应当是招标文件中预先确定的地点，不得随意变更。

第三十六条 开标应当公开进行。

开标由招标人主持，邀请交通主管部门和所有投标人的法定代表人或其授权的代理人参加。

第三十七条 开标时，由投标人或者其推选的代表检查投标文件的密封情况，也可以由招标人委托的公证机构检查并予以公证。

投标文件的密封情况经确认无误后，招标人应当众拆封，并宣读投标人名称、投标价格和投标文件的其他主要内容。

招标人设有标底的，应当同时公布标底。

第三十八条 招标人应当记录开标过程，并存档备查。

第三十九条 评标由招标人依法组建的评标委员会负责。

评标委员会由招标人的代表和技术专家、经济专家组成。评标委员会委员人数为五人以上单数，其中专家人数不得少于成员总数的三分之二。

第四十条 国道主干线和国家高速公路网建设项目，评标委员会专家从交通部设立的评标专家库中随机抽取，其他公路建设项目的评标委员会专家从省级人民政府交通主管部门设立的评标专家库中随机抽取。

与投标人有利害关系的人员不得进入相关招标项目的评标委员会。

第四十一条 评标委员会成员名单在中标结果确定前应当保密。

第四十二条 评标委员会成员应当客观、公正地履行职责，遵守职业道德，对所提出的评审意见承担责任。

评标委员会成员不得私下接触投标人，不得收受贿赂或者投标人的其他好处，不得透露对投标文件的评审、中标候选人的推荐情况以及与评标有关的其他情况。评标委员会成员存在违规行为的，一经查实，取消其评标委员会成员资格，并不得再参加任何依法必须进行招标的项目的评标。

任何单位和个人不得非法干预、影响评标过程和结果。

第四十三条 评标委员会可以要求投标人对投标文件中含义不明确的内容作出必要的澄清或者说明，但是澄清或者说明不得超出或者改变投标文件的实质性内容。

第四十四条 公路工程施工招标的评标方法可以使用合理低价法、最低评标价法、综合评估法和双信封评标法以及法律、法规允许的其他评标方法。

合理低价法，是指对通过初步评审和详细评审的投标人，不对其施工组织设计、财务能力、技术能力、业绩及信誉进行评分，而是按招标文件规定的方法对评标价进行评分，并按照得分由高到低的顺序排列，推荐前 3 名投标人为中标候选人的评标方法。

最低评标价法，是指按由低到高顺序对评标价不低于成本价的投标文件进行初步评审和详细评审，推荐通过初步评审和详细评审且评标价最低的前 3 名投标人为中标候选人的评标方法。

综合评估法，是指对所有通过初步评审和详细评审的投标人的评标价、财务能力、技术能力、管理水平以及业绩与信誉进行综合评分，按综合评分由高到低排序，并推荐前 3 名投标人为中标候选人的评标方法。

双信封评标法，是指投标人将投标报价和工程量清单单独密封在一个报价信封中，其他商务和技术文件密封在另外一个信封中，分两次开标的评标方法。第一次开商务和技术文件信封，对商务和技术文件进行初步评审和详细评审，确定通过商务和技术评审的投标人名单。第二次再开通过商务和技术评审投标人的投标报价和工程量清单信封，当场宣读其报价，再按照招标文件规定的评标办法进行评标，推荐中标候选人。对未通过商务和技术评审的投标人，其报价信封将不予开封，当场退还给投标人。

公路工程施工招标评标，一般应当使用合理低价法。使用世界银行、亚洲开发银行等国际金融组织贷款的项目和工程规模较小、技术含量较低的工程，可使用最低评标价法。

第四十五条 评标委员会应当按照招标文件确定的评标标准和方法，对投标文件进行评审和比较。

招标文件中没有规定的标准和方法，不得作为评标的依据。

第四十六条 评标委员会完成评标工作后，应当向招标人提出书面评标报告。评标报告应当由所有评标委员会委员签字。

评标报告应当载明以下内容：

(一)评标委员会的成员名单；

(二)开标记录情况；

(三)评标采用的标准和方法；

(四)对投标人的评价；

(五)符合要求的投标人情况；

(六)推荐的中标候选人；

(七)需要说明的其他事项。

第四十七条 评标委员会推荐的中标候选人应当限定在1～3人，并标明排列顺序。

招标人应当根据评标委员会提出的书面评标报告确定排名第一的中标候选人为中标人。排名第一的中标候选人放弃中标、因不可抗力不能履行合同，或者在招标文件规定的期限内未能提交履约担保的，招标人可以确定排名第二的中标候选人为中标人。

排名第二的中标候选人因前款规定的原因也不能签订合同的，招标人可以确定排名第三的中标候选人为中标人。

招标人可以授权评标委员会直接确定中标人。

第四十八条 招标人应当将评标结果在招标项目所在地省级交通主管部门政府网站上公示，接受社会监督。公示时间不少于7日。

第四十九条 属于下列情况之一的，应当作为废标处理：

(一)投标文件未经法定代表人或者其授权代理人签字，或者未加盖投标人公章；

(二)投标文件字迹潦草、模糊，无法辨认；

(三)投标人对同一标段提交两份以上内容不同的投标文件，未书面声明其中哪一份有效；

(四)投标人在招标文件未要求选择性报价时，对同一个标段，有两个或两个以上的报价；

(五)投标人承诺的施工工期超过招标文件规定的期限或者对合同的重要条款有保留；

(六)投标人未按招标文件要求提交投标保证金；

(七)投标文件不符合招标文件实质性要求的其他情形。

第五十条 有下列情形之一的，招标人应当依照本办法重新招标：

(一)少于3个投标人的；

(二)经评标委员会评审，所有投标均不符合招标文件要求的；

(三)由于招标人、招标代理人或投标人的违法行为，导致中标无效的；

(四)中标人均未与招标人签订公路工程施工合同的。

重新招标的，招标文件、资格预审结果和评标报告应当按照本办法的规定重新报交通主管部门备案，招标文件未作修改的可以不再备案。

第五十一条 招标人确定中标人后，应当向中标人发出中标通知书，并同时将中标结果通知所有未中标的投标人。

第五十二条 招标人应当自确定中标人之日起15日内，将评标报告向第二十二条规定的备案机关进行备案。

第五十三条 招标人和中标人应当自中标通知书发出之日起30日内订立书面公路工程施工合同。

公路工程施工合同应当按照招标文件、中标人的投标文件、中标通知书订立。

招标人和中标人不得再行订立背离合同实质性内容的其他协议。

第五十四条 招标人应当自订立公路工程施工合同之日起5个工作日内，向中标人和未中标的投标人退还投标保证金。由于中标人自身原因放弃中标，招标文件约定放弃中标不予返还投标保证金的，中标人无权要求返还投标保证金。

第五章 附 则

第五十五条 违反本办法及《招标投标法》的行为，依法承担相应的法律责任。

第五十六条 使用国际金融组织或者外国政府贷款的公路工程施工招标，贷款方或者资金提供方对施工招标投标的具体条件和程序有特殊规定的，可以适用其规定，但不得违背中华人民共和国的社会公共利益。交通部对其有另行规定的，适用其规定。

第五十七条 本办法自2006年8月1日起施行，交通部2002年6月6日发布的《公路工程施工招标投标管理办法》同时废止。

二、公路建设项目工程决算编制办法

交公路发[2004]507号

第一条 为加强公路建设项目投资管理，严格控制建设成本，提高投资效益，根据国家有关法律、法规，结合公路建设实际，制定本办法。

第二条 本办法适用于由政府或国有经济组织投资的公路工程新建和改建项目(以下简称建设项目)。其他公路建设项目可参照执行。

第三条 公路建设项目工程决算(以下简称工程决算)是指项目实际完成的工程量、采用的单价和费用支出，以及与批准的概(预)算对比情况。

第四条 工程决算是建设项目竣工验收工作的重要组成部分。未编制工程决算的建设项目，不得组织竣工验收。

第五条 建设项目法人应加强建设项目投资管理工作，配备具有相应资格的公路工程造价人员，做好工程决算资料的收集、整理和分析工作，工程决算文件的编制应真实、准确和完整。

第六条 工程决算根据下列资料进行编制：

(一)经交通主管部门批准的设计文件，以及批准的概(预)算或调整概(预)算文件；

(二)招标文件、标底(如果有)及与各有关单位签订的合同文件；

(三)建设过程中的文件及有关支付凭证；

(四)竣工图纸；

（五）其他有关文件、资料、凭证等。

第七条 工程决算总费用由建筑安装工程费，设备、工具及器具购置费，工程建设其他费用三部分构成。对于概（预）算编制办法规定的项目及批准概（预）算文件中未列明且不能列入第一、二部分的费用列入第三部分。

第八条 工程决算通过工程决算表（见附件1）进行计算，各表格的相互关系见附件2，有关问题说明见附件3。

第九条 工程决算文件由项目法人在交工验收后负责组织编制，竣工验收前编制完成，并将工程决算文件及工程决算数据软盘各1份上报交通主管部门，同时抄送工程造价管理部门。

第十条 工程决算文件应简明扼要、字迹清晰、数据真实、计算正确、符合规定。

第十一条 工程决算文件包括工程决算编制说明和工程决算表。

第十二条 工程决算编制说明应包括以下内容：

（一）工程决算概况；

（二）工程概（预）算执行情况说明，其中应说明招标方式、结果及重大设计变更情况；

（三）设备、工具、器具购置情况的说明；

（四）工程建设其他费用使用情况的说明（包括征地拆迁费、建设单位管理费、监理费等）；

（五）预留费用使用情况的说明；

（六）工程决算编制中有关问题处理的说明；

（七）造价控制的经验与教训总结；

（八）工程遗留问题；

（九）其他需要说明的事项。

第十三条 工程决算表包括：

（一）建设项目概况表（01表）

（二）投资控制情况比较表（02表）

（三）工程数量情况比较表（03表）

（四）概（预）算分析表（04表）

（五）标底及合同费用分析表（05表）

（六）项目总决算（分析）表（06表）

（七）建安工程决算汇总表（07表）

（八）设备、工具及器具购置费用支出汇总表（08表）

（九）工程建设其他费用支出汇总表（09表）

第十四条 工程决算数据软盘包括工程决算文件和基础数据表。基础数据表包括以下内容：

（一）合同段工程决算表（10表）

（二）工程合同登记表（11表）

（三）变更设计登记表（12表）

（四）变更引起调整金额登记表（13表）

（五）工程项目调价登记表（14表）

（六）工程项目索赔登记表（15表）

（七）计日工支出金额登记表（16表）

（八）收尾工程登记表（17表）

(九)报废工程登记表(18表)

(十)工程支付情况登记表(19表)

第十五条 工程决算表应按照规定的填表说明编制,基础数据表应在工程实施的过程中随时填写,使工程决算与工程管理紧密结合,保证基础资料的完整性,提高管理工作的规范性。

第十六条 《公路工程竣(交)工验收办法》规定的交工验收和竣工验收合并进行的小型项目可参照执行。

第十七条 本办法由交通部负责解释。

第十八条 本办法自2004年10月1日起执行。

三、企业财务通则

(中华人民共和国财政部令第41号)

根据《国务院关于〈企业财务通则〉、〈企业会计准则〉的批复》(国函[1992]178号)的规定,财政部对《企业财务通则》(财政部令第4号)进行了修订。修订后的《企业财务通则》已经部务会议讨论通过,现予公布,自2007年1月1日起施行。

二〇〇六年十二月四日

第一章 总 则

第一条 为了加强企业财务管理,规范企业财务行为,保护企业及其相关方的合法权益,推进现代企业制度建设,根据有关法律、行政法规的规定,制订本通则。

第二条 在中华人民共和国境内依法设立的具备法人资格的国有及国有控股企业适用本通则。金融企业除外,其他企业参照执行。

第三条 国有及国有控股企业(以下简称企业)应当确定内部财务管理体制,建立健全财务管理制度,控制财务风险。

企业财务管理应当按照制定的财务战略,合理筹集资金,有效营运资产,控制成本费用,规范收益分配及重组清算财务行为,加强财务监督和财务信息管理。

第四条 财政部负责制定企业财务规章制度。

各级财政部门(以下通称主管财政机关)应当加强对企业财务的指导、管理、监督,其主要职责包括:

(一)监督执行企业财务规章制度,按照财务关系指导企业建立健全内部财务制度。

(二)制定促进企业改革发展的财政财务政策,建立健全支持企业发展的财政资金管理制度。

(三)建立健全企业年度财务会计报告审计制度,检查企业财务会计报告质量。

(四)实施企业财务评价,监测企业财务运行状况。

(五)研究、拟订企业国有资本收益分配和国有资本经营预算的制度。

(六)参与审核属于本级人民政府及其有关部门、机构出资的企业重要改革、改制方案。

(七)根据企业财务管理的需要提供必要的帮助、服务。

第五条 各级人民政府及其部门、机构,企业法人、其他组织或者自然人等企业投资者(以下通称投资者),企业经理、厂长或者实际负责经营管理的其他领导成员(以下通称经营者),依照法律、法规、本通则和企业章程的规定,履行企业内部财务管理职责。

第六条 企业应当依法纳税。企业财务处理与税收法律、行政法规规定不一致的,纳税时应当依法进行调整。

第七条 各级人民政府及其部门、机构出资的企业，其财务关系隶属同级财政机关。

第二章 企业财务管理体制

第八条 企业实行资本权属清晰、财务关系明确、符合法人治理结构要求的财务管理体制。企业应当按照国家有关规定建立有效的内部财务管理级次。企业集团公司自行决定集团内部财务管理体制。

第九条 企业应当建立财务决策制度，明确决策规则、程序、权限和责任等。法律、行政法规规定应当通过职工（代表）大会审议或者听取职工、相关组织意见的财务事项，依照其规定执行。

企业应当建立财务决策回避制度。对投资者、经营者个人与企业利益有冲突的财务决策事项，相关投资者、经营者应当回避。

第十条 企业应当建立财务风险管理制度，明确经营者、投资者及其他相关人员的管理权限和责任，按照风险与收益均衡、不相容职务分离等原则，控制财务风险。

第十一条 企业应当建立财务预算管理制度，以现金流为核心，按照实现企业价值最大化等财务目标的要求，对资金筹集、资产营运、成本控制、收益分配、重组清算等财务活动，实施全面预算管理。

第十二条 投资者的财务管理职责主要包括：

（一）审议批准企业内部财务管理制度、企业财务战略、财务规划和财务预算。

（二）决定企业的筹资、投资、担保、捐赠、重组、经营者报酬、利润分配等重大财务事项。

（三）决定企业聘请或者解聘会计师事务所、资产评估机构等中介机构事项。

（四）对经营者实施财务监督和财务考核。

（五）按照规定向全资或者控股企业委派或者推荐财务总监。

投资者应当通过股东（大）会、董事会或者其他形式的内部机构履行财务管理职责，可以通过企业章程、内部制度、合同约定等方式将部分财务管理职责授予经营者。

第十三条 经营者的财务管理职责主要包括：

（一）拟订企业内部财务管理制度、财务战略、财务规划，编制财务预算。

（二）组织实施企业筹资、投资、担保、捐赠、重组和利润分配等财务方案，诚信履行企业偿债义务。

（三）执行国家有关职工劳动报酬和劳动保护的规定，依法缴纳社会保险费、住房公积金等，保障职工合法权益。

（四）组织财务预测和财务分析，实施财务控制。

（五）编制并提供企业财务会计报告，如实反映财务信息和有关情况。

（六）配合有关机构依法进行审计、评估、财务监督等工作。

第三章 资 金 筹 集

第十四条 企业可以接受投资者以货币资金、实物、无形资产、股权、特定债权等形式的出资。其中，特定债权是指企业依法发行的可转换债券、符合有关规定转作股权的债权等。企业接受投资者非货币资产出资时，法律、行政法规对出资形式、程序和评估作价等有规定的，依照其规定执行。

企业接受投资者商标权、著作权、专利权及其他专有技术等无形资产出资的，应当符合法律、行政法规规定的比例。

第十五条 企业依法以吸收直接投资、发行股份等方式筹集权益资金的，应当拟订筹资方案，确定筹资规模，履行内部决策程序和必要的报批手续，控制筹资成本。

企业筹集的实收资本，应当依法委托法定验资机构验资并出具验资报告。

第十六条 企业应当执行国家有关资本管理制度，在获准工商登记后30日内，依据验资报告等向投资者出具出资证明书，确定投资者的合法权益。

企业筹集的实收资本，在持续经营期间可以由投资者依照法律、行政法规以及企业章程的规定转让或者减少，投资者不得抽逃或者变相抽回出资。

除《公司法》等有关法律、行政法规另有规定外，企业不得回购本企业发行的股份。企业依法回购股份，应当符合有关条件和财务处理办法，并经投资者决议。

第十七条 对投资者实际缴付的出资超出注册资本的差额（包括股票溢价），企业应当作为资本公积管理。

经投资者审议决定后，资本公积用于转增资本。国家另有规定的，从其规定。

第十八条 企业从税后利润中提取的盈余公积包括法定公积金和任意公积金，可以用于弥补企业亏损或者转增资本。法定公积金转增资本后留存企业的部分，以不少于转增前注册资本的25%为限。

第十九条 企业增加实收资本或者以资本公积、盈余公积转增实收资本，由投资者履行财务决策程序后，办理相关财务事项和工商变更登记。

第二十条 企业取得的各类财政资金，区分以下情况处理：

（一）属于国家直接投资、资本注入的，按照国家有关规定增加国家资本或者国有资本公积。

（二）属于投资补助的，增加资本公积或者实收资本。国家拨款时对权属有规定的，按规定执行；没有规定的，由全体投资者共同享有。

（三）属于贷款贴息、专项经费补助的，作为企业收益处理。

（四）属于政府转贷、偿还性资助的，作为企业负债管理。

（五）属于弥补亏损、救助损失或者其他用途的，作为企业收益处理。

第二十一条 企业依法以借款、发行债券、融资租赁等方式筹集债务资金的，应当明确筹资目的，根据资金成本、债务风险和合理的资金需求，进行必要的资本结构决策，并签订书面合同。

企业筹集资金用于固定资产投资项目的，应当遵守国家产业政策、行业规划、自有资本比例及其他规定。

企业筹集资金，应当按规定核算和使用，并诚信履行合同，依法接受监督。

第四章 资产营运

第二十二条 企业应当根据风险与收益均衡等原则和经营需要，确定合理的资产结构，并实施资产结构动态管理。

第二十三条 企业应当建立内部资金调度控制制度，明确资金调度的条件、权限和程序，统一筹集、使用和管理资金。企业支付、调度资金，应当按照内部财务管理制度的规定，依据有效合同、合法凭证，办理相关手续。

企业向境外支付、调度资金应当符合国家有关外汇管理的规定。

企业集团可以实行内部资金集中统一管理，但应当符合国家有关金融管理等法律、行政法规规定，并不得损害成员企业的利益。

第二十四条 企业应当建立合同的财务审核制度，明确业务流程和审批权限，实行财务监控。

企业应当加强应收款项的管理，评估客户信用风险，跟踪客户履约情况，落实收账责任，减少坏账损失。

第二十五条 企业应当建立健全存货管理制度，规范存货采购审批、执行程序，根据合同的约定以及内部审批制度支付货款。

企业选择供货商以及实施大宗采购，可以采取招标等方式进行。

第二十六条 企业应当建立固定资产购建、使用、处置制度。

企业自行选择、确定固定资产折旧办法，可以征询中介机构、有关专家的意见，并由投资者审议批准。固定资产折旧办法一经选用，不得随意变更。确需变更的，应当说明理由，经投资者审议批准。

企业购建重要的固定资产、进行重大技术改造，应当经过可行性研究，按照内部审批制度履行财务决策程序，落实决策和执行责任。

企业在建工程项目交付使用后，应当在一个年度内办理竣工决算。

第二十七条 企业对外投资应当遵守法律、行政法规和国家有关政策的规定，符合企业发展战略的要求，进行可行性研究，按照内部审批制度履行批准程序，落实决策和执行的责任。企业对外投资应当签订书面合同，明确企业投资权益，实施财务监管。依据合同支付投资款项，应当按照企业内部审批制度执行。

企业向境外投资的，还应当经投资者审议批准，并遵守国家境外投资项目核准和外汇管理等相关规定。

第二十八条 企业通过自创、购买、接受投资等方式取得的无形资产，应当依法明确权属，落实有关经营、管理的财务责任。

无形资产出现转让、租赁、质押、授权经营、连锁经营、对外投资等情形时，企业应当签订书面合同，明确双方的权利义务，合理确定交易价格。

第二十九条 企业对外担保应当符合法律、行政法规及有关规定，根据被担保单位的资信及偿债能力，按照内部审批制度采取相应的风险控制措施，并设立备查账簿登记，实行跟踪监督。

企业对外捐赠应当符合法律、行政法规及有关财务规定，制订实施方案，明确捐赠的范围和条件，落实执行责任，严格办理捐赠资产的交接手续。

第三十条 企业从事期货、期权、证券、外汇交易等业务或者委托其他机构理财，不得影响主营业务的正常开展，并应当签订书面合同，建立交易报告制度，定期对账，控制风险。

第三十一条 企业从事代理业务，应当严格履行合同，实行代理业务与自营业务分账管理，不得挪用客户资金、互相转嫁经营风险。

第三十二条 企业应当建立各项资产损失或者减值准备管理制度。各项资产损失或者减值准备的计提标准，一经选用，不得随意变更。企业在制订计提标准时可以征询中介机构、有关专家的意见。

对计提损失或者减值准备后的资产，企业应当落实监管责任。能够收回或者继续使用以及没有证据证明实际损失的资产，不得核销。

第三十三条 企业发生的资产损失，应当及时予以核实、查清责任，追偿损失，按照规定程序处理。

企业重组中清查出的资产损失,经批准后依次冲减未分配利润、盈余公积、资本公积和实收资本。

第三十四条 企业以出售、抵押、置换、报废等方式处理资产时,应当按照国家有关规定和企业内部财务管理制度规定的权限和程序进行。其中,处理主要固定资产涉及企业经营业务调整或者资产重组的,应当根据投资者审议通过的业务调整或者资产重组方案实施。

第三十五条 企业发生关联交易的,应当遵守国家有关规定,按照独立企业之间的交易计价结算。投资者或者经营者不得利用关联交易非法转移企业经济利益或者操纵关联企业的利润。

第五章 成本控制

第三十六条 企业应当建立成本控制系统,强化成本预算约束,推行质量成本控制办法,实行成本定额管理、全员管理和全过程控制。

第三十七条 企业实行费用归口、分级管理和预算控制,应当建立必要的费用开支范围、标准和报销审批制度。

第三十八条 企业技术研发和科技成果转化项目所需经费,可以通过建立研发准备金筹措,据实列入相关资产成本或者当期费用。

符合国家规定条件的企业集团,可以集中使用研发费用,用于企业主导产品和核心技术的自主研发。

第三十九条 企业依法实施安全生产、清洁生产、污染治理、地质灾害防治、生态恢复和环境保护等所需经费,按照国家有关标准列入相关资产成本或者当期费用。

第四十条 企业发生销售折扣、折让以及支付必要的佣金、回扣、手续费、劳务费、提成、返利、进场费、业务奖励等支出的,应当签订相关合同,履行内部审批手续。

企业开展进出口业务收取或者支付的佣金、保险费、运费,按照合同规定的价格条件处理。

企业向个人以及非经营单位支付费用的,应当严格履行内部审批及支付的手续。

第四十一条 企业可以根据法律、法规和国家有关规定,对经营者和核心技术人员实行与其他职工不同的薪酬办法,属于本级人民政府及其部门、机构出资的企业,应当将薪酬办法报主管财政机关备案。

第四十二条 企业应当按照劳动合同及国家有关规定支付职工报酬,并为从事高危作业的职工缴纳团体人身意外伤害保险费,所需费用直接作为成本(费用)列支。

经营者可以在工资计划中安排一定数额,对企业技术研发、降低能源消耗、治理“三废”、促进安全生产、开拓市场等作出突出贡献的职工给予奖励。

第四十三条 企业应当依法为职工支付基本医疗、基本养老、失业、工伤等社会保险费,所需费用直接作为成本(费用)列支。

已参加基本医疗、基本养老保险的企业,具有持续盈利能力和支付能力的,可以为职工建立补充医疗保险和补充养老保险,所需费用按照省级以上人民政府规定的比例从成本(费用)中提取。超出规定比例的部分,由职工个人负担。

第四十四条 企业为职工缴纳住房公积金以及职工住房货币化分配的财务处理,按照国家有关规定执行。

职工教育经费按照国家规定的比例提取,专项用于企业职工后续职业教育和职业培训。

工会经费按照国家规定比例提取并拨缴工会。

第四十五条 企业应当依法缴纳行政事业性收费、政府性基金以及使用或者占用国有资源的费用等。

企业对没有法律法规依据或者超过法律法规规定范围和标准的各种摊派、收费、集资,有权拒绝。

第四十六条 企业不得承担属于个人的下列支出:

(一)娱乐、健身、旅游、招待、购物、馈赠等支出。

(二)购买商业保险、证券、股权、收藏品等支出。

(三)个人行为导致的罚款、赔偿等支出。

(四)购买住房、支付物业管理费等支出。

(五)应由个人承担的其他支出。

第六章 收益分配

第四十七条 投资者、经营者及其他职工履行本企业职务或者以企业名义开展业务所得的收入,包括销售收入以及对方给予的销售折扣、折让、佣金、回扣、手续费、劳务费、提成、返利、进场费、业务奖励等收入,全部属于企业。

企业应当建立销售价格管理制度,明确产品或者劳务的定价和销售价格调整的权限、程序与方法,根据预期收益、资金周转、市场竞争、法律规范约束等要求,采取相应的价格策略,防范销售风险。

第四十八条 企业出售股权投资,应当按照规定的程序和方式进行。股权投资出售底价,参照资产评估结果确定,并按照合同约定收取所得价款。在履行交割时,对尚未收款部分的股权投资,应当按照合同的约定结算,取得受让方提供的有效担保。

上市公司国有股减持所得收益,按照国务院的规定处理。

第四十九条 企业发生的年度经营亏损,依照税法的规定弥补。税法规定年限内的税前利润不足弥补的,用以后年度的税后利润弥补,或者经投资者审议后用盈余公积弥补。

第五十条 企业年度净利润,除法律、行政法规另有规定外,按照以下顺序分配:

(一)弥补以前年度亏损。

(二)提取10%法定公积金。法定公积金累计额达到注册资本50%以后,可以不再提取。

(三)提取任意公积金。任意公积金提取比例由投资者决议。

(四)向投资者分配利润。企业以前年度未分配的利润,并入本年度利润,在充分考虑现金流量状况后,向投资者分配。属于各级人民政府及其部门、机构出资的企业,应当将应付国有利润上缴财政。

国有企业可以将任意公积金与法定公积金合并提取。股份有限公司依法回购后暂未转让或者注销的股份,不得参与利润分配;以回购股份对经营者及其他职工实施股权激励的,在拟订利润分配方案时,应当预留回购股份所需利润。

第五十一条 企业弥补以前年度亏损和提取盈余公积后,当年没有可供分配的利润时,不得向投资者分配利润,但法律、行政法规另有规定的除外。

第五十二条 企业经营者和其他职工以管理、技术等要素参与企业收益分配的,应当按照国家有关规定在企业章程或者有关合同中对分配办法作出规定,并区别以下情况处理:

(一)取得企业股权的,与其他投资者一同进行企业利润分配。

(二)没有取得企业股权的,在相关业务实现的利润限额和分配标准内,从当期费用中列支。

第七章 重组清算

第五十三条 企业通过改制、产权转让、合并、分立、托管等方式实施重组，对涉及资本权益的事项，应当由投资者或者授权机构进行可行性研究，履行内部财务决策程序，并组织开展以下工作：

（一）清查财产，核实债务，委托会计师事务所审计。

（二）制订职工安置方案，听取重组企业的职工、职工代表大会的意见或者提交职工代表大会审议。

（三）与债权人协商，制订债务处置或者承继方案。

（四）委托评估机构进行资产评估，并以评估价值作为净资产作价或者折股的参考依据。

（五）拟订股权设置方案和资本重组实施方案，经过审议后履行报批手续。

第五十四条 企业采取分立方式进行重组，应当明晰分立后的企业产权关系。企业划分各项资产、债务以及经营业务，应当按照业务相关性或者资产相关性原则制订分割方案。对不能分割的整体资产，在评估机构评估价值的基础上，经分立各方协商，由拥有整体资产的一方给予他方适当经济补偿。

第五十五条 企业可以采取新设或者吸收方式进行合并重组。企业合并前的各项资产、债务以及经营业务，由合并后的企业承继，并应当明确合并后企业的产权关系以及各投资者的出资比例。

企业合并的资产税收处理应当符合国家有关税法的规定，合并后净资产超出注册资本的部分，作为资本公积；少于注册资本的部分，应当变更注册资本或者由投资者补足出资。对资不抵债的企业以承担债务方式合并的，合并方应当制订企业重整措施，按照合并方案履行偿还债务责任，整合财务资源。

第五十六条 企业实行托管经营，应当由投资者决定，并签订托管协议，明确托管经营的资产负债状况、托管经营目标、托管资产处置权限以及收益分配办法等，并落实财务监管措施。

受托企业应当根据托管协议制订相关方案，重组托管企业的资产与债务。未经托管企业投资者同意，不得改组、改制托管企业，不得转让托管企业及转移托管资产、经营业务，不得以托管企业名义或者以托管资产对外担保。

第五十七条 企业进行重组时，对已占用的国有划拨土地应当按照有关规定进行评估，履行相关手续，并区别以下情况处理：

（一）继续采取划拨方式的，可以不纳入企业资产管理，但企业应当明确划拨土地使用权权益，并按规定用途使用，设立备查账簿登记。国家另有规定的除外。

（二）采取作价入股方式的，将应缴纳的土地出让金转作国家资本，形成的国有股权由企业重组前的国有资本持有单位或者主管财政机关确认的单位持有。

（三）采取出让方式的，由企业购买土地使用权，支付出让费用。

（四）采取租赁方式的，由企业租赁使用，租金水平参照银行同期贷款利率确定，并在租赁合同中约定。

企业进行重组时，对已占用的水域、探矿权、采矿权、特许经营权等国有资源，依法可以转让的，比照前款处理。

第五十八条 企业重组过程中，对拖欠职工的工资和医疗、伤残补助、抚恤费用以及欠缴的基本社会保险费、住房公积金，应当以企业现有资产优先清偿。

第五十九条 企业被责令关闭、依法破产、经营期限届满而终止经营的，或者经投资者决议解散的，应当按照法律、法规和企业章程的规定实施清算。清算财产变卖底价，参照资产评估结果确定。国家另有规定的，从其规定。

企业清算结束，应当编制清算报告，委托会计师事务所审计，报投资者或者人民法院确认后，向相关部门、债权人以及其他的利益相关人通告。其中，属于各级人民政府及其部门、机构出资的企业，其清算报告应当报送主管财政机关。

第六十条 企业解除职工劳动关系，按照国家有关规定支付的经济补偿金或者安置费，除正常经营期间发生的列入当期费用以外，应当区别以下情况处理：

(一)企业重组中发生的，依次从未分配利润、盈余公积、资本公积、实收资本中支付。

(二)企业清算时发生的，以企业扣除清算费用后的清算财产优先清偿。

第八章 信息管理

第六十一条 企业可以结合经营特点，优化业务流程，建立财务和业务一体化的信息处理系统，逐步实现财务、业务相关信息一次性处理和实时共享。

第六十二条 企业应当逐步创造条件，实行统筹企业资源计划，全面整合和规范财务、业务流程，对企业物流、资金流、信息流进行一体化管理和集成运作。

第六十三条 企业应当建立财务预警机制，自行确定财务危机警戒标准，重点监测经营性净现金流量与到期债务、企业资产与负债的适配性，及时沟通企业有关财务危机预警的信息，提出解决财务危机的措施和方案。

第六十四条 企业应当按照有关法律、行政法规和国家统一的会计制度的规定，按时编制财务会计报告，经营者或者投资者不得拖延、阻挠。

第六十五条 企业应当按照规定向主管财政机关报送月份、季度、年度财务会计报告等材料，不得在报送的财务会计报告等材料上作虚假记载或者隐瞒重要事实。主管财政机关应当根据企业的需要提供必要的培训和技术支持。

企业对外提供的年度财务会计报告，应当依法经过会计师事务所审计。国家另有规定的，从其规定。

第六十六条 企业应当在年度内定期向职工公开以下信息：

(一)职工劳动报酬、养老、医疗、工伤、住房、培训、休假等信息。

(二)经营者报酬实施方案。

(三)年度财务会计报告审计情况。

(四)企业重组涉及的资产评估及处置情况。

(五)其他依法应当公开的信息。

第六十七条 主管财政机关应当建立健全企业财务评价体系，主要评估企业内部财务控制的有效性，评价企业的偿债能力、盈利能力、资产营运能力、发展能力和社会贡献。评估和评价的结果可以通过适当方式向社会发布。

第六十八条 主管财政机关及其工作人员应当恰当使用所掌握的企业财务信息，并依法履行保密义务，不得利用企业的财务信息谋取私利或者损害企业利益。

第九章 财务监督

第六十九条 企业应当依法接受主管财政机关的财务监督和国家审计机关的财务审计。

第七十条 经营者在经营过程中违反本通则有关规定的，投资者可以依法追究经营者的责任。

第七十一条 企业应当建立、健全内部财务监督制度。

企业设立监事会或者监事人员的，监事会或者监事人员依照法律、行政法规、本通则和企业章程的规定，履行企业内部财务监督职责。

经营者应当实施内部财务控制，配合投资者或者企业监事会以及中介机构的检查、审计工作。

第七十二条 企业和企业负有直接责任的主管人员和其他人员有以下行为之一的，县级以上主管财政机关可以责令限期改正、予以警告，有违法所得的，没收违法所得，并可以处以不超过违法所得3倍、但最高不超过3万元的罚款；没有违法所得的，可以处以1万元以下的罚款。

(一)违反本通则第三十九条、第四十条、第四十二条第一款、第四十三条、第四十六条规定列支成本费用的。

(二)违反本通则第四十七条第一款规定截留、隐瞒、侵占企业收入的。

(三)违反本通则第五十条、第五十一条、第五十二条规定进行利润分配的，但依照《公司法》设立的企业不按本通则第五十条第一款第二项规定提取法定公积金的，依照《公司法》的规定予以处罚。

(四)违反本通则第五十七条规定处理国有资源的。

(五)不按本通则第五十八条规定清偿职工债务的。

第七十三条 企业和企业负有直接责任的主管人员和其他人员有以下行为之一的，县级以上主管财政机关可以责令限期改正、予以警告。

(一)未按本通则规定建立健全各项内部财务管理制度的。

(二)内部财务管理制度明显与法律、行政法规和通用的企业财务规章制度相抵触，且不按主管财政机关要求修正的。

第七十四条 企业和企业负有直接责任的主管人员和其他人员不按本通则第六十四条、第六十五条规定编制、报送财务会计报告等材料的，县级以上主管财政机关可以依照《公司法》、《企业财务会计报告条例》的规定予以处罚。

第七十五条 企业在财务活动中违反财政、税收等法律、行政法规的，依照《财政违法行为处罚处分条例》(国务院令第427号)及有关税收法律、行政法规的规定予以处理、处罚。

第七十六条 主管财政机关以及政府其他部门、机构有关工作人员，在企业财务管理中滥用职权、玩忽职守、徇私舞弊或者泄露国家机密、企业商业秘密的，依法进行处理。

第十章 附 则

第七十七条 实行企业化管理的事业单位比照适用本通则。

第七十八条 本通则自2007年1月1日起施行。

四、企业会计准则——基本准则

第一章 总 则

第一条 为了规范企业会计确认、计量和报告行为，保证会计信息质量，根据《中华人民共和国会计法》和其他有关法律、行政法规，制订本准则。

第二条 本准则适用于在中华人民共和国境内设立的企业(包括公司，下同)。

第三条 企业会计准则包括基本准则和具体准则，具体准则的制订应当遵循本准则。

第四条 企业应当编制财务会计报告（又称财务报告，下同）。财务会计报告的目标是向财务会计报告使用者提供与企业财务状况、经营成果和现金流量等有关的会计信息，反映企业管理层受托责任履行情况，有助于财务会计报告使用者作出经济决策。

财务会计报告使用者包括投资者、债权人、政府及其有关部门和社会公众等。

第五条 企业应当对其本身发生的交易或者事项进行会计确认、计量和报告。

第六条 企业会计确认、计量和报告应当以持续经营为前提。

第七条 企业应当划分会计期间，分期结算账目和编制财务会计报告。

会计期间分为年度和中期。中期是指短于一个完整的会计年度的报告期间。

第八条 企业会计应当以货币计量。

第九条 企业应当以权责发生制为基础进行会计确认、计量和报告。

第十条 企业应当按照交易或者事项的经济特征确定会计要素。会计要素包括资产、负债、所有者权益、收入、费用和利润。

第十一条 企业应当采用借贷记账法记账。

第二章 会计信息质量要求

第十二条 企业应当以实际发生的交易或者事项为依据进行会计确认、计量和报告，如实反映符合确认和计量要求的各项会计要素及其他相关信息，保证会计信息真实可靠、内容完整。

第十三条 企业提供的会计信息应当与财务会计报告使用者的经济决策需要相关，有助于财务会计报告使用者对企业过去、现在或者未来的情况作出评价或者预测。

第十四条 企业提供的会计信息应当清晰明了，便于财务会计报告使用者理解和使用。

第十五条 企业提供的会计信息应当具有可比性。

同一企业不同时期发生的相同或者相似的交易或者事项，应当采用一致的会计政策，不得随意变更。确需变更的，应当在附注中说明。

不同企业发生的相同或者相似的交易或者事项，应当采用规定的会计政策，确保会计信息口径一致、相互可比。

第十六条 企业应当按照交易或者事项的经济实质进行会计确认、计量和报告，不应仅以交易或者事项的法律形式为依据。

第十七条 企业提供的会计信息应当反映与企业财务状况、经营成果和现金流量等有关的所有重要交易或者事项。

第十八条 企业对交易或者事项进行会计确认、计量和报告应当保持应有的谨慎，不应高估资产或者收益、低估负债或者费用。

第十九条 企业对于已经发生的交易或者事项，应当及时进行会计确认、计量和报告，不得提前或者延后。

第三章 资 产

第二十条 资产是指企业过去的交易或者事项形成的、由企业拥有或者控制的、预期会给企业带来经济利益的资源。

前款所指的企业过去的交易或者事项包括购买、生产、建造行为或其他交易或者事项。预期在未来发生的交易或者事项不形成资产。

由企业拥有或者控制，是指企业享有某项资源的所有权，或者虽然不享有某项资源的所有权，但该资源能被企业所控制。

预期会给企业带来经济利益，是指直接或者间接导致现金和现金等价物流入企业的潜力。

第二十一条 符合本准则第二十条规定的资产定义的资源，在同时满足以下条件时，确认为资产：

(一)与该资源有关的经济利益很可能流入企业；

(二)该资源的成本或者价值能够可靠地计量。

第二十二条 符合资产定义和资产确认条件的项目，应当列入资产负债表；符合资产定义、但不符合资产确认条件的项目，不应当列入资产负债表。

第四章 负 债

第二十三条 负债是指企业过去的交易或者事项形成的、预期会导致经济利益流出企业的现时义务。

现时义务是指企业在现行条件下已承担的义务。未来发生的交易或者事项形成的义务，不属于现时义务，不应当确认为负债。

第二十四条 符合本准则第二十三条规定的负债定义的义务，在同时满足以下条件时，确认为负债：

(一)与该义务有关的经济利益很可能流出企业；

(二)未来流出的经济利益的金额能够可靠地计量。

第二十五条 符合负债定义和负债确认条件的项目，应当列入资产负债表；符合负债定义、但不符合负债确认条件的项目，不应当列入资产负债表。

第五章 所有者权益

第二十六条 所有者权益是指企业资产扣除负债后由所有者享有的剩余权益。

公司的所有者权益又称为股东权益。

第二十七条 所有者权益的来源包括所有者投入的资本、直接计入所有者权益的利得和损失、留存收益等。

直接计入所有者权益的利得和损失，是指不应计入当期损益、会导致所有者权益发生增减变动的、与所有者投入资本或者向所有者分配利润无关的利得或者损失。

利得是指由企业非日常活动所形成的、会导致所有者权益增加的、与所有者投入资本无关的经济利益的流入。

损失是指由企业非日常活动所发生的、会导致所有者权益减少的、与向所有者分配利润无关的经济利益的流出。

第二十八条 所有者权益金额取决于资产和负债的计量。

第二十九条 所有者权益项目应当列入资产负债表。

第六章 收 入

第三十条 收入是指企业在日常活动中形成的、会导致所有者权益增加的、与所有者投入资本无关的经济利益的总流入。

第三十一条 收入只有在经济利益很可能流入从而导致企业资产增加或者负债减少、且经济利益的流入额能够可靠计量时才能予以确认。

第三十二条 符合收入定义和收入确认条件的项目，应当列入利润表。

第七章　费　用

第三十三条　费用是指企业在日常活动中发生的、会导致所有者权益减少的、与向所有者分配利润无关的经济利益的总流出。

第三十四条　费用只有在经济利益很可能流出从而导致企业资产减少或者负债增加、且经济利益的流出额能够可靠计量时才能予以确认。

第三十五条　企业为生产产品、提供劳务等发生的可归属于产品成本、劳务成本等的费用，应当在确认产品销售收入、劳务收入等时，将已销售产品、已提供劳务的成本等计入当期损益。

企业发生的支出不产生经济利益的，或者即使能够产生经济利益但不符合或者不再符合资产确认条件的，应当在发生时确认为费用，计入当期损益。

企业发生的交易或者事项导致其承担了一项负债而又不确认为一项资产的，应当在发生时确认为费用，计入当期损益。

第三十六条　符合费用定义和费用确认条件的项目，应当列入利润表。

第八章　利　润

第三十七条　利润是指企业在一定会计期间的经营成果。利润包括收入减去费用后的净额、直接计入当期利润的利得和损失等。

第三十八条　直接计入当期利润的利得和损失，是指应当计入当期损益、会导致所有者权益发生增减变动的、与所有者投入资本或者向所有者分配利润无关的利得或者损失。

第三十九条　利润金额取决于收入和费用、直接计入当期利润的利得和损失金额的计量。

第四十条　利润项目应当列入利润表。

第九章　会 计 计 量

第四十一条　企业在将符合确认条件的会计要素登记入账并列报于会计报表及其附注(又称财务报表，下同)时，应当按照规定的会计计量属性进行计量，确定其金额。

第四十二条　会计计量属性主要包括：

(一)历史成本。在历史成本计量下，资产按照购置时支付的现金或者现金等价物的金额，或者按照购置资产时所付出的对价的公允价值计量。负债按照因承担现时义务而实际收到的款项或者资产的金额，或者承担现时义务的合同金额，或者按照日常活动中为偿还负债预期需要支付的现金或者现金等价物的金额计量。

(二)重置成本。在重置成本计量下，资产按照现在购买相同或者相似资产所需支付的现金或者现金等价物的金额计量。负债按照现在偿付该项债务所需支付的现金或者现金等价物的金额计量。

(三)可变现净值。在可变现净值计量下，资产按照其正常对外销售所能收到现金或者现金等价物的金额扣减该资产至完工时估计将要发生的成本、估计的销售费用以及相关税费后的金额计量。

(四)现值。在现值计量下，资产按照预计从其持续使用和最终处置中所产生的未来净现金流入量的折现金额计量。负债按照预计期限内需要偿还的未来净现金流出量的折现金额计量。

(五)公允价值。在公允价值计量下，资产和负债按照在公平交易中，熟悉情况的交易双方自愿进行资产交换或者债务清偿的金额计量。

第四十三条 企业在对会计要素进行计量时，一般应当采用历史成本，采用重置成本、可变现净值、现值、公允价值计量的，应当保证所确定的会计要素金额能够取得并可靠计量。

第十章 财务会计报告

第四十四条 财务会计报告是指企业对外提供的反映企业某一特定日期的财务状况和某一会计期间的经营成果、现金流量等会计信息的文件。

财务会计报告包括会计报表及其附注和其他应当在财务会计报告中披露的相关信息和资料。会计报表至少应当包括资产负债表、利润表、现金流量表等报表。

小企业编制的会计报表可以不包括现金流量表。

第四十五条 资产负债表是指反映企业在某一特定日期的财务状况的会计报表。

第四十六条 利润表是指反映企业在一定会计期间的经营成果的会计报表。

第四十七条 现金流量表是指反映企业在一定会计期间的现金和现金等价物流入和流出的会计报表。

第四十八条 附注是指对在会计报表中列示项目所作的进一步说明，以及对未能在这些报表中列示项目的说明等。

第十一章 附 则

第四十九条 本准则由财政部负责解释。

第五十条 本准则自 2007 年 1 月 1 日起施行。